스티븐 M. R. 코비

높은 신뢰는 커뮤니케이션을 증진시키고, 팀워크를 강화시키며, 모두가 자발적으로 일하게 만듭니다.
신뢰를 어떻게 높일 수 있는지, 직장 상사나 부하, 동료, 부부와 부모 사이에 신뢰성이 어떠한 작용을 하는지에 대해 개인, 조직, 대인관계, 시장, 사회 등 5가지 차원의 구체적인 전략을 《신뢰의 속도》에서 발견하시기 바랍니다.
여러분의 성공과 번영을 기원합니다.

한국리더십센터 그룹 회장
김 경 섭

신뢰의 속도

The Speed of Trust

by Stephen M. R. Covey

This Korean edition is published by arrangement with CoveyLink, LLC.

For a local Speed of Trust consultant in your country, contact: Greg Link, President;
CoveyLink Worldwide, USA; link@coveylink.com〈mail to: link@coveylink.com〉;
011-801-492-5070.

STEPHEN M. R. COVEY

신뢰의 속도

스티븐 M. R. 코비 | 김경섭·정병창 옮김

김영사

신뢰의 속도

저자_ 스티븐 M. R. 코비
역자_ 김경섭 · 정병창

1판 1쇄 발행_ 2009. 8. 19.
1판 21쇄 발행_ 2025. 11. 28.

발행처_ 김영사
발행인_ 박강휘

등록번호_ 제406-2003-036호
등록일자_ 1979. 5. 17.

경기도 파주시 문발로 197(문발동) 우편번호 10881
마케팅부 031)955-3100, 편집부 031)955-3200, 팩스 031)955-3111

값은 뒤표지에 있습니다.
ISBN 978-89-349-3539-1 03320

홈페이지_ www.gimmyoung.com
블로그_ blog.naver.com/gybook
인스타그램_ instagram.com/gimmyoung
이메일_ bestbook@gimmyoung.com

좋은 독자가 좋은 책을 만듭니다.
김영사는 독자 여러분의 의견에 항상 귀 기울이고 있습니다.

늘 친절하게 격려해주고 아낌없는 신뢰를 보내준

아내 제리에게 바친다.

추천의 말

《신뢰의 속도》에 쏟아진 세계적 명사 63인의 격찬

|| CEO ||

개인과 조직이 최고의 성과를 향해 나아가기 위한 가장 확실한 로드맵을 보여준다. 이 책의 진정한 가치는 삶의 모든 관계를 관통하는 보편타당한 원칙을 독창적으로 제시한다는 데 있다.

– J. 윌러드 메리어트 2세, 메리어트 인터내셔널 회장

조직 내에 신뢰가 부족하면 활력이 떨어지는 것은 물론 의심하고 예단하는 분위기가 조성된다. 또한 팀워크가 사라지고 내부 정치가 횡행하면서 궁극적으로 직원들의 사기와 성과가 떨어진다. 조직에 정말로 중요한 것이 무엇인지 깨닫게 하는 지침서다.

– 고분희, DBS은행 회장

신뢰는 거래비용을 줄여주고 소송의 필요성을 낮춰주며 거래 속도를 높여준다. 조직과 사회에 실질적으로 작용하는 윤활유 역할을 하는 신뢰의 진정한 가치를 파헤친 이 책은 비즈니스 핵심 역량으로서 신뢰의 힘을 역설하고 있다.

–메릴린 칼슨 넬슨, 칼슨 회장

리더십의 도전 과제인 '신뢰를 키우고 그것을 지렛대로 활용할 수 있는 능력'을 정확히 겨냥했다. 폭발적인 성장을 꿈꾸는 리더라면 반드시 읽어야 할 책이다.

–더글러스 R. 코넌트, 캠벨수프 CEO

'신뢰의 속도'는 21세기를 지배할 최고의 화두다. 기업에 대한 규제와 감시가 강화된 시대에는 무엇보다 기본에 충실해야 한다. 기본 중의 기본인 신뢰는 조직과 기업의 지속생존을 보장해주는 가장 확실한 무형 자산이다. 이 책을 통해 조직의 신뢰 자산을 폭발적으로 증대하라.

–윌리엄 G. 패릿, Deloitte Touche Tohmatsu CEO

신뢰는 성장의 속도를 높이는 원동력이다. 또한 기업과 개인의 모든 것을 바꿀 수 있는 힘이다. 신뢰가 높으면 성공은 빨라지고 커지며 비용은 낮아진다.

–데이비드 닐먼, 제트블루 항공 창립자

신뢰에 대한 코비의 놀라운 통찰은 모든 사람에게 하나의 계시로 다가올 것이다. 자기 신뢰가 없으면 조직의 신뢰를 얻을 수 없고, 조직의 신뢰가 없으면 그 어떤 목표도 달성할 수 없다.

–마이클 H. 조던, EDS 회장

개인에게든 기업에게든 관계는 매우 중요하다. 그러나 신뢰를 기반으로 한 관계가 아니라면 공허할 뿐이다. 신뢰는 브랜드를 구축하기 위한 주춧돌이자 영속적인 관계를 지탱하게 하는 접착제이다. 놀라운 솜씨로 신뢰의 본질을 파헤친 이 책은 비즈니스 세계와 사회 전체에 큰 도움을 줄 것이다.

– 호스트 H. 슐츠, 웨스트 페이시스 호텔 CEO이자 리츠칼튼 호텔 전 창립회장

순응을 강요하며 부질없는 기대만 하는 조직이 아닌, 진정으로 신뢰받는 조직이어야만 헌신의 문화를 완성할 수 있다는 귀중한 교훈을 준다.

– 피트 보드로, 스바로 CEO이자 하드락카페 인터내셔널 전 사장

모든 사람을 위한 필독서! 신뢰를 정확히 이해하고 있는 코비의 글을 통해 많은 것을 배울 것이다.

– 존 M. 헌츠먼, 헌츠먼 인터내셔널 창립자

진실에 눈뜨라! 이 책을 읽고 나면 '신뢰의 안경'을 통해 세상을 바라보게 되고, 신뢰가 실체가 있고, 측정 가능하며, 우리가 생각하는 것보다 쉽게 구축할 수 있다는 획기적인 진리를 깨닫게 한다.

– 그레고리 K. 에릭슨, 에른스트 & 영 글로벌부회장

신뢰는 성과에 결정적인 영향을 미치고 신뢰가 높아질 때 속도가 빨라지며 비용은 낮아진다. 이 원칙은 고객, 비즈니스 파트너, 팀원과의 관계는 물론 개인적인 관계에도 적용된다. 바로 이런 점이 통찰력 넘치는 이 책을 더욱 가치 있게 만든다.

– 케빈 롤린스, 델 CEO

기업과 조직의 성공에서 가장 중요한 것은 '리더의 신뢰감'에 있음을 설득력 있게 보여준다. 조직의 리더가 신뢰를 쌓으면 구성원들이 시너지를 발휘해 최고의 성과를 보다 빨리 실현한다.

– 켄 멜로스, 토로 전 회장

주위에 이 책을 읽는 사람이 늘어난다면 삶은 크게 향상될 것이다.

– 블레이크 M. 로니, 누스킨 엔터프라이즈 회장

한 번 읽기 시작하면 도저히 멈출 수 없는 강력한 흡인력을 지녔다. 오늘날 경영자에게 꼭 들어맞는 내용으로 가득 차 있다. 아니, 모든 사람이 시간을 내서라도 반드시 읽어야 할 책이다.

– 놀란 D. 아치볼드, 블레이크 & 데커 회장

모든 것이 거꾸로 돌아가는 세상에서 조직을 운영하거나 더욱 깊은 관계를 원하는 사람, 나아가 보다 의미 있는 삶을 원하는 사람이라면 이 책을 선택하라!

– 데이비드 W. 체키츠, 스포츠캐피털파트너스 회장이자 매디슨스퀘어가든 전 CEO

|| 경영석학 ||

신뢰는 모든 관계의 기초이다. 그 기초를 탄탄하게 쌓게 하는 이 책을 강력하게 추천한다.

– 존 C. 맥스웰

내가 기다리던 책이다! 특히 신뢰가 수익을 창출하고 성공을 낳으며 번영을 가져온다는 명쾌한 주장이 돋보인다. 실질적인 증거와 설득력 있는 예를 통해 신뢰의 가치를 인식하고 실천하는 것이 글로벌 시대의 경쟁력임을 증명한다.

– 패트리셔 애버딘, 《메가트렌드 2010》 저자

강한 설득력으로 신뢰가 모든 것을 변화시킬 수 있다고 주장한다. 또한 속도가 성공을 가름하고 그 원천이 신뢰임을 보여준다.

– 마르쿠스 버킹햄, 《지금 당신의 강점을 발견하라》 공동저자

협력이 우리 삶의 기초라면 신뢰는 그 접착제이다. 《신뢰의 속도》는 신뢰의 내용과 방법을 알려주는 최초의 책이자, 리더를 위한 기념비적 신뢰교과서다.

– 램 차란

신뢰가 새로운 글로벌 경제의 중요한 리더십 역량임을 확인해주고, 전 세계적으로 신뢰를 어떻게 쌓고 키우고 보내고 회복할 수 있는지 쉽게 설명한다.

– 켄 블랜차드

이토록 중요한 신뢰가 왜 지금까지 그렇게 부각되지 않았는지 의아할 정도다. 이제 그 놀라운 지혜를 만나보길 바란다.

– 짐 로어, Human Performance Institute CEO

누군가 말할 것이다. 부전자전이라고……. 정말 훌륭한 책이다

– 마이클 거버, E-Myth Worldwide 창립자

특별하다. 완전히 새로운 방식으로 신뢰를 깊이 탐구하고 이해할 수 있게 해준다.

–스테드만 그레이엄, 저술가

신뢰를 쌓는 중요한 과정에서 길을 밝히는 안내자의 역할을 한다. 그 길을 따라가면 삶에 기적 같은 일이 펼쳐질 것이다.

–톰 크럼, 《갈등의 마법》 저자

신뢰가 없으면 고객의 충성심을 얻을 수 없고 충성심을 얻지 못하면 성장을 이룰 수 없다. 새로운 경제 환경에서 신뢰받는 관계를 구축하고자 하는 모든 리더에게 매우 중요한 교훈을 전달한다.

–프레드 라이히헬드, 《지속적인 성장을 위한 일등기업의 법칙》 저자

기업 혹은 개인의 모든 관계에서 가장 중요한 요소는 신뢰이다. 이 멋진 책은 신뢰를 어떻게 얻고 쌓고 유지하고 삶의 모든 영역에 스며들게 할 수 있는지 보여준다.

–브라이언 트레이시

전 세계 모든 조직의 폭발적인 성과향상을 위한 선언! '신뢰의 속도'는 향후 수십 년간 협력적인 인간 행동의 생산적 기초가 될 것이다.

–조셉 그레니, 《결정적 순간의 대면》 공동저자

21세기 모든 조직의 성패를 결정짓는 매우 중요한 요소, 즉 신뢰를 강조한다. 과감하고 상상력이 넘치며 통찰력이 돋보인다. 나아가 경험적, 분석적 자료가

뒷받침되어 강한 호소력을 지니고 있다. CEO에서 사원에 이르기까지 누구나 읽어야 할 책이다.

– 워런 베니스, 《워런 베니스의 리더》 저자

속도의 시대에 '신뢰'와 '코비'는 성공을 보장하는 두 글자이다. 이 책은 나의 새로운 리더십 바이블이다.

– 팻 크로케, 《내 안의 위대함을 느껴라》 저자

간결하고 체계적이며 읽는 재미가 풍부한 책이다. 모든 독자에게 유익한 교훈을 안겨줄 것이다.

– 하이럼 W. 스미스, 《인생에서 가장 소중한 것》 저자이자 프랭클린코비 공동창립자

매우 귀중한 책이다. 풍부하고 실제적이며 흥미진진한 사례로 가득하다. 직장생활과 개인생활에서 신뢰를 높여 성과를 달성하기를 절실히 원한다면 일독을 권한다.

– 스펜서 존슨

어떻게 이런 책이 지금까지 나오지 않았을까? 《성공하는 사람들의 7가지 습관》은 세계를 바꿔놓았다. 제목부터 예사롭지 않은 《신뢰의 속도》는 우주를 바꿔놓을 것이다. 처음부터 마지막까지 모든 내용을 음미하고 실행할 만한 가치가 있는 책이다.

– 톰 피터스

|| 마케팅 전문가 ||

왜 이 추천사를 읽고 있는가? 그 이유는 간단하다. 우리를 신뢰하기 때문이다. 속도가 생명인 21세기에는 신뢰가 모든 것을 지배한다. 매우 진귀한 책이다.

– 세스 고딘

프레젠테이션을 마친 뒤 거래는 한 가지 질문으로 귀착된다. '서로 신뢰하는가?' 이 책은 적절한 때에 어떻게 신뢰하고 신뢰받는지에 대한 가치 있는 진리를 담고 있다.

– 가이 카와사키, 《시작의 기술》 저자

소비자는 정치집단이 다루는 사회문제를 인식하고 있으면서도 모호한 태도를 보여 그들의 부패에 부채질한다. 《신뢰의 속도》는 브랜드, 기업, 정치인에게 투명성 제고의 길을 제시한다.

– 페이스 팝콘, 미래학자

대중의 신뢰를 받는 기업이 수익을 얻는다. 따라서 신뢰는 아무리 강조해도 지나치지 않다. 《신뢰의 속도》는 그 방법론의 결정판이다.

– 제이 콘래드 레빈슨, 《게릴라 마케팅》 시리즈 저자

좋은 리더는 자신이 어디로 가고 있는지 알고 있다. 그를 따르는 사람들은 그것이 올바른 방향이라고 믿는다. 하지만 신뢰가 없으면 성공하지 못한다.

– 잭 트라우트, 《포지셔닝》 공동저자

‖ 언론 ‖

설득력 있는 증거와 방대한 정보를 통해 진실하고 투명한 성품과 역량에 기초한 신뢰 구축이 어떻게 속도와 수익을 높일 수 있는지에 대해 증명해 보이는 기념비적인 책이다.

– 켄 린드너

우리는 그동안 신뢰의 소중함에 대해 '공기'처럼 당연시하며 간과해왔다. 이 책에서 명확히 밝혔듯 계속 신뢰를 간과하면 궁극적으로 경쟁력의 위기를 맞게 될 것이다.

– 스티브 포브스, 〈포브스〉 CEO

거부할 수 없는 긍정적 힘을 원하는가? 개인적인 책임만 요구하지 말고 타인을 존중하라. 그 방법을 알고 싶은가? 《신뢰의 속도》를 읽어라.

– 로라 슐레진저, 라디오 진행자

대단히 재미있고 유익하다! 개인적 · 업무적 신뢰관계를 구축할 때 많은 사람의 인생이 바뀐다. 스티븐은 모든 만남에서 진정한 성장, 영원한 성공의 기초가 되는 신뢰를 신속하게 키우고 고취하는 방법을 알려준다.

– 래리 킹

법과 정치가 지배하는 세계에서 신뢰가 없으면 분열과 환멸, 규칙에 의존하는 관료주의적 관계, 자유시민사회를 위협하는 행동의 출현 등 스티븐이 묘사한 모든 해악이 초래된다. 《신뢰의 속도》는 국가에 투명성, 정직성, 신뢰를 회복할 수 있는 도구를 제공하며 모든 사람을 위한 귀중한 책이다.

– 캐서린 크라이어, 법정 TV 〈생방송, 캐서린 크라이어〉 진행자

‖ 정부 · 교육 · 보건 분야 ‖

지식노동의 시대에 꼭 맞는 책이다. '성실성에 투자해 신뢰를 배당받을 때 기업은 강해지고 삶은 풍요로워진다'는 중요한 메시지를 통해 전 세계 모든 사람에게 큰 영감과 자신감을 준다.

– 로자베스 모스 캔터, 하버드 경영대학원 교수

'코비'라는 이름은 이미 우수함의 대명사가 되었다. 이 책은 그 맥을 잇고 있다.

– 존 R. 우든, UCLA 농구팀 명예감독

쉽고 실제적이며 폭넓게 적용할 수 있다. 중요한 일을 마찰 없이 빠르고 효과적으로 해결해야 하는 사람은 누구나 읽어야 한다.

– 클레이튼 M. 크리스텐슨, 하버드 경영대학원 교수

분열과 냉소, 실망으로 가득한 이 험난한 시대에 국가, 기업, 가족 혹은 자기 자신의 진정한 주인이 되고자 하는 사람의 필독 매뉴얼이다.

– 찰스 H. 로드만 2세, 미 공군예비역중장

신뢰에 대한 확실하고 남다른 자료를 통해 신뢰의 갭이 크다는 것을 입증하

고, 깨진 신뢰를 복원하기 위한 실천적 해법을 제시한다. 스티븐의 행동 원칙은 아무리 힘든 상황에서도 별다른 고민 없이 빠르게 결정을 내릴 수 있게 해준다. 인생을 바꾸는 엄청난 힘을 지닌 책이다.

– 데이브 게일러, 철학박사이자 플로리다주 샬럿카운티 교육감

교장, 교사, 학생이 서로 신뢰를 쌓고자 할 때 큰 도움을 줄 훌륭한 책이다.

– 페드로 가르시아, 교육학박사

스티븐이 내놓은 원칙과 실행 계획에는 보편성이 있다. 리더라면 누구나 《신뢰의 속도》를 읽어야 한다.

– 발레리 M. 파리시, 의학박사

인간관계와 성공에 있어서 신뢰가 갖는 힘의 놀라운 파급력과 강력한 영향력을 확인시켜주는 보석 같은 책.

– 피트 캐롤, 내셔널 챔피언 USC 트로이안스팀 수석코치

‖ 자기계발 전문가 ‖

영속적인 신뢰의 기초 위에 형성된 관계는 시간이 지나도 변치 않는다. 코비는 이러한 원칙을 우리 삶에 적용하는 방법을 제시한다.

– 존 그레이, 《화성에서 온 남자, 금성에서 온 여자》 저자

신뢰성과 생산성의 관계를 명쾌하게 보여준다. 신뢰에 대한 당신의 인식을 영원히 바꿔놓을 것이다.

–앤서니 로빈스, 《네 안에 잠든 거인을 깨워라》 저자

신뢰는 놀라운 성과를 얻는 지름길이다. 빠른 성과를 지향하는 사람에게 《신뢰의 속도》는 '인생의 최고의 책'이 될 것이다.

– 로버트 G. 알렌, 《백만장자의 유전자 암호 풀기》 저자

나는 신뢰의 중요성을 잘 알고 있다. 우리는 대원들끼리 서로 로프를 묶고 크레바스가 널린 설원을 건너간다. 그것은 신뢰가 없으면 감히 실행할 수 없는 일이다. 산에서 내 삶은 종종 팀원에게 달려 있고 그들의 삶 역시 나에게 달려 있다. 그러한 책임은 무한한 신뢰 위에 성립된다. 스티븐은 신뢰를 쌓고 유지하는 이러한 공식에 숨겨진 핵심 요소와 원리를 쉽고 재미있게 설명한다.

– 에릭 웨이언메이어, 《에베레스트를 등정한 시각장애인》 저자

천 년에 한 번 나올 법한 위대한 책! 신뢰는 상황이나 문화에 따라 걸치거나 벗어던지는 옷이 아니다. 모든 국가의 정치, 경제, 가족, 교육 분야의 리더는 이 책의 핵심 개념을 소화해야 한다. 스티븐은 우리가 하나가 될 수 있도록 하는 시너지적 접착제를 찾아냈다. 그것을 받아들이면 우리는 생존하고 번영하겠지만 그렇지 못하면 역사 속으로 사라질 것이다.

– 데니스 웨이틀리 박사, 《위대함의 씨앗》 저자

나는 신뢰받을 때 더욱 행복하다. 당신도 틀림없이 그럴 것이다. 스티븐은 우리가 의식적으로 신뢰를 부르는 행동을 할 수 있다고 가르친다. 《성공하는 사

람들의 7가지 습관》 이후 코비 집안에서 나온 최고의 책이다.

– 리처드 칼슨, 《우리는 사소한 것에 목숨을 건다》 저자

부자가 되고 싶다면 전폭적인 신뢰를 얻어야 한다. 이 훌륭한 책이 그 방법을 알려줄 것이다.

– 마크 빅터 한센, 《영혼을 위한 닭고기 수프》 공동저자

‖ 학습 · 인적자원 분야 ‖

신뢰는 오늘날 우리 사회가 지켜야 할 매우 중요한 가치 중 하나이다. '신뢰의 속도'는 전 조직에 걸쳐 신뢰를 고취하고자 결심한 모든 리더에게 필수적인 자원이다. 이 책은 성공하는 리더의 든든한 지원군이 될 것이다.

– 프랜시스 헤셀바인, 리더투리더 재단(전 피터드러커 재단) 회장

새로운 글로벌 경제에서 투명성과 정직성을 이해하고 소중하게 생각하는 모든 리더에게 매우 중요한 책이다.

– 앤 로디스, 피플 잉크 사장

신뢰는 모든 관계의 핵심 기반이다. 스티븐은 이 훌륭한 책에서 신뢰를 개인적 · 직업적 삶의 본질로 만들 수 있는 방법을 깊이 들여다볼 수 있게 해준다.

– 프레드 하버그, 모토로라대학 전 총장

삶의 모든 차원에서 평생의 신뢰관계를 구축하고 보완하는 사고 과정과 구조를 제공한다. 이제 관계의 치유를 시작하자!

– 리타 베일리, QVF 파트너스 CEO

조직과 리더의 효율성을 높이기 위한 진정한 전략 로드맵. 평평해진 세계에서 신뢰는 학습, 대인관계, 성과를 향상시키는 비밀 자원이다. 신뢰가 곧 역량이라는 스티븐의 놀라운 통찰은 혁명적이고 실제적이다.

– 엘리엇 메이지, 러닝 컨소시엄 CEO

옮긴이의 말

신뢰는 아름다운 성과다

15년 전 스티븐 M. R. 코비를 처음 만났다. 긍정적이고 활력이 넘치는 데다 무엇보다 인간적인 매력이 넘치는 그와 이야기를 하고 있으면 나에게도 '열정 바이러스'가 전염되는 것 같아 그와의 만남은 늘 유쾌하고 즐거웠다. 그런 그가 '신뢰'를 주제로 책을 집필한다는 이야기를 듣고 내심 반갑고 기대됐다. 훌륭한 성품과 뛰어난 역량을 지닌 그가 쓰는 책이라면 분명히 내용 또한 탁월하고 남다를 것이라는 생각이 들었다. 그리고 '신뢰'야말로 지금 우리 한국사회에 반드시 상기시켜야 할 주제이자 가치라고 여겼다.

미국 존스홉킨스 국제관계대학원의 프랜시스 후쿠야마Francis Fukuyama 교수는 10여 년 전에 그의 책《트러스트Trust》에서 "한국처럼 신뢰가 부족한 사회가 경제 발전을 이룩한 것이 이상하다"라고 밝힌 적이 있다. 그만큼 우리 사회의 신뢰 문제는 심각하며, 그것은 세기가 바뀐 지금까지 우리나라가 진정한 선진국으로 도약하는 길에 큰 장애요소로 작용하고 있다. 뿐만 아니라 신뢰는 21세기 기업이 영속하기 위해서 반드시 필요한 핵심요소로 자리 잡은 지 오래다.

지금으로부터 19년 전 나는《성공하는 사람들의 7가지 습관The 7 Habits Of Highly Effective People》을 원서로 읽고, '바로 이 책이 한국을 중진국에서 선진국으로 안내할 국민적 계몽서'라는 확신을 갖고 번역을 시작했다. 그리고 지금까지 세계적인 빌리언셀러의 자리에서 인류의 인생을 바꾸고 생각을 혁신하며 시공을 초월한 베스트셀러의 영예를 누리고 있는 그 책에서도 '신뢰'를 비중 있게 다루고 있다.

《신뢰의 속도》는 우리에게 큰 영감을 안겨준 《성공하는 사람들의 7가지 습관》의 저자 스티븐 R. 코비의 명성을 그대로 이어받았다. 저자들이 아버지와 아들 사이이기 때문에 이 책을 '7가지 습관'의 자매편으로 생각하고 읽어 내려가면서 단순히 자매편이 아니라는 사실을 깨닫고 무척 놀라고 흥분했다. 신뢰에 대해 '7가지 습관'보다 훨씬 심오하고 차별화된 통찰을 통한 실질적인 해결 방안을 제시했기 때문이다.

신뢰의 수준이 문제 해결 속도와 정비례한다는 사실은 한국의 조직 사회와 개인의 삶에 시사하는 바가 크다. 특히 개인에서 사회, 나아가 세계까지 5가지 차원의 신뢰를 다루고 있어서 활용도가 광범위하며, 그만큼 다양한 분야에 종사하는 수많은 독자들이 골고루 혜택을 누릴 것을 생각하니 벌써부터 가슴이 벅차고 뿌듯하다.

2008년 말에 '신뢰의 속도 워크숍'을 시작했다. 그 워크숍에 참가한 사람들은 하나같이 '변화'의 감동과 '혁신'의 위대함을 체험한 뒤, 보다 많은 사람들과 '신뢰의 본질과 중요성, 그리고 신뢰성을 회복하는 방법'을 나누고 싶다면서 번역을 재촉했다. 그것은 아마 책에 담긴 내용들이 매우 실용적이고 즉시 성과로 나타나기 때문이었을 것이다.

높은 신뢰는 커뮤니케이션을 증진시키고 팀워크를 강화시키며 모두가 자발적으로 일하게 만든다. 《신뢰의 속도》를 통해 신뢰를 높이는 방법과 직장 상사나 부하, 동료, 부부와 부모 사이에 신뢰가 어떻게 작용하는지에 대한 귀한 교훈을 얻을 수 있을 것이다. 특히 개인, 조직, 대인관계, 시장, 사회 등 5가지 차원에 따른 맞춤형 행동 전략을 직접 실천하기 바란다. 이 책이 신뢰문제로 고통받고 있는 개인, 가정, 그리고 조직에 강렬한 빛과 소금이 될 것이라 확신한다.

옮긴이 대표 김경섭

서문

관념과 이론의 벽을 깨고 나온 실천적 신뢰에 몰입하라

아버지가 아들을 자랑한다면, 그리고 아들이 쓴 책을 추천한다면 사람들이 그 말을 흔쾌히 믿어줄까? 그것도 신뢰에 관한 책에서 말이다. 하지만 분명한 사실은 내가 스티븐에게 코비리더십센터를 맡긴 지 3년 만에 회사의 매출 규모가 2배 성장했고, 수익이 1,200퍼센트 향상되었다는 점이다. 또한 그 기간 동안 전 세계 40개 나라에 진출했으며, 주주가치는 240만 달러에서 1억 6,000만 달러로 54배 증가했다. 당시 프랭클린퀘스트와 합병한 스티븐은 프랭클린코비의 탄생을 진두지휘하며 모두가 깜짝 놀랄 만한 성과를 올렸다.

어떻게 이런 큰 성과를 낼 수 있었을까? 그것은 한마디로 '신뢰가 낳은 결과'이다. 스티븐은 특유의 진실한 성품과 역량으로 그가 속한 모든 조직과 사회에서 전폭적인 신뢰를 받았고, 또한 그만큼 다른 사람을 신뢰했다. 신뢰를 주고받을 때의 시너지 효과는 이전에 경험하지 못한 수준의 높은 성과를 불러온다. 더불어 조직에 속한 모든 사람들에게 새로운 변화의 바람과 감동적인 경험을 선물한다.

내가 《성공하는 사람들의 7가지 습관》을 저술할 무렵 스티븐은 '푸르고 깨끗한' 잔디를 가꾸던 일곱 살짜리 꼬마였다. 작은 아이일 때부터 집 앞뜰의 잔디밭을 싱싱하고 깨끗한 상태로 유지하기 위해 물을 주고 잔디를 보살피며 직접 체험을 통해 습득한 방법은 평생 '모범적 행동'의 기준이 되었다. 그것은 그가 성인이 된 후 CEO로서 경영을 하면서 부딪치게 되는 다양한 변화의 물결을 슬기롭게 극복하고, 여러 차례의 교육 프로그램 런칭과 대규모 컨설팅 사업을 성공적으로 수행하는 데 많은 영향을 미쳤다. 또한 《신뢰의 속도》를 준비하는 과정과 그 밖의 인생 전반에서도 마찬가지였다.

개인, 기업, 사회를 지탱하는 희망의 뿌리

나는 《신뢰의 속도》가 세계인의 가슴에 감동을 주는 스테디셀러가 될 것이라고 굳게 믿는데, 그렇게 생각하는 데는 3가지 이유가 있다.

첫째, 이 책은 신뢰의 근원을 파고든다. 헨리 데이비드 소로Henry David Thoreau는 "악의 잎사귀를 천 번 잘라내기보다 악의 뿌리를 한 번 뽑는 것이 낫다"고 가르쳤다. 소로의 이야기뿐 아니라 '뿌리를 뽑는 일'의 중요성은 우리 일상의 다른 예를 통해서도 쉽게 찾아볼 수 있다. 예를 들면, 질병 예방과 치료, 범죄 예방과 단속 등을 비교해보면 금방 알 수 있다. 이 책에서는 대표적인 예로 도덕적 성품, 투명한 동기, 뛰어난 역량, 우수한 성과를 바탕으로 지속가능한 최상의 성과를 창출하기 위해 노력하는 기업과 리더의 사례가 등장한다.

아이러니하게도 내가 전 세계를 돌아다니며 깨달은 사실 중 하나는 엔론 사태를 계기로 기업의 회계를 감시하고 신뢰성과 투명성을 높이기 위해 제정된 사베인스-옥슬리법Sarbanes-Oxley Act을 지키는 일이 오히려 신뢰를 회복하고 구축하는 데 방해가 된다는 것이다. 딱딱한 법률은 '신뢰' 같은 부드러운 요소를 지키기에는 역부족이다. 법이 제정되기 이전부터 최고재무책임자CFO와 회계감사들의 중요성은 크게 부각된 상황이었으며, 윤리 토론, 윤리 교육, 기업 투명성 제고, 윤리 규범 등 윤리가 이 시대의 화두로 떠오른 지 오래다. 윤리는 이미 우리 사회를 관통하는 뜨거운 이슈인 것이다.

하지만 현실은 '신뢰'를 지키는 것과 거리가 멀다. 이 책은 우리 사회를 올바른 방향으로 이끄는 기본적 토대이자 핵심 요소인 윤리가 현실적으로 상당히 부족하다는 사실을 다양한 사례를 통해 증명한다. 또한 그동안 우리가 생각했던 신뢰의 속성을 완전히 뒤집는다. 즉, 신뢰가 측정할 수 없고, 한번 무너지면 다시 회복하기 힘들다는 통념을 깨고, 신뢰를 수치로 환산할 수 있으며 대인관계와 조직, 시장, 사회의 거의 모든 것에 영향을 미친다는 것을 확인시켜준다. 경제적 성공은 시장에서의 성공에서 나오며, 시장에서의 성공은 직장에서의 성공에서 비롯된다. 그리고 이 모든 것의 중심에 '신뢰'가 있다.

이 책은 지금까지 읽은 신뢰에 관한 그 어떤 책도 다루지 못했던 신뢰의 본질을 조명하고 있다. 단순한 법 준수 차원을 넘는 리더의 윤리적 행동을 통해 마음속의 실제 의도와 의제를 파고드는 것은 물론, 변함없는 대중의 신뢰를 불러일으키는 역량을 탐구하는 것이다. 신뢰를 상호 믿음이나 충성심, 윤리적 행동으로 정의하든, 아니면 그 결실인 임파워먼트, 팀워크, 시너지로 다루든, 신뢰는 영향력의 궁극적인 뿌리이자 원천이다. 사실 사회생태학자의 시각에서 바라보면 모든 관계가 결국 신뢰에 뿌리를 두고 있음을 발견할 수 있다. 또한 시야를 넓혀 신뢰 수준이 낮은 문화를 높은 문화로 혁신하는 과정을 깨달을 수 있다.

둘째, 이 책은 깊이가 있고 실제적이며 광범위하다. 무엇보다 내면에서 시작해 외부로 뻗어나가는 '신뢰의 5가지 차원(물결)'은 우리가 상상하지 못했던 신뢰의 틈새를 들여다보게 하고, 인생의 모든 영역에서 신뢰의 수준을 높일 수 있는 구체적인 실천 지침을 안겨준다.

신뢰는 연못과 같다. 연못에 돌을 던졌을 때 물결이 퍼져나가듯, 신뢰는 자신에게서 시작해 가족이나 동료 같은 가까운 사람의 관계는 물론 사회와 그에 속한 모든 이해당사자와의 관계로 퍼져나가는 것이다. 이 책에서 스티븐은 스스로 경험한 이야기와 연구·분석을 통해 얻은 현실적인 근거를 바탕으로 이러한 원칙을 개인과 대인관계, 가족, 기업, 학교, 병원, 정부기관, 군대, 비영리단체 등에 보편적으로 적용할 수 있다는 사실을 보여준다.

셋째, 이 책은 사람들에게 희망과 용기, 긍정적인 영감을 불어넣는다. 신뢰가 극히 낮은 상황이더라도 이 책을 읽고 실천한다면 신뢰를 쌓거나 회복하고 관계를 구축하는 데 능동적인 주체가 될 수 있다. 그리고 신뢰를 구축하는 데 생각보다 오랜 시간이 걸리지 않는다는 사실은 신선한 희망을 불러일으킨다. 뿐만 아니라 까다로운 불만 직원을 열렬한 지지자로 만들고, 기존에 책정된 비용에서 절반 수준만 지불했는데 성과는 두 배로 뛰고, 유해한 상황을 통쾌하게 반전하는 다양한 사례를 접하며 그동안 느낄 수 없었던 자신감과 낙관적 힘을 충전할 수 있다. 무엇보다 스스로에 대한 신뢰를 회복하고, 원하는 것을 이루기 위해 과감하게 몰입할 용기를 얻는 것은 이 책이 주는 가장 큰 선물이다.

글로벌 지식경제시대, 경쟁의 핵심요소로 떠오른 신뢰

사회가 전보다 투명해지고 글로벌 경제 환경이 상호의존적으로 바뀌면서, 신뢰는 그 어느 때보다 중요한 요소로 자리 잡고 있다. 세계를 무대로 경쟁해야 하는 CEO들의 궁극적인 의제는 '남들이 생각하지 못한 새로운 제품을 남들보다 빨리 시장에 내놓는 것'이다.

이러한 상황에서 신뢰가 낮으면 그것이 비윤리적 행동에 따른 것이든 윤리적이지만 무능한 행동(아무리 의도가 좋아도 잘못된 판단은 일을 그르치고 만다)에 따른 것이든 갈등을 초래한다. 낮은 신뢰는 개인과 조직, 그리고 가족에게 큰 비용 부담을 떠안기며 '솔직하지 못함, 사무실 정치, 개인 간 갈등, 부서 간 경쟁, 극단적인 승-패 사고, 자기보호적인 의사소통'을 낳는다. 그리고 이 모든 것은 부메랑이 되어 다시 신뢰의 속도를 떨어뜨린다. 한마디로 낮은 신뢰는 세상에 존재하는 모든 결정과 소통, 관계를 지체시키고 만다.

반면 높은 신뢰는 속도를 낳는다. 신뢰가 높으면 모든 것이 빨라진다. 이 책의 가장 큰 효용은 신뢰를 구축하는 이유의 핵심을 '뛰어난 성과 창출'로 꼽았다는 점이다. 성과는 브랜드에 대한 충성심을 낳고, 조직 내에 승리하는 문화를 고취시키며, 재주문율을 높인다. 나아가 신뢰는 고객을 핵심 영업사원으로 만든다. 그들은 누구보다 탁월한 홍보인력으로 바뀌어 당신이 생산한 제품과 당신이 속한 기업을 타인에게 추천하고 그러한 활동은 결국 경제적 성과로 이어진다. 또한 신뢰는 공급업자들을 전략적 파트너로 만들어주며 이것은 지식노동자 기반의 글로벌 경제에서 대단히 중요한 역할로 작용한다.

신뢰가 미치는 영향은 그야말로 막대하다. 기업 혁신, 상호보완적 팀워크, 협력, 임파워먼트, 시그마식스, TQM(Total Quality Management, 전사적 품질 경영), 브랜드 충성심, 그리고 다양한 생존 전략의 모색 등은 모두 신뢰 없이는 불가능하다. 또한 신뢰는 개인의 상호작용과 거래의 원천으로 가족관계, 부서 간 상호관계, 고객과의 관계 등 삶의 모든 관계의 질을 향상시킨다.

《신뢰의 속도》는 현재 우리가 살고 있는 '평평한 세계'에 반드시 필요한 주제를 실용적으로 다루고 있다. 무엇보다 개인적인 경험을 기초로 했기 때문에 읽기 쉽고, 충분히 설득력이 있다. 특히 '수치'를 근거로 그동안 누구도 제시하지 않았던 기업 이야기를 다루고 있어 신뢰의 속도가 재무제표에 결정적인 영향력을 미친다는 사실을 몸소 느낄 수 있다. 그것은 이 책의 주장이 실제적이고, 실증 가능하며, 측정할 수 있다는 사실을 증명하는 동시에, 이 책의 권위와 신뢰성을 높여준다.

독창적인 통찰을 통해 얻게 되는 새로운 관점, 의미 있는 연구를 통해 구축하는 귀중한 교훈은 언제나 기쁨과 즐거움을 안겨준다. 이 책은 '신뢰의 교과서'이다. 나는 이 책으로 청출어람을 경험했다. 스티븐은 내 아들이기 이전에 이 책을 통해 나에게 새로운 가르침을 준 스승이다. '신뢰'라는 주제에 대해 남들이 생각하지 못했던 방식으로 탐구하고 깊이 있게 분석하여 내 사고의 한계를 뛰어넘게 해준 것에 무척 고맙고 자랑스럽다. 나는 스티븐이 신뢰에 관한 한 진지하고 역량 있는 리더로서 새로운 경지에 올랐다고 생각한다. 내가 그랬던 것처럼 즐겁고 유익한 독서가 되길 바란다.

스티븐 R. 코비

THE SPEED OF TRUST

차례

3부 두 번째 차원:
믿음직스러운 인간관계를 위한 행동 원칙

행동으로 일으킨 문제는 행동으로 해결해야 한다

4부 세 번째, 네 번째, 다섯 번째 차원: 조직과 사회에서의 신뢰력

신뢰의 속도를 높이고, 비용을 낮추고, 조직의 영향력을 극대화하는 방법

5부 신뢰 고취하기

진정한 신뢰를 회복하고 커다란 성과를 안겨줄 신뢰의 폭을 넓히는 방법, 그리고 불신이 위험한 진짜 이유

01

모든 것을 변화시키는 한 가지

전 세계의 모든 개인, 관계, 팀, 가족, 조직, 국가, 경제, 문화에는 한 가지 공통적인 것이 있다. 그것이 사라지면 강력한 정부, 성공하는 기업, 번영하는 경제, 영향력 있는 리더, 돈독한 우정, 강한 성품, 깊은 사랑은 무너져버리고 만다. 반면 그것을 개발하고 이용하면 삶의 모든 차원에서 전례 없는 성공과 번영을 이룩할 수 있는 힘을 얻는다. 그런데 21세기에 그것은 크게 알려지지 않았으며 심지어 무시당하거나 과소평가되고 있다.

그것은 바로 신뢰이다.

신뢰는 하루도 빠놓지 않고 우리에게 영향을 미친다. 그것은 모든 관계, 소통, 업무 프로젝트, 사업, 그리고 우리가 관여하는 모든 노력을 떠받치는 동시에 그 질에 영향을 준다. 또 매 순간 삶의 질을 변화시키는 것은 물론 미래의 개인적, 직업적 삶의 경로와 결과를 바꿔놓는다.

대다수가 믿고 있는 것과 달리 신뢰는 실증이 어려운 관념적인 것이 아니라 생각보다 훨씬 빨리 만들어낼 수 있는 실행 가능한 유형 자산이다. 기업의 회계 부정, 테러리스트의 위협, 사무실 내의 정치, 관계의 단절은 거의 모든 부분에서 신뢰를 떨어뜨린다.

신뢰를 쌓고 키우고 보내고 회복하는 것은 우리의 개인적 행복과 관계의 안녕에 매우 중요하며, 신뢰는 새로운 글로벌 경제에서 살아남기 위한 핵심 리더십 역량이다. 어떤 상황에서든 신뢰의 속도만큼 빠른 것은 없다. 흥미로운 것은 대중의 믿음과 달리 신뢰는 우리의 행동에 따라 달라질 수 있다는 점이다. 우리는 누구나 신뢰를 만들어내고 탄탄하게 쌓을 수 있다!

THE ONE THING THAT CHANGES EVERYTHING

1장

신뢰의 속도만큼 빠른 것은 없다

사람들이 진심으로 서로
신뢰할 때 속도가 생긴다.

_에드워드 마셜Edward Marshall

빠르지 않으면
죽었다고 생각하라.

_잭 웰치Jack Welch

여러 해 전, 나는 뉴욕시의 한 대형 투자은행에서 잠시 근무한 적이 있다. 어느 날 지루하고 피곤한 미팅을 끝낸 나는 조직이 내부적으로 심각한 신뢰의 위기에 직면해 있음을 깨달았다. 신뢰 문제가 일을 지연시키고 빠른 실행에 부정적 영향을 미치고 있었던 것이다. 나와 개인적으로 가까웠던 한 이사가 조용히 말했다.

"이런 미팅은 차라리 하지 않는 게 나아. 시간 낭비라고. 난 마이크를 믿지 않아. 엘렌도 믿을 수가 없어. 거기에 참석한 사람들 죄다 믿음이 가지 않아."

"그러면 신뢰를 회복하기 위해 뭔가 노력해야 하지 않을까요?"

그는 나를 바라보며 진지하게 대답했다.

"이봐 스티븐, 자네는 뭘 모르는군. 신뢰는 받는 거라고. 절대 내 뜻대로 되는 게 아냐. 우리는 신뢰받지 못하고 있지만 우리가 할 수 있는 건 아무것도 없어."

나는 그의 생각에 결코 동의하지 않는다. 실제로 나는 지난 20년간의 개인적인 경험이나 기업 컨설턴트로서의 경력을 통해 노력만 한다면 얼마든지 신뢰를 높일 수 있음을 알게 되었다. 그것도 생각보다 훨씬 빠르게 신뢰를 높일 수 있다.

당연한 얘기지만 신뢰를 향상시키면 우리의 삶의 질과 얻게 되는 결과는 근본적으로 달라진다.

> 설사 모든 사실과 수치, 뒷받침하는 증거, 원하는 지지를 얻더라도 신뢰를 얻지 못하면 성공할 수 없다.
>
> _네일 피츠제럴드Naill Fitzgerald, 유니레버 전 회장

신뢰는 모든 것에 영향을 미친다

전 세계를 돌아다니며 '신뢰의 속도'를 이야기할 때마다 나는 이런 실망과 좌절의 목소리를 자주 듣는다.

- ☑ "사무실 정치를 더 이상 못 참겠어요. 동료들이 내 업무를 고의로 방해하는 것 같아요. 모두들 자기 일만 챙기고 승진하기 위해 무슨 짓이든 할 태세예요."
- ☑ "과거에 사람을 믿었다가 크게 당한 적이 있어요. 어떻게 해야 사람들을 믿고 실질적인 신뢰관계를 유지할 수 있죠?"

- ✓ "우리 조직은 관료주의에 빠져 있어요. 그게 일에 얼마나 큰 방해가 되는지 몰라요. 연필 하나를 사려고 해도 일일이 결재를 받아야 한다니까요!"
- ✓ "아이들이 크면서 내 말을 듣지 않아요. 어떻게 해야 하죠?"
- ✓ "직장에서 내 능력을 제대로 평가받지 못한다는 느낌이 듭니다."
- ✓ "어리석게도 나는 가장 중요한 사람의 신뢰를 저버렸어요. 할 수만 있다면 상황을 되돌리고 싶은 심정이에요. 물론 불가능하다는 건 알아요. 내가 관계를 회복할 수 있을까요?"
- ✓ "나는 직장생활이 위태위태합니다. 솔직히 말하면 쫓겨나거나 한직으로 발령받을 거 같아요."
- ✓ "상사가 나와 다른 직원의 일에 시시콜콜 간섭합니다. 우리를 전혀 믿지 못하는 것 같습니다."
- ✓ "회사의 온갖 추문과 부패, 비윤리적인 행위 때문에 좌절감을 느끼고 있어요. 더 이상 무엇을, 누구를 믿어야 할지 모르겠어요."

만약 당신이 이런 상황에 놓인다면 어떻게 하겠는가? 신뢰 부족으로 조직 내에 정치가 난무하고 관료주의가 형성된다면, 혹은 업무가 지체된다면 어떻게 하겠는가? 그냥 그런 상황을 기업을 운영하는 데 따른 비용으로 생각하고 감수하겠는가? 아니면 그런 상황을 제어하거나 반전시키기 위한 조치를 취하겠는가? 당신은 분명 그런 상황에 대해 적절한 행동을 취할 수 있다. 이 책을 통해 신뢰를 쌓고 키우고 보내고 회복하는 방법을 배움으로써 삶을 긍정적이고 의미 있게 바꿀 수 있는 것이다.

신뢰를 강화하는 데는 기술과 더불어 10년이라는 시간이 필요하다.

_톰 피터스

느껴야 깨닫는다

신뢰란 무엇일까? 복잡한 정의를 내리기보다 GE의 전 CEO인 잭 웰치의 말을 인용하겠다.

"느껴봐야 안다."

간단히 말해 신뢰는 믿음이다. 우리는 사람을 신뢰할 때 그의 성실성과 능력을 믿는다. 반면 불신은 의심을 낳는다. 우리는 사람을 신뢰하지 않을 때 그의 성실성, 의도, 능력, 실적을 의심한다. 또한 우리는 경험을 통해 신뢰에 기초한 관계와 그렇지 않은 관계에 차이가 있음을 알고 있다. 경험은 우리에게 그 차이가 하늘과 땅만큼 크다는 것을 분명하게 말해준다.

상사, 동료직원, 고객, 배우자, 부모, 형제, 자식, 친구 가운데 돈독한 신뢰관계를 유지하고 있는 사람을 한 명 떠올려보라. 그 관계는 어떠한가? 어떤 느낌인가? 얼마나 잘 소통되고 있는가? 얼마나 일을 신속하게 마칠 수 있는가? 그 관계는 얼마나 즐거운가?

이제 직장이나 가정에서 낮은 신뢰관계를 유지하는 사람을 한 명 생각해보라. 그 관계는 어떤가? 어떤 느낌인가? 얼마나 잘 소통되고 있는가? 신속하고 자유롭게 소통되고 있는가, 아니면 항상 지뢰밭을 걷거나 오해받고 있다는 느낌인가? 일을 신속하게 마치기 위해 협력하는가? 최종 합의에 도달하고 실행하는 데 지나치게 많은 시간과 노력이 필요한가? 그 관계가 즐거운가, 아니면 따분하고 귀찮고 소모적인가?

높은 신뢰관계와 낮은 신뢰관계의 차이는 이처럼 확연하게 드러난다. 예를 들어 소통을 생각해보자. 높은 신뢰관계에서는 말을 잘못해도 사람들이 당신의 말뜻을 잘 이해한다. 반면 낮은 신뢰관계에서는 신중하고 정확하게 말해도 말뜻을 오해하기 십상이다.

개인적, 업무적으로 중요한 관계를 맺고 있는 사람들과 높은 신뢰관계를 유지할 경우, 삶이 얼마나 달라질지 상상해본 적이 있는가?

> 신뢰 없이는 성공할 수 없다. 신뢰에는 성공하기 위해 얻으려고 노력하는 거의 모든 것이 담겨 있다. 부부관계든 친구관계든 혹은 사회적인 관계든 신뢰 없이 성공하는 인간관계를 본 적이 있는가? 그것은 기업도 마찬가지다. 특히 대중을 상대로 하는 기업은 더욱 그렇다.
>
> _짐 버크 Jim Burke, 존슨 & 존슨 전 회장

뜻하지 않은 시련

수년 전 프랭클린퀘스트와 코비리더십센터를 합병해 프랭클린코비사를 만들었을 때, 나는 개인적으로 성장에 큰 도움이 되는 경험을 했다. 인수합병을 경험해본 사람은 누구나 알겠지만 그것은 결코 쉬운 일이 아니다. 우리에게는 우수한 사람들, 훌륭한 콘텐츠, 충성스

러운 고객, 좋은 제품이 있었지만 두 개의 이질적인 문화를 섞는 일은 매우 어려웠다. 특히 내가 잔뜩 기대하고 있던 미팅이 내 속을 완전히 뒤집어놓고 말았다. 합병된 회사의 신임 CEO 역시 우리처럼 장밋빛 꿈에 젖어 있다가 여러 가지 심각한 문제와 갈등에 부딪히자, 전체 컨설턴트가 참가하는 미팅을 소집했다.

이때 그는 사람들의 우려를 씻겠다는 생각으로 리더들에게 일방적으로 전달만 하는 회의 형식을 취했다. 어떤 제안을 하거나 배경 설명, 빠진 정보 보충, 문제의 다른 측면 지적, 예상되는 곤란한 상황 등을 보여주는 것은 허용되지 않았던 것이다. 더구나 4시간 예정이던 미팅은 10시간이나 계속 되었지만, 회사 측의 설명 중에서 전체 상황을 정확히 짚어낸 부분은 극히 일부에 불과했다. 그 대부분은 오해에서 비롯되었거나 조작 및 왜곡되었고 완전히 틀린 부분도 있었다. 입을 꾹 다물고 속으로 추측, 의심, 비난하면서 말도 안 되는 얘기를 들어야 했으니 리더들의 좌절감이 얼마나 심했겠는가.

더욱 절망적인 것은 우리가 그런 미팅을 열두 번 넘게 열었다는 사실이다. 참으로 잔인한 경험이었다. 나는 합병이 어렵다는 것은 알고 있었지만 그래도 우리는 슬기롭게 넘길 수 있을 거라고 생각했다. 나중에 깨달은 사실이지만 이것은 그저 내 일방적인 생각에 지나지 않았다. 어쨌든 당시에 나는 사람들이 내 평판과 신뢰성을 이미 알고 있을 거라 믿고 새로 합병된 회사와 신뢰를 구축하는 데 집중하지 않았다.

이것은 커다란 오산이었다. 나를 신뢰한 사람은 절반에 불과했고 신설된 회사는 코비진영과 프랭클린진영으로 나뉘고 말았다. 나와 함께 일해 온 코비진영 사람들은 내가 모든 결정에 객관적이고 외부적인 기준을 적용하며 독단적이지 않다고 생각했다. 때로 나는 코비 측 의제만 밀어붙인다는 오해를 피하기 위해 일부러 프랭클린 쪽에 유리한 결정을 내리기도 했지만, 나를 모르는 사람들은 나를 믿지 않았고 사사건건 내 결정을 반대로 해석했다.

한번은 선댄스리조트에서 리더십 개발 프로그램을 개최하는 문제가 쟁점으로 떠올랐다. 일부 사람은 선댄스가 함께 일하기 어려운 상대이므로 장소를 다른 곳으로 옮겨야 한다고 주장했고, 프로그램 책임자는 고객들이 그곳을 좋아한다는 이유로 선댄스를 고집했던 것이다. 재무적으로는 그곳에서 프로그램을 개최하는 것이 다른 곳에서 하는 것보다 프로그램당 평균 40퍼센트나 수입이 높은 것으로 나타났다. 그때 나는 간단히 결정을 내렸다.

"수익이 더 높고 프로그램 책임자가 선댄스를 강력하게 추천하니 선댄스 측과 함께 일할 좋은 방법을 찾아봅시다."

나는 사람들이 충분히 이해할 거라 생각하고 결정을 내렸지만 그것은 착각이었다. 나를 신뢰하지 않는 사람들은 내가 무조건 '코비' 안을 밀어붙인다고 생각했을 뿐이다. 심지어 내가 과거에 선댄스 어린이극장의 자문위원회에서 무보수로 일해 달라는 요청을 받은 적이 있다는 사실을 근거로 뒷돈을 받았을지도 모른다고 의심하는 사람도 있었다. 많은 사람이 내 동기를 의심했다. 나에 대한 신뢰가 지극히 낮았던 탓에 사람들은 내가 선댄스를 미는 데는 어떤 의도가 숨어 있을 거라고 여겼던 것이다.

사람의 동기를 의심하는 순간, 그의 모든 행동이 순수하게 보이지 않는다.

_마하트마 간디

또 한번은 코비 출신의 유능한 리더 '론'이 합병 정치에 휘말리는 바람에 그를 다른 부서로 발령을 내게 되었다. 이때 나는 편 가르기를 없애기 위해 론의 자리에 외부 사람을 영입하기로 했다. 이 결정을 발표할 때, 나는 사람들이 새로운 인재 영입을 반길 거라고 생각했지만 여기에 신경 쓰는 사람은 없었다. 론이 물러나길 원했던 그들은 그가 여전히 회사 내에 있다는 것에만 관심을 집중했다.

내 행동은 번번이 잘못 해석되었고 의도는 의심을 받았다. 심지어 의사결정을 내릴 때 코비와 프랭클린 사람들을 함께 참석시켜도 그런 일이 일어났다. 내 전력과 성과를 모르는 사람들은 내가 리더의 위치에 있는 것은 오로지 스티븐 R. 코비의 아들이기 때문이며 스스로 쌓은 신뢰는 없다고 생각했다.

결국 나는 어떤 결정을 내릴 때마다 신중을 기하게 되었다. 내 결정이 양쪽 문화에서 어떻게 받아들여질지 예상하는 것은 물론 어떤 부담과 위험이 있는지 고려해야 했기 때문이다. 체질에 맞지 않아 한 번도 해본 적 없던 정치게임을 시작했던 것이다.

그동안 일어난 일을 곰곰이 생각해본 나는 문득 그 어려운 문제에 정면으로 부딪치지 않으면 현재의 상황이 지속되는 것은 물론, 심지어 더 나빠질 수도 있음을 깨달았다. 분위기를 반전시키지 않으면 내가 어떤 결정을 내리든 추측이 난무하고 정치게임이 지속될 터였다.

우리는 심각한 관료주의, 정치, 복지부동에 직면해 있었고 탓에 엄청나게 많은 시간과 노력, 돈을 낭비하고 있었다. 그러한 희생 앞에서 나는 생각에 잠겼다. 여기서 상황이 더 나빠지면 무엇을 잃을까?

교육훈련사업부 사장으로 있던 나는 우선 워싱턴 D.C.로 가서 전체 인력의 3분의 1 정도의 컨설턴트에게 전략을 설명했다.

"여러분, 우리는 오늘 전략을 논의하기 위해 이 자리에 모였습니다. 여러분이 전략 이야기를 하고 싶다면 그 이야기를 하십시오. 합병 문제를 이야기하고 싶으면 그 이야기를 합시다. 우리는 어떤 문제라도 논의할 것입니다. 껄끄러운 문제라도 회피하지 않을 겁니다. 누가 남고 누가 가는지, 어떤 결정을 누가 내리는지, 어떤 기준이 적용되는지, 왜 더 많은 정보를 알려주지 않는지, 결정을 내리는 사람을 신뢰하지 않으면 어떻게 되는지 등 어떤 문제라도 말씀해주십시오. 제가 내리는 결정에 관한 생각도 상관없습니다."

사람들은 나에 대한 그들의 인식을 포함해 여러 가지 곤란한 문제를 제기하자 놀라는 눈치였다. 물론 여전히 많은 사람이 내 실제 의도를 궁금해 했지만, 곧 내가 아무것도 숨기지 않는다는 것을 알아챈 것 같았다. 투명하고 솔직한 내 자세에 그들은 내가 정말로 모든 것을 공개적으로 토의하고 싶어 한다는 것을 느꼈다.

내가 먼저 마음을 열자 1시간으로 예정되어 있던 전략회의는 종일 토론회로 바뀌었고 우리는 진심으로 회사에 옳은 일을 하려고 노력했다. 어느 쪽 건물을 사용하는 것이 좋은가? 어느 쪽 보수 체계가 적용되는가? 어느 쪽 매출 모델을 사용하는가? 스티븐 당신에게는 정말로 이 결정을 내릴 만한 역량이 있는가? 당신의 실적은 어떤가?

당신의 기준은 무엇인가?

나는 사람들이 제안하는 그 모든 것이 어려운 문제라는 것을 공개적으로 인정했다. 여러 가지 결정의 합당한 이유와 거기에 대한 내 생각 및 결정 과정도 솔직하게 털어놓았다. 나눌 수 있는 정보를 모두 나눴고 나눌 수 없는 정보는 그 이유를 설명했다. 나아가 그들의 우려를 이해하려 노력하고 경청했으며 그들의 건의에 기초해 개선할 것을 약속했다.

미팅이 끝났을 때 내 마음속에는 새로운 희망과 설렘이 찾아들었다. 한 참가자는 내가 하루 만에 몇 달간 쌓아온 신뢰 이상의 신뢰를 쌓았다고 말했다. 나는 무엇보다 솔직한 소통의 가치를 인정하는 것이 그 출발점이라는 사실을 깨달았다. 또한 진짜 시험은 내가 그 약속을 어떻게 실천하느냐에 달려 있다는 것도 알았다. 하지만 적어도 그 순간만큼은 사람들이 낮은 신뢰의 렌즈가 아닌 새로운 눈으로 나를 바라보았다. 그 미팅 이후 나는 한두 달간 다른 컨설턴트들을 만나 같은 과정을 거쳤고 똑같은 결과를 얻었다. 덕분에 아주 짧은 시간 안에 전체 사업부 컨설턴트들의 신뢰를 구축할 수 있었다. 일단 신뢰 수준이 높아지자 모든 분야에서 일의 속도가 빨라졌고 비용은 줄었으며 성과가 향상되었다.

그 후 프랭클린코비를 떠나 내 회사를 설립했지만 그들이 합병의 폭풍을 견뎌내고 지금은 서로 잘 지내고 있다는 소식을 전해주어 무척 기쁘다. 개인적으로 이 모든 경험은 신뢰가 높고 모든 상황이 좋았던 합병 전의 경험보다 신뢰를 확실하게 이해하는 데 훨씬 큰 도움이 되었다.

무엇보다 내가 너무 일방적으로 생각한다는 것을 알았다. 나는 사람들이 나를 믿는다고 생각했지만 실제로는 그렇지 않았다. 그리고 사람들이 내 실적과 코비리더십센터에서의 역량을 안다고 믿었으나 사실은 그렇지 않았다. 비공식적인 미팅에서 어려운 문제를 꺼내고 객관적 기준에 따라 결정을 내리는 내 자세가 직원들에게 알려질 것이라고 생각했던 것 역시 착각이었다.

또한 나는 내가 정치적으로 순진하다는 것을 알았다. 탓에 실수를 하기도 했지만 그렇다고 비난을 받을 만한 실수는 아니었다. 어쨌든 나는 합병을 통해 낮은 신뢰에 따른 사회적, 경제적 결과를 톡톡히 경험한 셈이었다. 그중에서 압권은 신뢰가 정말로 모든 것을 바꿀 수 있다는 사실을 깨닫게 되었다는 점이다. 일단 성품과 역량에 기초한 신뢰가 형성되면 모든 것이 깨끗하게 해결된다.

악화된 신뢰의 현주소

우리 사회가 신뢰의 위기에 처해 있다는 것은 멀리 볼 것도 없이 신문만 들여다봐도 쉽게 알 수 있다. 다음은 최근에 실린 일간지 기사의 헤드라인이다.

- 직원들의 새 모토, 아무도 신뢰하지 않는다
- 기업, 신뢰 회복을 촉구
- 양측 모두 상대의 신뢰 배신

- 뉴욕증권거래소 거래인 20명 기소
- 사람들의 신뢰를 회복하기 위해 윤리를 강화해야
- 신뢰가 사라지면서 관계 단절
- 지금 당신은 누구를 신뢰하는가?

이러한 헤드라인은 사회의 모든 부분에서 신뢰가 매우 낮다는 것을 보여준다. 글로벌 사회의 조직, 시장, 대인관계, 개인생활 곳곳에 낮은 신뢰가 침투해 있다. 낮은 신뢰는 의심과 냉소를 낳으며 심지어 그것이 고착화하면 값비싼 대가를 치러야 하는 하향 사이클을 만들어낸다. 사회 전체를 한번 생각해보자. 정부, 언론, 기업, 의료기관, 교회, 정당 등 우리 사회에 존재하는 거의 모든 기관에서 신뢰는 한 세대 전보다 크게 낮아졌고 역사상 최저 수준에 이른 곳도 있다. 예를 들어 미국에서 실시한 2005년 해리스 여론조사 결과 신뢰 수준이 언론 22퍼센트, 정당 8퍼센트, 정부 27퍼센트, 대기업 12퍼센트로 나타났다.

또한 영국의 사회학자 데이비드 홀펀David Halpern이 실시한 최근의 조사에서는 미국인의 34퍼센트만 다른 사람을 신뢰하는 것으로 나타났다. 남미에서는 그 수치가 23퍼센트에 불과했고 아프리카에서는 18퍼센트로 드러났다. 같은 조사에서 스칸디나비아 3개국(덴마크, 스웨덴, 노르웨이)은 68퍼센트, 네덜란드는 60퍼센트로 밝혀졌다. 멕시코는 31퍼센트로 낮은 편이기는 하지만 1983년의 19퍼센트보다 높아져 사회의 신뢰 수준이 향상될 수 있음을 보여주고 있다.

> 스포츠 팀에 속해 있든 사무실에서 일하든 가족의 일원이든 서로를 신뢰하지 못하면 곤란해진다.
>
> _조 패터노Joe Paterno, 펜실베이니아 주립대학 미식축구팀 감독

조직 차원에서의 신뢰 역시 급격히 악화되었다. 다음의 연구 결과를 보라.

- 경영진을 신뢰하는 직원은 51퍼센트이다.
- 리더가 정직하고 성실하게 행동한다고 생각하는 직원은 31퍼센트이다.
- 지난 12개월간 직원의 76퍼센트가 직장에서 불법적 혹은 비윤리적 행동(공개될 경우 대중으로부터 심각한 신뢰의 위기를 불러올 수 있는 것)을 목격했다.

그렇다면 대인관계 차원에서 신뢰는 어떠할까? 각 관계에 따라 다르긴 하지만 대부분의 사람이 적어도 일부 관계(상사, 동료, 배우자, 아이들처럼 중요한 관계인 경우가 많다)에서 신뢰에 문제를 겪고 있다. 다음의 사실을 보라.

- 사람들이 직장을 떠나는 가장 큰 이유는 상사와의 불편한 관계 때문이다.
- 결혼한 부부의 50퍼센트가 이혼한다.

모든 종류의 관계는 신뢰를 토대로 유지된다. 따라서 신뢰가 부족하거나 깨지면 그 관계가 단절될 수 있다. 신뢰에 기초하지 않은 의미 있는 관계는 있을 수 없으며 나쁜 관계는 신뢰가 낮은 관계라는 것을 뜻한다.

개인적 차원의 신뢰는 어떠한가? 대학원에 진학하기 위해 부정행위를 했다고 인정한 학생들의 비율을 보라.

- 인문계 학생 – 43퍼센트
- 교대 학생 – 52퍼센트
- 의대 학생 – 63퍼센트
- 법대 학생 – 63퍼센트
- 경영대 학생 – 75퍼센트

학교시험에서 부정행위를 한 의사로부터 수술 받을 가능성이 50퍼센트가 넘는다는 사실을 알고 나니 기분이 어떠한가? 정직성을 중요시하지 않는 사람이 입사하려는 회사를 이끌고 있을 가능성이 75퍼센트라는 사실은 또 어떠한가?

최근에 내가 이 자료를 한 변호사 집단에게 발표했을 때, 그들은 법대생이 꼴찌가 아니라는 사실을 알고 기뻐했다.

이후에 MBA의 75퍼센트가 수익을 잠식하는 지출을 고의로 낮췄다는 것과 개방 교도소의 죄수들이 윤리적 딜레마에 대한 시험에서 MBA보다 높은 점수를 받았다는 사실은 MBA출신인 나를 더 난처하게 만들었다.

신뢰의 위기를 숨기지 말고 이야기하라. 사회, 조직, 관계 외에 더욱 근본적이고 중요한 차원의 신뢰는 자기 신뢰이다. 우리는 목표 설정이나 새해 결심처럼 자신에게 약속하고 지키지 않는 경우가 많다. 이로 인해 불신이 쌓여 스스로를 신뢰하지 못하면 다른 사람의 신뢰도 얻기 어렵다. 이처럼 개인적인 불성실성이 다른 사람의 의심을 초래하는 경우는 매우 많다.

아버지는 내게 우리가 '자신은 자기 의도'로 판단하고 '다른 사람은 그들의 행동'으로 판단한다고 말했다. 따라서 신뢰를 회복하는 가장 빠른 방법은 자신에게든 타인에게든 약속을 잘 지키는 것이다.

다시 강조하건대 우리는 신뢰의 위기를 맞고 있다. 그것은 사회, 제도, 조직, 관계, 개인 등 모든 차원에 영향을 미치며 고착화하는 경향이 있다. 예를 들어 배반이나 기업 회계 부정이 있을 때 그 충격에서 쉽게 헤어나는 사람도 있지만, 대개는 늦게 회복한다. 사람들은 알려진 것 외에 뭔가가 더 있을 거라고 추측하며 다른 사람에 대한 의심을 키운다. 소수의 행동을 다수에게 비춰보면서 값비싼 대가를 치르는 것이다.

> 상층부의 고질적인 부정·부패 사건이 드러날 때마다 미국인은 조금씩 신뢰를 잃어간다. 우리는 그 신뢰의 충격에서 쉽게 헤어나지 못한다.
>
> _로버트 에커트Robert Eckert, 마텔Mattel CEO

신뢰의 경제학

냉소주의자는 이렇게 물을지도 모른다.

"그래서 어쨌다는 겁니까? 신뢰가 좋은 사회적 덕목, 소위 위생요인hygiene factor(없으면 불만스럽지만 있어도 만족이 커지지 않는 요인) 이상의 의미를 지닌다는 건가요? 신뢰가 실질적인 경제 동력이라는 것을 계량적으로 설명할 수 있습니까?"

나는 이 질문에 대한 대답으로 신뢰를 주제로 강력한 비즈니스 사례를 보여줄 생각이다. 먼저 신뢰를 정량화할 수 없는 무형의 변수에서 정량화할 수 있는 유형의 필수 요소로 바꿔놓는 간단한 공식을 소개하겠다. 이 공식은 한 가지 중요한 통찰, 즉 신뢰는 항상 속도와 비용에 영향을 미친다는 점에 토대를 두고 있다.

> 신뢰 수준이 내려가면 속도도 내려가고 비용은 올라간다.
>
> ↓신뢰 = ↓속도 ↑비용
>
> 신뢰 수준이 올라가면 속도도 올라가고 비용은 내려간다.
>
> ↑신뢰 = ↑속도 ↓비용

이 공식은 간단하고 실제적이며 예측이 가능하다. 그러면 2가지 예를 살펴보자.

먼저 9·11 테러 직후 미국 내 항공여행에 대한 신뢰는 땅에 떨어졌다. 사람들이 공격을 가하려는 테러리스트가 실제로 주변에 존재함에도 탑승객의 안전을 보장하는 시스템이 확고하지 못하다는 것을 알았기 때문이다. 이후 항공 절차와 시스템은 보다 엄격해졌고 항공기의 안전 및 탑승객의 신뢰는 높아졌다. 하지만 보안강화로 인해 여행하는 데 더 많은 시간과 비용을 지불하게 되었다.

9·11 테러 전에 나는 항공기가 이륙하기 30분 전에 공항에 도착해도 신속하게 보안검색을 통과할 수 있었다. 하지만 이제는 보안검색을 통과하기 위해 미국 내 여행의 경우에는 1시간 30분 전에, 해외여행인 경우에는 2, 3시간 전에 공항에 도착해야 한다. 또한 티켓을 끊을 때마다 신설된 9·11 보안세를 낸다. 신뢰가 내려가면서 속도가 느려지고 비용은 올라간 것이다.

최근에 나는 고위험 지역으로 분류된 중동의 한 대도시를 다녀왔다. 지정학적인 이유로 그 지역의 신뢰는 극히 낮았고 때문에 이륙 4시간 전에 공항에 도착해야 했다. 보안검색과 개인물품 검사가 여러 차례에 걸쳐 이뤄졌기 때문이다. 물론 보안강화 조치는 필요한 일이고 깐깐한 시스템에 고마움을 느끼기도 했지만 교훈은 마찬가지다. 신뢰가 낮아 속도가 느려지고 비용은 올라간 것이다.

> 불신은 대단히 비싼 대가를 치른다.
>
> _ 랠프 왈도 에머슨Ralph Waldo Emerson

또 다른 예를 생각해보자. 엔론, 월드컴, 그밖에 다른 기업 회계 부정 사건을 계기로 미국에서 사베인스-옥슬리법이 통과되었다. 이 법이 시장에서 신뢰를 향상시키거나 최소한 신뢰를 현 수준으로 유지하는 데 긍정적 효과를 발휘했을지도 모르지만, 다른 한편으로 기업은 큰 대가를 치르고 있다. 사베인스-옥슬리법을 준수해야 하는 기업의 CEO, CFO, 혹은 회계담당자에게 그 법을 지키는 데 어느 정도의 시간과 추가비용이 드는지 물어보면 엄청난 수준이라고 대답한다. 최근 연구에서 그 법률의 한 개 조항을 실행하는 데 드는 비용이 350억 달러로 나타났는데, 이는 처음 미 증권거래위원회SEC에서 추정한 액수보다 28배나 높은 것이다.

법 준수는 부족한 신뢰를 보완하기 위한 장치이지만 그것은 느리고 비용도 많이 든다. 이러한 예를 통해 우리는 다시 한 번 핵심적인 교훈을 확인할 수 있다. 신뢰가 낮아지면 속도는 느려지고 비용은 올라간다.

> 큰 법을 위반하면 자유를 잃지만 무질서 상태가 되진 않는다. 단지 작은 법만 많이 얻을 뿐이다.
>
> _G. K. 체스터턴G. K. Chesterton, 영국의 저술가

반면 신뢰가 높아지면 속도는 빨라지고 비용은 내려간다. 월마트로부터 맥레인 유통(230억 달러 규모의 회사)을 인수한 버크셔해서웨이의 CEO 워런 버핏을 살펴보자. 버크셔해서웨이와 월마트는 공개기업이기 때문에 온갖 종류의 검사와 감독을 받아야 한다. 일반적으로 이 정도 규모의 합병에는 여러 달이 걸리고 모든 자료를 검증 및 확인하기 위해 수백만 달러를 지불해가며 회계사, 감독관, 변호사를

동원한다. 하지만 월마트와 버크셔해서웨이는 모두 높은 신뢰를 바탕으로 인수합병을 추진했던 터라 단 한 번의 미팅과 악수로 협상이 이뤄졌다. 인수 작업을 시작한 지 한 달도 되지 않아 인수합병 계약서에 사인한 것이다.

워런 버핏은 2004년 연례보고서에 첨부된 경영자 편지에서 이렇게 말했다.

"우리는 실사due diligence를 하지 않았습니다. 우리는 모든 것이 월마트에서 말한 그대로 될 것이라고 생각했고 실제로 그렇게 되었습니다."

얼마나 환상적인가! 보통 6개월이나 1년이 걸리는 인수합병을 진행하는 데 한 달도 채 소요되지 않았고 실사비용(일반적으로 수백만 달러가 든다)도 전혀 들지 않았다. 그야말로 신뢰가 높으면 속도는 빨라지고 비용은 낮아진다는 것을 그대로 보여주는 사례이다.

> 세계는 대단히 빠르게 변하고 있다. 이젠 큰 기업이 작은 기업을 이기는 것이 아니라 빠른 기업이 느린 기업을 이길 것이다.
>
> _루퍼트 머독Rupert Murdoch, 뉴스코퍼레이션 CEO

사우스웨스트 항공의 회장이자 전 CEO였던 전설적인 리더 허브 켈러허Herb Kelleher의 예를 생각해보자. 로버트 K. 쿠퍼Robert K. Cooper와 에이먼 사와프Ayman Sawaf의 책 《경영자 EQExecutive EQ》를 보면 주목할 만한 이야기가 나온다. 7억 달러 규모의 사우스웨스트 항공 정비사업부 부사장으로 있던 개리 배런Gary Barron은 켈러허에게 3쪽

분량의 대대적인 조직개편안 요약본을 올렸다. 켈러허가 즉석에서 개편안을 읽고 한 가지 질문을 하자, 배런은 자신도 그런 우려를 하고 있고 대책을 마련하는 중이라고 대답했다. 그러자 켈러허가 간단하게 말했다.

"나는 좋으니 진행하세요."

두 사람의 대화는 4분밖에 걸리지 않았다. 서로 간에 신뢰가 없다면 도저히 끌어낼 수 없는 속전속결을 보여준 것이다.

이보다 규모가 훨씬 작은 회사에서 또 다른 예를 찾아보자. 뉴욕시에서 장사를 하는 짐은 오피스 건물을 드나드는 사람들에게 도넛과 커피를 팔았다. 그런데 아침과 점심시간에 고객이 몰려들면서 많은 고객이 줄을 서서 기다리다가 짜증을 내고 다른 곳으로 간다는 것을 알게 되었다. 게다가 혼자서 장사를 했기 때문에 거스름돈을 내주는데 많은 시간이 걸린다는 것도 깨달았다. 고민하던 짐은 매대 옆에 지폐와 동전이 가득한 바구니를 비치했다. 고객이 알아서 거스름돈을 가져가게 한 것이다.

고객이 실수로 거스름돈을 잘못 계산하거나 고의로 바구니에서 거스름돈 이상의 동전을 가져갈 것이라고 생각할 수도 있지만, 실제로는 그 반대의 현상이 나타났다. 대부분의 고객이 믿음에 대한 보답으로 평소보다 많은 팁을 남기고 갔던 것이다.

그는 거스름돈을 내주는 시간을 절약해 고객을 두 배나 빨리 맞아들일 수 있었다. 고객 역시 신뢰받는 것을 좋아하며 계속해서 짐의 상점을 이용했다. 짐은 이런 식으로 신뢰를 보냄으로써 추가비용을 들이지 않고 수입을 두 배로 늘릴 수 있었다.

신뢰나 성실성 같은 초월적 가치는 매출, 수익, 성장과 동의어로 볼 수 있다.

패트리셔 애버딘Patricia Aburdene, 《메가트렌드 2010》 저자

최근에 내가 이 개념을 설명하고 있을 때, 늘 숫자와 함께 사는 한 CFO가 이렇게 말했다.

"매력적인 개념이네요! 서로 신뢰하는 것은 좋은 일이라고 막연하게 생각했을 뿐, 그 경제적 효과와 속도에 대해서는 미처 몰랐습니다. 당신의 말을 듣고 나니 눈을 돌리는 곳마다 신뢰가 보이는군요. 예를 들어보죠. 우리에게는 완전히 믿고 거래하는 한 공급업체가 있는데, 이 업체와는 모든 일이 빠르게 진행됩니다. 그들과의 관계에는 거의 비용이 들지 않죠. 하지만 또 다른 공급업체는 별로 신뢰하지 않는데 무슨 일을 하든 시간이 많이 걸리고 그들과의 관계를 유지하는 데 많은 비용과 노력이 들어갑니다. 그 업체에 너무 많은 돈이 들어가고 있어요!"

놀랍게도 그 CFO는 하나를 알려주자 열을 꿰뚫었다. 신뢰의 효과를 발견하자마자 신뢰가 조직에 미치는 영향은 물론 신뢰, 속도, 비용 사이의 관계가 얼마나 밀접하고 강한지 즉각 이해했던 것이다. 그뿐 아니라 회사의 상황을 분석한 후 수익이 뒷받침되는 고성장을 위해 곧바로 조치를 취했다.

사실 수많은 기업에서 다면평가를 실시하고 있으며, 여기에는 '당신은 상사를 신뢰하나요?'라는 직접적인 질문도 포함된다. 이 질문이 다른 어떤 질문보다 팀과 조직의 성과를 예측하는 데 도움이 된다

는 것을 알고 있기 때문이다.

실증과 측정이 가능한 신뢰의 경제적 효과를 이해하면 모든 것을 새롭게 바라볼 수 있다. 직장, 가정, 관계, 프로젝트 등 어디에서든 그 효과를 볼 수 있기 때문이다. 신뢰가 높은 관계가 삶의 모든 차원에서 가져오는 믿을 수 없는 차이를 직접 체험하라.

낮은 신뢰로 인해 발생하는 세금

우리는 많은 대인관계와 거래에서 낮은 신뢰 수준에 기인한 숨겨진 세금과 같은 부담금을 내고 있지만 그 사실을 모르고 있다. 3년 전, 열여섯 살이 된 내 아들 스티븐은 첫 직장으로 스노콘snow cone을 파는 상점 매니저 자리를 얻었다. 신바람이 나서 2주일을 보낸 아들은 첫 봉급을 받고 매우 기뻐했다. 그런데 설레는 마음으로 수표를 확인한 아들은 갑자기 인상을 찌푸렸다.

"아빠, 이거 계산이 잘못된 것 같은데요?"

아들이 내게 명세서를 내밀었다.

"무슨 뜻이냐?"

내가 명세서를 훑어보면서 물었다.

"저는 시간당 8달러를 받기로 하고 40시간을 일했어요. 그럼 모두 320달러가 되어야 하잖아요."

명세서에는 260달러가 찍혀 있었다. 나는 웃으면서 말했다.

"이 계산이 맞아. 위를 좀 봐. 연방소득세라고 적혀 있지?"

아들은 깜짝 놀라며 물었다.

"아니, 내가 세금을 낸단 말이에요?"

"물론이지. 그 세금만 내는 줄 알아? 여기를 봐. 주소득세, 사회보장세, 의료세……"

아들은 거의 울상이 되었다.

"아빠, 나는 병원에 가지 않아도 된단 말이에요."

"그래, 너는 안 가도 되지. 하지만 네 할아버지는 가야 하거든! 사회인이 된 걸 환영한다."

월급봉투에서 원천징수된 세금을 보며 속이 쓰리지 않는 사람은 거의 없을 것이다. 우리는 더 큰 사회적 목적을 위해 세금을 낸다(그것이 법으로 정해져 있기 때문이기도 하지만). 그런데 만약 자신이 세금을 내고 있다는 사실을 모르고 있다면 어떻게 해야 할까? 숨겨진 세금이라 자신도 모르는 사이에 세금이 빠져나간다면 어떻게 해야 하는가? 더구나 그것이 쓸데없는 세금이라면, 누구에게도 도움이 되지 않고 완전히 낭비되는 세금이라면 어떻게 하는가?

불행히도 신뢰가 낮아 지불되는 세금은 당신의 수입명세서에 '낮은 신뢰의 비용'으로 기록되지 않는다. 하지만 숨겨져 있다고 없는 것은 아니다. 조직과 대인관계 곳곳에서 우리는 그 세금을 볼 수 있다. 그 세금은 정량화할 수 있으며 가끔은 대단히 높게 나온다.

> 불신은 거래비용을 두 배로 만든다.
>
> _존 O. 휘트니 John O. Whitney, 컬럼비아 경영대학원 교수

당신은 이미 여러 차례나 이 세금을 보았을지도 모른다. 대화를 하는 중에 상사나 10대 아들 혹은 다른 사람이 당신의 말을 20~30퍼센트 에누리해서 듣기도 한다. 나는 회사를 인수합병할 때 처음으로 그런 경험을 했다. 곰곰이 생각해보면 당신 역시 다른 사람이 세금을 내도록 만들었을지도 모른다. 상대방을 믿지 못해 그들의 말을 에누리해서 들을 경우 그런 세금이 발생한다.

어떤 경우에는 전임자가 만들어놓은 불신 때문에 상속세를 내기도 한다. 당신이 개인적인 관계나 업무관계를 맺을 때, 혹은 신뢰가 낮은 문화 속에서 새로운 리더가 되었을 때 전임자가 신뢰를 잃었다면 영문도 모르고 보통 30~50퍼센트의 세금을 내게 된다.

최근에 만났던 한 경영자는 전임 경영자가 조직 내에서 신뢰를 잃은 탓에 자신이 어떤 행동을 취할 때마다 세금을 내고 있다고 한탄했다. 세계적 국제정치 석학이자 베스트셀러 저술가인 프랜시스 후쿠야마는 이렇게 말했다.

"사회 전반에 광범위하게 퍼진 불신은 모든 형태의 경제활동에 세금을 부과한다. 물론 신뢰가 높은 사회는 그런 세금을 지불하지 않는다."

낮은 신뢰의 세금은 경제활동을 넘어 모든 활동에 부과된다. 모든 관계, 대화, 소통, 결정에 세금이 부과되는 것이다.

높은 신뢰가 주는 기쁜 배당

낮은 신뢰에 따른 세금이 대단히 높은 것처럼 높은 신뢰의 배당도 믿을 수 없을 만큼 높다. 워런 버핏이 맥레인 유통을 얼마나 신속하게 인수했는지, 개리 배런의 조직개편안이 얼마나 빨리 승인을 받았는지 생각해보라. 도넛과 커피를 파는 짐의 수입이 두 배가 된 것은 또 어떠한가? 개인적·업무적으로 신뢰가 높은 관계에서 의사소통이 얼마나 빨리 이뤄질 수 있는지 떠올려보라.

신뢰가 높을 때 받는 배당은 성과를 상승시켜서 때문에 조직과 개인의 삶의 모든 차원을 업그레이드한다. 높은 신뢰는 빵 속의 효모처럼 주변의 모든 것을 크게 만드는 것이다. 예를 들어 기업에서의 높은 신뢰는 의사소통, 협력, 실행, 혁신, 전략, 참여, 파트너 관계, 그리고 모든 이해당사자와의 관계를 향상시킨다. 그리고 개인적으로 높은 신뢰는 기쁨, 에너지, 열정, 창의성은 물론 가족이나 친구, 공동체 관계의 즐거움을 배가한다. 이러한 배당은 속도나 경제적 효과 증대뿐 아니라 생활과 삶 속에도 존재한다.

성공의 숨겨진 변수

한번은 몬태나에서 낚시를 즐기기 위해 가이드를 고용한 적이 있다. 내가 강을 바라보고 있을 때 가이드가 말했다.

"뭐가 보이죠?"

나는 수면 위에 반사되는 햇빛과 아름다운 강이 보인다고 말했다. 그는 물고기가 보이느냐고 물었고 나는 보이지 않는다고 대답했다. 그러자 그는 내게 편광 선글라스polarized sunglass를 건네주며 말했다.

"이걸 쓰십시오."

선글라스를 끼자 갑자기 세상이 달라졌다. 물속을 들여다본 나는 엄청난 물고기가 노니는 것을 볼 수 있었다. 사실 물고기는 계속 그곳에 있었다. 단지 내가 편광 선글라스를 끼기 전까지 시야에 들어오지 않았을 뿐이다.

마찬가지로 대부분의 사람에게는 신뢰가 시야에 들어오지 않는다. 모든 관계, 조직, 대화, 그리고 삶의 매순간에 신뢰가 영향을 미친다는 사실을 알지 못하는 것이다. 그러나 신뢰의 안경을 쓰고 수면 아래에서 일어나는 일을 보게 되면 삶의 모든 차원에서 효과성을 높이는 능력이 향상된다.

높든 낮든 신뢰는 조직의 성공 공식에서 숨겨진 변수이다. 전통적인 비즈니스 공식에서는 전략에 실행을 곱하면 성과가 나온다.

$$S \times E = R$$

전략 × 실행 = 성과

하지만 이 공식에는 신뢰라는 변수가 숨겨져 있으며, 낮은 신뢰에 따른 세금은 성과를 낮추고 높은 신뢰에 따른 배당은 성과를 배가시킨다.

$$(S \times E)T = R$$

(전략 × 실행)신뢰 = 성과

좋은 전략을 세워 실행을 잘하더라도 신뢰가 낮으면 정상궤도에 오르지 못한다. 그러나 높은 신뢰는 성과에 곱셈을 한 것처럼 전체가 부분의 합보다 큰 시너지를 만들어낼 수 있다. 다음의 표를 보라.

전략	×	실행	=	성과	세금 혹은 배당	=	순성과
10	×	10	=	100	세금 40% 미민	=	60
10	×	10	=	100	세금 10% 미만	=	90
10	×	10	=	100	20%의 배당 가산	=	120

훌륭한 전략과 뛰어난 실행력이 있어도 순성과는 낮은 신뢰나 높은 신뢰에 따라 작아지거나 커질 수 있다. 이 문제에 대해 유명한 컨설턴트 로버트 쇼Robert Shaw는 이렇게 말한다.

"기업의 성공은 2가지를 요구한다. 그것은 승리하는 경쟁 전략과 우수한 조직의 실행력이다. 이때 불신은 전략과 실행력의 적이다."

높은 신뢰가 반드시 나쁜 전략을 구해주는 것은 아니지만 낮은 신뢰는 대개 좋은 전략을 무산시킨다. 이 숨겨진 변수는 신뢰의 효과를 보여주는 강력한 비즈니스 사례를 만들어낸다.

영국 워윅 경영대학원Warwick Business School의 연구에 따르면, 가혹한 조건과 벌칙이 아닌 신뢰에 기초해 관리되는 아웃소싱 계약이 양측에 신뢰의 배당을 가져다줄 가능성이 크다고 한다. 그 규모는 총

계약 금액의 40퍼센트나 되었다. 왓슨 와이어트Watson Wyatt의 2002년 연구에서도 신뢰가 높은 기업의 주주에게 돌아가는 이익이 신뢰가 낮은 기업의 주주에게 돌아가는 이익보다 약 3배나 높았다. 그런데 그 차이가 거의 300퍼센트에 이른다! 스탠퍼드 대학 토니 브릭Tony Bryk 교수의 학교교육 연구 결과는 신뢰가 높은 학교의 경우 신뢰가 낮은 학교보다 시험점수 상승 가능성이 3배 이상 크다는 것을 보여준다. 개인적인 차원에서도 신뢰가 높은 사람은 승진이나 부(富), 기회, 관계에서 보다 만족스러울 가능성이 컸다.

오늘날 신뢰가 그토록 중요하고 영향력이 커진 이유는 우리가 글로벌 지식노동자 시대를 살아가고 있기 때문이다. 〈뉴욕타임스〉의 칼럼니스트 토머스 프리드먼Thomas Friedman은 《세계는 평평하다The World Is Flat》에서 평평한 경제는 파트너십과 관계를 중심으로 돌아간다고 말했다. 또한 파트너십과 관계는 신뢰의 기초 위에서 번성하거나 사멸한다고 주장했다.

"신뢰가 없으면 열린 사회도 없다. 열린 사회의 열린 공간을 모두 순찰할 만큼 경찰력이 충분하지 않기 때문이다. 신뢰가 없으면 평평한 세계도 있을 수 없다. 벽을 허물거나 장애물을 없애고 국경 분쟁을 제거하게 해주는 것은 신뢰이기 때문이다. 신뢰는 평평한 세계의 필수 조건이다."

단언하건대 고객, 비즈니스 파트너, 투자자, 동료 등 모든 이해당사자와 신뢰를 쌓고 키우고 보내고 회복시키는 능력은 새로운 글로벌 경제의 핵심 리더십 역량이다. 다음에 나오는 표는 조직과 개인적 관계에서 신뢰의 세금과 배당의 영향을 요약 정리한 것이다. 이 표들을 보면서 스스로에게 물어보라. 내 조직은 신뢰의 세금을 내고 있는가, 신뢰의 배당을 받고 있는가? 나는 어떠한가? 나는 걸어 다니는 세금인가, 걸어 다니는 배당인가? 직장 안팎에서의 자신의 관계를 생각해보라. 내 관계는 이 표의 어디에 해당하는가? 내 삶에 가장 큰 변화를 일으키기 위해 노력을 어디에 집중할 것인가?

세금과 배당의 영향력

80퍼센트의 세금(신뢰가 전무함)

조직에서	개인적 관계에서
• 역기능적 환경과 유해한 문화(공개적인 싸움, 사보타지, 불만, 소송, 범죄 행위) • 공격적 이해당사자 • 철저한 감시 감독 • 중복되는 계층 구조 • 처벌 시스템과 구조	• 역기능적 관계 • 불같이 화를 내는 대면, 차갑고 가차 없는 발빼기 • 방어적 태도, 법에 의존함("법정에서 보자고!") • 다른 사람을 적과 동지로 나눔 • 언어적, 감정적, 신체적 학대

60퍼센트의 세금(신뢰가 매우 낮음)

조직에서	개인적 관계에서
• 건강하지 못한 업무 환경 • 불행한 직원과 이해당사자 • 진영과 파당이 분명한 심각한 정치적 분위기 • 자리와 결성 사항을 지키는 데 과도한 시간을 허비함 • 고통스러운 감시 감독과 관료주의	• 잠깐 뉘우친 후 적대적인 행동(고함치기, 탓하기, 비난하기, 욕하기)을 보임 • 경계하며 소통함 • 늘 거저하고 이신한 • 상대의 실수를 잊지 않고 공격 무기로 사용함 • 실제 문제가 드러나거나 효과적으로 다뤄지지 않음

40퍼센트의 세금(신뢰가 낮음)

조직에서	개인적 관계에서
• 일상화된 면피 행동 • 숨겨진 의제 • 호전적 이해당사자 • 정파 형성, 적과 동지 구분 • 만족하지 못하는 직원과 이해당사자가 많음 • 관료주의, 시스템과 구조의 중복	• 힘이 빠지게 하고 즐겁지 않은 대화 • 상대편의 약점과 잘못에 대한 증거를 수집함 • 다른 사람의 신뢰성이나 약속을 의심함 • 숨겨진 의제 • 마지못해 정보를 나눠줌

20퍼센트의 세금(신뢰에 문제가 있음)

조직에서	개인적 관계에서
• 약간의 관료주의적인 규칙과 절차 • 불필요한 계층 구조 • 결재가 늦음 • 한 방향으로 정렬되지 않은 시스템과 구조 • 만족하지 못하는 직원과 이해당사자가 일부 있음	• 오해가 일상적으로 발생함 • 의도와 동기를 우려함 • 긴장된 대화 • 주로 두려움, 불확실성, 의심, 우려를 나타내는 소통 • 관계를 향상시키기 위해서가 아니라 관계를 유지하기 위해 힘을 쏟음

세금과 배당이 없음(신뢰가 문제가 되지 않음)

조직에서	개인적 관계에서
• 건강한 직장 • 원활한 소통 • 한 방향으로 정렬된 시스템과 구조 • 사무실 내에 정치가 거의 없음	• 정중하고 건강하고 진심어린 소통 • 원만하고 효율적으로 함께 일하는 데 집중함 • 상호 용인과 수용 • 걱정이 없음

20퍼센트의 배당(신뢰가 가시적 자산임)

조직에서	개인적 관계에서
• 업무에 집중함 • 효과적인 협력과 실행 • 직원, 이해당사자와 긍정적인 파트너 관계 • 도움이 되는 시스템과 구조 • 창의력 발휘, 혁신	• 협력적이고 가깝고 활기찬 관계 • 서로의 강점을 찾고 그 활용을 극대화하는 데 집중함 • 기분 좋고 긍정적인 소통 • 실수를 배움의 기회로 보고 즉시 용서함 • 긍정적인 에너지와 긍정적인 사람들

40퍼센트의 배당(최고 수준의 신뢰)

조직에서	개인적 관계에서
• 협력이 잘되고 순조로운 파트너관계 • 수월한 의사소통 • 직원, 이해당사자와 긍정적이고 투명한 관계 • 완전하게 한 방향으로 정렬된 시스템과 구조 • 혁신, 참여, 신뢰, 충성심	• 배려와 사랑을 특징으로 하는 즐거운 가족관계와 친구관계 • 자유롭고 수월한 의사소통 • 함께 협력을 고무함. 목적, 창의성, 즐거움을 특징으로 함 • 솔직하고 투명한 관계 • 놀랄 만한 에너지가 만들어짐

예를 들어 당신이 조직의 사명을 완수하는 데 필요한 프로젝트를 맡았다고 해보자. 이때 당신은 신뢰의 세금과 배당의 측면에서 프로젝트를 바라봐야 한다. 그리고 사람들을 모아 6주일 내에 프로젝트를 끝마쳐야 한다. 먼저 자기 자신에게 질문하라. 이 조직의 신뢰 수준은 어느 정도인가? 나는 세금을 내고 있는가, 배당을 받고 있는가? 그것은 몇 퍼센트인가? 그것은 속도와 비용, 프로젝트를 효과적으로 실행하는 데 어떤 영향을 미치는가?

만약 당신이 그 크기를 바꿀 수 있다면 어떻게 되는지 생각해보라.

20퍼센트의 세금이 20퍼센트의 배당으로 바뀌면 어떻게 될까? 프로젝트의 실행력은 어떻게 달라지겠는가?

개인적 관계나 가족은 어떻게 변할지 생각해보라. 신뢰 수준은 어느 정도인가? 그것은 나와 내가 관심을 기울이는 사람들에게 어떤 영향을 미치는가? 내가 세금을 배당으로 바꾼다면 어떻게 되겠는가?

신뢰에 대한 오해와 진실

워런 버핏의 맥레인 유통 인수, 켈러허의 조직개편안 승인, 기타 내가 이 장에서 설명한 예들은 높은 신뢰의 배당을 가로막고 조직과 관계를 약화시키는 일부 오해를 불식시키는 데 큰 도움이 된다.

사람들의 대표적인 오해 중 하나는 신뢰가 실증하기 어려운 것soft이라는 생각이다. 그것은 신뢰는 있으면 좋지만 실증하거나 정량화해 측정할 수 없는 것이라는 오해다. 오히려 그 반대로 신뢰는 분명한 실체가 있고 정량화해 측정할 수 있다. 어떤 경우든 신뢰는 속도와 비용에 영향을 미치고 속도와 비용은 정량화할 수 있다. 대인관계, 팀, 조직에서 신뢰 수준을 높이면 시간과 비용이 극적으로 절약되고 질과 가치는 높아진다.

또 다른 오해는 신뢰가 느리다는 것이다. 물론 신뢰 회복에는 시간이 걸릴 수도 있지만 신뢰를 쌓고 보내는 것은 매우 빨리 할 수 있다. 그리고 일단 신뢰가 쌓이면 모든 것이 빨라진다. 그것은 내가 제시한 사례나 자신의 관계에서 소통과 일처리 속도를 직접 경험해보면 진실을 알 수 있을 것이다. 신뢰의 속도만큼 빠른 것은 없다.

다음의 표는 신뢰 문제를 이해하고 거기에 효과적으로 대처하는 데 방해가 되는 오해와 그에 반대되는 진실을 정리해 놓은 것이다.

신뢰에 대한 오해와 진실

오해	진실
신뢰는 실증하기 어렵다.	신뢰는 규정할 수 있고 실체가 있으며 정량화할 수 있다. 신뢰는 속도와 비용에 영향을 미치며 그 영향력을 측정할 수 있다.
신뢰는 느리다.	신뢰의 속도만큼 빠른 것은 없다.
신뢰는 성실성의 기초 위에서만 쌓인다.	신뢰는 성품(성실성 포함)과 역량에 기초를 두고 있다.
신뢰는 받는 것이므로 자기 뜻대로 할 수 없다.	신뢰는 스스로 만들 수도 있고 잃을 수도 있다.
신뢰는 한 번 잃으면 회복하지 못한다.	신뢰를 잃었을 경우 어렵기는 하지만 대부분 회복할 수 있다.
신뢰는 가르칠 수 없다.	신뢰는 효과적으로 가르치고 배울 수 있으며, 활용 가능한 전략적 장점이 될 수 있다.
사람들을 신뢰하는 것은 너무 위험하다.	사람을 신뢰하지 않는 것이 더 위험하다.
신뢰는 한번에 한 사람에게만 쌓을 수 있다.	한 사람에게 신뢰를 쌓는 것은 여러 사람에게 신뢰를 쌓는 결과를 낳는다.

사람들이 가장 많이 오해하는 것은 '신뢰는 받는 것'이라는 생각이다. 하지만 신뢰는 우리의 행동에 따라 바뀔 수 있다! 지난 20년간 나는 조직이나 팀을 운영하기도 했고 이사회에 보고하는 일도 했으며 성과도 얻었고 목표도 달성해봤다. 또한 수십 개의 유명 기업을

컨설팅하기도 했다(그중 상당수가 전략이나 실행력이 좋았지만 설명할 수 없는 이유로 원하는 목표를 달성할 수 없었다). 또한 나는 많은 인간관계로 얽힌 대가족의 구성원이자 남편이고 아버지이다. 이 모든 관계를 통해 나는 예외 없이 신뢰는 개선할 수 있으며 그것도 생각보다 빨리 개선할 수 있다는 것을 확인했다.

다시 한 번 강조하지만 신뢰의 속도만큼 빠른 것은 없다. 신뢰의 관계만큼 만족스러운 것은 없다. 신뢰를 보내는 것만큼 사람들을 고무시키는 것은 없다. 신뢰의 경제학만큼 높은 수익을 가져다주는 것은 없다. 신뢰의 평판만큼 영향력이 큰 것은 없다.

신뢰는 모든 것을 바꿀 수 있다. 따라서 오늘날 신뢰를 쌓고 보내고 회복하는 것보다 더 중요한 것은 없다. 장담하건대 개인적·업무적으로 신뢰를 높일 기회와 도전에 맞닥뜨렸을 때, 신뢰는 삶의 모든 차원에서 엄청난 변화를 가져올 것이다.

2장

신뢰는 우리의 행동에 따라 바뀔 수 있다

직장에서
가장 중요한 책무는
신뢰를 쌓는 것이다.

_로버트 에커트, 마텔 CEO

혹시 스티븐 R. 코비의 책《성공하는 사람들의 7가지 습관》을 읽어 보았다면, 그의 아들이 잔디밭을 어떻게 가꾸었는지 기억할 것이다. 그 이야기 속의 아들이 바로 나다. 아버지는 어린아이에게 청지기 책무stewardship와 책임의 원칙을 설명할 때면 으레 〈푸르고 깨끗한 잔디밭〉이라는 제목의 그 이야기를 예로 든다.

여기서는 내 입장에서 그 이야기를 하고 싶다. 내가 그 경험에서 청지기 책무와 책임의 원칙을 배운 것은 사실이다. 그리고 그보다 더 중요한 것도 배웠는데 그것은 내 인생의 원칙이 되었고 내 삶에 깊은 영향을 미쳤다.

내가 일곱 살 때 아버지는 내게 잔디밭을 가꾸라고 말했다.

"아들아, 이 잔디밭을 푸르고 깨끗하게 만드는 것이 네가 할 일이다. 푸르고 깨끗한 게 어떤 것인지 보여주마."

아버지는 누렇게 변해 버린 우리 집 잔디밭을 가로질러 이웃집으로 가더니 잔디를 가리키며 말했다.

"저게 푸른 잔디밭이다. 이제 우리 집 잔디밭을 푸르게 만드는 것은 네게 달려 있다. 물감을 칠하는 방법만 빼고 네 마음대로 푸르게 만들어봐라. 스프링클러를 이용할 수도 있고 양동이로 물을 나를 수도 있다. 원한다면 침을 뱉어도 된다. 그건 중요하지 않다. 내가 관심 있는 것은 오로지 잔디밭을 푸르게 만드는 것뿐이다. 이제 어떤 게 깨끗한 것인지 보여주마."

아버지는 자루 두 개를 가져오더니 우리 집 잔디밭의 절반을 덮고 있던 종이, 막대기, 나뭇가지, 기타 쓰레기들을 치웠다. 나는 조금 전과 어떤 차이가 있는지 분명히 알 수 있었다. 아버지는 잔디밭을 깨끗하게 하는 것도 내게 달려 있다고 말했다. 깨끗한 것이 무엇인지 보여준 아버지는 의미심장한 말을 들려주었다.

"나는 더 이상 잔디를 돌보지 않을 것이다. 이젠 이 모든 것이 네 일이다. 이것을 바로 청지기 책무라고 한단다. 청지기 책무란 '믿고 맡긴 일a job with a trust'을 뜻하는데 나는 네가 이 일을 잘 해내리라고 믿는다."

아버지는 일주일에 두 번 잔디밭을 둘러볼 테니 그때 진행상황을 말해달라는 성과 확인시스템까지 만들었다. 그리고 내가 요청하면 언제든 도와주겠다고 약속했지만 그 일은 어디까지나 내 책임이라는 점을 분명히 했다. 모든 것을 나 혼자 판단하고 결정해야 했던 것이다.

처음 4~5일은 아무것도 하지 않았다. 무더운 한여름이라 풀은 빠르게 시들어갔고 잔디는 바람과 함께 날아든 온갖 쓰레기로 뒤덮여 있었다. 아버지는 직접 치우거나 나를 꾸짖고 싶었을지도 모르지만 약속대로 그렇게 하지 않았다. 이윽고 진행상황을 설명해야 하는 순간이 왔을 때 아버지는 말했다.

"얘야, 잔디밭은 어떻게 되었니?"

"잘되고 있어요, 아빠."

"내가 도와줄 일이라도 있느냐?"

"아뇨, 다 좋아요."

"그래, 그럼 약속한 대로 잔디밭을 돌아보기로 하자."

아버지와 함께 잔디밭을 돌아보면서 나는 잔디밭이 푸르지도 깨끗하지도 않다는 것을 깨달았다. 잔디는 누렇게 변해 있었고 온갖 쓰레기가 가득했다. 아버지 말에 따르면 내가 울먹이다가 울음을 터트렸다고 한다. 나는 울면서 말했다.

"아빠, 너무 힘들어요."

"뭐가 그렇게 힘들지? 한 가지도 못했구나."

아버지는 잠시 아무 말 없이 서 있다가 물었다.

"내가 무얼 도와주면 좋겠니?"

아버지의 도움은 약속한 사항이었기 때문에 나는 얼른 대답했다.

"쓰레기 줍는 것을 도와주세요."

아버지는 승낙했고 나는 재빨리 집 안으로 들어가 자루 두 개를 가져왔다. 그날 이후 나는 잔디를 푸르고 깨끗하게 관리했다.

이미 말한 것처럼 아버지는 이 이야기를 청지기 책무나 승-승 합의의 예로 사용하고 있다. 그러나 당시에 나는 너무 어려서 그 엄청난 말이 무엇을 의미하는지 알지 못했다. 이 경험에서 내가 기억하는 것은 단지 아버지에게 신뢰받고 있었다는 것뿐이다. 겨우 일곱 살밖에 되지 않았기 때문에 돈이나 지위가 내게 동기를 부여하지는 않았다. 내게 동기를 부여한 것은 아버지의 신뢰였다. 아버지는 내게 신뢰를 보냈고 그것이 내게 책임감과 성실성을 불어넣었다. 그리고 그 책임감과 성실성은 평생 내 원칙이 되었다.

> 책임을 부여한 뒤 당신이 신뢰한다는 사실을 알려주는 것 이상으로 도움이 되는 것은 없다.
>
> _부커 T. 워싱턴Booker T. Washington, 교육가

신뢰는 어떻게 작용하는가

그날 아버지에게 배운 것은 신뢰가 가장 강력한 형태의 동기와 격려라는 점이다. 사람들은 신뢰받기를 원하며 일단 신뢰를 받으면 그 신뢰에 보답한다. 신뢰는 성장을 가져다주므로 우리는 어떤 상황에서든 신뢰를 쌓고 보내고 회복시켜야 한다. 이러한 신뢰는 다른 사람과 관계를 맺고 함께 일하며 성과를 내는 가장 효과적인 방법이다.

그렇다면 신뢰는 어떻게 작용할까?

나는 강연을 할 때 종종 청중에게 "당신은 누구를 신뢰하는가?"라고 묻는다. 당신은 정말로 누구를 신뢰하는가? 친구인가, 아니면 직장동료인가? 상사인가? 배우자인가? 부모인가? 아이인가? 그 사람을 왜 신뢰하는가? 무엇이 그 사람을 믿게 하는가?

우리는 대개 좋은 사람, 진실한 사람, 도덕성이나 성실성이 있는 사람 등 성품의 측면에서 신뢰 수준을 평가한다. 물론 성품이 신뢰의 기초가 되고 신뢰에 필수적인 것은 사실이지만, 이미 말했듯 신뢰가 오로지 성품만 기초로 한다는 것은 오해이다.

신뢰는 성품과 역량이라는 2가지 요소를 기초로 한다. 성품에는 성실성, 동기, 의도가 포함되고 역량에는 능력, 기술, 성과, 실적이 포함된다. 글로벌 경제에서 윤리성에 대한 관심이 높아지면서 신뢰의 성품 측면이 급속하게 시장진입의 요건price of entry으로 떠오르고 있지만, 역량 측면 역시 신뢰의 필수적인 요건이다.

어떤 사람이 진실하고 정직하더라도 성과를 얻지 못하면 완전히 신뢰하기 어렵다. 그 반대의 경우도 마찬가지다. 어떤 사람이 재능과 기술이 뛰어나고 실적이 좋더라도 정직하지 않으면 신뢰할 수 없다. 예를 들어 누군가의 성품이 신뢰할 만하다면 집을 떠나 있을 때 아이를 맡길 수 있다. 하지만 비즈니스 상황에서는 비즈니스 역량이 없으면 같은 사람도 신뢰하기 어렵다. 반대로 비즈니스 상황에서 신뢰하는 사람이더라도 선뜻 아이를 맡기지는 못할 것이다. 그가 정직하지 않거나 능력이 없어서가 아니라 내가 원하는 형태로 보살필 수 있는 사람이 아니기 때문이다.

신뢰는 성품의 측면에서 생각하는 것이 보다 자연스러울 것 같지만, 역량의 측면에서 생각하는 것도 중요하다. 실제로 사람들은 일을 잘하는 사람을 신뢰한다. 신설된 교육 프로그램은 가장 역량 있는 강사에게 맡기며, 과거에 실적이 있는 사람에게 유망한 프로젝트나 판매 지침을 수립하게 한다. 특히 현장 리더의 관점에서 역량은 신뢰를 살찌우는 주요 요소이다. 따라서 역량 차원이 가미되어야 신뢰는 보다 확고하고 실제적인 우위를 획득한다.

이 문제를 다른 각도에서 살펴보도록 하자. 윤리성에 대한 사람들의 관심이 늘어나는 것은 우리 사회에 매우 유익한 일이다. 이러한 윤리성(성품의 일부이다)은 신뢰의 기초가 되지만 그 자체만으로는 불충분하다. 윤리의식이 있다고 모두 신뢰할 수 있는 것은 아니다. 신뢰는 윤리성을 포함하며 윤리성보다 더 큰 개념이다.

최근에 나는 신뢰의 속도에 대해 강연을 했는데, 이때 어느 대형 제약회사의 판매부장이 내게 와서 이런 말을 했다.

"내가 우리 직원들에게 강조하는 사항을 확인해줘서 고맙습니다. 나는 항상 직원들에게 성과를 내려면 신뢰가 중요하고 그것을 기초로 매달 목표를 달성해야 한다고 말합니다. 우리가 목표를 달성했을 때 조직은 서로를 더욱 신뢰하고 상하좌우 모두 신뢰감이 충만해지지요. 그러나 목표를 달성하지 못하면 신뢰를 잃고 예산 지원도 받지 못합니다."

다시 말하지만 신뢰에는 성품과 역량이 모두 필요하며 성품은 불변적이고 역량은 상황에 따라 가변적이다. 최근에 내 아내 제리는 수술을 받아야 했는데, 우리는 서로를 신뢰했지만 아내는 내게 수술을 해달라고 말하지 않았다. 내게 수술을 할 수 있는 기술이나 능력이 없었기 때문이다. 아내는 모든 부분에서 나를 신뢰했음에도 내가 수술할 능력이 없음을 알고 내게 수술을 요청하지 않은 것이다.

이제 신뢰에는 성품과 역량이 모두 중요하다고 말하는 이유를 알겠는가? 그러면 이 2가지 차원이 성공하는 리더와 학자들의 접근 방법에 어떻게 반영되어 있는지도 알 수 있을 것이다. 사람마다 개념을 표현하는 방식은 다르지만 그 본질을 파고들면 결국 성품과 역량의 균형으로 귀결된다.

- 잭 웰치: 매니저들을 평가할 때 가치실현(성품)과 성과창출(역량)의 2가지 차원에서 판단한다.
- 짐 콜린스: 《좋은 기업에서 위대한 기업으로》에서 극단적인 개인의 겸손함(성품)과 강렬한 직업적 의지(역량)가 있는 5단계의 리더에 대해 이야기한다. 뿐만 아니라 《성공하는 기업들의 8가지 습관》에서는 핵심 보존의 필요성(성품)과 발전 자극의 필요성(역량)을 이야기한다.
- 워런 버핏: 사람을 고를 때 성실성(성품)과 지능(역량)을 가장 먼저 본다.
- 램 차란: 사람들의 리더(성품)가 될 필요성과 비즈니스 리더(역량)가 될 필요성을 강조한다.
- 사즈 니콜 조니Saj-Nicole Joni(저명한 신뢰 문제 전문가): 개인적 신뢰(성품)와 전문적 신뢰(역량)의 중요성을 이야기한다.
- 리더십 이론은 리더란 무엇인가(성품)와 리더는 무엇을 하는가(역량)를 다룬다.
- 성과 모델은 아웃풋을 속성(성품)과 역량(역량)으로 간주한다.
- 윤리 이론은 올바른 일을 하는 것(성품)과 올바른 일을 해내는 것(역량)을 다룬다.
- 의사결정 이론은 가슴(성품)과 머리(역량)의 균형에 초점을 맞춘다.

지속적인 성공과 리더십의 핵심 요소로써 성품과 역량을 모두 강조하는 이러한 접근 방법은 얼마든지 열거할 수 있다. 개인적으로 우리 집에서 사용했던 재미있는 도구를 이용해 이 2가지 차원을 기억해두는 것도 유익할 것이다. 우리 집에는 2가지 가훈이 있는데, 나는 아이들이 가훈을 기억하도록 돕기 위해 이렇게 말했다.

"두 개의 북소리를 생각하라. 둥-둥! 둥-둥!"

나는 상상 속에서 북을 칠 때마다 두 개의 가훈을 떠올린다. 언젠가 우리는 아주 어려운 가족 문제에 부딪혔다. 가족이 모여 함께 고민하고 있을 때 나는 아이들에게 물었다.

"어떻게 해야 한다고 생각하니?"

그때 갑자기 여섯 살 된 아이가 나를 보며 거실 테이블 위에 있는 북을 치기 시작했다.

"아빠가 가르쳐준 것 있잖아요. 우리의 가훈을 생각해야죠. 가훈이 이 문제를 해결하는 데 도움이 될 거예요."

실제로 가훈은 문제 해결에 도움이 되었다. 내가 신뢰 문제를 연구하기 시작한 이후, 북소리가 나면 내 귓속에 이런 단어가 울려 퍼진다.

"성품-역량! 성품-역량!"

그 북소리는 신뢰가 성품에만 기초를 두고 있는 것이 아니란 점을 상기시켜 준다. 신뢰는 성품과 역량을 양축으로 한다. 가정이나 회사에서 일어나는 리더십 실패는 모두 성품 혹은 역량의 실패임을 알아야 한다.

신뢰의 5가지 차원

수 년 전, 나와 몇몇 동료는 어느 유수한 다국적기업의 팀원들과 함께 일하게 되었다. 그들은 이런 반응을 보였다.

"리더십 내용이 아주 마음에 듭니다! 우리에게 꼭 맞아요. 하지만 우리 부서장들은 이걸 모르고 있어요. 이 이야기를 들어야 할 사람은 그들이에요."

얼마 후 우리는 그 부서장들에게 내용을 설명했다. 그때 그들의 반응은 매우 흥미로웠다.

"당신의 말에 전적으로 동의합니다. 훌륭한 접근 방법입니다! 문제는 이게 정말로 필요한 사람은 우리의 상사들이라는 겁니다."

우리가 그들의 상사에게 내용을 설명하자 그들이 말했다.

"이 내용이 아주 마음에 듭니다! 통찰력이 넘치고 유익합니다. 하지만 다른 5개 부서의 책임자는 이걸 모르고 있어요. 그들이 이 이야기를 들어야 합니다."

5개 부서의 책임자는 부서를 감독하고 관리하는 경영진이 문제라고 말했고, 경영진은 CEO가 문제라고 했다. 최종적으로 CEO까지 올라갔을 때 그는 말했다.

"훌륭한 내용입니다. 하지만 나는 힘이 없어요. 아무것도 할 수 없어요. 모두 이사회 권한입니다."

확신하건대 우리가 이사회를 찾아가면 그들은 월가가 문제라고 말할 것이다! 내 아버지는 "문제가 밖에 있다고 생각한다면 바로 그 생각이 문제이다"라고 말했다. 우리는 결국 그 기업의 모든 사람에게 내용을 설명했다. 신뢰에 관한 한 당신의 상사, 부서장, CEO, 이사회, 배우자, 아이들, 친구, 동료는 모두 문제가 될 수 있다. 그렇다고 당신에게 힘이 없다는 뜻은 아니다! 사실 당신은 신뢰 수준을 변화시키는 데 당신이 얼마나 힘을 발휘할 수 있는지 알지 못한다. 그러므로 우선 내면에서 시작해 외부로 향하는 신뢰의 전파 과정을 알아야 한다. 그것은 바로 '신뢰의 5가지 차원(물결)'이다.

이 모델은 신뢰의 상호의존적 성격과 신뢰가 내면에서 시작해 외부로 흘러가는 과정을 그림으로 보여주는 파급 효과 비유에서 나온 것이다. 우리가 신뢰를 쌓는 5가지 차원 혹은 상황을 규정하는 이 모델은 신뢰를 실행 가능한 것으로 이해하고 그렇게 되도록 만들어주는 구조로 이뤄져 있다. 앞으로 각각의 차원을 심층적으로 설명하겠지만, 우선 전체적인 이해를 위해 5가지 차원을 간단히 설명하겠다.

첫 번째 차원: 자기 신뢰

첫 번째 차원은 자기 자신에 대한 신뢰와 다른 사람의 신뢰를 고취할 수 있는 능력을 다룬다. 여기서 말하는 능력이란 목표를 정하고 달성하는 능력, 약속을 지키는 능력, 말과 행동을 일치시키는 능력을 의미한다. 한마디로 자신과 다른 사람에게 신뢰할 만한 사람이 되는 것이다. 첫 번째 차원의 토대가 되는 핵심 원칙은 신뢰성으로, 여기서는 신뢰성의 4가지 핵심 요소를 탐구할 계획이다. 스스로를 신뢰하는 것은 물론 다른 사람 역시 자신을 신뢰하도록 굳건한 신뢰를 쌓는 방법을 토의한다는 얘기다.

두 번째 차원: 대인관계 신뢰

두 번째 차원은 다른 사람으로부터 받고 있는 신뢰 점수를 높이는 것이다. 두 번째 차원의 토대가 되는 핵심 원칙은 일관된 행동으로, 여기서는 전 세계적으로 신뢰 수준이 높은 리더들의 공통점 13가지를 다룰 계획이다.

신뢰를 지배하는 원칙에 기초를 두고 있는 이 13가지 행동은 누구나 배우고 적용할 수 있으며, 실제로 이를 실천하면 관련된 모든 사람으로부터 신뢰를 얻어낼 수 있다. 나아가 신뢰 수준이 크게 향상되고 대인관계는 물론 성과를 내는 능력도 높아진다.

세 번째 차원: 조직 신뢰

세 번째 차원은 리더가 기업, 비영리단체, 정부기관, 교육기관, 가족, 팀, 소조직 등 모든 종류의 조직에서 신뢰를 만들어내는 방법을 다룬다. 당신이 신뢰하지 못하는 조직이나 조직의 시스템과 구조가 불신을 조장하는 상황에서 당신이 신뢰하는 사람들과 함께 일한 경험이 있다면 세 번째 차원의 성격을 쉽게 이해할 수 있을 것이다. 세 번째 차원의 토대가 되는 핵심 원칙은 한 방향 정렬로, 여기서는 조직의 신뢰가 7가지 신뢰의 세금을 감소시키거나 없애준다는 것을 보여준다. 나아가 7가지 신뢰의 배당을 창출하는 신뢰의 구조, 시스템과 신뢰의상징을 한 방향으로 정렬해준다.

네 번째 차원: 시장 신뢰

네 번째 차원에서는 거의 모든 사람이 신뢰의 효과를 분명히 이해한다. 네 번째 차원의 토대가 되는 핵심 원칙은 평판으로 이는 시장에서 고객, 투자자, 기타 사람들이 당신의 기업(혹은 당신)에 대한 신뢰를 반영한 기업 브랜드(혹은 개인 브랜드)를 말한다. 브랜드가 고객의 행동과 충성도에 영향을 미친다는 것은 누구나 알고 있다. 브랜드의 신뢰가 높을 때 고객은 더 많이 사고 더 많이 소개하며 더 오랫동안 이용한다. 이 내용은 당신의 개인 브랜드와 평판은 물론 당신 조직의 브랜드와 평판을 향상시키는 데도 도움이 될 것이다.

다섯 번째 차원: 사회 신뢰

다섯 번째 차원은 다른 사람들과 전체 사회의 가치를 창조하는 것이다.

다섯 번째 차원의 토대가 되는 핵심 원칙은 공헌으로 사회에 공헌하거나 사회에 환원함으로써 사회의 의심, 냉소, 낮은 신뢰의 상속세를 없애는 것을 의미한다. 또한 우리는 다른 사람도 가치를 창조하고 공헌하도록 고무한다.

우리는 연속되는 각 차원으로 넘어갈 때 역할과 책임에 따라 영향력이 커지거나 작아질 수 있다. 그러나 처음 두 개의 차원에서는 특별한 영향력을 발휘할 수 있으므로 거기서부터 시작해야 한다. 이 책을 읽다 보면 심지어 사회 신뢰(다섯 번째 차원) 문제도 자기 신뢰(첫 번째 차원)의 문제에서 비롯될 수 있고, 개인의 신뢰 문제가 물결처럼 퍼져나가 폭발적으로 확대될 수 있다는 것을 알게 될 것이다. 예를 들어 일부 엔론 경영자의 개인 차원의 문제는 처음에 그들의 관계와 조직에 영향을 주었지만, 결국 시장과 사회 전체로 파급되었다. 개인 차원의 문제가 물결처럼 퍼져나가 중대한 개혁(사베인스-옥슬리법)을 탄생시키는 시발점이 된 것이다. 그러므로 자기 자신으로부터 시작하는 것이 중요하다.

마지막으로 신뢰의 고취를 다루는데, 여기에는 진정한 신뢰Smart Trust를 배우는 방법이 포함되어 있다. 즉, 한편으로는 속임을 당하는 것(맹목적 신뢰)을 피하고, 다른 한편으로는 의심(불신)을 피하는 방법과 신뢰를 보냈을 때 모두에게 가장 큰 배당을 가져다주는 최상의 성과가 발생하는 지점sweet spot을 찾는 방법을 배우는 것이다. 물론 신뢰를 회복하고 신뢰 성향을 향상시키는 방법도 여기에 내포되어 있다.

다른 사람을 신뢰하는 것은 위험하지만 신뢰하지 않는 것은 더 위험하다. 사람들이 언제, 어떻게 진정한 신뢰를 보내는지 알면 신뢰

지렛대의 받침점을 옮겨 믿을 수 없을 만큼 강한 힘을 만들어낼 수 있다. 그러면 속도는 빨라지고 비용은 낮아진다. 무엇보다 당신이 신뢰를 보내는 사람들을 고무하고 그들이 재능을 최고로 발휘하도록 할 수 있다.

신뢰를 회복하는 일의 아름다움

5가지 차원을 설명하기에 앞서 신뢰를 쌓는 것과 그것을 회복하는 것이 가능하다는 점을 다시 한 번 강조하고 싶다. 물론 회복이 불가능할 정도로 신뢰가 손상되거나 사람들이 신뢰를 회복할 기회를 주지 않는 상황도 존재한다. 하지만 그런 경우는 매우 드물며 우리는 우리가 생각하는 것보다 신뢰를 회복하는 능력이 훨씬 뛰어나다.

> 나무를 심기에 가장 좋은 때는 20년 전이다. 두 번째로 좋은 때는 바로 오늘이다.
>
> _중국 속담

오랫동안 대형 부동산개발회사에서 열심히 일한 끝에 마침내 파트너의 지위에까지 오른 톰의 사례를 살펴보자. 승승장구하던 그들은 어느 순간 부동산 시장이 얼어붙으면서 분열되기 시작했다. 수많은 분쟁 끝에 톰은 회사를 떠났는데 누군가가 그를 고소했다. 주요 파트너로서 12개의 건물에 지분이 있었던 톰은 맞고소를 했고 어떤 소송은 실사가 수년간 계속되기도 했다.

골머리를 앓던 톰은 좀 더 좋은 방법을 찾아보기로 했다. 그는 당시에 회사를 맡고 있던 파트너 크리스에게 전화를 걸어 변호사 없이 단둘이 만나서 이야기하자고 제안했다. 수년간 파트너로 일해 온 두 사람은 이미 신뢰에 금이 가 있었지만 크리스는 선뜻 만나겠다고 대답했다.

톰은 진심으로 크리스의 말에 귀를 기울였고 중간 중간 자신이 크리스의 말을 제대로 이해했는지 확인했다. 크리스는 일단 상대를 이해시켰다는 생각이 들자 기꺼이 톰의 말을 경청했다. 그렇게 상대방의 말을 경청하면서 두 사람은 과거의 신뢰를 어느 정도 회복했고, 결국 그들은 악수를 하고 법적 분쟁을 끝내기로 합의했다. 경청과 부분적인 신뢰 회복을 통해 몇 년간의 소송으로 인한 증오, 고통, 시간 낭비, 돈 낭비를 30일 만에 종식시킬 수 있었던 것이다.

> 신뢰 회복이 그리 쉬운 일은 아니지만 연구를 통해 한 가지 사실만큼은 분명히 밝혀졌다. 그것은 많은 사람이 CEO의 솔선수범, 신뢰 구축을 위한 노력, 책임감, 약속 이행을 기대한다는 것이다.
>
> _리치 전스테트Rich Jernstedt, 골린/해리스Golin/Harris CEO

이번에는 미국의 전 대통령 존 애덤스와 토머스 제퍼슨의 관계를 살펴보기로 하자. 영국으로부터 독립하기 위해 끊임없이 투쟁한 두 사람은 각각 독립선언문의 '주창자'와 '문장가'이었다. 미국 독립전쟁과 프랑스 혁명 사이에 서로 알게 된 두 사람은 특별히 가까운 관계를 유지했다. 물론 당시에는 미국이나 프랑스에 어떤 일이 일어날지 전혀 알지 못했다. 어쨌든 그들의 관계는 제퍼슨이 애덤스의 아들 존 퀸시에게 아버지 같은 존재였고, 애덤스의 부인 애비게일이 제퍼슨을 열렬히 존경했다는 것에서도 잘 알 수 있다. 그녀는 제퍼슨을 '세상이 선택한 사람'이라고 불렀다.

하지만 미국으로 돌아온 이후 두 사람은 정치적 견해 차이로 우정이 틀어지기 시작했다. 연방당원인 애덤스가 미합중국 2대 대통령으로 선출되었을 때, 선거에서 2위를 한 공화당원 제퍼슨은 당시의 법에 따라 부통령이 되었다. 애덤스는 자신이 부통령이었을 때 조지 워싱턴에게 했던 것처럼 제퍼슨에게 지원과 우정을 기대했다. 그러나 애덤스가 볼 때 제퍼슨은 자신에게 충성하지 않았고 분파적이었으며 정치적으로 모호한 입장을 취하는 것 같았다. 결국 애덤스의 임기가 끝날 무렵, 두 사람의 관계는 증오와 원한으로 가득 차 있었다.

오랜 세월이 흐른 뒤, 그들 모두의 친구였던 벤저민 러시 박사(역시 미국 독립선언문에 서명한 사람이다)가 애덤스를 찾아가 제퍼슨에게 화해를 청할 것을 권했다. 애덤스는 그의 권유에 따라 제퍼슨에게 건강과 행복을 기원하는 연하장을 보냈다. 제퍼슨은 우정 회복 제안에 기뻐하며 즉각 이런 답장을 보냈다.

"자네의 편지를 보니 옛 추억이 생각나는군. 어려움과 위험 속에서도 같은 뜻을 품은 동지로서 인간에게 가장 귀중한 것, 즉 자기 정부를 가질 권리를 위해 투쟁했지."

애덤스는 친구 러시에게 편지를 썼다.

"자네가 기적을 만들어냈네. 결코 싸운 적 없는 두 권력자를 화해시켰어."

나중에 애덤스가 가족모임에서 제퍼슨의 편지를 읽어주기 위해 가져오자, 가족은 어떻게 그처럼 심하게 대한 사람과 좋은 관계를 회복할 수 있느냐고 물었다. 그는 대답했다.

"제퍼슨은 나를 싫어했던 게 아니야. 오히려 나를 항상 좋아했지. 단지 그가 미국 대통령이 되길 원했는데 내가 방해가 되었던 거야. 그래서 나를 무너뜨릴 수 있는 일은 뭐든 한 거지. 하지만 내가 이 문제로 끝까지 제퍼슨과 말다툼을 벌인다면 나와 사이가 좋지 않은 모든 사람과 말다툼을 벌여야 할 거야. 그건 인간의 본성이야. 나는 모든 적을 용서했어. 그들에게 하늘의 은총이 있기를 빌겠어. 이젠 제퍼슨도 나도 늙었고 공직에서 은퇴했어. 그래서 옛날의 우호적인 관계를 되찾은 거야."

두 사람은 사망하기 전까지 14년간 끈끈하고 만족스러운 우정과 서신 교환을 즐겼는데, 놀랍게도 15번째 독립기념일인 1826년 7월 4일 동시에 사망했다. 애덤스가 제퍼슨에게 했던 말 중에서 가장 기억할 만한 것은 이것이다.

"내가 숨을 쉬는 한, 나는 자네의 친구로 남을 걸세."

보고 말하고 행동하라

이 책의 목적은 신뢰를 쌓는 쪽으로 보고 말하고 행동할 수 있게 하는 데 있다. 신뢰를 쌓는 데는 보고 말하고 행동하는 것 모두가 중요하기 때문이다. 내가 앞에서 말한 낚시를 하러 갔다가 가이드가 준 선글라스를 끼고 물속의 물고기를 보게 되었다는 이야기를 기억하는가? 마찬가지로 이 책은 당신에게 신뢰를 완전히 다른 시각에서 볼 수 있도록 '신뢰의 안경'을 제공한다. 따라서 당신은 이 책을 통해 가능성에 눈을 뜨고 모든 부분에서 신뢰를 높이는 동시에 신뢰의 배당을 받을 수 있을 것이다.

또한 이 책은 신뢰 문제를 해결할 수단을 제공한다. 당신은 자신이 누군가를 신뢰하지 않거나 누군가가 당신을 신뢰하지 않는다는 것을 안다. 하지만 그 이유는 물론 상황을 개선시키는 방법은 모른다. 이 책은 그 문제를 설명할 수 있게 해주고 또한 문제를 해결할 수단을 보여준다.

마지막으로 이 책은 신뢰를 쌓고 키우는 행동, 특히 전 세계적으로 신뢰가 높은 사람과 리더의 13가지 공통적인 행동을 분석하고, 그것을 개발하도록 도와준다. 그러한 행동을 배우고 그 영향을 인식할 때, 지속적인 신뢰를 구축하는 방법을 알게 될 것이다.

행동을 바꾸려고 할 때 패러다임의 전환이 얼마나 중요한지에 대해서는 이미 수많은 사람이 이야기했다. 세상을 보는 방식을 바꾸면 행동도 자연스럽게 바뀌고 당신이 얻는 결과도 달라진다. 세상을 보는 새로운 방식, 즉 패러다임의 전환은 행동과 결과에 엄청난 영향을 미치는 것이다.

나는 실용적인 관점에서 다르게 말하고 다르게 행동하는 것도 세상을 보는 방식과 마찬가지로 당신이 얻는 결과에 엄청난 영향을 미친다고 생각한다. 예를 들어 누군가에게 봉사하는 행동은 그 사람을 다른 시각으로 보게 할 수 있다. 심지어 전에 느끼지 못했던 사랑과 동정이 느껴지기도 한다. 나는 이것을 행동의 전환이라고 부른다. 이는 행동이 궁극적으로 세상을 보는 방식에 변화를 가져오는 전환이다. 또한 나는 언어의 전환이 보여주는 힘을 확신한다. 말하는 방식은 다른 사람이 우리를 보는 방식을 바꾸는 동시에 우리가 세상을 보고 행동하는 방식도 전환시킨다.

이 3가지 차원은 상호의존적이기 때문에 한 차원에 변화를 일으키면, 다른 두 개의 차원에도 변화가 일어난다. 따라서 이 책은 패러다임은 물론 신뢰를 쌓고 키우는 데 필요한 언어와 행동의 전환을 위해 보고 말하고 행동하는 것에 초점을 맞추고 있다.

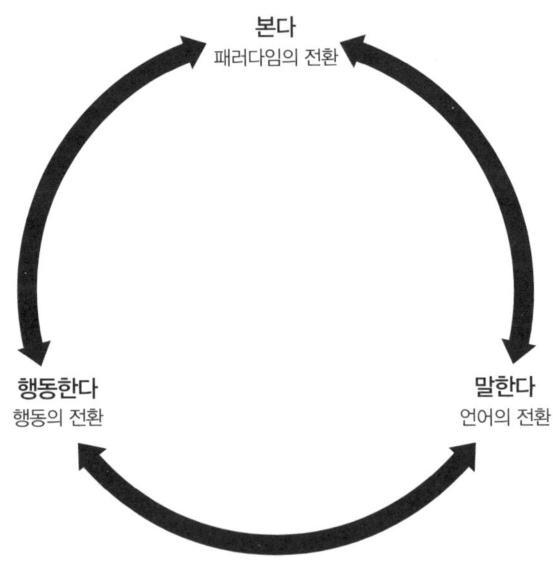

우리는 누구나 자기 자신의 리더이다

신뢰의 속도와 신뢰를 둘러싼 몇 가지 문제, 그리고 신뢰의 작용 방식을 알았으니 이제 신뢰를 쌓고 회복하고 보내기 위한 조치로 넘어갈 준비는 끝났다. 이 책의 나머지 장을 읽을 때, 당신이 직장이나 가정에서 어떤 위치에 있든 영향을 미칠 수 있다는 점을 명심하라. 당신은 리더이다. 최소한 자기 자신의 리더이다.

리더십이란 간단히 말해 신뢰를 고취하면서 성과를 얻는 것이다. 그것은 신뢰를 쌓음으로써 현재와 미래에 공헌할 수 있는 능력을 극대화한다.

수단이 목적만큼 중요한 것과 마찬가지로 성과를 얻는 방식은 성과 그 자체만큼이나 중요하다. 왜냐하면 신뢰를 쌓을 때 다음번에 성과를 얻을 수 있는 능력이 커지기 때문이다. 어떤 상황에서든 다음번은 반드시 존재한다. 그럼에도 신뢰를 실추시키는 방식으로 일하는 것은 근시안적이고 역효과를 낳으며 궁극적으로 지속되기 어렵다. 용감한 탐험가 어니스트 섀클턴Ernest Shackleton 경은 이렇게 말했다.

"내게 삶은 모든 게임 중 가장 큰 게임이다. 삶을 사소한 게임, 가벼운 게임, 규칙이 별로 중요하지 않은 게임처럼 대하는 것은 위험하다. 게임은 공정해야 하며 그렇지 않으면 게임이 아니다. 그리고 게임에서 이기는 것은 주목표가 아니다. 주목표는 게임에서 명예롭고 근사하게 이기는 것이다."

신뢰는 정말로 장기적인 성공의 열쇠이다.

_짐 버크, 존슨 & 존슨 전 회장

나는 이 책에 몰입할 것을 권한다. 자신에게 어려운 질문을 하라. 취약한 문제에 정면으로 맞서라. 나는 신뢰에 집중하면서 그리고 수천 명과 수백 개 조직의 신뢰에 집중하면서 이 접근 방법이 보편적이고 긍정적인 결과를 가져오는 원칙에 기초한다는 것을 확신하게 되었다. 장담하건대 이 원칙들을 삶에 적용할 때 그 효과는 즉각 나타날 것이다. 무엇보다 다른 모든 것을 극적으로 바꿀 수 있는 신뢰를 쌓고 키우고 보내고 회복하는 방법을 배울 수 있다.

THE SPEED OF TRUST

02
첫 번째 차원:
자기 신뢰의 원칙

신뢰의 5가지 차원 모델은 신뢰가 우리 삶에서 작용하는 과정을 비유적으로 보여준다. 신뢰의 물결은 각 개인에게서 시작해 타인과의 관계로 이어지고 조직 및 시장으로 확대되며 최종적으로 전체 글로벌 사회로 파급된다. 이처럼 이 모델에는 내면에서 시작해 외부로 향하는 접근 방법이 강점이 반영되어 있다. 신뢰를 쌓으려면 먼저 자기 자신에게서 시작해야 하는 것이다.

2부에서는 다른 사람과의 모든 관계에서 신뢰를 쌓고 유지할 수 있게 해주는 기본 원칙을 배운다. 그 원칙은 신뢰성이다. 먼저 스스로에게 물어보라. 나는 신뢰할 수 있는 사람인가? 믿을 만한 사람인가? 사람들이 신뢰할 수 있는 사람인가?

좋은 소식은 우리가 신뢰성을 높일 수 있으며 특히 기본이 되는 4가지 핵심 요소를 이해하면 빠르게 신뢰성을 향상시킬 수 있다는 것이다. 이 가운데 2가지는 성품에, 다른 2가지는 역량에 속한다. 역량이 성품만큼 신뢰에 중요하다는 점과 성품과 역량 모두 우리 스스로 만들거나 개선할 수 있다는 점을 인식할 때 신뢰는 보다 확고하고 실제적인 장점을 지닌다.

이 4가지 핵심 요소를 개발하면 개인적인 신뢰성이 높아지며, 이로써 모든 관계에서 신뢰를 쌓고 유지할 수 있는 기초를 다질 수 있다.

THE FIRST WAVE:

SELF TRUST

1장

신뢰성의 4가지 핵심 요소

리더십은 새로운 내용이
강조되어야 한다.
리더십은 신뢰에 관한 것이다.
……
리더십의 근본은 신뢰성,
즉 말과 행동이 일치하는 것이다.

_앤 멀케이Anne Mulcahy, 제록스 회장

당신이 감정인expert witness(전문가 증인)으로 법정에 섰다고 가정해 보자. 검사는 당연히 당신이 신뢰할 만한 감정인이라고 배심원들을 설득하려 할 텐데, 그는 무엇을 입증하려 할까?

첫째, 당신이 성실한 사람이라는 것, 즉 당신이 정직하고 말과 행동이 일치하며 진실하다는 평판이 있고 거짓말을 하지 않는다는 것을 입증하려 한다.

둘째, 당신이 좋은 의도를 갖고 있다는 것, 즉 당신이 누구도 속이거나 보호하려 하지 않으며 당신의 증언을 왜곡할 숨겨진 동기나 의제가 없다는 것을 입증하려 한다.

셋째, 당신의 능력이 뛰어나다는 것, 즉 당신이 증언할 분야에 대해 전문성, 지식, 기술, 능력이 있다는 것을 입증하려 한다.

넷째, 당신의 성과가 좋다는 것, 즉 과거에 당신이 자신의 능력을 효과적으로 보여주었고 성과를 내고 있으며 이번에도 그렇게 할 것이라고 믿을 만한 충분한 이유가 있음을 입증하려 한다.

그 다음에는 상대측 변호인이 일어나 당신은 믿을 수 없는 사람이라고 배심원을 설득하려 노력한다. 그는 무엇을 입증하려 노력할까? 아마도 당신이 그와 정반대라는 것을 입증하려 할 것이다. 다시 말해 당신에게 성실성이 부족하고 검찰 측에 유리하도록 증언을 왜곡하려는 숨겨진 동기가 있으며, 감정인으로서의 자질이 떨어지고 성과가 퇴색되었거나 보잘것없음을 입증하려 한다.

내 변호사 친구들은 법정 공방에서의 쟁점은 기본적으로 이 4가지 요소, 즉 성실성, 의도, 능력, 성과로 귀결된다고 한다. 당신이 어떤 위치에 있든 당신의 신뢰성은 이 4가지 요소에 좌우된다. 그 신뢰성은 변론에 매우 중요하며 특히 반박할 수 있는 물리적 증거가 없는 경우에는 더욱 중요하다. 이는 평결의 초점이 증언의 신뢰성에 맞춰진다는 것을 의미하는데, 실제로 심리(審理, 법원이 증거나 방법 따위를 심사하는 행위)가 되는 것은 증인의 신뢰성이다.

최근의 한 재판에서 변호인이 판사에게 원고 측 증인이 믿을 만한 증언을 할 수 있을 만큼 신뢰할 수 있는 사람인지 판단하기 위해 공판 전에 청문회를 개최할 것을 요청했다. 또한 엔론 사건 재판이 한창일 때 〈USA투데이〉에는 '평결, 증인(스킬링)의 신뢰성에 의존할 수밖에 없어'라는 제목의 기사가 실렸다. 그러다가 스킬링(엔론의 전 CEO)이 유죄 평결을 받자 이번에는 '배심원, 엔론 전 경영진 불신'이라는 제목의 기사가 실렸다.

법정에서뿐 아니라 인생의 많은 것이 신뢰성에 달려 있다. 예를 들어 2005년 AIG보험과 버크셔해서웨이의 자회사가 소유한 제너럴리 General Lee와의 계약 건에 대해 정부 조사가 진행되고 있을 때, 아직 사건의 구체적인 내용이 알려지지 않았음에도 워런 버핏의 윤리성과 성실성을 믿는 사람들은 의심을 하면서도 좋은 쪽으로 생각했다. 와튼 경영대학원의 한 윤리학 교수는 "그의 전력을 볼 때 의심이 가더라도 좋은 쪽으로 생각하고 싶다"고 했다. 또 어떤 CEO는 "누군가가 부자이고 유명인이라면 그는 이미 모든 검증을 받았다고 봐야 한다. 그는 평판도 좋고 실적도 좋다"라고 말했다. 물론 버핏은 부정 혐의를 벗었고 확고한 신뢰성 덕분에 자신의 경력에 어떠한 오점도 남기지 않았다.

> 나는 철저하게 신용을 지켰고 덕분에 나를 믿지 않아 거래 관계를 끊은 사람은 한 명도 없었다.
>
> _존 M. 헌츠먼 Jon M. Huntsman, 헌츠먼 인터내셔널 창립자

신뢰를 쌓는 유일한 방법

자기 신뢰란 당신을 자신과 다른 사람의 신뢰를 받는 사람으로 만들어주는 성실성, 의도, 능력, 성과를 개발하는 것을 말한다. 자기 신뢰는 두 가지의 간단한 질문으로 요약된다. 나는 나를 신뢰하는가? 나는 다른 사람의 신뢰를 받는가?

자기 자신을 신뢰하는 것은 작은 것에서 비롯된다. 예전에 나는 중

요한 프로젝트 때문에 5개월간 매일 새벽 2, 3시까지 일한 적이 있다. 그 기간에 매일 아침 운동을 하려고 알람을 맞춰 놓았지만 알람이 울리면 끄고 다시 잤다. 잠이 부족했던 탓에 운동보다 잠이 더 필요하다고 스스로 합리화했던 것이다.

프로젝트를 마친 후, 나는 곰곰이 생각에 잠겼다. 대체 알람을 왜 그토록 이른 시간에 맞춰 놓은 거지? 알람이 울려도 운동하러 가지 않으리라는 것을 이미 알고 있지 않은가. 그런데 왜 알람을 맞춰 놓은 거지?

이러한 행동은 자신감을 떨어뜨리고 나아가 예언이 되고 말았다. 알람시간을 맞추면서도 내가 그 시간에 일어날 것이라고 생각하지 않았던 것이다. 오히려 내가 왜 일어나지 않아야 하는지 합리화하고 있었다. 한마디로 알람시간을 맞추는 것이 우스꽝스러운 일이 되어버린 셈이다.

나는 방법을 바꿔 매일 정해진 시간에 알람이 울리도록 한 것이 아니라, 전날 밤에 다음날 정말 일어날 수 있는 시간에 알람을 맞춰 놓았다. 그 후부터 알람시간을 꼬박꼬박 지킬 수 있었다. 잠이 필요하다고 생각할 때는 알람이 늦은 시간에 울리도록 했기 때문에 문제될 것이 없었다. 나 자신과의 약속을 성실하게 지키지 않으면 내 능력에 대한 신뢰를 잃을까 두려워 잠이 부족할 때도 벌떡 일어났던 것이다. 사소한 일일 수도 있지만 자기 신뢰를 쌓는다는 의미에서 내게는 대단히 중요한 일이었다.

연구에 따르면 많은 사람이 스스로 정한 목표를 실행하지 않거나 자신과의 약속을 잘 지키지 않는다고 한다. 예를 들어 새해가 되면 미국인의 거의 절반이 계획을 세우지만 그 약속을 지키는 사람은 8퍼센트에 불과하다. 자신과의 약속을 반복해서 지키지 않으면 어떤 결과가 나타날까? 자신감을 상실하고 만다. 약속을 지킬 수 있는 능력에 대해 신뢰를 잃을 뿐 아니라 신뢰를 고취하는 개인적인 성품의 강점도 활용하지 못한다.

물론 지위나 제휴를 통해 강점을 빌려올 수도 있지만 그 방법은 현실성이 없다. 그것이 당신 것이 아니라는 사실을 자신은 물론 다른 사람들도 알고 있기 때문이다. 이러한 상황에 이르면 깨닫든 깨닫지 못하든 수익에도 절대적인 영향을 미친다.

누구나 직관적으로 알고 있는 사실이지만 개인의 자신감은 성과에 큰 영향을 미친다. 이런 이유로 잭 웰치는 "리더십에서 다른 사람이 자신감을 갖도록 독려하는 것은 매우 큰 부분을 차지한다"고 말했다. 자기 신뢰가 부족한 사람은 다른 사람을 신뢰하는 능력마저 떨어뜨린다. 카르디날 레츠Cardinal de Retz의 한마디가 그것을 단적으로 보여준다.

"자신을 신뢰하지 못하는 사람은 그 누구도 신뢰하지 못한다."

다행히 우리가 자신과의 약속을 지키거나 의미 있는 목표를 정하고 실행할 때마다 우리의 신뢰성은 높아진다. 자신과의 약속을 지킬 때 할 수 있고, 할 것이라는 신뢰가 커지며 동시에 자신을 신뢰하게 된다.

> 자기 신뢰는 성공의 첫 번째 비결이자 영웅의 본질이다.
>
> _ 랠프 왈도 에머슨

다른 사람의 신뢰를 받는 것과 관련해 몇 해 전에 내 아버지가 캐나다의 한 남성복 가게에서 겪었던 일을 들려주겠다. 그때 아버지는 상점 매니저와 견습사원의 도움을 받았는데, 꽤 비싼 코트를 구입할 생각이라 미국으로 돌아갔을 때 관세를 얼마나 부담해야 하는지를 물었다. 매니저가 미소를 띠며 말했다.

"관세는 걱정하지 마십시오. 그냥 입고 들어가세요!"

"뭐라고요?"

"그냥 입고 들어가시라고요! 그러면 관세를 물지 않을 겁니다."

아버지가 큰소리로 말했다.

"당연히 신고를 해야지요. 해외에서 구입해 국내에 들여오는 물건인데……."

"신고하지 마시고 그냥 입고 들어가세요. 그러면 관세를 걱정하실 필요가 없습니다."

아버지는 잠시 침묵하고 있다가 말했다.

"이것 보세요. 솔직히 나는 관세를 지불하는 것은 걱정하지 않습니다. 그런데 당신이 훈련시키는 이 견습사원이 걱정스럽군요. 그가 당신을 보고 있어요. 당신에게 배우고 있단 말입니다. 그가 자신의 보수를 정하고 경력을 관리해줄 당신을 신뢰할 수 있을까요?"

직원들이 왜 매니저들을 신뢰하지 않는지 그 이유를 알겠는가? 조직을 무너뜨리는 것은 대체로 엔론이나 월드컴 사건처럼 눈에 띄는 대형 윤리 위반 행위가 아니다. 매일 하나씩 벌어지는 작은 윤리 위반 행위가 점점 신뢰성을 약화시켜 대형 사고를 일으키는 것이다.

> 작은 일이 중요하다. 누군가가 매니저를 찾아왔을 때, 그가 없음에도 비서가 미팅 중이라고 둘러댔다고 해보자. 그것은 직원들이 충분히 눈치 챌 수 있는 작은 일이다.
>
> _프랭크 밴더스루트Frank VanderSloot, 멜라루카Melaleuca 사장

일상적인 윤리 위반 행위는 조직의 효율성에 어떤 영향을 미칠까? 직무 만족도에는? 직원 유지율에는? 수익에는? 업무 처리 속도에는 어떤 영향을 미치는가? 결과적으로 조직은 어떤 신뢰의 세금을 내고 있는가?

반대로 만약 리더가 사람들의 신뢰를 받는다면 어떤 일이 생길까? 1990년 쿠웨이트를 해방시키기 위한 사막의 폭풍 작전을 펼치기 직전, 월리 심Wally Thiim은 텍사스 포트후드에서 2,000명의 부대원으로 구성된 기병대대를 지휘하고 있었다. 사실 그 부대는 최악의 부대로 알려져 있었지만, 그가 지휘를 맡고 나서 단기간에 놀랄 만큼 달라졌다. 육군능력시험ARTEPS에서 다른 부대보다 월등히 높은 점수를 받아 사단장 참모장인 토미 프랭크스Tommy Franks 대령의 칭찬까지 받았던 것이다.

심의 부대가 사우디아라비아로 배치되었을 때, 심은 전투를 시작하기 전에 부대원들에게 생사를 넘나드는 환경에서 믿고 따를 수 있는 사람이 누구인지 지명하라고 말했다. 부대원들은 하나같이 포트후드에서 최악의 부대를 최고의 부대로 바꿔놓은 장교들을 지명했다. 이로써 그들의 신뢰성은 더욱 분명하게 입증되었다.

대형 재난은 막을 수 없지만 언제든 전투에 나설 준비가 되어 있고, 자신이 어떻게 행동해야 하는지 알고 있으며 서로를 신뢰하는 조직은 만들 수 있다. 군사 훈련에서 제1규칙은 사병들에게 장교에 대한 신뢰를 불어넣는 것이다. 신뢰가 없으면 싸우지 못하기 때문이다.

_피터 드러커

최근에 친구로부터 신뢰받는 리더가 되는 것이 그녀의 가족에게 어떤 영향을 미쳤는지에 대한 이야기를 듣게 되었다.

오래 전, 젊은 엄마였던 나는 〈당신의 아이는 당신을 신뢰하는가?Can Your Child Trust You?〉라는 글을 읽었다. 저자는 부모들이 어린아이에게 효과적인 방식으로 순종하게 하기보다 그냥 "안 돼!"라는 말만 반복한다고 지적했다. 그 결과 아이들은 부모가 하지 말라고 해도 그 일을 계속하면 마침내 부모가 지쳐 자기 마음대로 할 수 있게 된다는 것을 배운다. 어른들이 "안 돼!"라고 말할 때 그 말이 진심이라는 것을 믿지 않는 것이다.

저자는 확실하게 순종하도록 하고 신뢰를 쌓는 효과적인 방법을 제안했다. 예를 들어 당신이 위험한 장난을 치는 아이에게 "안 돼"라고 말했는데 듣지 않으면, 그 일을 하지 못하도록 즉시 아이를 들어 다른 데로 옮겨놓는 것이다. 이 방법은 기본적으로 시간과 노력이 필요하고 또한 헌신과 후속조치가 따라야 한다. 하지만 놀랄 만한 배당을 안겨준다. 반복해서 말하느라 시간을 낭비할 필요가 없으며 무엇보다 아이가 당신의 말이 진심이라는 것을 믿게 된다. 나는 이 방법을 통해 매우 긍정적인 효과를 얻었다.

보통 가정에서는 이와 반대되는 일이 벌어진다. 부모는 아이에게 지시를 하지만 그것을 무시해도 후속조치를 취하지 않는다. 이 경우 아이들은 부모의 눈을 피해 하던 짓을 계속 한다. 부모가 자기 일이나 다른 사람과의 대화에 정신이 팔려 아이에게 주의를 기울이지 못하기 때문이다. 만약 10대 아이들이 계속해서 도를 넘는 행동을 하고 부모의 말을 듣지 않는다면 그 결과는 어떻게 될까? 특히 10대 아이들은 그들 특유의 문제를 안고 있으며 친구의 영향을 많이 받는다. 그러나 높은 신뢰관계를 구축하면 이처럼 도전적인 시기에도 부모와 10대 아이의 만족도는 크게 높아진다. 또한 그것은 아이들의 인성계발과 시민의식에 긍정적 영향을 미친다.

어느 유수한 컨설팅 회사의 연구에 따르면 개인적인 신뢰를 쌓는 것은 리더에게 두 번째로 자주 발견되는 행동이라고 한다. 하버드 경영대학원은 지원자들을 추천하는 사람들에게 3가지 기본적인 영역에서 의견을 내줄 것을 요청한다. 그 3가지 영역 중 하나는 다음과 같다.

"하버드 경영대학원은 다른 사람에게 신뢰와 자신감을 불어넣을 수 있는 우수한 리더를 양성하는 데 힘을 쏟고 있습니다. 조직 내에서 지원자의 행동(예를 들면 다른 사람에 대한 존중심, 정직성, 성실성, 개인적인 행동에 대한 책임감)에 대한 의견을 적어주십시오."

> 업무적·개인적으로 신뢰를 쌓는 유일한 방법은 신뢰받는 사람이 되는 것이다.
>
> _제라드 아피Gerard Arpey, 아메리칸 항공 CEO

당신은 어느 정도 신뢰할 수 있는 사람인가

현장 방문 고객 프로그램을 진행할 때, 우리는 종종 개인 참가자들과 워크숍 전에 일대일 연습을 한다. 이때 우리는 참가자들에게 함께 일하는 사람들의 사진을 나눠주고 그들을 '신뢰한다'와 '신뢰하지 않는다'의 두 부류로 나눌 것을 요청한다. 조직에 들어온 지 얼마 되지 않아 사정을 잘 모르는 사람에게는 '아직 신뢰하는지 신뢰하지 않는지 판단할 수 없다'는 제3의 분류를 허용한다.

흥미로운 점은 사람들이 이런 결정을 순식간에 내린다는 것이다. 그들은 대개 그림을 보자마자 신뢰와 불신을 가르는데, 같은 사람이 신뢰를 받기도 하고 불신을 받기도 한다.

당신이 알고 있는 사람을 하나하나 생각해보라. 그들의 사진을 어느 쪽에 놓겠는가? 왜 그쪽에 놓는가? 이제 좀 더 어려운 문제를 생각해보자. 당신을 알고 있는 사람들이 당신의 사진을 들고 있다면 그들은 어느 쪽에 놓을 것 같은가? 왜 그쪽에 놓을 것 같은가?

이 장의 시작 부분에서 말했듯 신뢰성을 구성하는 요소는 4가지이다. 그것을 한 가지씩 살펴보기 전에 다음의 자기 분석 설문을 통해 자신이 어디에 속하는지 평가해보기 바란다. 미리 말해두지만 이 질문들은 진지한 자기 성찰과 깊이 있는 평가를 요구한다. 그만큼 끝까지 솔직하게 응답해주기 바란다. 개인적인 신뢰성의 기본 요소들을 이해한다면, 자신이 어느 부분에서 부족하고 또한 어느 부분에 노력을 집중하면 최대의 성과를 얻을 수 있는지 파악하는 데 도움이 될 것이다.

다음 설문의 각 명제를 읽고 자신에게 해당된다고 생각하는 숫자에 동그라미를 하면 된다. 1은 왼쪽에 있는 글이 자신을 가장 잘 설명한다는 것을 의미한다. 5는 오른쪽에 있는 글이 자신을 가장 잘 설명한다는 것을 뜻한다. 그 사이에는 2, 3, 4가 있다.*

1부

나는 '악의 없는 거짓말'을 합리화하거나 사람과 상황에 대해 거짓 설명하는 때가 있다. 또한 원하는 결과를 얻기 위해 진실을 왜곡하는 경우도 있다.	1 2 3 4 5	나는 어떤 경우든 사람들을 정직하게 대한다.
가끔 생각과 말 혹은 행동과 가치관이 일치하지 않을 때가 있다.	1 2 3 4 5	나는 생각과 느낌을 그대로 말하고 행한다. 나는 항상 말과 행동이 일치한다.
나는 내 가치관을 확실하게 알지 못한다. 그래서 다른 사람이 반대하는 사안은 옹호하기 어렵다.	1 2 3 4 5	나는 내 가치관을 분명하게 알고 있고, 용감하게 사람들을 옹호한다.
다른 사람의 생각이 옳을 수 있다는 것을 인정할 수 없다.	1 2 3 4 5	나는 문제를 다시 생각하게 하거나 가치관을 바꾸도록 해주는 새로운 아이디어에 늘 열린 자세를 보인다.
나는 개인적인 목표나 약속을 정하고 실행하는 것이 어려울 때가 있다.	1 2 3 4 5	나는 나와 다른 사람에게 한 약속을 항상 지킨다.
1부 총점		(최대 25점)

* www.speedoftrust.com에 들어가 온라인 설문에 응답하면 자동채점할 수 있다. 아울러 개인적인 신뢰성을 향상시키기 위한 보완적 분석과 구체적인 팁을 받을 수 있다.

2부

나는 나와 가까운 사람들 외에는 별로 관심이 없다. 나는 내 문제 밖에 있는 관심사는 생각하지 않는다.	1 2 3 4 5	나는 진정으로 다른 사람에게 관심이 있으며, 그들의 건강과 행복에 깊은 관심이 있다.
나는 내가 하는 일을 왜 하는지 생각하지 않는다. 내 동기를 개선하기 위해 내면의 성찰을 거의 하지 않는다.	1 2 3 4 5	나는 내가 하는 일의 동기를 알고 있으며 옳은 이유로 옳은 일을 하도록 동기를 수정한다.
나는 다른 사람을 대할 때, 대체로 내가 원하는 것에 초점을 맞춘다.	1 2 3 4 5	나는 나와 관련된 모든 사람에게 '승'이 되는 해결 방안을 적극적으로 찾는다.
대부분의 사람이 내 행동을 근거로 내가 그들의 이익을 마음에 두지 않는다고 생각하는 듯하다.	1 2 3 4 5	사람들은 내 행동을 보고 내가 그들의 이익을 마음에 두고 있다는 것을 분명히 알 수 있다.
나는 다른 사람이 어떤 것(자원, 기회, 공로)을 얻으면 그것은 곧 내가 얻지 못한다는 의미라고 생각한다.	1 2 3 4 5	나는 진심으로 세상에 존재하는 모든 것이 모두에게 돌아갈 만큼 충분하다고 생각한다.
2부 총점		(최대 25점)

3부

나는 현재의 직장에서 내 재능을 활용하지 못하고 있다.	1 2 3 4 5	나는 현재의 직장에서 내 재능을 충분히 발휘하고 있다.
나는 직장에서 효율적으로 일하기 위해 필요한 지식이나 기술을 습득 및 개발하지 않았다.	1 2 3 4 5	나는 내 업무에 필요한 지식과 기술을 습득했다.
나는 직장이나 다른 삶의 영역에서 지식과 기술을 향상시키지 않고 있다.	1 2 3 4 5	나는 삶의 중요한 영역에서 지식과 기술을 열심히 향상시키고 있다.
나는 내 강점이 무엇인지 모른다. 내 약점을 개선하는 데 더욱 집중하고 있다.	1 2 3 4 5	나는 내 강점을 찾았고, 그 강점을 효과적으로 활용하는 데 집중하고 있다.

3부

나는 신뢰를 어떻게 쌓아야 하는지 잘 모른다.	1 2 3 4 5	나는 효과적으로 신뢰를 쌓고 키우고 보내고 회복하는 방법을 알고 있으며, 그렇게 하려고 의식적으로 노력한다.
3부 총점		(최대 25점)

4부

나는 실적이 좋지 않다. 내 이력은 누구에게도 영향을 미치지 못할 것이다.	1 2 3 4 5	내 실적은 사람들에게 내가 원하는 결과를 얻을 것이라는 믿음을 준다.
나는 지시받은 일을 하는 데 노력을 집중한다.	1 2 3 4 5	나는 활동이 아니라 성과를 내는 데 노력을 집중하고 있다.
내 실적을 말할 때 아무것도 말하지 않거나(자랑한다는 인상을 주고 싶지 않아서) 너무 많이 말해서 사람들을 싫증나게 만든다.	1 2 3 4 5	나는 신뢰를 고취하면서 적절하게 실적을 말한다.
나는 시작한 일을 끝마치지 못하는 때가 많다.	1 2 3 4 5	나는 시작한 일은 거의 예외 없이 끝마친다.
나는 어떻게 성과를 얻을 것인지 고민하지 않고 그냥 성과를 얻는다.	1 2 3 4 5	나는 한결같이 신뢰를 고취하면서 성과를 얻는다.
4부 총점		(최대 25점)

전체 설문 총점		(최대 100점)

이제 당신의 점수를 보라. 90~100점은 개인적인 신뢰성이 대단히 높으며 성품과 역량이 모두 뛰어나다. 또한 자신에게 중요한 것이 무엇인지 알고 있고 그것을 일상생활에서 행동으로 옮긴다. 물론 사람들에게 관심도 많으며 자신의 능력을 알고 있고 그 능력을 효과적으

로 개발 및 사용해 긍정적 성과를 얻는다. 결과적으로 자신감으로 충만하며 사람들에게 높은 신뢰를 받는다.

70~90점은 신뢰성에 약간의 흠이 있으며, 그 흠은 약간 낮은 자기 신뢰나 다른 사람의 신뢰 고취가 다소 미흡했을 때 나타난다.

70점 이하는 심각한 신뢰성의 문제가 있다.

아마도 당신은 점수가 낮게 나온 부분을 주의 깊게 분석하고 싶을 것이다. 이 장을 마치면 그것을 개선할 수 있는 구체적인 방법에 집중할 수 있다.

신뢰의 나무

설문의 각 부분은 신뢰성의 4가지 핵심 요소에 해당한다. 이 요소들은 당신이 자신과 다른 사람의 신뢰를 받도록 만들어주는 기본 요소이다. 법정에서 감정인으로서 신뢰성을 입증하거나 상실할 때도 이들 요소가 그 기준이 된다.

핵심 요소 1: 성실성

많은 사람이 성실성을 정직성과 동일시하지만, 사실은 그 이상의 의미를 지니고 있다. 그것은 조화로운 일관성으로 가치관과 말, 행동이 일치한다. 또한 안팎이 일치하며 자신의 가치관과 소신에 따라 행동할 용기가 있다. 대부분의 신뢰 위반은 성실성의 위반이다.

핵심 요소 2: 의도

의도는 동기, 의제, 그리고 그 결과로 나타나는 행동과 관계가 있다. 동기가 솔직하고 상호 이익에 기반을 두고 있을 때, 즉 자신은 물론 다른 사람을 진정으로 접촉하고 이끌고 봉사하고 보살필 때 신뢰가 형성된다. 다른 사람에게 숨겨진 의제가 있다고 보거나 그들이 우리의 이익을 위해 행동한다고 생각하지 않을 때, 우리는 그들의 말과 행동을 의심한다.

성실성과 의도는 성품의 요소들이다.

> 비즈니스나 삶의 게임에 도덕적 지름길은 없다. 세상에는 기본적으로 3종류의 사람, 즉 성공하지 못하는 사람, 일시적으로 성공하는 사람, 성공하고 그 성공을 유지하는 사람이 있다. 그 차이는 성품에 있다.
>
> _존 M. 헌츠먼

핵심 요소 3: 능력

능력은 재능, 태도, 기술, 지식, 스타일 등으로 사람들의 신뢰를 고취시킨다. 이러한 능력은 성과를 내기 위해 사용하는 수단이다. 가족 주치의는 성실성이 있고 동기가 좋을지 모르지만, 예를 들어 뇌수술 분야에 숙련되어 있지 않다면 그 분야에서의 신뢰성은 떨어진다. 능력에는 신뢰를 쌓고 키우고 보내고 회복하는 능력도 포함된다.

핵심 요소 4: 성과

성과는 실적이나 올바른 일을 해내는 것을 의미한다. 기대하는 목표를 달성하지 못하면 신뢰성이 떨어지는 반면, 목표를 달성하면 긍정적인 평판을 얻는다. 평판은 우리를 앞서간다.

능력과 성과는 역량의 요소들이다.

각각의 핵심 요소는 법정에서는 물론 어떤 상황에서든 신뢰성을 얻는 데 필수적이다. 예를 들어 회사에 성실성과 좋은 의도, 놀라운 성과를 올린 사람이 있다고 해보자. 하지만 특정 업무에 필요한 능력이 없다면 당신은 그가 그 일을 해낼 수 있을 거라고 믿지 않을 것이다. 그렇다면 성실성이 있고 능력이 뛰어나며 성과가 높은 사람이 있다고 해보자. 그가 특정 협상에서 당신이나 당신의 '승win'에 신경 쓰지 않는다면 그를 전폭적으로 신뢰하긴 어렵다.

이어지는 장에서 우리는 각각의 핵심 요소를 깊이 있게 연구하면서 특정 핵심 요소가 없는 것이 어떤 영향을 미치는지 살펴볼 것이다. 또한 한 가지 요소는 있는데 나머지 세 가지 요소가 없을 경우 어떤 영향을 미치는지도 살펴본다.

사실 많은 사람이 각각의 핵심 요소가 더 큰 전체의 한 부분이라는 것을 인식하지 못한다. 그들은 당신의 신뢰성에 4가지 차원이 있고 어떤 차원에서는 당신이 높게 혹은 낮게 평가받을 수 있다는 것을 깨닫지 못한다. 오로지 전체를 바라보고 당신이 신뢰성이 있거나 혹은 없다고 판단할 뿐이다.

그런 이유로 4가지 핵심 요소를 이해하는 것은 매우 중요하다. 4가지 핵심 요소는 자신의 신뢰성을 이해하고 개선이 필요한 부분에 집중하는 데 도움을 주기 때문이다. 또한 4가지 핵심 요소는 신뢰를 쌓기 위해 필요한 행동이나 다른 사람에게 진정한 신뢰를 보내는 방법을 알게 해준다.

> 자신에게 냉정하게 물어보라. 나는 신뢰의 냄새를 풍기는가? '풍-긴-다'는 말이 어렵다면 주의 깊게 생각해보라. 나는 신뢰의 냄새가 나는가?
>
> _톰 피터스

4가지 핵심 요소의 중요성은 나무에 비유해 그림으로 나타낼 수도 있다. 성실성은 기본적으로 다른 요소가 자라게 해주는 뿌리로 땅속에 있다. 의도는 일부가 드러나 있으므로 바깥으로 나온 줄기에 해당한다. 능력은 가지로 생산할 수 있게 해준다. 성과는 열매이며 눈에 보이고 형체가 있으며 측정 가능한 성과이다.

이런 방식으로 신뢰성의 4가지 핵심 요소를 살펴보면 이들의 상호 관련성과 각각의 중요성을 한눈에 알아볼 수 있을 것이다. 또한 이러한 나무 구조는 신뢰성을 유기적으로 바라보고 '성장하는 실체'로 인식하는 데도 도움이 된다.

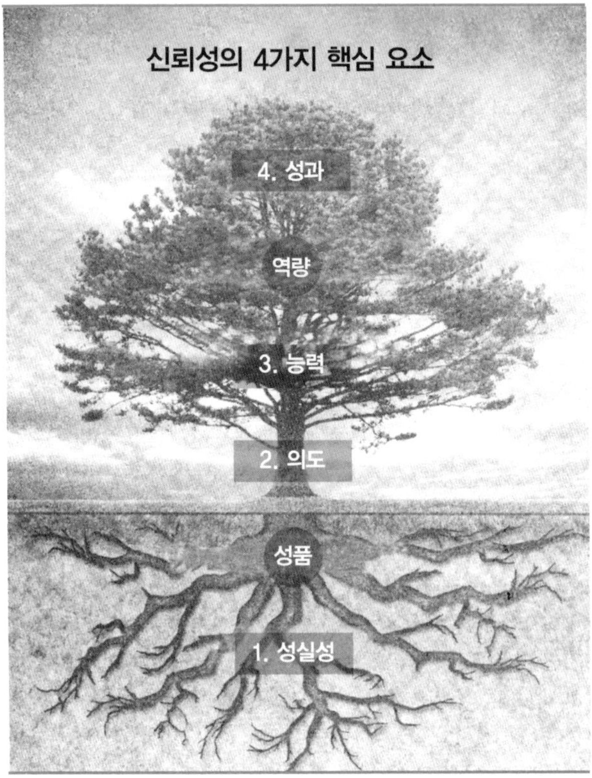

수익을 창출하는 성장의 열쇠

신뢰성의 4가지 핵심 요소와 연관지어 105~107쪽의 설문에 대한 점수를 다시 한 번 생각해보자.

부분	핵심 요소	점수
1	성실성	
2	의도	
3	능력	
4	성과	
총점		

당신의 강점은 무엇인가? 가장 개선이 필요한 부분은 무엇인가?

현재 신뢰 수준이 어떻든 나는 이 자료가 도움이 될 것이라고 확신한다. 최소한 당신에게 신뢰성과 신뢰 문제를 이해하고 이야기할 수단을 주며 그 수단을 실행 가능하도록 만들어줄 것이다. 수년간 신뢰의 속도를 가르쳐온 내 동료 하나가 최근에 이렇게 말했다.

"내가 과거에 신뢰할 수 없는 사람이었다는 것은 아니지만, 이러한 요소를 자세히 알고 그것을 이야기할 수단을 찾아 신뢰를 고취하는 방향으로 행동하면서 내 신뢰성과 다른 사람에게 영향을 미칠 수 있는 내 능력이 놀랄 만큼 향상되었다."

신뢰성의 4가지 핵심 요소가 개인에게는 물론 조직에도 적용된다는 점을 잊지 마라. 한 대기업의 마케팅 담당 부사장은 최근 내게 4가지 핵심 요소가 회사 마케팅의 청사진이 될 것이라고 말했다.

"우리는 신뢰받는 조직이 되어야 합니다. 우리는 성실성에 대한 우리의 평판을 고객이 알게 해야 합니다. 우리는 고객의 승리를 도와주기 위해 우리의 의도를 천명해야 합니다. 그들 조직의 가치를 창출하기 위해 그들에게 우리의 능력을 보여줘야 합니다. 그들이 계속 우리를 찾도록 우리의 성과와 실적을 알게 해야 합니다. 이 모든 것을 통해 우리는 신뢰성을 얻을 것입니다. 신뢰성을 얻으면 우리는 장기적인 신뢰관계를 구축하고 유지할 수 있을 겁니다. 우리 회사는 이미 장기적인 신뢰관계가 수익이 뒷받침되는 성장의 열쇠임을 보여주었습니다."

다음에 이어지는 각 장에서는 4가지 핵심 요소를 보다 깊이 있게 탐구하고 있다. 4가지 요소가 무엇이고 그것이 왜 신뢰의 핵심이며, 어떻게 향상시킬 수 있는지 살펴보는 것이다. 특히 각 장의 끝부분에는 촉진 효과가 높은 3가지 행동, 즉 가장 큰 변화를 만들어낼 수 있는 행동에 초점을 맞췄다. 각 장을 읽은 다음 가장 큰 변화를 만들어낼 수 있다고 생각하는 한두 가지 행동부터 시작할 것을 권한다.

2장

핵심 요소 1-성실성

말과 행동, 가치관이 일치하는가

나는 사람들을 고용할 때
3가지를 본다.
첫째는 성실성이고
둘째는 지능이며 셋째는 열정이다.
하지만 성실성이 없으면
나머지 2가지가
당신을 망칠 것이다.

_워런 버핏

2005년 로마에서 열린 이탈리아 마스터스대회 3라운드에서 테니스 챔피언 앤디 로딕Andy Roddick은 스페인 출신의 페르난도 베르다스코Fernando Verdasco와 만났다. 경기가 한창 진행되고 있을 때 로딕에게 유리한 매치 포인트의 순간에 베르다스코가 두 번째 서브를 한 순간, 선심은 아웃을 선언했다. 관중은 로딕에게 환호를 보냈고 베르다스코는 경기가 끝났다고 생각해 악수를 하기 위해 네트로 다가갔다.

하지만 앤디 로딕은 그 점수를 받아들이지 않았다. 그는 공이 선 안에 들어왔다고 말하고, 주심이 볼 수 있도록 코트 위의 희미한 자국을 가리켰다. 놀란 주심은 로딕의 이의를 받아들여 판정을 번복했고 포인트는 베르다스코에게 주어졌다.

그 자리에 있던 모든 사람이 깜짝 놀랐다. 자율적 판정honor system

이 아닌 주심의 판정에 따라 운영되는 경기에서 로딕은 자신에게 불리한 이의 신청을 했고 결국 경기에서 지고 말았다. 비록 게임에서는 졌지만 로딕은 그보다 더 큰 것을 얻었다. 그것은 바로 신뢰이다.

그 신뢰가 앞으로 그에게 무엇을 가져다줄까? 만약 다음번 게임에서 앤디 로딕이 판정에 이의를 신청하면 주심은 어떻게 반응할 것 같은가? 아마도 그 이의 신청을 최대한 존중해줄 것이다. 로딕이 중요한 순간에 충분한 신뢰를 심어놓았기 때문이다.

또한 앤디 로딕은 자신을 어떻게 평가했을까? 만약 그가 공이 밖으로 나가지 않은 것을 알고도 자신의 승리를 받아들이는 쪽을 선택했다면 어떤 기분이었을까? 그날 코트에서의 로딕의 행동은 나에게 '로딕의 선택'의 상징이 되었다. 로딕의 선택이란 내가 만든 말로 대가를 치러야 함에도 성실성을 보여주는 것을 의미한다. 로딕의 예는 성실성, 신뢰성, 신뢰가 서로 연결되어 있음을 보여준다.

> 내게 근원이 되는 단어인 '성실성'은 전인적 인간, 성품, 완벽함, 선함과 관계가 있다. 나는 성실한 사람을 조화롭고 완벽하며 높은 성품을 지닌 사람으로 생각한다. 원칙이 있는 사람인 것이다.
>
> _ 행크 폴슨Hank Paulson, 골드만삭스 회장

나무 구조에 비유할 경우 성실성은 뿌리에 해당한다. 땅속에 있기 때문에 거의 보이지 않긴 해도 뿌리는 양분 섭취, 힘, 안정성, 나무 전체의 성장에 절대적으로 중요하다.

많은 사람이 자기 분야에서 엄청난 능력을 발휘하고 좋은 의도로

행동하지만 개중에는 원칙 없이 부정직하게 행동하는 사람도 있다. 그들은 '목적이 수단을 정당화한다'고 생각한다. 이러한 사고방식은 조작, 기만, 사기, 금품 강요, 부정을 낳으며 모든 종류의 관계를 허물어뜨리는 배신을 양산한다.

만약 다른 3가지 핵심 요소는 없고 성실성만 있으면 좋은 사람이 될 수 있다. 그것도 아주 정직한 사람이 된다. 그러나 그는 나무 구조로 볼 때 밑동만 남은 사람으로 별로 쓸모가 없다. 그는 신뢰를 깨뜨리지 않으리라는 믿음은 얻어도 일을 해낼 것이라는 믿음은 얻지 못한다. 한마디로 정직하지만 현실적으로 필요가 없는 사람이다.

윤리 르네상스 시대의 문제

성실성이란 무엇을 말하는 것일까? 오늘날 많은 사람이 성실성을 윤리성과 동일시한다. 최근의 기업 회계 부정 사건과 다른 스캔들이 낳은 긍정적인 효과는 그런 사건들이 실질적인 윤리 르네상스를 불러왔다는 것이다. 사람들은 대개 윤리의식 부족이 불신을 조장한다고 생각한다.

> 자유기업 윤리와 정신을 되찾기 위한 풀뿌리 운동이 위기, 부패, 대중의 불신에서 벗어나 수백만 명의 호응을 얻고 있다.
>
> _패트리셔 애버딘

하지만 조직에서 가장 큰 문제로 지적되는 것은 대부분의 윤리적 해결책이 법규 준수에 집중되어 있다는 점이다. 윤리성을 법규 준수로 정의하는 것은 성실성이나 조화로운 일관성과 거리가 멀다. 법규 준수는 윤리성을 희석시키고 평가 절하한 정의일 뿐이다. 그럼에도 윤리교육은 대개 가치관 확립이나 그 가치와 영원한 원칙에 대한 의식을 함양하는 일보다 사베인스-옥슬리법 같은 다른 규제 법률 준수에 집중되고 있다.

그 결과 기업들은 많은 양의 복잡한 규정집을 갖게 되었다. 물론 대부분의 기업은 사람들이 이중성을 띠거나 다른 사람을 거칠게 대해도 지출회계 규정, 혹은 다른 측정 가능한 규정을 위반하지 않고 성과를 내는 한 아무런 조치도 취하지 않는다.

> 규칙은 성품을 대신할 수 없다.
>
> _ 앨런 그린스펀Alan Greenspan, 미 연방준비제도이사회 전 의장

궁극적으로 조직이 직면한 문제는 법규 준수, 특히 외부에 의해 강요된 법규 준수로는 해결되지 않는다. 심리학자이자 기업윤리 트레이너인 크리스 바워Chris Bauer는 이렇게 말했다.

"우리가 여기서 실제로 이야기하는 것은 법 집행이나 규제의 문제가 아니다. 그것은 심리적 문제로 핵심 가치의 부재, 옳은 일이 무엇인지에 대한 혼란이다. 나는 많은 기업에게서 규칙을 강화하려 한다는 말을 듣는다. 그러나 그들 중 자신의 가치가 무엇인지 분명히 알고자 노력하거나, 그러한 가치가 행동으로 옮겨지도록 교육을 실시하는

기업은 많지 않다."

기업이 법규 준수보다 신뢰와 성실성에 집중할 때라야 진정한 신뢰성과 신뢰를 향상시킬 수 있다. 알베르 카뮈Albert Camus가 말했듯 "성실성은 규칙을 필요로 하지 않는다."

성실성의 정의

대부분의 사람에게 성실성은 곧 정직성을 의미한다. 일부 깨닫지 못하는 사람도 있지만 정직성은 진실을 말하는 것은 물론 말뜻을 제대로 전달하는 것도 포함한다. 만약 진실을 말했어도 말뜻을 잘못 전달했다면 그것은 정직한 것이 아니다.

> 작은 문제에서 진실에 부주의한 사람은 중요한 문제에서 신뢰받을 수 없다.
>
> _앨버트 아인슈타인

대부분의 매니저는 자신이 정직하다고 말하지만 연구에 따르면 직원들은 대개 경영진이 정직하거나 솔직하게 말하지 않는다고 생각한다. 동화작가 마리아 루이스 라메Maria Louise Rame는 "나는 천 명의 무뢰한을 만났지만 스스로를 무뢰한이라고 생각하는 사람은 한 명도 보지 못했다"고 말했다.

이 말은 영화 〈캐리비안의 해적Pirates of the Caribbean〉에서 잭 스패로 선장의 익살스런 표현으로 되살아나기도 했다.

"나는 정직하지 않아. 솔직히 정직하지 않은 사람은 항상 정직하지 않다고 믿을 수 있지. 주의해야 할 사람은 바로 정직한 사람이야. 언제 어처구니없는 짓을 할지 예측할 수 없거든."

성실성은 분명 정직성을 포함하지만 여기에는 정직성만큼 중요한 3가지 성질이 더 있다. 그것은 바로 일치성, 겸손, 그리고 용기이다.

의도와 행동의 일치성

의도와 행동 사이에 괴리가 없을 때, 혹은 완전하고 틈이 없으며 안팎이 같을 때 성실성이 나타난다. 나는 이것을 일치성congruence이라고 부른다. 궁극적으로 신뢰를 만들어내는 것은 법규 준수가 아니라 일치성이다. 일치성이 있는 사람은 가치관과 신념에 어긋나지 않게 행동하고 말과 행동이 일치한다. 이들은 무언가 해야 한다고 느낄 때 그것을 하며, 타인의 의견이나 순간적인 편의 같은 외부 요인에 이끌리지 않는다. 그저 조용한 양심의 소리를 듣고 거기에 반응할 뿐이다.

일치성을 보여준 대표적인 인물이 바로 마하트마 간디이다. 언젠가 간디는 영국 하원에서 원고도 없이 무려 2시간을 연설해 당시 적대적이던 청중으로부터 열렬한 기립박수를 받았다. 그가 연설을 마치자 일부 기자가 그의 비서 마하데브 데자이에게 다가가 간디가 어떻게 그토록 오랫동안 원고도 없이 청중을 매료시킬 수 있었는지 물었다. 데자이는 조용히 대답했다.

"간디의 생각, 감정, 말, 행동은 한결같습니다. 그는 원고가 필요하지 않습니다. …… 물론 생각, 감정, 말, 행동이 따로따로인 사람은 원고와 기록해야 할 파일이 필요할 것입니다."

간디는 내면적으로는 물론 자신이 신봉하는 원칙과도 일치했다. 그에게는 삶을 지배하는 영원한 원칙에 깊이 박힌 곧은 뿌리가 있었던 것이다.

> 내 삶은 분리되지 않는 완전한 통일체이다. 내 모든 행동은 서로 연관되어 있고 …… 내 삶은 곧 내 메시지이다.
>
> _마하트마 간디

간디는 원칙의 힘에 의존하고 그 원칙과 완전하게 일치하는 삶을 통해 한 번도 공직이나 공식적인 지위에 오르지 않았음에도 인도와 전 세계에 놀라운 감동과 영감을 주었다.

당신이 한결같이 자기 신념과 원칙, 행동에 일치하는 삶을 살아갈 때 개인적·업무적 관계에서 신뢰를 고취할 수 있다. 그러면 사람들은 당신을 강하고 굳건하며 듬직하고 신뢰할 수 있는 사람이라고 생각한다. 당신이 자신에 대한 믿음을 증명하는 삶을 살기 위해 노력한다는 사실을 인정하는 것이다.

원칙에 충실한 겸손

성실성은 겸손을 포함한다. 유명한 경영전문가 짐 콜린스는《좋은 기업을 넘어 위대한 기업으로》에서 위대한 기업으로 도약한 좋은 기업들을 조사하던 중에 발견한 특별한 성공비결을 밝히고 있다.

첫째, 리더십은 대단히 중요하다. 사실 콜린스는 조사를 하면서 경영자들의 영향력을 무시하고 싶어 했지만, 현실은 그렇지 못했다. 그가 말했듯 "좋은 기업에서 위대한 기업으로 도약한 기업에는 그 전환의 시기에 한결같이 5단계에 해당하는 리더가 존재했다."

둘째, 5단계 리더에게는 개인적 겸손함과 직업적 의지가 있다. 콜린스가 밝혔듯 좋은 기업을 넘어 위대한 기업으로 도약하는 데 필요한 리더십 유형은 우리에게 상당한 충격을 안겨 주었다. 나서지 않고 조용하며 과묵하고 때론 수줍어하기도 하는 그들은 개인적인 겸손함과 직업적 의지라는 모순적인 특징을 보였던 것이다. 훌륭한 성격에 늘 신문의 헤드라인을 장식하고 대중에게 알려진 리더와 비교해 좋은 기업을 넘어 위대한 기업으로 발전시킨 리더들은 차라리 화성에서 온 듯하다. 그들은 패튼이나 시저보다 링컨과 소크라테스에 가까운 것이다.

겸손은 리더십과 삶에서 어떤 모습으로 나타나는가? 겸손한 사람은 자신이 옳다고 생각하는 것보다 실제로 옳은 것에 더 관심이 있다. 아이디어를 짜내는 것보다 좋은 아이디어를 실행하는 데 더 관심을 보인다. 과거의 입장을 지키기보다 새로운 진실을 수용하는 일에, 자신의 공헌을 인정받기보다 타인의 공헌을 인정하는 데 더 관심을 쏟는다.

겸손함은 유약하거나 과묵하거나 나서지 않는 것이 아니라 원칙을 인정하고 자신보다 원칙을 우선시하는 것을 의미한다. 반대에 부딪혀도 원칙을 굳게 지키는 것을 뜻한다. 겸손한 사람은 깊이 있게 협상할 수 있으며 어려운 거래도 해결할 수 있다. 또한 힘든 상황에서도 자신을 확고하고 분명하게 표현하지만 승패의 게임을 하거나 거만하지 않고 허세를 부리지도 않는다. 단지 조직과 대인관계를 지배하는 영원한 법칙이 있음을 인정하고 그 원칙과 일치하는 행동을 하려고 할 뿐, 스스로 법이 되려고 노력하지 않는다.

겸손한 사람은 혼자 일어서는 것이 아니라 자신이 앞서간 사람의 어깨 위에 있으며 다른 사람의 도움을 받아야만 위로 올라갈 수 있다는 것을 분명하게 깨닫는다. 알코올중독자 모임과 다른 재활 프로그램에서 지적하듯, 어려운 삶의 도전을 극복하는 데 기초가 되는 것은 다른 사람의 도움 없이는 아무것도 할 수 없음을 인정하는 지혜와 겸손이다.

겸손의 반대말은 거만함과 자만이다. 그것은 원칙과 타인보다 자기 자신을 우선시한다.

옳은 일을 할 수 있는 용기

성실성은 하기 어려운 상황에서도 옳은 일을 할 수 있는 용기를 포함한다. 용기란 이탈리아 마스터스대회의 앤디 로딕과 2002년 〈타임〉이 올해의 인물로 선정한 세 명의 내부 고발자 엔론의 쉐런 왓킨스Sherron Watkins, 월드컴의 신시아 쿠퍼Cynthia Cooper, FBI의 콜린 롤리Coleen Rowley 같은 사람들이 보여준 행동을 말한다.

사람들의 이러한 용기는 주변 사람에게도 용기를 불어넣는다. 최근에 나는 의사 남편을 둔 어느 여성으로부터 용기와 관련된 이야기를 들었다.

"의대는 경쟁이 심해서 들어가기도 어렵고 들어가서도 서로 좋은 성적을 얻고자 애쓰기 때문에 신입생들의 부담이 이만저만이 아닙니다. 열심히 공부한 남편은 마침내 첫 번째 시험을 치르게 되었습니다. 그 학교에서는 무감독 시험제도honor system를 시행했던 터라 교수는 시험지를 나눠준 뒤 교실을 나갔습니다. 얼마 지나지 않아 학생들이 종이 밑이나 주머니에서 작은 커닝페이퍼를 꺼내기 시작했습니다. 남편은 부정행위자들과 경쟁하는 것은 힘들 거라는 생각에 마음이 조마조마했습니다. 그때 뒤쪽에서 키가 크고 호리호리한 어떤 학생이 일어나서 말했습니다.

'나는 아내와 세 아이를 고향에 두고 떠나와 혼자 공부하고 있다. 물론 의대에 들어오기 위해 정말 열심히 공부했다. 만약 너희들이 커닝을 한다면 가장 먼저 커닝하는 사람을 교수님께 알릴 것이다. 거짓말이 아니다!'

많은 학생이 겁을 먹은 듯 수군거렸고 커닝페이퍼는 곧 사라졌습니다. 그는 그 반에 새로운 전통을 만들었으며, 결국 그 반은 의대 역사상 가장 많은 학생이 졸업생을 배출했습니다."

그날 교실에서 용감하게 말했던 학생은 나중에 존경받는 의사가 되었다. 그의 행동은 편한 것도 쉬운 것도 아니었지만 그는 용기를 발휘했다. 또한 그 행동은 영원한 원칙을 확인시켜 주었으며 의사의 지식과 기술에 의존하는 환자들의 삶을 향상시켰다.

용기는 인간의 특성 가운데 첫 번째로 꼽힌다. 그것은 다른 모든 특성을 보장하는 특성이다.

_윈스턴 처칠

주위에서 성실성이 있는 사람들을 생각해보라. 그들은 정직한가? 말과 행동이 일치하고 겸손하며 용기가 있는가? 그들의 성실성은 그들 스스로의 감정에 어떤 영향을 미친다고 생각하는가? 당신은 그들에 대해 어떻게 생각하는가? 당신이 볼 때 그들은 신뢰할 만한가? 당신은 그들을 신뢰하는가?

우리는 성실성을 구성하는 요소들을 개선할 수 있다. 그리고 그렇게 함으로써 자신의 신뢰성을 높이고 궁극적으로 우리가 하는 모든 것의 속도를 높이고 비용을 낮출 수 있다.

성실성을 높이는 방법

먼저 자신에게 어느 정도의 성실성이 있는지 살펴봐야 한다. 그러기 위해서는 자가진단 설문지에 있는 다음의 질문을 검토하는 것이 유익할 것이다.

- 나는 다른 사람과의 관계에서 정직해지려고 노력하는가?
- 나는 말과 행동이 일치하는가?
- 나는 내 가치관을 분명하게 알고 있는가? 그 가치를 지킬 때 편안함이 느껴지는가?
- 나는 문제를 다시 생각하게 하거나 가치관을 바꾸도록 해주는 새로운 아이디어에 늘 열린 자세를 보이는가?
- 나는 나 자신과의 약속을 지키는 편인가?

이 질문에 솔직하게 대답하기 바란다. 당신은 우리가 신뢰의 속도 워크숍에서 하는 방식을 사용할 수도 있다. 그것은 당신에 대한 인식과 관련해 상사, 동료, 부하직원, 고객, 친구, 가족으로부터 각 분야의 피드백을 얻는 것이다. 사람들은 종종 자신의 강점을 과대평가하거나 과소평가하지만 피드백을 얻으면 이러한 맹점을 줄일 수 있다.

나는 당신에게 성실성 향상에 커다란 영향을 미치고 촉진 효과가 매우 높은 3가지 행동을 권한다.

자신과의 약속을 지켜라

자신과의 약속을 지키는 것보다 빨리 성실성을 향상시킬 수 있는 행동은 없다. 다른 누구보다 자신과의 약속을 잘 지키지 않으면 다른 약속을 지키는 일도 소홀히 하기 십상이다.

우리 집안에는 할아버지 스티븐 맥 코비가 리틀아메리카 호텔 체인을 시작하게 된 이야기가 전설처럼 전해 내려온다. 1890년대에 할아버지는 양치기로 일했는데 어느 겨울밤 와이오밍주의 오지에서 폭풍을 만나게 되었다. 폭풍이 시간당 50마일로 불고 기온이 영하로 떨어지면서 할아버지는 목숨까지 위태로운 지경이 되고 말았다. 바람을 피해 웅크리고 있던 할아버지는 그날 밤을 무사히 보낸다면 감사의 표시로 그곳에 사람들을 위한 대피처를 짓겠다고 마음속으로 약속했다.

할아버지는 그날 밤을 무사히 보냈고 좀 시간이 걸리긴 했지만 자신과의 약속대로 그 오지에 대피처를 지었다. 지금도 그곳에서 쉴 만한 곳은 주유소와 불규칙하게 배열되어 있는 리틀아메리카 모텔밖에 없다. 그러나 와이오밍주 리틀아메리카는 지도에 표기될 정도로 관광명소가 되었고, 우리 집안에서는 특별한 비즈니스를 쌓는 토대가 되었다. 할아버지는 돌아가시기 전까지 호텔, 아파트, 석유회사, 금융기관 등 여러 개의 견실한 지역 기업을 설립했던 것이다.

만약 다른 사람이 내 할아버지의 상황에 놓였다면 이렇게 말했을지도 모른다.

"이런 오지에 모텔을 짓다니, 웃기는 얘기지!"

그 약속은 할아버지와 신 외에는 아무도 몰랐지만 할아버지는 자신과의 약속을 지켰다. 그리고 그 약속을 지킨 행동은 나를 포함한 할아버지의 후손들에게 커다란 영향을 미쳤다.

나는 개인적·업무적으로 경험이 쌓이면서 자신과의 약속이 얼마나 중요한 것인지 절실히 깨닫게 되었다. 그것은 할아버지의 경우처럼 큰 약속일 수도 있고, 내가 알람을 맞춰놓고 일어나거나 과식 피하기, 짜증나는 상황에서도 상대방을 정중하게 대하기와 같이 작은 약속일 수도 있다. 크든 작든 자신과의 약속을 지킬 때마다 우리의 자신감은 커지게 된다. 나아가 자신과 타인에게 더 큰 약속을 하고 그것을 지킬 수 있는 능력이 생긴다.

자신과의 약속을 지키는 능력을 키울 때는 몇 가지 중요한 사항을 염두에 둬야 한다.

첫째, 너무 많은 약속을 하지 마라. 지나치게 약속을 많이 하는 것은 약속 불이행을 준비하는 것과 같다. 목표, 방향, 집중할 것과 실제 행동을 구분하라. 자신에게 약속할 때, 성실하게 지키겠다고 서약하고 있음을 분명하게 인식하라.

둘째, 자신과의 약속을 다른 사람과의 약속처럼 존중하고 반드시 지켜라. 그것이 시간 약속이든(운동, 독서, 수면 등) 우선순위를 정하는 약속이든 그 약속을 존중하라.

셋째, 충동적으로 약속하지 마라. 나는 새해에 가족과 함께 건강에 관해 토의를 하다가 이 교훈을 얻게 되었다. 그때 우리는 청량음료 대신 물을 더 많이 마시기로 했는데, 나쁜 습관을 고쳐야 한다는 생각에 사로잡힌 나는 허세를 부리며 말했다.

"나는 나 자신과 일 년 내내 물만 마시겠다고 약속할 거야. 주스? 노! 물만 마실 거야!"

나중에 땅을 치고 후회했지만 어쩔 수 없는 일이었다. 그리고 그해 내내 그 약속을 지키느라 무진 애를 썼다. 그 경험을 통해 나는 자만하지 않고 겸손한 자세로 약속해야 한다는 것을 배웠다.

넷째, 약속을 지키기 어려웠던 경험이 있다면 두 가지 방법을 취하라. 하나는 실행가능한 약속을 하는 것이고, 다른 하나는 행동에 맞게 자신의 가치관을 낮추는 것이다. 전자는 자신의 성실성을 강화시켜 주지만, 후자는 성실성은 물론 약속을 지키는 능력에 대한 믿음을 약화시키고 만다. 또한 가치관을 낮추면 비록 그 폭이 적더라도 행동경로가 바뀌기 때문에 목표가 큰 폭으로 낮아지게 된다.

약속을 하고 지킬 때는 지혜롭게 하라. 자기 신뢰를 구축하는 데 이보다 빠른 길은 없다.

지켜야 할 가치가 무엇인지 생각하라

> 가치관과 원칙에 따라 행동하라. 자신의 가치관을 파악하고 그 기준에 따라 살아라.
>
> _조지 피셔George Fischer, 이스트먼 코닥 회장

아메리칸익스프레스의 회장이자 CEO인 켄 체놀트Ken Chenault는 모든 직원을 위해 〈넥스트챕터Next Chapter, 새로운 아메리칸익스프레스 가이드〉라는 책자를 만들었다. 이 책자에는 회사의 미래 비전과 그것을 달성하기 위한 계획이 담겨 있는데, 그 핵심 원칙 중 하나는 다음과 같다.

"어떤 가치를 지켜야 할지 생각하라. 어떤 가치는 정량화할 수 없다. 그렇다고 무슨 희생을 치르더라도 성공해야 한다는 말은 아니다. 중요한 것은 올바른 방법으로 승리하는 것이다. …… 우리는 항상 고객과의 약속, 품질, 성실성, 팀워크, 고객존중, 시민정신, 승리 의지, 개인적인 책임 등 올바른 것을 위해 노력하고 있다는 것을 행동으로 보여줘야 한다."

성실성이 있는 사람은 자신이 충실하게 지켜야 할 무언가를 갖고 있다. 자기 내면에 무엇이 있는지 알지 못하면 내면에서 시작해 외부로 향하지 못한다. 우리에겐 구심점이 있어야 한다. 또한 자신의 가치관을 가져야 한다. 자신이 어떤 가치관의 소유자인지 알고 그것을 보여주어야 한다. 그러면 다른 사람들도 알게 된다.

무언가를 믿으면서 실천하지 않는 것은 정직하지 못한 것이다.

_마하트마 간디

성실성을 보여주는 대표적인 예가 바로 헌츠먼 인터내셔널의 창립자 존 헌츠먼이다. 그의 책《승자는 속이지 않는다Winners Never Cheat》에 나와 있듯 그는 오랜 협상 끝에 한 사업부의 지분 40퍼센트를 그레이트레이크스화학Great Lakes Chemical에 팔기로 합의했다. 그런데 그레이트레이크스화학의 회장 에머슨 캠픈Emerson Kampen은 5,400만 달러 규모의 거래를 마친 후에 서면 계약서를 준비하면서 시간을 끌었다. 그들은 계약 내용을 서류화하는 데 6개월 반이 걸렸고 그 사이에 원자재 가격이 폭락하면서 헌츠먼의 수입은 세 배로 늘어 사상 최대의 마진을 남기게 되었다. 더불어 그 사업부의 지분 40퍼센트는 금액으로 따져 5,400만 달러에서 2억 5,000만 달러로 상승했다.

아직 계약서에 서명한 상태가 아니었던 터라 캠픈은 헌츠먼에게 전화해 그 차액을 절반씩 나눌 것을 제안했다. 하지만 헌츠먼은 5,400만 달러에 계약하기로 합의했으니 그 가격을 고수하겠다고 말했다. 캠픈은 그것을 선뜻 받아들이기 어려웠다.

"그건 당신에게 공평하지 않습니다!"

헌츠먼도 물러서지 않았다.

"에머슨 씨, 당신이 당신 회사를 위해 협상하듯 내가 내 회사를 위해 협상하게 해주십시오."

사실 두 사람은 개인적으로 그다지 가까운 사이는 아니었지만, 헌츠먼의 성실성에 감동한 캠픈은 그의 장례식에서 조사를 하는 두 사람 중 하나가 되어 주기로 약속했다. 헌츠먼은 분명 어떤 가치를 보여주었고 그는 당시의 경험에 대해 다음과 같이 술회했다.

"나는 그레이트레이크스 측에 40퍼센트의 지분에 대해 추가로 2억 달러를 더 내라고 할 수도 있었지만 그렇게 하지 않았다. 나는 양심에 걸려 고민하거나 뭔가 켕기는 것이 있어 뒤를 돌아보게 되는 행동 같은 것은 하지 않는다. 덕분에 내 말은 항상 보증수표로 통한다."

헌츠먼의 가치관은 분명했다. 그는 상황이 그 가치관에 도전장을 던져도 주저하지 않았고, 한결같은 자세로 자신의 가치관을 지킴으로써 신뢰를 높였다.

> 자신의 가치관이 무엇인지 알고 있을 때는 결정을 내리는 것이 힘들지 않다.
>
> _로이 디즈니Roy Disney, 월트디즈니 전 부회장

자신이 지키고 싶은 가치를 찾는 좋은 방법은 목적이나 가치를 명확히 하는 것이다. 개인적으로 혹은 가족이나 조직 차원에서 사명서 및 신조를 만드는 일은 매우 중요하다. 자신의 가치관 리스트나 사명서를 만드는 것은 신뢰받는 사람이 되는 데 큰 도움이 된다.

> 당신은 누구이고 가치관과 신조는 무엇인가? …… 이것이 당신의 닻이자 북극성이다. 책에서는 그런 것을 찾을 수 없다. 그것은 오로지 당신의 영혼 속에서만 찾을 수 있다.
>
> _앤 멀케이, 제록스 회장

마음을 열어라

당신은 마음이 닫혀 있거나 거만하게 구는 사람을 만난 적이 있을 것이다. 그들은 당신이 하는 말을 모두 알고 있다고 생각하기 때문에 경청하지 않는다. 또한 자신의 사고방식이 정확하다는 아집으로 사물을 새로운 방식으로 보기를 거부한다. 그뿐 아니라 자신이 알지 못하는 현실과 원칙이 있을지도 모른다는 가능성을 받아들이려 하지 않는 탓에 진실을 거부한다.

그러한 자기중심적인 태도는 당신과 그들의 관계에 어떤 영향을 미치는가? 당신은 그들을 얼마나 신뢰하는가? 신뢰를 보내려고 하는 당신의 의지에 어떤 영향을 미치는가?

열린 마음은 성실성의 필수 요소로 이를 위해서는 겸손과 용기가 수반되어야 한다. 자신이 아직 모르는 원칙이 있을 수 있음을 인정하는 겸손과 그런 원칙을 발견했을 때 기꺼이 그것을 따르는 용기가 필요한 것이다. 역사적으로 과학 분야에서 일어난 대부분의 패러다임 전환은 전통적 사고로부터의 전환이었다. 이러한 전환이 이루어지려면 겸손과 용기가 필요하다.

성실성을 높이는 가장 좋은 방법은 마음을 열고자 노력하는 것이다. 1970년에 취임해 1981년에 암살당할 때까지 11년간 제3대 이집트 대통령을 지낸 안와르 사다트를 생각해보자. 사다트는 반 이스라엘 정서가 강한 국가에 둘러싸여 국가를 이끌었지만 양심의 소리가 평화를 촉구할 때는 열린 마음을 보여주었다. 그는 이웃 아랍국가의 격렬한 반응에도 불구하고 젊은 시절 카이로 중앙교도소에 갇혀 있을 때 얻은 교훈을 실천했다.

"사고방식을 바꾸지 못하는 사람은 현실을 바꿀 수 없고, 단 한 발짝도 전진할 수 없다."

그는 이스라엘을 방문해 이스라엘 수상 메나헴 베긴을 만났고 이스라엘 의회에서 연설도 했다. 또한 계속해서 미국을 방문해 베긴과 지미 카터 미국 대통령을 만나 캠프데이비드 협정을 체결했다. 이후 베긴과 사다트는 그 공을 인정받아 노벨평화상을 수여했다.

몇 년 전, 아버지와 나는 사다트의 미망인 제한과 함께 점심식사를 했다. 그녀가 들려준 이야기 중에서 가장 기억에 남는 것은 사다트가 기꺼이 마음을 열고 자신이 이미 알고 있다고 생각하는 것도 다시 배웠다는 것이었다.

안와르 사다트나 남아공의 넬슨 만델라, 구소련의 미하일 고르바초프 같은 사람은 인생 드라마의 주요 무대에서 열린 자세를 보여주었다. 열린 마음은 신뢰를 고취하며 닫힌 마음은 의심과 불신을 조장한다. 다음 질문을 통해 자기 마음이 얼마나 열려 있는지 평가하라.

- 나는 내가 세상을 보는 방식이 정확하고 완전하다고 생각하는가? 아니면 새로운 관점과 생각을 기꺼이 경청하고 고려하는가?
- 나는 상사, 부하직원, 팀원, 배우자 혹은 아이의 다른 견해를 진지하게 받아들이고 기꺼이 그들의 영향을 받는가?
- 나는 내가 아직 발견하지 못한 원칙이 있을 수 있다고 생각하는가? 나에게는 새로운 사고패턴과 습관이 요구되는 원칙이더라도 그 원칙을 따르겠다는 굳은 결의가 있는가?
- 나는 지속적인 학습을 중시하며 실제로 학습하고 있는가?

새로운 사고, 가능성, 성장에 마음을 열면 그만큼 신뢰의 배당을 받고, 마음을 닫으면 닫은 만큼 현재와 미래의 성과에 영향을 미치는 신뢰의 세금을 낸다.

속도와 비용의 영향

> 탐욕은 부를 파괴한다. 반대로 신뢰와 성실성은 번영을 촉진한다.
>
> _패트리셔 애버딘

이 3가지 행동은 성실성을 높이는 데 분명 도움이 된다. 또한 인생에서 중요한 일을 할 때마다 속도를 높이고 비용을 낮춰준다. 성실성이 클수록, 즉 더욱 정직하고 말과 행동이 일치하며 겸손하고 용기가 있을수록 더 큰 신뢰를 얻을 수 있다. 삶의 모든 차원에서 신뢰의 세금을 신뢰의 배당으로 전환할 수 있는 것이다.

3장

핵심 요소 2-의도

당신의 주요 의제는 무엇인가

다른 사람의 권리를
침해하는 것은
법적으로 유죄다.
윤리적으로는
그렇게 하겠다는 생각만 해도
유죄다.

_이마누엘 칸트Immanuel Kant

이 주제를 설명하는 데는 내 부모님의 우스꽝스런 경험이 딱 적합할 것 같다. 그래서 어쩔 수 없이 그 이야기를 지면에 옮기려 하는데, 그분들은 분명 내 무례를 용서해줄 것이다.

어느 겨울날 아버지와 어머니(스티븐과 샌드라로 부르겠다)는 몬태나의 통나무집에서 집으로 돌아오고 있었다. 오전에 스노모빌을 타느라 몹시 지쳐 있던 스티븐은 샌드라에게 운전대를 넘기고 뒷좌석에서 잠이 들었다.

역시 피곤에 지쳐 졸린 눈으로 간신히 운전하던 샌드라는 몇 시간 후 길가에 차를 세우고 교대를 하자며 스티븐을 깨웠다. 그들은 운전을 교대하기 위해 밖으로 나왔고 스티븐은 서둘러 운전석에 가 앉았다. 뒷문을 열고 타려던 샌드라는 갑자기 새로 산 차에 차대(자동차의 기본 골격을 이루는 프레임)를 올리거나 내릴 수 있는 특별한 기능이 있다는 것이 생각났다. 무릎이 좋지 않았던 그녀는 스티븐에게 쉽게 탈 수 있도록 차대를 내려달라고 말한 다음 문을 닫았다.

그런데 문을 닫자마자 차가 출발했다. 샌드라는 깜짝 놀랐지만 스티븐이 장난을 치는 줄 알고 차를 쫓아가기 시작했다. 하지만 차는 속도를 내며 가버렸고 그녀는 그 추운 겨울에 외투도 걸치지 않은 채 스타킹만 신고 고속도로에 홀로 남겨졌다. 샌드라는 잠시 후에 스티븐이 돌아오면 그렇게 추운 겨울에는 그런 장난을 치면 안 된다는 것을 깊이 뉘우칠 것이라고 생각했다.

하지만 10분 만에 온몸이 얼어붙은 샌드라는 스티븐이 그녀가 뒷좌석에서 자고 있다고 생각할 수도 있음을 퍼뜩 떠올렸다. 스티븐은 차대를 내려달라는 그녀의 말을 듣지 못하고 뒷문 닫히는 소리가 들리자 그녀가 탔다고 생각한 것이 틀림없었다. 거기다 샌드라가 몹시 지쳐 있음을 알았기 때문에 담요를 덮고 즉시 잠들었을 거라고 생각했을 것이다.

그래도 운이 좋았던지 다른 차에 탄 어떤 남자가 스티븐이 샌드라를 남겨 두고 홀로 떠나는 것을 보게 되었다. 그리고 샌드라가 차를 쫓아가는 것도 보았다. 그는 즉각 어떤 남자가 여자를 길가에 버리고 가버렸다고 고속도로 순찰대에 신고했다. 곧바로 순찰차 한 대가 샌드라 앞에 와서 멈춰섰다. 순찰대원이 샌드라에게 어찌된 일이냐고 물었다.

"남편이 나를 여기에 남겨 두었어요. 남편은 그 사실을 모르는 것 같아요."

"남편 분과 싸우셨나요? 왜 당신을 혼자 남겨 두고 떠났죠?"

"내가 뒷좌석에서 자고 있다고 생각하는 것이 틀림없어요."

"뒷좌석에서 자고 있는 걸로 생각한다고요? 당신이 타지 않았다는 걸 모른다는 게 이상하지 않나요?"

"아뇨, 틀림없이 내가 곤히 자고 있다고 생각할 거예요."

"이름이 뭐죠?"

"샌드라 코비입니다."

순찰대원이 잠시 멍한 표정을 지었다.

"혹시 저술가 스티븐 코비와 관계가 있나요? 그의 강연을 들은 적이 있거든요!"

"맞아요, 그 사람이 나를 남겨 두고 갔어요!"

샌드라는 순찰대원과 대화를 하다가 남편이 휴대전화를 갖고 있다는 것을 떠올렸다. 그들은 스티븐에게 전화를 걸었다.

"코비 씨, 여기는 고속도로 순찰대입니다. 즉시 차를 세워주십시오. 당신의 정확한 위치를 알아야겠습니다."

스티븐은 고속도로 순찰대가 자신의 휴대전화 번호를 어떻게 알았는지 당황스러웠다. 자신이 과속을 했다고 생각한 그는 이렇게 말했다.

"알겠습니다. 여기는 아이다호 폭포 근처 같은데, 잠을 자다가 일어나서 정확히 어딘지 모르겠네요. 아내가 15분 전까지 운전을 했거든요. 어디인지 아내에게 물어보겠습니다."

그리고는 뒷좌석을 향해 소리쳤다.

"샌드라, 샌드라, 일어나! 고속도로 순찰대원이 전화를 했어. 우리의 정확한 위치를 알고 싶대."

순찰대원이 전화기에 대고 큰소리로 말했다.

"코비 씨, 코비 씨! 부인은 거기 없습니다."

스티븐이 성급하게 대답했다.

"아내는 뒷좌석에서 자고 있어요. 기다려요! 차를 세우고 아내를 깨울게요."

스티븐은 차를 세우고 뒷좌석을 보았다. 그리고 미친 듯이 담요와 베개를 뒤졌지만 샌드라는 뒷좌석에 없었다. 그는 깜짝 놀라 소리쳤다.

"아내가 실종되었어요!"

"부인은 저와 함께 있습니다."

"당신과 함께 있다고요? 어떻게 아내가 거기에 있죠?"

"당신이 조금 전에 부인을 길가에 남겨 두고 떠났습니다."

"뭐라고요? 아내가 차에 타지 않았다는 말이에요? 이런 믿을 수가 없네! 어쩐지 조용하더라니."

결국 순찰차는 스티븐을 발견했고 그들은 상황 얘기를 듣고는 웃음을 터트렸다. 스티븐이 말했다.

"우리 애들은 이 얘기를 믿지 않을 겁니다."

순찰대원이 말했다.

"아뇨. 훌륭한 이야깃거리가 될 겁니다."

의도의 중요성

이제 당신에게 질문하겠다. 만약 당신이 샌드라의 입장이었다면 스티븐에게 어떤 의도가 있다고 생각했을까? 처음에 샌드라는 스티븐이 자신을 남겨 두는 척하며 장난치는 것이라고 생각했다. 그 이유는 평소에도 스티븐이 그런 장난을 많이 했기 때문이다. 하지만 좀 더 시간이 흐른 후에 자신이 차에 타지 않은 것을 스티븐이 모르고 있으며, 그녀의 잠을 방해하지 않으려고 탔는지 확인하지 않았을 거라고 생각했다. 스티븐의 평소 성품으로 보아 충분히 가능성 있는 판단이었다. 샌드라는 아내가 몹시 피곤하다는 것을 아는 스티븐이 그녀를 의식적으로 남겨 두지는 않았을 거라는 점을 알고 있었다.

하지만 고속도로 순찰대에 신고한 남자는 스티븐의 성품을 몰랐고 그가 의도적으로 샌드라를 버렸다고 여겼다. 어쩌면 그가 그런 경험을 해보았기 때문에 민감하게 반응한 것인지도 모른다. 고속도로 순찰대원 역시 스티븐의 성품을 몰랐고 처음에는 어떤 나쁜 의도가 있을 거라고 판단했다. 그들은 직업상 가정 내의 학대를 많이 보아왔고, 또한 일단 사건이 발생하면 그것을 조사하는 것이 그들의 의무이기 때문이다.

스티븐의 실제 의도는 무엇이었을까? 분명 샌드라를 추운 길가에 남겨 둘 의도는 없었을 것이다. 그가 아내에게 말을 걸지 않은 것은 아내가 편히 쉬도록 하기 위해서였다. 또한 그는 가능한 빨리 집에 가고 싶어 했고 아내가 깨면 중간에 휴게소에 들러야 할 것이라고 생각해 최대한 서둘렀다.

이 이야기는 우리가 의도를 말할 때 다뤄야 하는 몇 가지 중요한 문제를 제기한다.

- 의도는 중요하다.
- 의도는 성품에서 나온다.
- 우리는 자신과 다른 사람에 대한 판단기준이 다르다. 자신은 의도로 판단하지만 다른 사람은 행동으로 판단하는 경향이 있다.
- 우리는 다른 사람의 의도를 자신의 패러다임과 경험에 근거해 판단하는 경향이 있다.
- 의도에 대한 우리의 인식은 신뢰에 커다란 영향을 미친다.
- 사람들은 우리의 행동에 대해 어떤 결론을 내리고 우리를 불신하는 경우가 많다.
- 우리의 의도를 선언해 다른 사람이 내린 결론에 적극적으로 영향을 미치는 것은 매우 중요하다.

의도가 신뢰에 미치는 영향

세계경제포럼The World Economic Forum은 매년 전 세계 사람들이 정부, 글로벌 기업, 현지 대기업 등 여러 기관을 얼마나 신뢰하는지 조사한다. 그들이 조사를 시작한 이후 매년 어느 기관의 신뢰도가 가장 높게 나타나는지 아는가? 바로 비정부조직인 NGO이다. 그들은 보건, 인권, 빈곤, 환경 등 사회 문제를 다루는 국내 및 국제 비영리민 간단체이다.

이들은 직업에 대한 신뢰도도 조사하는데, 가장 신뢰도가 낮게 나온 직업이 무엇인지 아는가? 바로 정치인이다. 사람들은 왜 NGO를 가장 신뢰하고 정치인을 가장 신뢰하지 않을까? 신뢰의 4가지 핵심 요소를 생각해보라. 대부분의 경우 NGO와 정치인은 모두 대단한 능력과 뛰어난 실적이 있다. 물론 정치인에게는 성실성이 다소 문제가 될 수도 있다(정치적 반대세력이나 언론은 신뢰가 낮은 것을 낮은 성실성 탓으로 돌리려고 할지도 모른다).

나는 NGO와 정치인에 대한 인식 차이가 큰 원인은 의도에 있다고 생각한다. 여기서 의도는 실제 의도, 추측 의도, 귀속 의도("정치인이 다 그렇지 뭐")로 분류할 수 있다. 그들의 동기나 의제는 무엇일까? 그들은 관련된 모든 사람에게 이익이 되는 것에 정말로 관심이 있는가? 아니면 정치권력, 정당 정치, 자기 자신, 혹은 거기서 얻을 수 있는 이익에 관심이 있는가?

NGO의 동기는 일반적으로 존경할 만하고 분명하며, 의제는 사회에 이익이 되는 특정 목적이나 사명에 가치를 창출하는 것이다. 하지만 정치인의 의도는 전체가 아니라 정치인 자신이나 소속 정당에 이익이 되는 일에만 있는 것으로 보인다.

이처럼 의도는 신뢰에 커다란 영향을 미친다. 얼마 전에 CNN의 한 번역자가 이란의 마무드 아마디네자드Mahmoud Ahmadinejad 대통령의 연설을 번역하다가 단어 하나를 잘못 번역하고 말았다. 이에 따라 '핵기술' 개발이 아닌 '핵무기' 개발에 대해 말한 것으로 보도되었다. 공교롭게도 핵에 대한 이란의 관심이 이미 정치적으로 거센 비난을 받고 있던 터라 CNN은 즉각 이란에서 추방당했다. 〈카이반신문〉의 편집장 후세인 샤리아트마다리는 "대통령의 말이 여론에 영향을 미치는 것을 차단하기 위해 고의적으로 왜곡한 것이다"라고 말했다.

즉각 CNN의 동기나 의도에 관심이 집중되었음은 물론이다. 결국 CNN은 공식적으로 사과하고 난 후에야 다시 이란에 들어갈 수 있었다. 이런 사건은 매일 수십 건씩 발생하지만 이 사건은 특히 의도 문제가 집중적으로 부각된 경우였다.

다시 감정인의 증언 문제를 생각해보자. 반대 측은 의도를 근거로 증언에서 불신을 이끌어내려 애쓴다. 그렇다면 감정인은 왜 증언을 하는가? 그 증언에서 무엇을 얻으려고 하는가? 이해 충돌conflict of interest이 있는가? 감정인은 자신이 증언하는 회사에서 월급을 받고 있는가? 반대 측이 증언의 의도를 의심할 만한 어떤 증거를 찾아낸다면 증언은 신뢰성이 떨어질 것이다.

특히 재판을 받는 사람에게는 의도가 굉장히 중요한 문제이다. 아니, 사실상 핵심 쟁점이라고 할 수 있다. 이 사람은 어떤 동기로 이 범죄를 저질렀는가? 대부분의 재판에서 의도 혹은 동기는 평결의 결정적 요소로 작용한다.

의도를 나무 구조에 비유하면 일부는 땅속에 있고 일부는 보이는 줄기에 해당한다. 우리의 동기와 의제는 마음 깊은 곳에 있지만 행동이나 우리가 의도를 이야기할 때 겉으로 드러나기 때문이다.

다른 핵심 요소와 마찬가지로 의도는 신뢰에 필수 요소이다. 성실성과 능력이 있고 성과가 좋아도 동기에 문제가 있으면 의심받는다. 만약 동기가 불순하다면 다른 사람을 희생시켜서라도 이기고 싶어

할지도 모른다. 따라서 동기를 알지 못하면 사람들은 전폭적인 지지를 보내지 않는다. 반면 다른 3가지 핵심 요소가 없어도 동기가 좋은 사람은 배려할 줄 안다는 평가를 받는다. 설사 정직하지 못하거나 비겁하고 재능 및 기술도 없으며 실적이 전무해도 말이다.

어쨌든 결론은 역시 4가지 핵심 요소가 모두 필요하다는 것이다. 의도 문제를 탐구할 때는 자신에게 다음과 같은 질문을 하라.

- 나는 얼마나 자주 사람들의 의도를 의심해 그들의 말을 에누리해서 듣는가?
- 내가 속한 조직은 직원들이 경영진의 의도를 신뢰하지 않아 어떤 세금을 내고 있는가? 그 세금은 속도와 비용에 어떤 영향을 미치는가?
- 서로의 동기를 의심하는 우리 팀은 어떤 세금을 내고 있는가?
- 사람들의 의심 때문에 내가 내고 있는 세금은 무엇인가?
- 나는 의도를 개선하고 사람들에게 의도를 올바르게 전달하기 위해 무엇을 할 수 있는가?

이런 질문은 의도의 구성 요소가 무엇이고 의도를 어떻게 개선할 수 있는지 탐구하는 데 도움을 준다.

의도란 무엇인가

의도의 사전적 의미는 계획이나 목적으로 정의된다. 의도에 대해 이야기하면서 동기, 의제, 행동을 빼놓는다면 의도에 대해 말했다고 할 수 없다.

진정한 관심에 따른 동기

동기는 행동의 이유로 가장 큰 신뢰를 고취하는 동기는 '진정한 관심'이다. 사람, 목적, 행동의 질, 전체 사회에 대한 관심 말이다. 당신은 당신에게 별로 관심이 없는 사람을 신뢰하는가? 일, 원칙, 가치 등에 그다지 관심이 없는 사람을 신뢰하는가?

> 사람들은 누군가가 자신을 알고 있고, 또한 자신에게 관심이 있다는 것을 알고 싶어 한다.
>
> _데니스 레스트레인지Dennis Lestrange, 아이콘오피스솔루션스 전 수석부사장

우리가 다른 사람이나 조직을 믿는 것은 부분적으로 그들이 우리에게 관심이 있다고 생각하기 때문이다. 내가 어렸을 때 부모님은 내 잘못에 대해 사랑하는 마음으로 벌을 내렸다. 나는 벌 받는 것을 그리 좋아하지 않았지만 부모님의 관심이 지극해 벌을 받으면서 어떠한 의심도 품지 않았다. 늘 부모님의 사랑을 믿었던 것이다.

오늘날의 기업들 역시 관심의 중요성을 인식하고 있다. 대표적으로 가끔 광고에서 '우리는 당신에게 관심이 있습니다', '우리는 품질

을 생각합니다', '우리는 환경을 생각합니다', '우리는 사회를 생각하고 사회에 긍정적으로 기여하는 데 관심이 있습니다' 등의 문구를 보았을 것이다. 기업들은 관심을 기울인다는 이미지를 전달함으로써 소비자가 그들의 제품 및 서비스를 신뢰하도록 하기 위해 애쓴다.

최근에는 관심이 성과 향상에 어떤 영향을 미치는지에 대한 연구가 활발히 이루어지고 있다. 《관심 리더십 기술The Art of caring Leadership》과 《만족한 암소가 좋은 우유를 생산한다Contented Cows Give Better Milk》 같은 책은 타인에 대한 관심과 성과가 밀접한 관계가 있음을 보여준다. 또한 야후의 경영자 팀 샌더스Tim Sanders는 《사랑은 킬러 앱이다Love Is Killer App》에서 관심의 영향을 매우 실용적으로 이야기한다. 관심과 다른 사람에 대한 동정이 어떻게 모두에게 유익한 행동으로 전환될 수 있는지 보여주는 것이다. 나는 관심은 신뢰를 낳기 때문에 관심과 성과 사이에는 부정할 수 없는 관계가 존재한다고 주장하고 싶다.

동기는 매우 중요하며 동기로서의 관심은 그 어떤 것보다 신뢰성과 신뢰를 높이는 데 도움이 된다. 하지만 당신이 정말로 관심이 없다면 어떻게 될까? 당신의 실제 관심이 수익이나 부의 축적 혹은 인정받는 것이라면 어떨까? 당신이 고객이나 직원들에게 정말로 관심이 없다면 어떠할까?

관심이 없어도, 관심을 갖고 싶지 않아도 괜찮다. 그러나 그에 대한 세금은 내야 한다. 신뢰를 얻지 못해 당신의 말과 행동을 이해시키는 데 더 많은 시간이 걸리고 보다 많은 비용이 들기 때문이다. 당신은 이미 좋은 성과를 얻고 있다고 생각할지도 모르지만, 한 가지 중요한 질문을 해볼 필요가 있다. 나는 테이블 위에 얼마만큼의 팁을 올려놓고 나오는가?

또한 당신은 실제로는 관심이 없으면서 관심이 있는 것처럼 행동하면 '벌'을 받아 세금이 더 늘어난다는 점을 알아야 한다. 이중적인 동기에 부과되는 세금보다 더 높은 세금은 없다.

> 사람들에게 관심이 없는 코치나 CEO보다 더 나쁜 사람은 관심이 있는 척하는 사람이다. 사람들은 매번 거짓을 눈치 챈다. 그가 자신에게 관심이 없으며 그의 행동이 자신을 모욕하는 것임을 아는 것이다.
>
> _지미 존슨 Jimmy Johnson, 댈러스 카우보이스와 마이애미 돌핀스 전 감독

당신이 정말로 관심이 없고 관심을 가질 생각도 없다면, 그 점을 분명히 밝히고 차라리 세금을 내는 것이 나을 것이다. 그러나 지금은 관심이 없지만 진심으로 관심을 기울일 생각이라면 동기를 향상시키고 의도를 개선할 수 있는 방법이 있다. 이 문제는 이 장의 마지막 부분에서 다루도록 하겠다.

상호 이익을 추구하는 의제

의제는 동기에서 나오는 것으로 당신이 어떤 동기에서든 하려고 하거나 촉진하려 하는 것을 말한다. 가장 크게 신뢰를 고취하는 의제는 상호 이익 추구이며, 이것은 관련된 모든 사람에게 이익이 되는 것을 진심으로 원하는 것이다. 단순히 다른 사람에게 관심이 있는 것이 아니라, 그들의 이익을 원한다는 얘기다.

자기 이익을 추구하는 것은 자연스럽고 바람직하며 충분히 예상할 수 있는 일이다. 더불어 우리는 관련된 모든 사람의 이익도 함께 추구한다. 삶이 상호의존적이라는 사실을 인정하고 모두에게 이익이 되며 신뢰를 구축할 수 있는 방법을 찾는 것이다.

> 신뢰의 본질을 찾고자 오랜 세월 고심한 끝에 나는 두 사람이 서로에게 2가지를 말할 수 있다면, 또한 그것이 진심이라면 그 2가지는 진정한 신뢰의 기초가 될 것임을 확신하게 되었다. 그것은 바로 '나는 당신에게 해를 끼칠 뜻이 없다'와 '나는 당신의 행복을 바란다'이다.
>
> _짐 미한Jim Meehan, 영국의 심리학자이자 시인

상호 이익 추구의 반대말은 자기 이익 추구이다. 만약 자기 이익을 추구하는 것이 당신의 의제라면 분명 성과를 얻을 수 있을 것이다. 하지만 스스로에게 물어보아야 한다. 이것이 내가 얻을 수 있는 최선의 결과인가? 이 결과는 지속가능한가? 물론 대답은 '아니오'이다. 조만간 당신은 세금을 내게 될 것이다. 당신의 접근 방법은 지속가능하지 않으며 신뢰성과 신뢰의 다리를 놓는 대신 의심과 불신의 장해물을 만들게 된다.

그러면 상호 이익 추구 의제로 배당을 얻은 시아홈스Shea Homes의 경험을 소개하도록 하겠다. 승패의 상황이 다반사로 일어나고 주문자와 하청업자가 적대적 관계에 있는 건설업계에서 시아홈스는 새로운 모델을 만들었다. 그들은 하청업자를 거래 파트너로 부르며 함께 프로젝트를 진행할 때 재정상태를 공개했던 것이다.

"우리도 승을 원하고 당신도 승을 원한다. 그리고 우리는 함께 고객의 승을 도와야 한다. 어떻게 하면 그렇게 할 수 있을까?"

시아홈스와 기존의 적대적 접근 방법의 차이는 낮과 밤처럼 극명하다. 중요한 것은 시아홈스가 거의 모든 부분에서 막대한 신뢰의 배당을 얻었다는 점이다. 주택을 짓는 데 걸리는 시간이 줄었고 비용이 낮아졌으며 품질 불량이 줄어드는 동시에 고객만족도가 높아졌던 것이다. 나아가 고객의 긍정적인 입소문을 타면서 그들은 더욱 많은 돈을 벌었다. 물론 그들의 파트너들도 많은 돈을 벌었고 고객은 더욱 행복해졌다. 한마디로 모두가 승리하게 된 것이다.

시아홈스의 예는 상호 이익 추구 의제가 신뢰에 미치는 영향을 분명하게 보여준다. 또한 숨겨진 의제가 아니라 공개된 의제의 힘도 알게 해준다. 사실 회의나 개인적인 대화에서 자신이 정말로 원하는 것이나 성취하려고 하는 것을 솔직하게 밝히지 않는 사람이 많다. 숨겨진 의제를 갖고 대화하는 것이다. 이런 의제는 대개 눈치 챌 수 있으며 일단 그런 것이 느껴지면 의심, 경계, 불편함이 감돌게 된다. 물론 이것은 세금을 유발한다. 속도와 비용에 영향을 미치는 것이다. 그러나 만약 모든 의제가 공개된다면, 특히 중심 의제가 관련된 모든 사람에게 이익이 된다면 숨겨진 의도를 걱정하지 않고 모두가 신뢰의 배당을 누리게 된다.

동기와 의제를 표현하는 행동

행동은 동기와 의제의 표현이다. 특히 타인에게 이익이 되는 행동은 신뢰를 고취한다. 우리는 그런 행동을 할 때 다른 사람에게 관심이 있음을 드러내고 상호 이익 추구 의제를 보여준다. 그리고 행동을 통해 동기와 의제의 실제적인 효과가 나타난다. '당신에게 관심이 있다', '당신의 승을 원한다'라고 말하기는 쉽지만 그것이 진심인지 아닌지는 행동을 보면 알 수 있다.

> 나는 어떤 어려움도 직원들과 함께 극복해야 하며 그들에게 개인적으로 관심을 기울여야 한다고 생각한다. 나는 직원들이 사우스웨스트가 항상 그들을 위해 존재한다는 것을 알아주길 원한다.
>
> _허브 켈러허, 사우스웨스트 항공 회장

직원들에게 관심을 기울이고 신뢰를 고취하는 행동을 보여준 대표적인 사람은 스타벅스의 창립자이자 회장인 하워드 슐츠Howard Shultz이다. 1997년 세 명의 스타벅스 직원이 워싱턴 D.C.의 한 스타벅스 커피점에서 강도에게 살해당했다. 그 소식을 들은 하워드 슐츠는 즉시 비행기를 전세 내 워싱턴 D.C.로 날아갔다. 그는 그곳에서 일주일을 머물며 경찰의 수사에 협력하고 희생자의 가족을 위로했으며 다른 직원들을 만났다. 물론 장례식에도 참석했다. 무엇보다 놀라운 일은 그가 앞으로 그 커피점에서 발생하는 모든 수익을 '희생자의 권리와 폭력 예방을 위한 기구'에 기증하겠다고 발표했다는 사실이다.

하워드 슐츠는 세 명의 직원과 그 가족에게 깊은 관심을 기울임으로써 스타벅스 전체 직원과 그 가족에게 관심이 있음을 널리 알렸다. 직원들은 누구도 그가 직원에게 관심이 있다는 것을 의심하지 않았고 이렇게 생각했다.

'회장이 사고를 당한 사람들과 그 가족을 위해 이토록 관심을 기울인다면 나에게도 그렇게 할 것이다. 이 회사에서 일하는 것이 자랑스럽다.'

슐츠는 마피아의 신조인 '한 사람을 처단해 백 사람을 가르친다'를 긍정적으로 비틀어, 몇 사람에게 관심을 기울임으로써 회사 전체를 가르쳤다. 회사의 모든 직원이 회사가 고객을 대하듯 자신에게 관심이 있음을 느끼도록 했던 것이다. 결과적으로 스타벅스의 직원들은 질적으로 우수한 직원, 더 많은 관심을 기울이는 직원으로 거듭났다. 이것이 스타벅스가 그토록 훌륭한 문화를 갖고 있고 좋은 성과를 내며, 미국에서 일하고 싶은 100대 기업에 선정된 이유 중 하나이다.

불행하게도 이 훌륭한 예는 규범이 되지 못하고 있다. 많은 조직에서 행동이 전하는 메시지는 '우리는 당신에게 관심이 있다'가 아니라 '당신은 소모품이고 대체될 수 있다. 우리가 관심이 있는 것은 수익이다'이다. 실제로 연구 분석에서 이런 결과가 나타났다.

- 직원의 29퍼센트만 경영진이 자신의 역량개발에 관심이 있다고 생각한다.
- 직원의 42퍼센트만 경영진이 그들 모두에게 관심을 보인다고 생각한다.

이러한 인식은 조직이 일을 해내는 데 필요한 신뢰, 속도, 비용에 어떤 영향을 미칠까? 다른 사람에게 이익이 되는 행동은 배려와 상호 이익 추구라는 동기 및 의제에서 나온다. 그러나 현실에서 관찰할 수 있는 행동에는 이중성과 속임수가 담겨 있는 경우도 있다. 그것은 '나는 당신에게 별로 관심이 없지만 관심을 보이고 있다는 인상을 주고 싶다'는 의도로 관심이 있는 척하는 것이다. 하지만 실제 행동은 속임수이다. 이 경우에는 거의 항상 나중에 속임수임이 드러나게 된다. 이러한 속임수는 지속될 수 없으며 신뢰성만 추락시키고 만다.

불신의 산물

우리는 다른 사람이 정말로 우리의 이익을 위해 행동한다고 생각할 때 그들을 신뢰한다. 반대로 그들이 우리의 이익을 위해 행동하지 않는다고 생각할 때는 그들을 신뢰하지 않는다.

간단한 설명을 위해 피신탁인trustee을 생각해보자. 피신탁인은 다른 누군가를 대신해 돈이나 재산을 관리할 법적 권한이 부여된 사람이다. 그가 대신하는 사람의 이익을 위해 행동하도록 위임을 받았다는 얘기다. 다른 사람의 이익을 위해 행동하는 것이 바로 내가 말하는 피신탁인 기준trustee standard이다.

그러면 또 다른 예로 노동조합을 생각해보자. 노동조합은 전 세계적으로 조직생활의 많은 부분을 차지하며 반드시 나쁜 것은 아니다. 노조는 선한 사람들을 대표하는 경우도 있고 사우스웨스트, 도요타, 새턴 같은 위대한 기업에도 존재한다.

그러나 대부분의 노조가 설립된 근본 이유(특히 미국에서)는 경영진이 직원들의 이익을 위해 행동하지 않는다고 믿기 때문이다. 이에 따라 직원들은 자신의 이익을 위해 행동할 조직이 있어야 한다고 생각한다. 그래서 일반적으로 노동조합은 피신탁인 기준 위반에서 나온 불신의 산물이다.

> 나는 좋은 회사는 모든 직원과 파트너 관계를 유지해야 한다고 생각한다. 회사는 그들의 이익을 위해 노력해야 한다. 그러면 궁극적으로 그 이익은 회사에 돌아갈 것이다.
>
> _샘 월튼, 월마트 창립자

좋은 의도의 나쁜 행동

때로 우리는 의도는 그렇지 않은데 나쁜 행동을 하기도 한다. 내 아버지가 어머니를 고속도로에 혼자 남겨 두고 떠난 것이 그 경우이다. 아버지의 의도는 그렇지 않았지만 결과적으로 행동은 나빴다.

사람들은 대개 관찰할 수 있는 행동을 근거로 판단한다. 그러므로 우리의 행동에 진짜 동기와 의제가 정확히 반영되도록 할 수 있는 모든 것을 해야 한다. 또한 우리는 다른 사람을 판단할 때 신중을 기해야 한다.

내 친구 중 한 명은 운전할 때 자신의 시각에서 부적절한 행동(예를 들면 끼어들기)으로 보이는 운전자의 행동을 항상 부정적인 동기 탓으로 돌린다. 반면 그의 아내는 항상 '급하게 병원에 가야 하는 사람일지도 몰라요', '어린 딸을 태우느라고 늦었을 수도 있어요', '기르던 개가 죽었을 수도 있잖아요' 등의 다른 가능성을 생각한다. 스코틀랜드의 저술가 J. M. 배리J. M. Barrie는 이렇게 말했다.

"상대방에게 자기보다 못한 동기가 있다고 생각하지 마라."

상대방의 행동에 비춰 그들의 의도를 해석하지 마라. 상대방도 당신의 의도를 그런 식으로 해석할 수도 있음을 알아야 한다. 다른 사람이 자기 행동을 부당하게 나쁜 동기의 탓으로 돌리는 것을 좋아할 사람은 없다. 그럼에도 우리는 다른 사람은 행동에 근거해 판단하지만 자신은 자기 의도를 근거로 판단한다. 이제라도 행동의 이면을 들여다보고 좋은 의도의 가능성을 인정하는 것이 바람직하다.

행동의 이면을 보고(특히 10대 아이들이나 문제의 직장동료) 그들에 대한 우리의 믿음과 그들의 긍정적 의도를 확인할 때 우리는 그들을 보다 높은 단계로 끌어올릴 수 있다.

의도는 어떻게 개선하는가

의도는 기본적으로 마음의 문제로 속일 수 없다. 하지만 노력하면 개선할 수는 있다. 정말로 나쁜 의도를 지닌 사람은 설사 본인이 알지 못하거나 인정하지 않더라도 마음속으로 원칙보다 자기 이익, 지위, 재산만 추구한다. 물론 좋은 의도를 지닌 사람도 있다. 그들은 진심으로 옳은 일을 하고 다른 사람의 행복을 추구하지만, 그 의도를 제대로 나타내거나 실행하지 못한다.

이미 알고 있을지도 모르지만 우리는 표현과 실행 측면에서 어려움을 겪는다. 우리가 정말로 정직하다면 때로 우리의 동기가 100퍼센트 순수하지 않다는 것을 인정해야 한다. 우리는 가끔 숨겨진 의제로 상황에 접근하며 이는 다른 사람을 솔직하게 대하는 것을 가로막는다. 또한 우리는 관심, 열린 마음, 걱정을 행동으로 표현하지 못하는 경우가 있다. 이러한 문제는 이미 우리 삶의 일부가 되어 개인적, 업무적으로 세금을 내고 있다.

다행히 의도는 개선할 수 있다. 여기서 나는 의도를 개선하는 데 도움이 되는 3가지 행동을 제시하겠다.

동기를 점검하고 변경하라

자신의 의도가 선하다고(최소한 정당하다고) 생각하는 것은 인간의 본성이다. 물론 정말로 의도가 좋을 때도 있지만 때론 의도를 자신과 다른 사람에게 정당화하기 위해 합리화하기도 한다(자신에게 합리적인 거짓말을 한다). 우리의 동기를 깊이 있게 점검하려면 어떻게 해야 할까? 우리가 왜 그런 행동을 하는지 어떻게 알 수 있는가? 바꿔야 할 것을 어떻게 바꿔야 하는가?

한 가지 좋은 방법은 늘 다음과 같은 자기성찰 질문을 하는 것이다.

- **아이를 대할 때:** 내 행동은 진정한 관심과 사랑에서 나온 것인가? 나는 정말로 아이의 이익을 추구하고 있는가? 나는 내가 틀렸다는 것을 인정할 정도로 겸손한가? 나는 과연 내 의지를 아이에게 강요하려 하는 것은 아닌가?
- **배우자를 대할 때:** 나는 진심으로 배우자의 말을 경청하고 있는가?

나는 진심으로 그녀의 영향력에 마음을 열어 두고 있는가? 나는 그녀가 어디 출신인지 알고 있는가? 나는 내 견해를 설명하는 데만 또는 내 식대로 하는 데만 초점을 맞추고 있는 것은 아닌가?

- **업무팀을 대할 때:** 나는 모든 팀원의 공헌을 알고 있고 그것을 인정하는가? 나는 전체 팀원의 '승'에 초점을 맞추고 있는가? 나는 내가 영웅이 되고 내 아이디어로 인정받는 것에만 초점을 맞추고 있는 것은 아닌가?
- **비즈니스 거래에서:** 나는 정말로 모두에게 이익이 되는 것을 원하는가? 나는 정말로 상대편의 '승'이 무엇인지 알고 있는가? 나는 내 '승'이 무엇인지 충분히 생각했고 그것을 표현할 수 있는가? 시너지와 제3의 대안에 마음을 열어 두고 있는가? 나는 정말로 상대편이 어떻게 되든 내 '승'만 원하는 것은 아닌가?

나는 가족, 친구, 일, 교회, 지역사회 협회 등 삶의 모든 차원에서 사람들을 대하면 대할수록 일상적인 내 동기를 점검하는 것이 얼마나 중요한지 더욱 분명히 깨닫게 되었다.

자신의 동기를 점검하는 또 다른 방법은 '5Whys'를 수정·적용하는 것이다. 이것은 1970년대에 도요타 생산 시스템에서 인기 있던 간단한 문제 해결 기법이다. 이 개념에서는 최종 문제에서 시작해 근본 원인을 찾을 때까지 일련의 'Why'를 통해 거슬러 올라간다. 나는 이 과정이 자신과 다른 사람의 실제 의도를 발견하는 데 대단히 효과가 있다는 것을 발견했다.

예를 들어 당신이 직장에서 제대로 인정받지 못해 현재의 상황이 불만스럽다고 해보자. 당신은 상사와 이 문제를 논의하기 위해 미팅 날짜를 잡을 수도 있다. 이때 미리 자신에게 5Whys를 적용해보면 미팅을 내실 있게 만들고 긍정적인 결과를 얻는 데 도움이 될 것이다.

1. 나는 왜 제대로 인정받지 못한다고 생각하는가? 주변 사람들이 내가 일을 잘하는 것을 못 본다고 생각하기 때문이다.
2. 나는 왜 사람들이 내가 일을 잘하는 것을 보지 못한다고 생각하는가? 사람들이 새 인물, 즉 '떠오르는 스타'에 초점을 맞추기 때문이다.
3. 왜 사람들이 떠오르는 스타에 초점을 맞춘다고 생각하는가? 내가 승진했어야 하는데 지난주에 사라가 승진했기 때문이다.
4. 나는 왜 사라가 나 대신 승진했다고 생각하는가? 모른다. 내가 정말로 상사에게 이야기하고 싶은 점이다.
5. 나는 왜 그 점에 대해 상사에 이야기하기를 원하는가? 내 원래 의도는 사라의 승진에 대해 화풀이하고 불평하는 것이었다. 하지만 내가 정말로 알고 싶은 것은 회사에 더 많은 가치를 창출하기 위해 내가 할 수 있는 것 일이 무엇인가 하는 것이다. 미래에 승진 인사가 있을 때 나를 진지하게 고려할 수 있도록 말이다.

일반적으로 5Whys를 거치면 실제 의도를 발견하거나 실제 의도에 근접하게 된다. 실제 의도를 발견하면 자신의 의도에 만족하는지, 그 의도를 변경하고 싶은지 결정할 수 있다. 만약 당신의 의도가 원칙(관심, 공헌, 상호 이익 추구, 타인의 이익을 위해 행동하는 것)에 기반을 두고 있다면, 신뢰의 배당을 받을 것이고 그렇지 않다면 세금을 낼 것이다.

이제 자신의 의도를 바꾸거나 개선하는 방법을 알려주겠다.

첫째, 당신이 원하는 결과를 가져다주는 원칙을 확인하라.

둘째, 내면의 변화를 일으키는 데 도움이 필요할 수 있음을 인정하고 도움을 구하라. 그 도움은 역할모델 찾기, 관심 있는 사람들의 전기 읽기, 매일 지적·영적 양식 공급하기, 지혜의 문헌에 나타난 사고 접하기, 관심을 보이는 멘토의 도움 받기, 명상 및 기도 등을 통해 얻을 수 있다. 어쨌든 의도를 바꾸는 것은 자기 양심의 지속적인 지원을 필요로 한다. 따라서 내면의 소리에 귀를 기울이고 반응할 때 더 높은 동기와 보다 분명한 의도를 갖게 될 것이다.

셋째, 당신이 되고자 하는 사람이 되도록 행동하라. 행동은 동기와 의제의 표현이며 또한 동기 개선의 중요한 도구이기도 하다. 예를 들어 다른 사람에게 별로 관심이 없었지만 관심을 기울이고 싶다면 그 욕구대로 행동하라. 관심을 보이는 행동을 하라. 그러면 우리는 현재보다 나은 사람으로 재창조될 수 있다.

의도를 밝혀라

최근 한 남자가 내게 거만하다는 인상을 주거나 자랑하는 듯한 내색 없이 또한 싫증나지 않게 하면서 회사의 강점과 성과를 고객에게 설명할 수 있는 방법을 물었다. 나는 간단히 대답했다.

"당신의 의도를 밝히십시오. 당신이 왜 강점과 성과를 이야기하는지 고객이 알게 해주십시오. 그것은 당신을 홍보하는 것이 아니라 당신에게 봉사할 수 있는 능력과 실적이 있다는 믿음을 주는 것입니다."

의도와 의제, 동기를 밝히는 것은 당신의 행동이 다른 사람의 오해를 받고 있거나 잘못 해석되고 있을 때 대단한 힘을 발휘할 수 있다. 또한 이것은 새로운 관계에서 신뢰를 쌓는 수단만큼 중요하다.

캠벨수프Campbell Soup의 CEO 더글러스 R. 코넌트Dougles R. Conant는 새로운 동료나 다른 비즈니스 파트너와 함께 일할 때, 그들이 무엇을 기대도 좋은지 알 수 있도록 처음 한 시간 내에 자신이 일하는 방식을 알려준다고 한다. 특히 그는 자신의 의제에 상대방과의 신뢰 구축이 포함되어 있음을 알린다.

"내가 하겠다고 말한 것을 실행하는 걸 보면서 나를 신뢰하길 바란다는 사실을 분명히 밝힌다."

더그는 자신의 의도를 밝히는 것은 신뢰 구축에 도움이 되며 자기 행동에 대한 책임감도 높여준다고 말한다. 의도를 밝히는 것이 신뢰를 높이는 가장 큰 이유는 그것이 행동신호를 보내기 때문이다. 그리고 사람들은 실제로 행동을 보았을 때 그것을 인식하고 이해하며 인정한다. 이때 사람들은 자신이 새 차를 샀는데 도로에서 같은 종류의 차를 보았을 때 보이는 반응을 나타낸다. 그렇다고 같은 차를 타는 사람이 많다고 생각한다는 뜻이 아니라 그만큼 주의력이 높아진다는 의미다. 의도를 밝힐 때 주의해야 할 점은 항상 정직하고 거짓이 없어야 한다는 것이다. 그렇지 않으면 이중적이라는 인상을 주기 때문에 신뢰가 떨어진다. 또한 당신의 의도가 자기 이익만 추구하는 것이 아님을 분명히 밝혀야 한다. 어쨌든 자기 의도를 밝히는 과정 자체가 의도 개선에 도움을 준다.

풍요를 선택하라

풍요는 세상의 모든 것이 모두에게 돌아갈 만큼 충분하게 많다는 것을 의미한다. 물론 그 반대는 부족으로 당신이 얻으면 나는 얻지 못한다는 것을 뜻한다. 어떤 영역(예를 들면 경쟁적인 스포츠)에서는 부족이 현실일 수 있지만 사랑, 성공, 열정, 성과, 신뢰 등 삶의 중요한 부분에서는 풍요가 현실일 뿐 아니라 더 많은 것을 끌어들이고 만들어낸다.

경제학자 폴 제인 필저Paul Zane Pilzer에 따르면 경제적 연금술economic alchemy은 부족의 원칙이 아니라 풍요의 원칙에서 유래했다고 한다. 여기에 기술은 전통 경제학의 제로섬 게임에서 우리를 해방시켜 무한한 풍요의 세계로 들어가게 해주었다.

중요한 것은 풍요는 선택이라는 점이다! 나는 우리의 경제 상태와 관계없이 풍요는 우리 각자가 할 수 있는 선택이라고 생각한다. 그것은 결코 부자들만의 배타적인 영역이 아니다. 나는 부족의 심리를 지닌 부자와 풍요의 심리를 지닌 가난한 사람들을 알고 있다.

> 삶의 척도는 당신이 무엇을 축적했느냐가 아니라 무엇을 주느냐 하는 것이다.
>
> _웨인 다이어

앞 장에서 나는 헌츠먼 인터내셔널의 창립자 헌츠먼이 수백만 달러의 손실에도 불구하고 거래에서 약속을 지켰다고 말했다. 헌츠먼은 풍요로운 박애주의자이다(2005년 〈포브스〉 400대 부자 중 198위였다). 흥미로운 것은 그가 가난했을 때도 풍요, 그리고 타인과의 나눔을 선택했다는 사실이다. 그가 성공한 이유 중 하나는 풍요를 선택했기 때문일 것이다. 현재 그의 뒤를 이어 회사를 경영하는 아들 피터는 "우리의 목표는 아버지가 자선을 베푸는 속도보다 더 빠르게 돈을 버는 것"이라고 말한다.

풍요는 사고 방식이자 존재 방식이다. 또한 우리를 더욱 신뢰할 수 있는 사람으로 만드는 의도 개선의 기본 요소이다. 그렇다면 풍요는 어떻게 만들어낼 수 있을까? 먼저 당신의 현재 사고를 점검해보기 바란다. 자기 자신에게 질문하라.

- 나는 협상할 때 양측 모두에게 이익이 되는 해결 방안을 찾아낼 수 있다고 생각하는가? 아니면 내가 손해를 볼 때만 상대방이 이익을 얻을 수 있다고 생각하는가?
- 나는 회의 중에 아이디어가 떠오를 때, 모두에게 공로가 있으므로 모두가 인정받아야 한다고 생각하는가? 아니면 혼자서만 공을 인정받기를 바라는가?
- 나는 누군가를 사랑할 때 내 사랑의 샘이 다시 채워진다고 생각하는가? 아니면 사랑의 샘이 고갈된다고 생각하는가?
- 나는 다른 사람이 세상을 나와 다르게 볼 수도 있고, 그들이 옳을 수도 있다고 생각하는가?
- 나는 내 경제적 상황과 관계없이 다른 사람과 나누고 그들에게 이익을 줄 수 있다고 생각하는가?

이런 질문은 당신이 풍요의 사고를 하는지 아니면 부족의 사고를 하는지 파악하는 데 도움이 된다. 풍요의 사고를 만들어내는 첫 단계는 당신이 어느 정도로 부족의 사고를 하고 있든 그것을 인정하는 것이다.

여기서도 훌륭한 역할모델이 도움이 될 수 있다. 어떤 역할모델은 자연스럽게 풍요의 이미지가 떠오른다. 테레사 수녀는 평생을 가난한 사람의 삶을 향상시키는 데 바쳤다. 기업가 테드 터너Ted Turner는 자선단체에 전 재산의 3분의 1인 10억 달러를 기증하겠다고 선언했으며 다른 부자들에게도 기부할 것을 권했다. 우리 이웃에는 많은 교사가 교육, 헌신, 그리고 믿음을 통해 아이들의 삶을 향상시키고 있다. 지역사회 자원봉사자들은 문맹퇴치센터, 청소년 스포츠 프로그램, 노인 이벤트, 기타 모두에게 이익이 되는 프로젝트를 만들고 유지하는 데 시간과 노력을 바치고 있다.

어떤 역할모델은 과거의 경험과 상관없이(고통스럽고 불우한 어린시절을 보냈어도) 자신과 다른 사람의 삶에 풍요를 만들어내기 위해 자신을 바꿀 수 있다는 것을 보여준다. 미시시피의 농촌에서 조부모의 손에서 자라고 어렸을 때 한 친지로부터 학대를 당했던 오프라 윈프리를 생각해보자. 그녀는 자신의 환경을 바꾸고 극복하는 쪽을 선택했다.

"나는 나 자신을 성공한 빈민가 출신의 소녀라고 생각하지 않는다. 나는 어린시절부터 나 자신을 책임졌고 성공 가능성이 충분한 사람으로 생각했다."

오프라는 처음 언론계에서 일하며 주당 100달러를 벌 때부터 자신과 다른 사람에게 풍요를 만들어냈고, 오늘날에는 우리 시대의 부유하고 영향력 있으며 아낌없이 베푸는 사람 중 하나가 되었다. 그녀의 베풂은 자신이 설립한 자선단체 엔젤네트워크Angel Network와 남아공에서 펼친 개인적인 봉사를 포함해 수많은 사회운동과 자선단체의 후원으로 증명되었다.

심리학자이자 저술가인 로라 슐레진저Laura Schlessinger는 《불우했던 어린시절-좋은 삶Bad Childhood-Good Life》에서 이렇게 말한다.

"희생자가 되는 것에도, 생존자가 되는 것에도 만족하지 않아야 한다. 정복자가 되어야 한다. 사람에게는 생존보다 정복을 갈망하게 하는 특별한 정신이 있다. 자기 내면에서 그 정신을 발견하기 바란다."

역할모델, 통찰력 있는 리더와 실천가들은 우리가 신뢰성에 영향을 미치는 개인적인 요소를 통해 신뢰를 높일 수 있음을 상기시켜 준다. 우리는 성실성을 높일 수 있다. 우리는 의도를 개선할 수 있다. 우리가 생각하는 것보다 훨씬 빨리 그렇게 할 수 있다.

4장

핵심 요소 3 - 능력
꼭 필요한 사람인가

능력 있는 사람들이
우리를 고무한다.

_사마베다(힌두성전)

이제부터 역량에 초점을 맞춰 신뢰성의 핵심 요소를 살펴보자. 역량은 우리가 훌륭하게 성과를 낼 수 있게 해주는 재능, 기술, 지식, 능력을 포함한다. 나무 구조에 비유하면 능력은 열매 혹은 결과물을 생산하는 가지이다. 특히 감정인에게 능력은 절대적으로 필요한 요소이다. 자신의 전문 분야에서 능력이 없는 감정인의 증언에 누가 관심을 기울이겠는가?

아버지는 몇 년 전 작은 국가의 공군장성들을 대상으로 강연했던 경험을 들려주었다. 그때 아버지는 한 장성에게 조종사들이 서로의 능력을 평가하는 다면평가의 효과를 물어보았다. 조종사들이 함께 승진하기 위해 서로의 능력을 칭찬하며 상부상조하는 상황을 어떻게 막을 수 있는지 알고 싶었기 때문이다. 질문을 받은 장성은 놀라는 눈치가 역력했다.

"우리가 사방으로 적에게 둘러싸여 있다는 것을 모르시나요? 국가의 생존은 우리의 기술에 달려 있습니다. 우리 공군에서는 조종사의 능력을 허위로 평가하는 것은 생각조차 하지 않습니다."

능력은 신뢰성을 높이는 데 대단히 중요하다. 특히 능력이 현재의 업무에 필요한 것일 때 신뢰 수준은 높아진다. 또한 능력은 해야 할 일을 해낼 수 있다는 자신감을 준다.

어렸을 때부터 악기, 운동, 미술, 그밖에 여러 분야를 익힌 아이와 대부분의 시간을 아무것도 하지 않고 허비한 아이의 차이를 생각해보라. 두 아이의 신뢰와 규율의 차이는 어떠할까? 일찍부터 능력을 계발한 아이는 배운 분야만 잘하는 것이 아니라 학습 능력과 다른 능력에서도 재능을 보인다. 그 아이가 성장해서 직업을 구할 때 고용주가 그를 얼마나 신뢰할지 생각해보라. 설사 그 직업이 현재의 재능이나 기술을 요구하지 않더라도 그가 과거에 보여준 배우고자 하는 욕구와 능력은 인정받는다. 그가 결혼하고 직장 경력을 쌓을 때도 그의 능력과 욕구는 신뢰를 쌓는 데 큰 힘이 되고 그의 삶에 긍정적인 영향을 미칠 것이다.

능력이 있는 사람은 신뢰할 수 있다. 다른 3가지 핵심 요소가 모두 있어도 능력이 없으면 신뢰받기 어렵다. 성실성, 좋은 의도, 과거에 올린 성과가 있더라도 급변하는 지식노동자 사회에서 능력이 없으면, 다시 말해 현실에서 필요 없는 사람이라면 신뢰를 얻지 못한다. 신뢰를 얻지 못하면 당연히 세금을 내게 된다.

정직하고 관심이 있으며 필요한 성과를 내서 자신의 능력으로 감당하기 벅찬 새로운 직책으로 승진하는 사람이 능력을 제외한 나머지 3가지 핵심 요소를 갖춘 대표적인 경우이다. 이처럼 어떤 사람을 그의 능력으로 감당이 안 되는 직책까지 승진시키는 것을 피터의 원칙Peter Principle이라고 한다. 만약 그가 지속적인 학습, 성장, 새로운 기술개발에 힘쓰지 않는다면 그는 새로운 상황에서 성공하는 데 필요한 능력을 갖출 수 없을 것이다. 그는 뇌수술 요청을 받은 가족 주치의와 같다. 그는 가정의학에는 유능할지 모르지만 뇌수술이라는 새로운 과제를 수행하는 데 필요한 기술과 지식은 갖추지 못했다.

반대로 엄청난 능력이 있지만 성실성, 의도, 성과는 부족한 경우도 있다. 예를 들면 뛰어난 잠재 능력이 있는 사람이 그 능력을 성과로 전환시키지 못할 수도 있는 것이다. 아니면 높은 지능과 기술을 이용해 가치가 떨어지는 목표를 달성하거나 가치 없는 수단으로 목표를 달성할 수도 있다. 능력이 성품에서 분리될 때 능력은 부패와 조작에 이용된다. 이 경우에는 신뢰를 쌓기는커녕 있던 신뢰도 잃고 만다.

오늘날처럼 급속도로 변화하는 사회에서 능력은 필수적인 요소이다. 기술 진보와 세계화는 기술의 수명을 급속도로 단축하고 있다. 오늘날 기술의 반감기는 그 어느 때보다 짧아졌으며 어제 대단히 유능하고 훌륭한 실적을 냈던 사람이 오늘 갑자기 더 이상 유능하지 않을 수도 있다.

> 지식과 기술을 방치하면 다른 모든 자산과 마찬가지로 그 가치가 떨어진다. 그것도 놀랄 만큼 빠르게 떨어진다.
>
> _데이비드 메이스터David Maister, 경영 컨설턴트

오늘날 신뢰받는 사람으로 남아 있으려면 끊임없이 능력을 향상시켜야 한다. 내 동료 중 하나는 자신의 기술과 지식수준을 한 단계 높이기 위해 3년에 한 번씩 자신을 재창조해야 한다고 주장한다. 그는 그래야만 끊임없이 변화하는 세계에서 필요한 사람이 되고 새로운 공헌을 할 수 있다고 말한다. 이 3년 주기의 재창조는 조직에도 중요하다. 아메리칸익스프레스의 〈넥스트챕터〉는 '재창조가 장수의 비결'이라고 단언한다. 특히 새로운 경쟁자가 불쑥불쑥 나타나고 기술 진보가 한때 성공했던 전략을 하룻밤 사이에 쓸모없게 만드는 글로벌 경제에서는 그러한 재창조가 더욱 중요하다.

핵심 요소인 능력과 관련해 자신에게 다음과 같이 질문하라.

- 나에게는 나를 신뢰받는 사람으로 만들고 다른 사람의 신뢰를 고취하는 능력이 있는가? 그것은 어떤 능력인가?
- 나는 내 신뢰에 영향을 미치는 능력을 계발할 때 어떤 경험을 했는가? 혹은 하지 않았는가?
- 기술진보나 세계화 같은 요소는 내 현재 능력의 유효성에 어떤 영향을 미치는가?
- 현재의 능력을 개선하고 새로운 능력을 얻기 위한 내 태도와 접근 방법은 무엇인가?

번서 우리의 직무나 상황, 현재 맡고 있는 특정 과제에 필요한 기술 능력을 살펴보자. 뒷부분에서는 모든 상황에 필수적인 신뢰를 쌓고 키우고 보내고 회복하는 능력인 신뢰 능력에 초점을 맞출 것이다.

재능, 태도, 기술, 지식, 그리고 스타일

능력은 그것을 구성하는 각 요소의 머리글자를 따서 만든 TASKS로 요약할 수 있다.

- **T**alents(재능)
- **A**ttitudes(태도)
- **S**kills(기술)
- **K**nowledge(지식)
- **S**tyle(스타일)

재능은 우리가 타고난 소질과 강점이다. 태도는 우리의 패러다임, 즉 세상을 보는 방식과 존재 방식을 나타낸다. 기술은 우리가 잘할 수 있는 것, 즉 숙련된 것을 말한다. 지식은 학습, 통찰, 이해력, 의식을 나타낸다. 스타일은 우리의 독특한 접근 방법과 개성을 뜻한다.

능력은 이 5가지로 구성되며 이는 성과를 내는 수단이다. 따라서 이 5가지 요소를 분해하면 우리는 보다 충실하게 능력을 탐구할 수 있다. 다음의 문제를 생각해보라.

- 내 독특한 강점이나 재능은 무엇인가?
- 내 재능은 어느 분야에서 가장 크게 발휘될 수 있는가?
- 나는 어떻게 재능을 극대화할 수 있는가?
- 내가 아직 개발하지 않은 재능에는 어떤 것이 있는가?

진정한 행복은 자기 능력과 재능을 충분히 활용할 때 찾아온다.

_존 가드너John Gardner, 경영 저술가

열정의 중심 재능

배리라는 내 친구는 대중연설에 재능이 있다. 대부분의 사람이 대중연설을 해야 할 때 스트레스를 받지만 배리는 그런 기회가 있으면 활력과 의욕을 느낀다. 사람들을 재미있게 가르치고 사람과 아이디어를 연결하는 데 타고난 능력이 있기 때문이다. 물론 그에게는 기술과 지식도 있지만 그의 능력과 열정의 중심에는 재능이 있다.

또 다른 친구 크리스티는 재택사업 경험을 살려 자신의 재능을 발휘할 일을 찾고 있었다. 코칭을 통해 자신이 체계적인 정리정돈을 좋아한다는 것을 알게 된 그녀는 그 방면에서 일을 찾았다. 현재 크게 성공한 크리스티는 자신의 성공은 노력보다 재능과 열정 덕분이라고 생각한다.

"내가 이 일을 하면서 돈을 번다는 게 믿어지지 않아요."

우리에게는 자신도 모르는 재능이 있을 수 있다. 그럼에도 많은 사람이 자기 재능에 대해 깊이 생각해보지 않는다. 그러다가 뜻밖의 상황에서 자기 재능을 확인하기도 한다.

재능과 관련해 유명한 달란트talent(옛 화폐단위) 우화를 들려주겠다. 한 남자가 여행을 떠나면서 세 명의 하인에게 각각 돈을 나눠주었다. 첫 번째 하인에게는 5달란트, 두 번째 하인에게는 2달란트, 그리고 세 번째 하인에게는 1달란트를 주었던 것이다. 주인이 여행을 떠나 있는 동안 5달란트와 2달란트를 가진 하인들은 그 돈으로 장사를 해서 돈을 두 배로 만들었다. 그러나 1달란트만 가진 하인은 그 돈을 잃을까 두려워 땅속에 묻어 두었다. 이윽고 돌아온 주인은 돈을 늘린 두 하인을 칭찬하고 얼마 안 되는 돈을 충실히 관리했으니 많은 돈을 맡기겠다고 말했다. 그런데 세 번째 하인이 돈을 잃을까 두려워 땅속에 묻었다고 하자 주인은 그를 쓸모없는 하인이라 부르며, 1달란트를 빼앗아 5달란트를 10달란트로 늘린 하인에게 주고 그를 내쫓아버렸다.

이 우화의 목적이 무엇이든 우리는 이를 통해 재능계발과 신뢰성, 행동을 통해 고취하는 신뢰의 중요성을 깨달아야 한다. 우리의 성과와 공헌은 결국 재능에서 나오기 때문이다.

- 나는 일에 대해 어떤 태도를 보이는가?
- 삶과 학습, 나 자신과 내 능력, 그리고 내 공헌 기회에 대해서는 어떤 태도를 보이는가?
- 더 나은 성과를 내는 데 도움이 되고 내가 받아들일 수 있는 보다 생산적인 태도와 패러다임이 있는가?

생산적인 태도

태도에 관한 사례로 KPMG의 전 CEO 유진 오켈리Eugene O'Kelly가 삶의 마지막 100일을 어떤 시각으로 바라보았는지 살펴보는 것이 좋을 듯하다. 쉰세 살에 불치의 뇌종양 진단을 받은 오켈리는 세 달밖에 살지 못할 거라는 말을 들었다. 그가 눈앞에 다가온 죽음에 어떤 태도를 보였는지는 용기와 영감으로 가득 찬 그의 책《햇빛 좇아가기: 다가온 내 죽음은 내 삶을 어떻게 바꿔놓았는가 Chasing Daylight: How My Forthcoming Death Transformed My Life》에 잘 나와 있다.

> "나는 축복받았다. 내게 남은 삶이 석 달이라는 말을 들었다. …… 2005년 5월 마지막 주에 받은 그 진단은 결과적으로 선물이었다. 솔직히 나는 나 자신에게 두 가지 질문을 했다. 삶의 마지막 시절이 최악의 시기가 되어야 하는가? 삶의 마지막 시절을 건설적인 경험으로, 아니 내 인생 최고의 시기로 만들 수는 없을까? 나는 첫 번째 질문에는 '아니다'라고, 두 번째 질문에는 '그렇다'라고 대답했다. 나는 사랑하는 사람들에게 둘러싸여 또렷한 정신(대개 그랬다)과 건강한 신체(약간)를 유지하며 삶의 마지막을 맞을 수 있었다. 그것은 나에게 축복이다."

오켈리는 2005년 9월 10일 사망하기까지 개인적인 관계를 '아름답게' 정리하고 완벽한 순간과 완벽한 나날을 보냈다.

다음과 같은 태도가 개인적인 삶과 성공 능력에서 어떤 변화를 만드는지 생각해보라.

나는 출근해야 한다.	→	나는 직장에 공헌하고 가치를 창출하는 데 내 재능과 기술을 발휘할 수 있어서 출근하는 것이 정말 즐겁다.

나는 미친 듯이 일하고 주말을 위해 산다. 빨리 은퇴해서 내가 원하는 일을 하고 싶다.	→	나는 균형 잡힌 삶을 살고 있다. 내 삶에서는 일, 휴식, 생산적 관계가 모두 중요하다. 나는 앞으로도 계속 이런 삶의 균형을 유지할 것이다.
내 파트너는 내 욕구를 충족시켜주지 못하고 있다.	→	내 파트너가 행복하고 만족하도록 도와주기 위해 나는 무엇을 할 수 있는가?
내 아이들이 빨리 자랐으면 좋겠다.	→	나는 매일 아이들과 즐겁게 지내고 있다. 나는 우리가 평생 지속될 의미 있는 관계를 쌓고 있음을 알고 있다.

이러한 태도의 차이가 자신과 아이들의 삶에 어떤 차이를 가져오는지 생각해보라. 아이들이 항상 전자와 같이 소극적이고 부정적인 말을 들으며 자라면 어떻게 될까? 그들이 늘 후자와 같이 적극적이고 긍정적인 말을 들으며 자라면 그들의 삶은 어떻게 달라질까?

우리가 경계해야 할 한 가지 태도는 '특권의식'이다. 쉽게 말해 이것은 '나는 매니저니까 다른 사람이 열심히 일하는 동안 적당히 일해도 성공할 수 있다'고 생각하는 것이다. 이러한 태도는 신뢰성을 급속히 잠식하고 신뢰를 추락시킨다. 매니저가 직위에 기대 노력하지 않을 때, 부하직원의 역량이 상사를 넘어서는 바람에 극적인 긴장관계가 만들어지기도 하지만 매니저와 직원들은 대개 평범함의 악순환에 빠지고 만다. 이에 따라 애플의 CEO 스티브 잡스가 말했듯 B급 매니저가 C급 직원을 거느리고, C급 매니저가 D급 직원을 거느리게 된다.

특권의식이 없는 A급 매니저는 A급 직원을 거느리는 법이다. 이 경우 능력, 신뢰성, 신뢰, 성과는 계속해서 커지는데 수많은 경영자가 이러한 리더십 철학을 설파하고 있다.

주변에 항상 당신보다 재능 있고 유능한 사람을 둬라. 물론 그렇게 하려면 높은 성실성, 긍정적인 의도, 지속적인 개선의 태도에서 나오는 자기 신뢰가 있어야 한다.

- 나에게는 현재 어떤 기술이 있는가?
- 미래에 어떤 기술이 더 필요한가?
- 나는 기술을 향상시키기 위해 얼마만큼 노력하고 있는가?

개선의 기술

타이거 우즈Tiger Woods는 데뷔 초기인 1997년에 마스터스 대회에서 기록적인 12타차로 우승한 후, 세계 최고의 골퍼로 인정받았다. 그 후 그는 스윙을 가다듬기로 하고 스스로 1년 6개월간의 '슬럼프'를 선택했다. 한창 잘나갈 때 왜 그랬을까? 그렇게 하면 더욱 오랫동안 더 잘 칠 수 있을 거라고 생각했기 때문이다.

"물론 스윙이 완전하지 않아도 대회에는 참가할 수 있다. 하지만 나는 타이밍을 잘 맞추지 못했고 그런 스윙으로는 토너먼트에서 경쟁하기 어렵다고 생각했다. 우승컵을 계속 유지하기 힘든 상태였다. 결국 나는 내 스윙을 바꾸기로 했다."

이윽고 슬럼프에서 벗어난 타이거 우즈는 네 개의 메이저 대회를 연속으로 석권한 이른바 '타이거 슬램Tiger slam'을 달성했다. 그것은 골프의 전설 바비 존스Bobby Jones 이후 처음으로 달성한 대기록이었다. 그런데 믿기 힘들게도 타이거 우즈는 다시 한 번 스윙을 바꾸기로 했다.

"단지 최고의 경기를 좀 더 자주 하고 싶을 뿐이다. 그것이 스윙을 바꾸는 이유이다. 그러한 변화로 경기력이 좀 더 안정되고 보다 수준 높은 경기를 펼칠 수 있을 거라고 생각했다. …… 나는 늘 더 좋은 골퍼가 되기 위해 모험을 해왔다. 그것이 나를 이처럼 성공하게 만든 요인 중 하나다."

타이거 우즈의 두 번째 결정에 대해서는 아직 판단을 내리기 어렵지만, 그는 지속적인 개선의 훌륭한 모범을 보여주었다. 〈골프다이제스트Golf digest〉는 타이거 우즈의 끊임없는 개선 욕구에 대해 "타이거 우즈의 신조: 나는 개선한다, 고로 존재한다"라고 표현했다. 그리고 〈타임〉은 그를 이렇게 소개했다.

> "우즈에게는 지칠 줄 모르는 개선 욕구가 있다. 도요타의 엔지니어들은 조립라인에서 문제가 발생하면 그 근본 원인을 끝까지 찾아내 고치며 시스템을 확장해나간다. 그것이 개선이다. 그것이 타이거 우즈의 특징이다."

타이거 우즈는 오늘날의 수평적 글로벌 경제에서 성공하는 데 필수적인 태도와 동기를 보여준다. 지속적으로 기술을 향상시키지 않으면 곧 현실에서 필요 없는 사람이 되고 말 것이다. 쓸모없는 사람이 되면 더 이상 신뢰받기 어렵다. 신뢰성이 없으면 신뢰를 유지하지 못하고 그것은 속도와 비용에 부정적 영향을 미친다.

기술과 관련해 주의해야 할 점은 짐 콜린스가 말한 능력의 저주the curse of competence이다. 능력의 저주란 때로 자신에게 재능이나 열정이 없는 일을 잘하게 되는 것을 의미한다. 내 아버지는 종종 말했다.

"우리의 현재 기술이 타고난 재능과 맞을 수도 있고 맞지 않을 수도 있다."

따라서 우리가 개발한 기술이 우리를 제약하거나 구속하지 않게 해야 한다. 재능이 기술보다 훨씬 더 중요하기 때문이다.

- 내 분야에서 현재 내 지식수준은 어느 정도인가?
- 나는 최신 정보를 얻기 위해 무엇을 하고 있는가?
- 나는 다른 어떤 지식을 추구하고 있는가?

> 나는 여전히 배우고 있다. 자신이 모든 걸 아는 것은 아니며 앞으로도 결코 알지 못할 거라는 사실을 아는 것은 좋은 리더의 중요한 특징이다.
>
> _앤 멀케이, 제록스 회장

경험적 지식

한 CEO가 집중적인 직원 훈련 프로그램에 대한 투자 계획을 밝히자 누군가가 말했다.

"직원들을 교육시켰는데 모두 떠나가면 어떻게 하죠?"

그러자 그 CEO가 대답했다.

"직원들을 교육시키지 않았는데 모두 남아 있으면 어떻게 하죠?"

글로벌 경제에서는 지식을 쌓는 것이 대단히 중요하다. 현재 전 세계의 지식의 양은 2년마다 두 배로 증가하고 있다. 피터 드러커가 "지식노동자와 서비스 직원은 다른 사람을 가르칠 때 학습 효과가 가장 높다"고 말했던 것처럼 개인이나 조직은 다른 사람을 가르치겠다는 자세로 배울 때 학습 속도를 높일 수 있다. 특히 조직의 경우 리더가 배운 것을 다른 사람에게 가르칠 수 있는 기회와 프로세스를 구조화하면 학습량과 지식 이전이 놀랄 만큼 증가한다.

멘토링, 코칭, 기타 교육 과정은 학습을 증진시킨다. 무엇을 배웠든 배운 것을 가르치는 것은 그러한 과정의 힘을 경험한 많은 사람에게 새로운 패러다임이 되고 있다.

런던에 사는 평범한 시민 매리언 D. 행크스Marion D. Hanks가 들려주는 이야기는 학습에 대한 우리의 시각을 바꿔놓는다. 그녀는 저명한 자연주의자 루이스 아가시Louis Agassiz 박사의 강연을 들은 후 자신에게는 지금까지 배울 기회가 없었다고 불평했다. 루이스 박사는 무얼 하느라 배우지 못했느냐고 물었다. 그녀는 감자와 양파를 까면서 여동생의 하숙집 운영을 도왔다고 말했다.

"부인, 그 재미있는 일을 어디에 앉아서 하나요?"

"주방 계단에 앉아서 하죠."

"다리는 어디에 두고 있죠?"

"내화벽돌 위에 올려놓습니다."

"내화벽돌이 뭐죠?"

"모르겠네요."

"거기에 얼마나 오랫동안 앉아 있었죠?"

"15년이오."

"부인, 제 명함입니다. 내화벽돌의 성질을 조사해 제게 편지로 알려주십시오."

아가시 박사의 말을 진지하게 받아들인 그녀는 사전에서 내화벽돌의 뜻을 찾아보았다. 백과사전에는 내화벽돌이 유리 카올린vitrified kaolin과 하이드로스 알루미늄 규산염hydrous aluminum silicate으로 이루어져 있다고 나와 있었다. 그 물질이 무엇인지 몰랐던 그녀는 다시 사전을 찾아봤다. 이어 지질학을 공부하는 것은 물론 박물관에도 가고 벽돌공장에 가서 120종류 이상의 벽돌과 타일에 대해 배웠다. 그런 다음 내화벽돌과 타일을 주제로 한 36쪽짜리 논문을 써서 아가시 박사에게 보냈다. 그는 답장에서 그 글의 출판을 허락해준다면 250달러를 지불하겠다고 제안했다. 그리고 다시 물었다.

"이 벽돌의 밑에는 무엇이 있죠?"

"개미입니다."

"개미에 대해 말씀해주십시오."

그녀는 다시 개미에 대해 깊이 있게 조사했고 마침내 360쪽에 달하는 글을 써서 아가시 박사에게 보냈다. 그는 그 책을 출판했고 그녀는 그 수익금으로 평소에 가보고 싶었던 곳을 여행할 수 있었다. 행크스는 그 경험에 대해 이렇게 말했다.

"이제 우리가 종종 유리 카올린과 하이드로스 알루미늄 규산염으로 이뤄진 벽돌 위에 앉고, 그 밑에 개미가 있다는 것을 알겠습니까? 체스터턴 경은 '세상에 재미없는 것은 없다. 단지 관심 없는 사람들이 있을 뿐이다'라고 말했죠."

- 문제와 기회에 접근하고 다른 사람을 대하는 내 스타일은 얼마나 효과적인가?
- 내 접근 방법은 필요한 목표를 달성하는 데 도움이 되는가, 아니면 방해가 되는가?
- 나는 일하는 방식을 개선하기 위해 무엇을 할 수 있는가?

> 리더의 유형은 매우 다양하며 많은 스타일과 여러 가지 특징을 지니고 있다. 조용한 리더도 있고 문 밖에서도 들을 수 있을 만큼 시끄러운 리더도 있다. 웅변에 강한 리더도 있고 판단력, 용기에 강점이 있는 리더도 있다.
>
> _존 가드너

성과를 내는 스타일

1990년대 후반 닷컴 붐이 한창일 때, 아이빌리지iVillage의 공동창립자이자 CEO인 캔디스 카펜터Candice Carpenter는 젊은 직원들을 상대로 철저한 멘토링을 실시했다. 단호하고 엄숙한 분위기 속에서 젊은 직원들을 가르치고 훈련시켰던 것이다. 〈패스트컴퍼니Fast Company〉에 실린 글에 따르면 그 기간에 카펜터는 자신과 비즈니스 파트너인 낸시 에번스Nancy Evans를 '젊은 리더를 양성하는 부트캠프boot camp의 훈련조교'에 비유하길 좋아했다고 한다.

> "몇 달에 한 번씩 카펜터와 에번스는 코칭을 해줄 사람을 바꾸고 직원들과 함께 점심을 먹거나 개인적인 미팅을 한다. 또한 가끔은 늦은 밤에 전화를 하기도 한다. 무엇보다 그들은 직원들에게 직접적이고 지속적인 피드백을 준다. '사람들을 느슨하게 대하면 성장하지 못합니다.'"

이와 정반대되는 리더십 스타일을 보이는 인물이 홀푸드Whole Foods의 창립자이자 CEO인 존 매키John Mackey이다. 이 회사는 전체 매출과 기존점포 매출 성장에서 4년 연속 미국 최대의 소매업체 월마트를 앞지른 적도 있다.

〈패스트컴퍼니〉에 따르면 매키는 반바지에 등산화를 신고 출근한다고 한다. 그는 비즈니스 미팅을 매번 감사의 말로 마치거나 참석한 사람들에게 기분 좋은 말을 해주며 모든 사람의 봉급을 공개한다. 또한 신입직원 채용을 비롯한 모든 결정을 다수결로 내리고 그 결정을 거의 번복하지 않는다.

"존 매키는 업무 위임 방식이 독특하다. 그는 그림자처럼 움직였기 때문에 마치 그가 회사에 없는 것처럼 느껴질 정도다. 어떻게 140명의 계산대 직원이 한 팀이 되어 일사분란하게 움직이느냐는 질문을 받았을 때, 그는 학생에게 좋은 질문을 이끌어내려는 인류학자처럼 말했다.

'거참, 문제가 될 수도 있겠군요. 그렇게 큰 팀이라면 기본 운영

원칙에 혼선이 올 수도 있을 겁니다. 하지만 솔직히 나는 그들이 문제를 어떻게 해결했는지 전혀 모릅니다. 그건 내 일이 아니니까요. 궁금하시다면 전화해서 물어보십시오. 장담하건대 그들은 분명 해결 방안을 찾았을 겁니다. 그것이 뭔지 나도 궁금하네요.'"

캔디스 카펜터와 존 매키는 완전히 다른 스타일을 보이고 있지만 두 유형 모두 신뢰성과 신뢰를 만들어내는 데 대단히 효과적이다.

효과적인 리더십 스타일은 한 가지만 있는 것이 아니다. 문제는 그 스타일이 업무의 효과성과 조화를 이루느냐에 있다. 만약 업무에 방해가 되고 불신을 낳는 스타일이라면 문제가 발생할 수밖에 없다. 예를 들어 수년 전에 알 던랩Al Dunlap은 화전식 경영slash and burn, 구조수평화, 직원 절반 해고 방식으로 월가의 주목을 받았다. 그는 한동안 월가의 영웅으로 알려졌지만 사람들에게는 결코 영웅이 아니었다. 신뢰를 파괴하면서까지 단기간에 성과를 얻는 그의 스타일은 장기적인 지속가능성과 직원들의 사기도 함께 파괴했던 것이다.

성공만큼 큰 실패는 없다

우리의 목표는 TASKS를 개발하고 그것을 현재의 업무와 조화시키는 데 있다. 타고난 재능, 열정, 기술, 지식, 스타일과 돈을 벌고 공헌하며 변화를 만들어낼 기회가 한 방향이 되도록 하는 것이다.

갤럽조사에 따르면 대기업에 근무하는 직원의 경우, 매일 자신의 강점을 발휘한다고 생각하는 직원은 20퍼센트에 불과하다고 한다.

직원 10명 가운데 8명은 자기 역할이 잘못 주어졌다고 생각한다는 얘기다.

짐 콜린스는 《좋은 기업을 넘어 위대한 기업으로》에서 '버스에 적합한 사람을 태우는 것'과 '적합한 사람을 적합한 좌석에 앉히는 것'의 중요성을 이야기한다. 리더는 유능한 사람과 함께 일하고 싶어 하며 그 사람의 구체적인 능력과 요구하는 업무가 조화를 이루기를 바란다. 조직은 피터의 원칙에 주의해야 한다. 현명한 기업은 TASKS를 통해 승진하는 사람이 성공하는 데 필요한 신뢰성을 구축하도록 역할모델 만들기, 훈련, 멘토링, 코칭 같은 방식을 사용한다.

개인적 차원에서는 많은 사람이 지속적인 개선을 하지 않는다는 것이 문제가 되고 있다. 실제로 사람들은 회사에서 10년, 15년씩 일해도 15년의 경험을 쌓지 못하고 15번 반복되는 1년의 경험만 쌓을 뿐이다! 이에 따라 그들은 새로운 글로벌 경제에 필요한 변화에 적응하지 못한다. 나아가 신뢰를 고취하고 기회를 불러오는 신뢰성을 만들어내지도 못한다. 변화하는 회사와 외부 시장을 따라가지 못하면 쓸모없는 사람으로 전락하고 만다.

과거의 성공에만 의존하고 새로운 글로벌 경제의 필요와 도전에 대응하지 못하는 기업도 마찬가지다. 기업이 지속적인 개선(때로는 철저한 개혁)을 위해 노력하지 않으면 구태의연한 기업, 쓸모없는 기업이 될 수도 있다. 그들은 위대한 역사가 아놀드 토인비Arnold Toynbee가 말했던 것처럼 "성공만큼 큰 실패는 없다"는 것을 증명해 보이는 것이다. 기업은 어제의 시장에서 그들을 성공하게 만든 것을 계속하지만, 그것은 오늘의 글로벌 경제에서는 성공을 만들어내지 못한다.

변화를 좋아하지 않는다면, 쓸모없는 존재가 되는 것은 더욱더 좋아하지 않을 것이다.

_에릭 신세키Eric Shinseki, 미 육군참모총장

학습, 성장, 자기 재창조에 지속적으로 투자하는 기업가는 늘 앞서간다. 델의 마이클 델과 케빈 롤린스Kevin Rollins의 성공이 그 대표적인 예이다. 세계 최고 기업의 리더로서 그들은 전면적인 다면평가를 실시하고 있다. 특히 어려운 시기에도 자기 재창조를 위한 피드백을 소홀히 하지 않은 것은 그들의 성공에 큰 기여를 했다.

〈비즈니스위크〉의 2003년 기사에는 델과 롤린스가 개인적으로 실망스러운 피드백을 받기도 했다는 점을 지적하고 있다.

"매니저들은 서른여덟 살의 델을 매몰차고 냉정하다고 평가했고, 쉰 살의 롤린스는 독재적이며 적대적이라고 생각한다. 탓에 델사의 리더들에게 강한 충성심을 보이는 사람은 거의 없다. 오히려 갈수록 불만이 퍼져나가고 있다. 회사의 전례 없는 대량 감원 이후 실시한 조사에서 델사 직원의 절반이 기회가 생기면 떠날 계획인 것으로 밝혀졌다."

다행히 그들은 그 피드백을 무시하지 않았고(이들처럼 성공한 사람은 대개 피드백을 쉽게 무시한다) 즉시 시정조치를 취했다. 델은 경영진과 만나 리더로서의 자신의 단점을 스스로 비판하기까지 했으며, 그것을 비디오로 녹화해 회사 내의 모든 매니저에게 보여줬다. 델과 롤린스는 말로만 개선을 다짐한 것이 아니라 실제로 변화하려고 진지

하게 노력했다. 델은 플라스틱으로 만들어진 불도저 모양의 데스크탑 받침대를 사용하면서 다른 사람의 참여를 배제하고 밀어붙이는 자신의 스타일을 경계했다. 그리고 롤린스는 의사결정을 내리기 전에 다른 사람의 말을 경청하려 애썼다.

결국 2005년, 델사는 미국에서 가장 존경받는 기업에 올랐고 〈포천〉이 선정한 세계에서 세 번째로 존경받는 기업으로 우뚝 섰다. 〈비즈니스위크〉의 기사 내용이 자못 흥미롭다.

> "델사 성공의 중심에는 현재 상태는 언제나 만족스럽지 않다는 인식이 깔려 있다. 비록 그것이 델 본인의 고통스러운 변화를 의미할지라도 말이다. 델사에서는 성공하면 5초간 칭찬하고 곧바로 5시간 동안 미진했던 점에 대한 사후평가가 이어진다. 마이클 델은 '0.1초간 축하하고 넘어간다'고 말한다."

지속적인 개선 태도와 습관은 항상 필요한 존재로 남아 성공하는 기업과 도중에 실패하는 기업의 차이를 만든다.

> 현실에 안주하는 기업은 죽은 기업이다. 오늘날 성공은 지속적으로 다시 생각하고 활기를 띠고 반응하고 재창조할 수 있는 기민함과 추진력을 요구한다.
>
> _빌 게이츠, 마이크로소프트 회장

능력을 향상시키는 방법

나는 능력을 높임으로써 신뢰성을 높이는 훌륭한 방법을 찾아냈다. 가장 큰 변화를 만들어내는 3가지 행동은 다음과 같다.

강점을 최대화하라

능력을 키우려면 먼저 자신의 강점(재능, 태도, 기술, 지식, 스타일 등)을 찾고 그 강점을 활용하고 개발하고 다른 사람들과 차별화시켜야 한다.

피터 드러커는 리더들에게 '기회는 먹이고 문제는 굶길 것'을 권한다. 같은 맥락에서 강점은 먹이고 약점은 굶겨야 한다. 그렇다고 약점을 무시하라는 것이 아니라 다른 사람과 효과적으로 협력함으로써 약점이 영향을 미치지 못하게 해야 한다. 즉, 당신의 약점은 다른 사람의 강점으로 메우고, 다른 사람의 약점은 당신의 강점으로 메우는 것이다. 그렇게 하면 모두가 버스에서 적합한 좌석에 앉게 된다.

자신의 강점을 최대로 발휘한 대표적인 인물이 농구선수 마이클 조던Michael Jordan이다. 그는 항상 좋아했고 스스로 잘할 수 있음을 보여주고 싶었던 야구를 하기 위해 성공한 농구계에서 은퇴한 적이 있다. 그러나 야구를 하기 위해 농구계를 떠났을 때 그는 더 이상 전설이 아니었다. 오히려 세계 최고의 선수에서 평범한 선수로 전락하고 말았다.

결국 조던은 다시 농구계로 돌아왔고 챔피언 시리즈에서 세 번 더 우승했다(모두 여섯 번을 우승했다). 자신의 강점을 발휘할 수 있는 농구계로 돌아온 그는 더욱 성공적이고 즐거운 경력을 쌓았고, 농구 발전과 전 세계 스포츠에 그만의 독특한 공헌을 할 수 있었다.

우리 회사에는 비즈니스계의 마이클 조던이라고 할 만한 직원이 있었다. 영업도 잘하고 고객과의 관계도 좋았던 그는 정말로 훌륭한 영업사원이었다. 하지만 그는 영업직보다 관리직을 원했다. 그의 요청으로 어쩔 수 없이 매니저로 일하게 하긴 했지만 그 위치에서는 그저 평범한 매니저에 지나지 않았다. 마치 야구를 하는 마이클 조던 같았던 것이다. 나는 다시 영업을 권했지만 그는 더 이상 영업을 원치 않았다. 그는 자신이 강점을 발휘할 수 있는 분야를 원치 않아 개인적·직업적으로 실패한 대표적인 사례이다.

자신의 강점을 발휘할 수 있는 분야를 찾는 것도 중요하지만, 자신의 목적을 달성할 수 있는 분야를 찾는 것은 더 중요하다. 그 목적은 양심의 지배를 받는 것이거나 우리가 꼭 추구해야 한다고 생각하는 어떤 것일 수 있다. 그런데 우리는 아직 그 목적을 달성하는 데 필요한 TASKS를 개발하지 않았을지도 모른다.

나는 내가 타고났다고 생각하는 분야에서 가르치고 일하고 공헌할 기회를 추구하는 것에서 큰 만족을 찾았다. 또한 때로 미개발 영역으로 들어가 새로운 강점을 발견하거나 신기술을 개발하는 데서도 흥분과 즐거움을 느꼈다.

항상 필요한 사람이 돼라

사람들은 보통 4년 학위를 중시하지만 성공하려면 40년 학위가 필요하다. 즉, 평생 학습을 해야 한다. 4년제 대학에서 읽고 쓰고 생각하고 추론하는 법을 가르치는 주요 목적은 지속적인 학습에 대비하도록 하기 위해서이다.

나는 오래 전부터 아침 일찍 일어나 2시간 동안 독서를 하는 훌륭한 사람을 알고 있다. 그의 목표는 조직의 행동과 개발, 인간 행동, 경영, 리더십에 대해 가능한 모든 것을 배우는 것인데 나는 그가 역량 있는 리더로 성장해가는 것을 지켜보았다. 그는 직책이 올라갈 때마다 자신의 역량을 그 수준까지 끌어올렸고, 나는 이것을 역 피터의 원칙이라고 부른다.

델과 롤린스는 자신이 받은 피드백을 쉽게 무시하는 것은 물론 그 행위를 정당화할 수도 있었다. 그러나 그들은 이미 리더로서 크게 성공했음에도 지속적인 개선 욕구로 꾸준히 분발했다. 그 결과 이미 높아진 신뢰성은 더욱 높아졌고 보다 뛰어난 성과를 낼 수 있었다.

> 나는 항상 무지의 경계에서 배우고 일한다.
>
> _하비 골럽Harvey Golub, 캠벨수프 회장

어디로 가고 있는지 알라

최근 경영전략가이자 마케팅 전문가인 잭 트라우트Jack Trout를 만났을 때, 나는 리더십의 핵심이 무엇이냐고 물었다. 그는 간단하지만 울림이 있는 대답을 했다.

"사람들은 결국 자신이 어디로 가고 있는지 아는 사람을 따르게 되지요."

사람들을 이끌려고 하는데 뒤를 돌아보니 아무도 없다면 참으로 어이가 없을 것이다.

_프랭클린 루스벨트

아버지는 쉰 살 때 자신의 교육 컨설팅 회사를 설립하기 위해 강단을 떠날 결심을 했다. 당시 아버지는 대학에서 잘 지내고 있었기 때문에 많은 친구가 아버지의 결심을 말렸다. 하지만 아버지에게는 자신이 가는 길에 대한 분명한 비전이 있었고, 결국 코비리더십센터를 세워 세계적인 리더십 회사 중 하나로 만들었다.

자신이 어디로 가는지 아는 것과 그곳에 도달할 수 있는 능력을 갖추는 것은 또 다른 방식으로 역량을 보여준다. 그 역량은 성품과 결합되어 신뢰할 수 있는 리더를 만드는데, 그런 리더가 있으면 강요하지 않아도 스스로 고무되어 따르게 된다.

당신이 이끄는 사람들은 자신이 어디로 가고 있는지 알고 싶어 한다.

_크리스토퍼 갤빈Christopher Galvin, 모토로라 회장

신뢰 능력

앞서 말했듯 성품은 불변적이지만 역량은 상황에 따라 가변적이다. 상황이 무엇을 요구하느냐에 따라 역량이 달라지는 것이다. 그러나 모든 상황에서 필요한 역량 영역이 몇 가지 있다. 나는 그것을 신

뢰 능력이라고 부르는데 이것을 기술 능력보다 더 중요시한다.

신뢰 역량은 기본적으로 이 책이 목적으로 하는 것, 즉 신뢰를 쌓고 키우고 보내고 회복하는 능력이다. 극단적으로 말하면 신뢰 능력에 따라 기술 능력이 세금을 낼 수도 있다(때론 불필요한 능력이 되기도 한다). 나는 신뢰 능력이 개인의 성공에 필수적일 뿐 아니라 새로운 리더십 역량이라는 점을 다시 한 번 강조하고 싶다.

신뢰와 관련해 기술 능력도 중요하지만 무엇보다 중요한 것은 신뢰 능력이다. 이 능력을 보다 분명히 이해하기 위해 다시 한 번 TASKS를 살펴보고 당신이 신뢰 능력을 가장 효과적으로 향상시키려 할 때 어디서부터 시작할 수 있는지 평가하라.

- 나는 신뢰 능력 부분에서 어느 정도 타고난 재능이 있는가? 성실성과 좋은 의도 같은 것이 내게 자연스럽게 다가오는가? 나는 상호 이익을 추구하는 경향이 있는가? 나는 기본적으로 무엇이 신뢰를 고취하는지 알고 그것을 실행하는가?
- 나는 신뢰의 필요성을 인식하고 중시하는가? 나는 문제에 접근할 때 신뢰를 쌓는 방식으로 일을 해내려고 노력하는가?
- 나에게는 신뢰 구축 기술이 있는가? 나는 사람들을 신뢰를 쌓는 방식으로 대하는가?
- 나에게는 신뢰를 쌓고 키우고 보내고 회복하는 것에 대해 어떤 지식과 견해가 있는가?
- 내 행동과 사람들을 대하는 스타일은 신뢰를 주는가? 나는 타인에게 신뢰를 보내는 스타일인가?

신뢰 능력을 향상시키는 가장 좋은 방법은 이 책의 내용을 충실히 실천하는 것이다. 내면으로부터 시작해 외부를 향해 신뢰를 쌓고 키우고 보내고 회복하는 방법을 배울 때, 당신은 그 학습이 삶의 모든 차원에 가져다주는 신뢰성과 신뢰, 그리고 향상된 결과를 보고 깜짝 놀랄 것이다.

5장

핵심 요소 4 - 성과

어떤 실적을 올렸는가

성과를 내지 못하면
높은 신뢰의 문화를 만들 수 없다.

_크레이그 웨더럽Craig Weatherup, 펩시코 전 CEO

1994년 12월, 코비리더십센터의 CEO로 들어간 지 일주일도 채 안 되었을 때 은행 측과 힘든 협상을 해야 했다. 다행히 회사는 고객에게 가치를 창조하고 있었지만 우리에게는 아직 독자적인 비즈니스 모델이 없었다. 이에 따라 훌륭한 지적 자본, 뛰어난 인적 자원, 놀라운 성장에도 불구하고 회사는 계속되는 적자와 현금 부족으로 시달리고 있었다.

우리는 11년 연속 마이너스를 기록했다. 다른 외부 자본이나 마진도 없었기 때문에 미불계정은 계속 늘어났고 신용한도는 한계에 이르러 있었다. 부채 대 유형 순자산 비율이 무려 223:1이었다. 그야말로 우리는 퇴출 위기에 놓여 있었고 은행의 신용과 신뢰는 실질적으로 제로에 가까웠다. 이에 따라 은행은 개인보증을 요구했으며 계속 지원할 것인지 말 것인지 고민하고 있었다.

그런 상황에서 나는 은행 측과 협상을 벌였고 다행히 은행은 지원을 끊지 않았다. 그 미팅 이후 2년 6개월 만에 우리는 지속가능한 비즈니스 모델을 구축했으며 덕분에 회사 가치는 240만 달러에서 1억 6,000만 달러로 늘어났다. 수익은 1,200퍼센트로 증가했고 동시에 일일 외상매출은 87개에서 48개로 떨어졌다. 놀랍게도 부채 대 유형 순자산 비율은 223 : 1에서 1 : 2 미만으로 낮아졌다. 성장률도, 수익도 높아졌던 것이다.

무엇보다 흥미로웠던 점은 이러한 결과가 은행과의 관계에 미친 영향이었다. 2년 6개월간 은행 측은 우리가 생산성 향상, 마진 증가, 목표 달성, 현금 증가 등 성공을 거듭하는 것을 지켜보았고, 우리는 은행 측의 신뢰가 높아지는 것을 볼 수 있었다. 더불어 우리의 신용한도가 올라가면서 은행은 우리와 더 많이 거래하기를 원했다.

은행은 무엇 때문에 더 큰 신뢰를 보내게 되었을까? 그것은 바로 성과다!

성과가 중요하다

신뢰성을 높이는 데는 역시 성과가 최고다. 성과는 다른 사람의 신뢰를 구축하고 유지하는 능력에 영향을 미친다. 잭 웰치의 표현을 빌리면 성과를 내는 것은 성과전표performance chit를 갖는 것과 같다. 성과는 힘을 준다.

나무 구조에 비유하면 성과는 열매이다. 다른 3가지 핵심 요소가 있더라도 성과가 없다면 나무가 열매를 맺지 못하는 것과 같다. 다른 3가지 핵심 요소가 아무리 강해도 신뢰성을 만들어내지 못하는 것이다. 이번에는 법정의 감정인에 비유해보자. 증인이 충분한 자격을 갖춘 정직한 사람으로 보일지라도, 좋은 실적이 없으면 신뢰성에 의문이 제기되고 그의 증언은 심각한 타격을 입게 된다.

성과가 없으면 신뢰성을 만들지 못한다. 텍사스주 카우보이들의 '모자만 있고 소는 없다(말만 요란하고 행동이나 결과가 뒷받침되지 않는다는 뜻)'는 말이나 캘리포니아주 레이서들의 '보여주기만 하고 가지 못한다(외양은 멋지지만 성능이 좋지 않은 차를 일컫는다)'는 말은 이러한 상황에 딱 알맞은 표현이라고 할 수 있다.

사람들은 일을 해내지 못하는 사람을 신뢰하지 않는다. 물론 당신에게는 그럴 만한 이유나 변명거리가 있을지도 모른다. 그러나 이유가 있든 없든 결과가 없으면 신뢰도 없다. 가혹하지만 그것이 현실이다.

한편 성과를 내더라도 나머지 3가지 핵심 요소 가운데 하나가 부족하면 문제가 발생한다. 예를 들어 정직하지 못한 방식이나 다른 사람에게 피해를 주면서 성과를 내면, 그 성과는 지속되지도 못하고 열매도 좋지 않다. 설사 외양이 좋아보일지라도 속은 썩었을 것이고 장기적인 신뢰를 만들어내지 못할 것이다. 성과가 성품의 뿌리와 단절되어 있으면 지속적으로 좋은 열매를 생산할 수 없다. 실제로 요즘 기업에서는 성품이 결여된 성과가 큰 문제가 되고 있다.

회사의 가치를 침해하면서 성과를 얻는 사람은 어떻게 해야 할까? GE는 성과 얻기와 가치 실천 사이에 역동적인 조화를 보여주는 네 부류의 사람들이 있다고 보고 있다. 성과를 내고 가치를 실천하는 첫 번째 부류는 잘 관리하고 승진시켜야 한다. 성과를 내지도 않고 가치를 실천하지도 않는 두 번째 부류는 내보내야 한다.

다른 두 부류는 대응하기가 좀 까다롭다. 가치를 실천하지만 성과가 낮은 사람은 교육시키거나 코칭하거나 다른 역할을 맡길 수 있다. 그래도 개선되지 않으면 내보내야 한다. 대응하기가 가장 어려운 부류가 바로 높은 성과를 내지만 가치를 실천하지 않는 사람들이다. 그들은 누구나 원하는 목표를 달성하긴 해도 조직의 가치를 노골적으로 무시하면서 성과를 얻는다. GE는 이 부류의 성과는 회사의 가치 범위 내에서 이룬 것이어야 하며 그렇지 않으면 성과가 아무리 좋아도 내보내야 한다고 본다. 그들을 계속 그대로 두면 조직에 해가 되고 조직 전체의 신뢰성과 신뢰를 파괴하기 때문이다. 잭 웰치는 이렇게 말했다.

"가치와 행동을 명확히 하는 것만으로는 충분하지 않다. 그것을 실천하도록 제도적으로 뒷받침해줘야 한다. 가치가 정말로 의미를 갖도록 하려면 가치를 실천하는 사람은 보상하고, 실천하지 않는 사람은 벌을 줘야 한다. 그러면 쉽게 '승'을 얻을 수 있을 것이다. 우리는 성과가 높은 매니저일지라도 가치에 충실하지 않으면 나갈 것을 요구해 믿을 수 없을 만큼 좋은 결과를 얻었다. 10년에 걸친 연례조사에서 직원들은 우리의 가치 실천도가 높아지고 있다고 말했다. 이는 사람들이 더욱 가치에 충실하도록 만들었고 직원들의 만족도가 높아지자 재정적 성과도 좋아졌다."

성과는 많은 단점을 덮어준다. 경영진은 최고의 성과를 내는 사람이 제때에 지출보고서를 내지 않아도 보통은 관대하게 대한다. 이런 일은 기업에서 흔하게 일어난다. 때로 기업은 이중 잣대를 들이대 직원들의 냉소를 받기도 한다. 하지만 장기적으로 보면 최고의 성과는 성실성의 부족을 메워주지 못한다.

물론 성실성이 높은 것도 낮은 성과를 메워주지 못한다. 다시 한번 4가지 핵심 요소 모두가 신뢰 구축의 기초가 되는 개인 및 조직의 성실성에 필수적이라는 것을 알 수 있다.

이 네 번째 핵심 요소를 탐구할 때 자신에게 다음과 같이 질문하라.

- 나는 현재 어떤 성과를 내고 있는가? 그 성과는 내 개인적 신뢰성을 높이는가, 아니면 낮추는가?
- 내가 현재 채용을 고려하는 어떤 사람의 과거 실적과 현재의 성과는 내 결정에 얼마만큼 영향을 미치는가?
- 실적은 얼마나 좋은가? 그 실적을 근거로 사람들이 나를 채용할 것 같은가?
- 나는 원하는 결과를 확인하고 그 결과를 얻기 위해 효과적으로 실행하는 것을 어느 정도로 잘하는가? 내 성과는 신뢰를 높이는가?

과거, 현재, 미래의 성과

한때 나는 월가의 한 상장기업에서 공개기업의 이사로 잠시 일한 적이 있다. 그때의 경험으로 보건대 기업은 3가지 지표로 성과를 평가하는 게 분명하다. 첫째는 과거의 성과이다. 과거의 실적, 평판, 성취한 일, 얻은 결과 등을 말한다. 둘째는 현재의 성과이고, 셋째는 미래에 기대되는 성과이다.

외부 기관이 기업을 평가할 때도 이 3가지 지표가 영향을 미친다. 그들은 과거와 현재 그리고 미래에 예상되는 성과를 본다. 그들은 과거나 현재의 실적에 가중치를 붙여 가치를 계산할지도 모른다. 혹은 월가처럼 미래에 예상되는 성과를 보고 그것을 현재 가치로 환산할 수도 있다. 기업의 가치를 따질 때 이 3가지 지표는 모두 중요하다.

이 3가지 지표는 개인에게도 영향을 미친다. 우리의 신뢰성은 과거와 현재의 성과, 그리고 미래에 우리가 성과를 낼 수 있는 능력에 대한 사람들의 신뢰에서 나온다.

한번은 내가 정직하고 의도도 좋고 재능이 뛰어나지만 과거에 전혀 성과를 내지 못한 어떤 사람과 함께 일하게 되었다. 우리는 한 팀이 되어 돌아가면서 일을 맡았는데, 마침 큰 기회가 왔을 때 그가 일을 맡을 차례가 되었다. 당연히 고민스러웠다. 그의 실적이 전무했던 터라 모든 팀원이 그에게 일을 맡기는 것을 주저했던 것이다. 미래의 기대 성과와 과거의 실적을 고려했을 때 그가 그 일을 해내리라고 신뢰할 수 없었기 때문이다. 이런 일이 반복되면서 그는 훌륭한 재능에도 불구하고 점점 쓸모없는 사람이 되어 결국 회사를 떠나고 말았다.

하지만 항상 성과를 내는 것으로 평판이 나 있는 사람이나 기업은 얘기가 다르다. 오래 전의 일이지만 익일 배달이 100퍼센트 보장된 것이 아니었음에도 신뢰가 높았던 익일배달업계overnight delivery를 생각해보라. 페덱스FedEx는 '하루 만에 꼭 도착해야 할 물건이 있을 때!'라는 캐치프레이즈를 들고 나왔다. 그들은 광고만 그렇게 한 것이 아니라 실제 서비스로 그 광고를 뒷받침했다. 페덱스는 성과를 냈고 창립자 프레데릭 스미스Frederick Smith는 깊이 있는 얘기를 했다.

"우리는 물건 운송 서비스를 팔았지만 사실은 마음의 평화를 팔고 있었다."

페덱스는 한결같은 성과에 힘입어 신뢰성과 신뢰를 얻었고, 사람들은 요즘도 페덱스가 정시에 배달할 것으로 기대한다. 물론 이것은 과거에 쌓은 명성 덕분이다.

하트포드Hartford를 비롯한 많은 기업이 실적을 내세워 신뢰를 쌓고 새로운 사업을 구축한다. '50년 넘게 고객에게 봉사', '1925년에 발을 내딛고'와 같은 광고문구는 신뢰를 높이는 실적을 전하기 위한 것이다. 그런데 흥미롭게도 새로운 글로벌 경제에서는 제트블루JetBlue 항공 같은 비교적 신생기업도 성공적인 실적을 빨리 구축할 수 있다. 2000년에 사업을 시작한 제트블루는 미국에서 9·11 테러 이후 탑승객이 급격히 감소하는 와중에도 수익을 올린 몇 안 되는 항공사 중 하나이다. 1999년에 설립된 구글 역시 〈월스트리트저널〉의 2006년 평판지수 조사에 따르면 미국에서 세 번째로 강력한 브랜드로 인식되었다. 이러한 예는 성과를 통해 우리가 생각하는 것보다 빨리 신뢰를 구축할 수 있다는 사실을 확인시켜 준다.

제트블루의 경쟁업체인 컨티넨탈 항공은 1991년에 파산을 선언했지만, 이후 성과를 크게 향상시켜 시간을 잘 지키고 수하물 분실 사고가 적은 항공사로 인정받았다. 또한 J. D. 파워J. D. Power로부터 다른 어떤 항공사보다 많은 고객서비스 상을 받았고, 2005년에는 〈포천〉이 선정한 가장 존경받는 글로벌 항공사로 인정받았다.

냉소를 보내는 사람들의 마음을 돌려 그들의 신뢰를 회복하거나 구축하게 해주는 것은 결국 성과이다. 성과가 신뢰에 미치는 영향은 삶의 모든 차원에서 나타난다. 내 친구 중 한 명은 며칠간 여행을 떠날 때, 편안한 마음으로 10대 딸과 그녀의 친구에게 집을 맡긴다고 했다. 하지만 아들이 10대가 되었을 때는 그렇게 하지 못할 거라고 말했다. 물론 내 친구의 딸과 아들은 모두 좋은 아이들이었다. 그러나 딸은 신중하고 책임 있게 행동한 전력이 있지만 아들은 그렇지 않았다. 결국 내 친구가 아이들에게 보내는 신뢰의 정도는 과거의 성과를 미래의 결과에 비춰 만들어진 것이었다.

가장 중요한 두 가지 질문

성과를 생각할 때는 항상 두 가지 중요한 질문을 해야 한다.

나는 어떤 성과를 얻고 있는가? 나는 어떻게 이 성과를 얻고 있는가?

대부분의 사람은 What만 묻는다. 그들은 How가 대단히 중요하며 때로는 그들을 파멸시킬 수 있을 만큼 강력한 영향을 미친다는 것을 알지 못한다.

예를 들어 당신이 팀과 함께 목표를 달성한다고 해보자. 그런데 당신이 목표를 달성하는 과정에서 팀원들을 적대적인 승패 경쟁으로 몰아넣고, 그들이 완전히 탈진할 때까지 몰아붙이는 것은 물론 팀의 공로를 모두 빼앗았다면 어떻게 될까? 다음에 그 팀과 함께 일할 때 그들은 어떤 태도를 보일까? 성과를 얻기가 쉬울까, 아니면 어려울까?

반대로 당신이 팀과 함께 목표를 달성하는 과정에서 풍요와 협력의 정신을 만들어냈다고 해보자. 당신이 모두가 성공하게 하고 누구도 탈진하지 않게 하며 공을 함께 나눈다면? 다음번에 일을 함께할 때 그들은 어떤 태도를 보일까? 아마도 지난번처럼 훌륭한 성과를 얻게 될 것이다. 그것도 30퍼센트 더 빠르고 수월하게 말이다.

그렇기 때문에 내가 성과를 어떻게 얻고 있는지를 물어야 한다. How는 미래의 성과에 커다란 장애가 될 수도, 윤활유가 될 수도 있다. 만약 사람들이 당신을 신뢰한다면, 즉 당신이 공을 나누고 상호이익을 모색하며 자기들을 탓하지 않을 것임을 안다면 다음번에는 성과를 얻기가 훨씬 쉬울 것이다. 그들이 당신을 믿고 함께 일하고 싶어 하며 정보를 제공하고 당신을 도울 것이기 때문이다. 나아가 그들은 모두에게 이익이 되는 방식으로 성과를 얻게 될 것이라고 믿는다.

이것이 앞 장의 마지막에서 언급한 신뢰 능력이 중요한 이유이다. 그리고 내가 리더십을 '신뢰를 고취하면서 성과를 얻는 것'으로 정의한 이유이다. 성과에 관한 한 How는 What만큼이나 중요하다. 그것은 개인, 관계, 팀, 조직, 사회 등 어떤 차원에서든 마찬가지다.

오늘날 수많은 기업이 지속가능한 성과를 얻기 위해 비즈니스 모델을 바꾸고 낭비 요소를 걷어내며 직원들을 내보내고 있다. 어떤 기업은 그 과정에서 막대한 세금을 만들어낸다. 나가는 사람은 물론 남아 있는 사람도 나가는 사람이 어떻게 되는지 똑똑히 알게 되기 때문이다.

나는 이런 상황 속에서도 신뢰를 쌓는 훌륭한 기업들을 보았다. 한번은 생존을 위해 고통스러운 변화 과정을 겪고 있던 기업에 조언을 해준 적이 있다. 그 기업은 수많은 비용절감 조치를 취한 후에도 수익성을 회복하기 위해 대규모 감원을 해야 할 상황에 이르렀다. 그때 그 기업은 열린 자세로 투명하고 솔직하게 사람들을 대했다. 퇴직 수당을 듬뿍 안겨주고 전직을 도와주었으며, 떠나는 사람들에게 관심을 보여줌으로써 그들과 남은 사람들로부터 신뢰성을 쌓았다. 모두가 현실을 직시하고 원칙에 입각해 서로에게 관심과 배려를 보여주었던 것이다.

성과는 항상 금액으로만 측정되는 것이 아님을 잊지 마라. 성과를 분석할 때 신뢰의 세금이나 배당을 무시하는 것은 그것을 왜곡하는 것이다. 가장 큰 수익은 현재의 거래가 아니라 미래에 더 큰 성과의 길을 여는 거래, 즉 신뢰성과 신뢰 구축에 있음을 알아야 한다.

성과란 무엇인가

나는 월가가 성과만 중시하고 성과와 신뢰성의 연결 관계를 인식하지 못한다는 것을 알았다. 기업은 일관성 있게 좋은 성과를 내다가도, 한 분기만 성과를 내지 못하면 이전의 성과가 무용지물이 되기도 한다. 어떤 면에서 조직은 예측 불가능한 존재이므로 오히려 그것이 더 나쁠 수도 있다.

하지만 나는 월가 밖에서 성과를 다른 식으로 보는 법을 배웠다. 로버트 S. 카프란Robert S. Kaplan과 데이비드 P. 노턴David P. Norton은 《균형성과표The Balanced Scorecard》에서 재정적 성과에 대한 지속가능성의 지표로 여러 이해당사자와 수치가 있음을 지적했다. 고려해야 할 중요한 사항은 신뢰의 세금과 배당이다. 신뢰의 배당이라는 승수와 신뢰의 세금이라는 제수(除數, 나눗셈에서 어떤 수를 나누는 수)를 고려하지 않고는 어떤 결과도 정확하게 알 수 없다.

다음으로 고려해야 할 것은 성과의 정의이다. 당신은 모든 일을 올바르게 해낼 수 있다. 성실성, 좋은 의도, 능력을 바탕으로 모든 일을 원칙적으로 처리해 높은 성과를 얻을 수 있다. 하지만 그렇게 해도 회사는 실패할 수 있다. 배우자가 당신을 버릴 수 있고 아이들이 잘못된 선택을 할 수 있으며 쓰나미나 허리케인이 집과 회사를 모두 쓸어갈 수 있나. 당신이 어찌할 수 없는 일이 분명 있으며, 성과를 생각했던 것과 다르게 정의해야 할 때도 있다.

- 그래, 내 회사는 지금 어려워. 이 상황에서 나는 어떤 교훈을 발견했는가? 어떤 강점을 얻었는가? 미래를 위해 어떤 능력에 집중해야 하는가?
- 그래, 나는 결혼에 실패했어. 그래서 어떻게 되었는가? 무엇을 배웠는가? 최선을 다했는가? 그 과정에서 성실성을 지켰는가? 성실성을 지켰으니 나는 더 좋고 강한 사람인가? 아이들이 원하는 행동을 보여주고 있는가?
- 그래, 나는 재난으로 집과 회사를 잃었어. 그 결과 어떤 새로운 기회를 맞고 있는가? 변화를 위해 내 재능과 능력을 사용할 수 있는 더 좋은 방법이 있는가? 어떤 강점이 재기에 도움이 되는가?

눈앞의 성과가 부정적으로 보일 때도 장기적으로 긍정적이고 더 중요한 다른 성과를 확인하고 정의 및 평가함으로써 자기 신뢰와 자신감을 높일 수 있다.

언젠가 아홉 살짜리 아이들의 리틀리그기Little League flag 풋볼팀을 코치하면서, 오로지 승리만을 목표로 하는 학부모와 코치들의 생각이 아이들에게 미치는 영향을 목격했다. 내 생각에는 그 또래의 아이들에게 우승 이외에 더 중요한 다른 것도 있을 것 같았다. 그래서 내가 코칭한 팀 아이들과 함께 6가지 목표를 생각해냈다.

1. 열심히 뛰는 것
2. 재미
3. 좋은 경기를 하는 것
4. 좋은 팀플레이어가 되는 것
5. 무언가를 배우는 것
6. 이기는 것

이 목표 목록에서 승리는 가장 끝에 있다. 설사 상대팀에게 지더라도 축하해줄 만한 좋은 결과가 많지 않은가. 이런 결과가 축하받아야 하는 이유는 그것이 아이들에게 평생 유익하게 작용할 것이기 때문이다.

한편 자기 경험을 보편화하는 것도 문제가 될 수 있다. 사람들이 결혼생활과 가족관계에서 모두 성공하는 것처럼 보이지만 사실은 그렇지 않다. 모든 회사들이 수익이 높고 성공하는 것 같지만 실제로 그런 것은 아니다. 학생이 전 과목에서 A를 받았다고 해서 참된 교육을 받았다고 생각하는 것은 착각이다. 우리는 나와 다른 사람의 삶에서 성과를 정의하거나 평가할 때 피상적으로 접근하지 않도록 주의해야 한다. 그리고 과거의 성과를 미래의 결과에 비춰볼 때는 신중해야 한다. 표준투자 안내서에는 이런 말이 들어 있다.

"과거의 성과가 미래의 결과를 보장해주지는 않습니다."

〈월스트리트저널〉에 따르면 버크셔해서웨이의 자회사 미드아메리칸 에너지의 CEO 데이비드 소콜David Sokol은 언젠가 아주 불안한 소식을 듣고 워런 버핏을 만났다고 한다. 아이오와 공장이 아연 프로젝트에 실패하면서 약 3억 6,000만 달러를 감가상각해야 했던 것이다. 소콜은 해임을 각오했지만 워런 버핏은 뜻밖의 반응을 보였다.

"데이비드, 우리는 누구나 실수를 합니다. 아예 결정하지 않는다면 몰라도 결정을 한다면 실수는 피할 수 없습니다. 나도 큰 실수를 한 적이 있습니다."

워런 버핏과의 미팅은 10분 만에 끝났다.

회사, 관계, 가족, 개인생활에서 저지르는 실수를 통해 배우고 변화할 수 있는 능력을 인정하려면 지혜가 필요하다. 그런 문화를 창조하는 데도 지혜가 있어야 한다. 일단 성장의 문화가 형성되면 눈앞의 성과가 좋지 않을 경우에도 신뢰가 힘을 발휘한다. 보다 중요한 성과는 성장이며 성장에는 위험이 따른다. 따라서 과거의 성과를 근거로 결정을 내리고 기회를 주는 것은 미래에 훌륭한 성과를 낼 수 있는 자기 능력을 제약하는 것이다.

마지막으로 우리는 성과를 얻을 때 다른 사람의 지원을 인정하고 고마워해야 한다. 성과가 개인이나 조직의 노력에서만 나오는 것은 아니다. 성과는 많은 사람의 노력을 합한 결과이다. 대표적으로 과학계에서 새로운 발견은 대개 본인 노력의 산물이지만, 때론 과거 다른 사람의 실수에서 나오기도 한다. 농구 같은 운동도 마찬가지다. 통계를 작성하는 사람은 득점과 함께 도움 횟수도 기록한다. 야구에서는 타점과 함께 희생타도 기록한다. 성과를 얻는 데 타인의 지원이 중요하다는 것을 인식하고 고맙게 생각할 때, 우리 자신의 공헌과 다른 사람의 공헌도 올바르게 평가할 수 있다.

성과는 숨기지 말고 당당하게 알려라

나는 10대 시절에 소규모 회사에서 일한 적이 있는데 그 회사에서는 승진하려면 일정한 요건을 통과해야만 했다. 일이 낯설긴 했지만 잘하고 싶은 마음에 열심히 했기 때문인지 첫날 그 요건을 통과했다. 나중에 알았지만 내 상사 역시 그날이 처음 근무하는 날이었다. 모든 것이 어수선했기 때문에 그는 내가 첫날 회사의 요건을 통과했다는 것에 관심을 기울이지 않았다.

이후 여덟 달 동안 그야말로 발바닥에 땀이 나도록 일했지만 내 위치는 늘 제자리였다. 나보다 늦게 요건을 통과한 사람들이 계속 승진하고 있었는데도 말이다. 나는 그 이유가 궁금해도 꾹 참고 그저 더 열심히 일하려고 노력했다. 그러다가 마침내 내 상사가 말했다.

"스티븐, 난 정말 이해가 되지 않아. 자네는 훌륭한 직원이야. 그런데 왜 이 요건을 통과하지 못하는지 모르겠어. 이것만 통과하면 매니저가 될 수 있는데 말이야."

나는 깜짝 놀라 큰소리로 말했다.

"나는 요건을 통과했어요. 여기 들어온 첫날!"

그도 나도 당황할 수밖에 없는 상황이었다. 첫날 충분히 성과를 올렸으면서도 그것을 인정받지 못했다는 사실은 그만큼 내 신뢰성에 큰 영향을 미쳤던 셈이다. 하지만 일단 그 성과를 인정받자, 특히 그 성과가 제한된 기회 속에서 내가 얻은 성과와 결합되자 인식이 확 달라졌다. 나는 그 회사에서 더 큰 신뢰를 받았고 보다 의미 있는 공헌을 할 수 있었다.

다른 사람들로부터 신뢰성을 만들어낼 때 중요한 것은 성과뿐 아니라 그 성과에 대한 사람들의 인식이다. 그러므로 성과를 다른 사람에게 적절히 알리는 것도 중요하다.

폭발적인 성과를 달성하는 법

신뢰성과 신뢰를 구축할 때 결과의 중요성을 알았다면 다음에는 이런 질문을 해야 한다. 우리는 어떻게 성과를 향상시킬 수 있는가? 다음과 같은 3가지 행동이 가장 효과적이다.

결과에 책임져라

성공의 비결은 행동이 아닌 결과를 책임지는 데 있다. 아버지는 내가 일곱 살 때 나에게 집 앞뜰을 푸르고 깨끗하게 관리할 책임이 있다고 말했다. 결코 일주일에 두 번 잔디에 물을 주라거나 토요일에 잔디를 깎으라거나 쓰레기를 치우라고 말하지 않았다. 대신 어떤 방식으로든 내가 원하는 대로 앞뜰을 푸르고 깨끗하게 할 수 있다고 말했다. 중요한 것은 내가 아버지에게 상황을 설명할 때 결과를 책임져야 한다는 사실이다.

활동이 아닌 결과에 책임을 져야 한다는 교훈은 내 인생에서 중요한 학습의 시작이었다. 이 교훈은 창의력을 발휘하게 한다. 무엇보다 이런저런 다양한 방법을 사용해볼 수 있음은 물론, 안 되면 손놓고 앉아 '하라는 대로 했는데 되지 않았어'라고 푸념할 필요가 없다. 이러한 책임의식은 동료나 아이들과 함께할 때도 창의력을 발휘하도록 도와준다.

활동	결과
나는 고객에게 전화했다.	나는 판매했다.
나는 조사하고 보고서를 썼다.	나는 지원금을 받았다.
나는 강의를 들었다.	나는 효과적인 프레젠테이션 방법을 배웠다.
나는 다이어트 중이다.	나는 60킬로그램을 감량했다.
나는 해보았다.	"하거나 하지 않거나 둘 중 하나이지, 해보았다는 것은 없다." _마스터 요다Master Yoda

결과에 초점을 맞추는 것은 일종의 사고방식으로 활동에 초점을 맞추는 것과는 다르다. 소니의 워크맨은 코조 오소네Kozo Ohsone가 작은 나무토막을 엔지니어팀에게 주며 스테레오를 그 크기로 만들어 보라고 주문한 것이 출발점이었다. 톰 피터스는 《경영혁명Thriving on Chaos》에서 크라이슬러의 전 회장이자 CEO인 리 아이아코카Lee Iacocca가 어떻게 컨버터블Convertible(지붕을 접었다 폈다 할 수 있는 승용차)을 생산하게 되었는지 들려준다.

> 그는 표준 운영절차에 따라 수석 엔지니어에게 모델을 만들 것을 요청했나. 산업 표준에 익숙한 엔지니어가 대답했다. "좋습니다. 앞으로 9개월 안에 시제품을 만들겠습니다." 옆에 있던 사람들은 아이아코카가 격노해 이렇게 말했다고 한다. "무슨 말인지 못 알아듣는군요. 당장 차로 가서 천장을 잘라내세요."

아이아코카는 즉시 시제품을 만들어냈고 그 차는 대성공을 거뒀다. 디스크맨Discman과 크라이슬러에서 컨버터블을 개발할 때 초점은 활동이 아닌 결과에 맞춰졌다.

결과를 책임지는 자세는 결과와 활동을 구분하는 이익 외에도 또 다른 긍정적인 면이 있다. 이 장에서 여러 번 강조했듯 성과를 내는 것은 신뢰를 쌓는 데 도움이 된다. 때론 결과가 좋지 않거나 그 결과가 낭신의 잘못이 아닌 경우에도 결과를 책임지면 신뢰가 높아질 수 있다.

1982년 미국에서 청산가리가 들어간 타이레놀을 복용하고 일곱 명이 사망한 사건을 기억할 것이다. 당시 미 전역이 발칵 뒤집혔다. 어떤 사람은 존슨 & 존슨이 더 이상 타이레놀을 판매할 수 없을 거라고 예상했다. 하지만 존슨 & 존슨은 그 결과를 책임졌다. 그들은 즉시 소비자들에게 독극물 첨가 원인이 밝혀질 때까지 타이레놀 복용 중단을 요청하는 동시에 약 3,100만 병의 타이레놀을 수거했다. 소매가격으로 1억 달러가 넘는 규모였다. 이미 구입한 타이레놀 캡슐을 타이레놀 정으로 바꿔주는 일에도 몇 백만 달러의 비용이 들었다.

또한 이들은 수사당국과 긴밀히 협조하며 독극물을 투입한 범인 수사와 독극물 투입의 예방을 도왔으며 범인 검거를 위해 10만 달러의 포상금을 내걸었다. 이후 제품을 다시 시장에 내놓았을 때는 3중으로 봉하고 독극물 투입이 어려운 포장방법을 사용했다. 결과적으로 존슨 & 존슨은 그 위기를 대중의 신뢰를 높이는 기회로 바꿀 수 있었다.

존슨 & 존슨의 이러한 의사결정의 기초가 된 것은 1940년대에 50년간 이 회사를 이끈 로버트 우드 존슨Robert Wood Johnson의 신념이었다. 상호 이익을 추구하는 그들의 가치는 분명했고 한 관찰자는 그러한 사실을 이렇게 기록하고 있다.

"존슨은 소비자, 제품을 사용하는 의사, 직원, 직원들이 살고 있는 지역사회, 그리고 이해당사자들에 대한 회사의 책임을 간단히 정리했다. 그는 회사가 이 책임에 충실하면 기업이 오래 번영할 것이라고 내다봤다. 그리고 그는 자신의 신념이 도덕적이고 아울러 수익에도 도움이 된다고 생각했다."

결국 그의 생각대로 되었다. 상호 이익에 초점을 맞추고 존슨 & 존슨의 잘못으로 벌어진 것이 아닌 나쁜 결과에도 책임을 짐으로써 회사는 신뢰를 회복할 수 있었던 것이다.

결과를 책임지는 태도는 개인생활과 가족관계에도 영향을 미친다. 그런 자세로 살아가는 사람은 배우자를 탓하고 비난하는 대신 이렇게 말할 것이다.

"내 잘못도 있어요. 미안해요. 내가 어떻게 하면 상황이 나아질 수 있을까요?"

부모는 "이 문제를 내가 분명하게 말하지 않은 것 같구나. 좀 더 자세히 설명해주겠다"라고 말하고, 사이가 멀어진 형제자매는 불화에 대한 책임을 받아들여 주도적으로 화해할 것이다. '내 책임을 인정한다' 혹은 '해결 방안을 찾는 것은 내 책임이다'라고 말할 때, 신뢰가 쌓이고 모든 부분에서 더 좋은 성과를 얻을 수 있을 것이다.

> '최선을 다하고 있다'고 말해봐야 소용없다. 중요한 것은 일을 성공적으로 해내는 것이다.
>
> _윈스턴 처칠

승리를 기대하라

그리스 신화에 나오는 사이프러스Cyprus의 왕 피그말리온Pygmalion은 상아로 이상적인 여성 조각상을 만들어 갈라테아Galatea라는 이름을 지어주었다. 그녀가 어찌나 아름다웠던지 매일 그 조각상을 바라보던 피그말리온은 어느새 사랑에 빠지고 말았다. 그는 강한 열망과 의지로 그녀를 실제 인간으로 만들고 싶어 했고, 결국 비너스 여신의 도움을 받아 생명을 얻은 갈라테아와 함께 행복하게 살았다.

기대의 힘을 보여주는 비유로 자주 인용되는 이 고대 신화는 '피그말리온 효과'로 불린다. 이것은 갈라테아 효과, 로젠탈 효과로 불리기도 하는데 이는 자성 예언, 긍정적 자기 기대, 신뢰, 낙관적 태도, 그리고 단순히 신념을 의미한다. 현대에는 이것이 현대판 피그말리온 이야기라고 할 수 있는 뮤지컬 〈마이페어레이디My Fair Lady〉를 통해 대중화했다. 그 내용은 한 언어학 교수의 기대가 촉매가 되어 길거리에서 꽃을 팔던 소녀가 요조숙녀로 바뀐다는 것이다.

여기서 말하고자 하는 원칙은 간단하다. 기대를 하면 자신이나 다른 사람으로부터 얻게 된다는 얘기다. 그것도 많은 것을 기대하면 많은 것을 얻고, 적은 것을 기대하면 적은 것을 얻는다.

이러한 현상은 1968년 로버트 로젠탈Robert Rosenthal 박사의 연구에서 분명하게 나타났다. 이 연구에서 실험자는 특정 학교 학생들을 대상으로 IQ검사를 실시한 다음, 일부 학생을 선별해 교사에게 맡겼다. 이때 실험자는 교사에게 그 학생들의 학업성취도가 매우 우수하다는 말을 들려주었다(사실은 무작위로 추출했다). 그로부터 몇 달 후 시험을 치른 결과, 선별된 학생들은 동급생보다 월등히 높은 점수를 받았다. 교사의 높은 기대가 학생들의 학습 증가 효과를 낳은 것이다.

승을 기대하면 승의 가능성은 커진다. 기대감이 더 좋은 성과를 낳도록 돕기 때문이다. 그리고 더 좋은 성과는 신뢰성과 자신감 향상을 도와주며 더 많은 자기 기대와 승을 낳는다. 이러한 상승 사이클이 반복되면서 자성 예언이 되는 것이다. 하버드 경영대학원 교수이자 작가인 로자베스 모스 캔터Rosabeth Moss Kanter는 이렇게 말했다.

"신뢰는 유리한 결과에 대한 긍정적 기대로 구성된다. …… 승은 4가지 차원에서 신뢰를 낳기 때문에 승은 승을 낳는다. 그 첫 번째 차원은 자신감으로 높은 기대를 하는 감정적 분위기이다. 두 번째 차원은 서로에 대한 신뢰감이다."

성과를 높이고 싶다면 자신과 팀에게서 승을 기대하라. 어떤 대가를 치러서라도 성과를 내는 것이 아니라 정당한 방법으로 성과를 내라. 다른 사람의 희생을 딛고 서서 성과를 내지 말고 그들과 협력해서 성과를 내라. 자신과 다른 사람에게서 승을 기대하는 것은 승을 얻는 기본적인 접근 방법이다.

확실하게 마쳐라

내 아들 스티븐은 뛰어난 축구선수로 고등학교 시절에는 축구팀 주장으로 활약하기도 했다. 하지만 농구를 하고 싶어 했던 아들은 다시 농구팀에 들어갔고 실망스럽게도 제 기량을 발휘하지 못해 한 시즌 내내 벤치를 지켜야 했다. 그러다가 시즌이 끝나기 한 달 전에 아들은 어깨를 다쳐 그해에는 더 이상 운동을 할 수 없을 거라는 진단을 받았다.

아들은 곧바로 팀을 떠나겠다고 말했다. 부상을 당해 경기에 나갈 수 없으니 남아 있을 이유가 없다고 생각했던 것이다. 하지만 아내와 내 생각은 달랐다. 스티븐은 팀원이었고 다른 팀원이 아직 경기를 하고 있는 중이었으므로 경기를 하든 못하든 남아 있어야 한다고 생각했다. 처음에 스티븐은 시간 낭비일 뿐이라고 투덜거렸지만, 결국 팀에 남아 연습을 도와주거나 응원했고 두 명의 코치와 팀원들은 아들을 칭찬했다.

나중에 아들은 그 경험을 통해 두 가지 큰 교훈을 얻었다고 털어놓았다. 하나는 무슨 일이든 열심히 해야 한다는 것이고, 다른 하나는 일단 시작했으면 확실하게 끝마쳐야 한다는 것이었다. 이 교훈의 긍정적인 결과는 이후 아들이 하는 모든 일에 나타났다.

성과는 마무리를 해야 얻을 수 있는 것이다. 하지만 "시작하는 사람은 많지만 마치는 사람은 거의 없다"는 격언이 보여주듯, 우리 사회에는 중도 포기자가 아주 많다. 사람들은 직장을 그만두고 아버지는 아들을 버리며(신체적, 금전적으로) 부부는 이혼하고 10대 아이들은 학교를 그만둔다. 계속하는 것이 어려울 때 사람들은 대개 포기한다. 물론 그것이 최선의 결정인 경우도 있다. 그러나 대부분의 상황에서 사람들은 별다른 이유 없이 확실하게 마무리할 동기와 힘을 잃는다. 확실하게 마무리하는 것은 이 사회에 만연하고 있는 '포기 문화'에 대한 강력한 해독제이다. 신뢰성과 신뢰에 미치는 영향의 측면에서 확실한 마무리를 생각해본 적이 있는가?

내 좌우명은 '가능한 한 끝마친다. 그것도 확실하게 끝마친다'이다. 마라톤의 매력에 흠뻑 빠진 내 동료가 세계적인 마라톤 선수로부터 얻은 훌륭한 조언을 들려주었다.

"벽에 부딪혀 더 이상 나가지 못할 것 같을 때는 지쳤다는 생각에 쓰러지지 않기 위한 최소한의 동작만 하지 말고, 머리를 들어 자신의 페이스를 다시 찾아라."

이 말은 얼핏 직관에 반하는 것처럼 들릴지도 모른다. 그러나 곰곰이 생각해보면 타당성이 있음을 알 수 있다. 페이스를 찾아 대충이 아니라 확실하게 끝마치자고 자신을 격려해야 하는 것이다.

03

두 번째 차원:

믿음직스러운 인간관계를 위한 행동 원칙

두 번째 차원, 즉 대인관계 차원은 일관된 행동에 대한 것으로 신뢰를 떨어뜨리는 방식이 아니라 신뢰를 높이는 방식으로 다른 사람을 대하는 방법을 배운다. 좀 더 구체적으로 말하면 세계적으로 신뢰 높은 리더들의 13가지 공통점을 다룬다. 그 13가지 행동은 다음과 같은 이유로 강력한 힘을 지니고 있다.

신뢰관계를 지배하는 원칙에 기초를 두고 있다. 일시적인 유행이나 기법, 관행이 아니라 시공을 초월해 번성한 모든 문명에서 성공적이었음이 입증된 영원한 원칙에 기초를 두고 있다.

4가지 핵심 요소에서 나온다. 13가지 행동은 개인적 신뢰성, 즉 성품과 역량에 기초를 두고 있다. 그것은 가식 없는 자기 자신에게서 나온다.

실행가능하다.

보편적이다. 13가지 행동은 상사, 동료, 고객, 배우자, 아이, 대가족, 친구 등 어느 관계에나 적용될 수 있다. 또한 기업, 정부기관, 교육기관, 의료기관, 비영리단체 등 어느 조직에도 적용될 수 있다. 문화에 따라 적용 방식이 다르긴 하지만 어떤 문화에도 적용될 수 있다.

나는 이 13가지 행동이 개인적 · 업무적으로 모든 관계에서 신뢰 구축 능력을 크게 향상 시켜 줄 것을 약속한다.

THE SECOND WAVE:
RELATIONSHIP TRUST

1장

신뢰가 높은 리더의 13가지 행동

행동으로 일으킨 문제는
말로는 해결할 수 없다.

_스티븐 R. 코비

맞다. 하지만 행동으로 일으킨 문제는
행동으로 해결할 수 있다.
생각하는 것보다 훨씬 더 빨리!

_스티븐 M. R. 코비

결혼하고 나서 몇 년 후, 제리와 나는 보스턴으로 이사 갔고 그곳에서 나는 경영대학원에 다녔다. 당시 아들 스티븐은 한 살이었는데, 어느 주말에 부모님이 우리를 찾아왔다. 부모님과 함께하게 된 것이 무척이나 기뻤던 나는 뷔페를 먹으며 마치 어린시절로 돌아간 듯 즐거운 시간을 보냈다. 음식을 담아오는 시간조차 아까워 음식을 재빨리 담자마자 자리에 앉아 옛일을 회상했던 것이다. 그때 제리는 기저귀 가방을 들고 한 살 된 아이의 음식까지 챙기느라 여전히 줄을 서서 기다리고 있었다. 마침내 그녀가 음식을 가져와 자리에 앉았지만 저녁 내내 아이만 챙기고 거의 말이 없었다.

저녁식사를 마치고 집에 도착했을 때 나는 만족한 듯 미소를 지으며 말했다.

"부모님과 함께 있으니까 좋지? 당신을 정말 사랑해."

"아뇨, 당신은 나를 사랑하지 않아요."

나는 깜짝 놀라서 대답했다.

"무슨 소리야. 사랑한다니까!"

"당신은 나를 사랑하지 않아요, 프레디!"

"프레디? 프레디가 누구야?"

"〈마이페어레이디〉에 나오는 사람이에요."

그녀가 약간 경멸적으로 대답했다.

"입으로는 사랑한다 말하지만 행동으로 보여주지 않는 사람이죠."

"뭐라고? 당신 무슨 얘기를 하고 있는 거야?"

내가 믿을 수 없어 눈을 껌벅이자 그녀가 내 눈을 바라보았다.

"레스토랑에서 어쩌면 그렇게 눈치가 없을 수 있어요? 나는 애를 먹이고 챙기느라 정신이 없어서 음식도 제대로 못 먹었는데 당신은 부모님과 즐겁게 보낸 일만 생각하고 있군요. 전혀 도움이 안 되는 사람 같으니라고!"

그러더니 〈마이페어레이디〉의 여주인공 엘리자가 프레디에게 비난조로 부른 노래의 가사를 들려주었다.

"하늘에서 빛나는 별을 말하지 말아요. 나를 사랑한다면 그것을 증명해주세요!"

엘리자는 말을 원한 것이 아니라 행동으로 사랑을 보여주길 원했다. 내 아내 제리처럼 말이다. 아내의 입장에서 그날 저녁 시간을 생각해보니 정말 끔찍했다. 아내 말대로 내가 눈치가 없었다. 애 때문에 제대로 식사도 못하는 아내를 배려하고 세심하게 살폈어야 했다. 말은 물론 행동으로도 그녀에 대한 내 사랑을 분명히 보여줬어야 했다.

사람들은 당신의 말을 듣지 않는다. 당신의 발만 바라본다.

_작자 불명

행동은 모든 것을 앞선다

모든 관계에서 행동은 그 어떤 말보다 영향력이 크다. 아무리 사랑한다고 말할지라도 행동을 통해 그것을 보여주지 않으면 말은 의미를 잃고 만다. 승-승 협상을 원한다고 말하는 것은 어렵지 않지만 그 말이 진실임을 행동으로 보여주지 않으면 진실하지 못하다는 인상을 줄 것이다. 당신의 회사는 고객우선주의를 실천하겠다고 말할 수도 있고 직원을 가장 소중한 자산으로 여긴다고 할 수도 있다. 당신은 규칙을 따르고 비윤리적 행동을 하지 않을 것이며, 신뢰와 약속을 지키는 것은 물론 성과를 낼 거라고 말할 수 있다. 하지만 말만 앞세우고 실천하지 않는다면 신뢰를 쌓기는커녕 오히려 잃고 말 것이다.

물론 좋은 말은 필요하다. 좋은 말은 의도를 밝히고 행동을 예고하기 때문에 큰 희망을 줄 수 있다. 특히 그 말이 검증되면 신뢰가 쌓이고 때로 놀랄 만큼 큰 폭으로 신뢰가 높아지기도 한다. 그러나 행동이 따르지 않으면 혹은 행동이 말의 메시지와 일치하지 않으면 그 말은 신뢰를 떨어뜨리고 만다.

신뢰는 행동을 통해 쌓는 것이다.

_행크 폴슨, 골드만삭스 회장

이 장에서는 전 세계적으로 신뢰가 높은 리더들의 13가지 행동을 다룬다. 이러한 행동은 신뢰관계를 지배하는 원칙에 기초를 두고 있기 때문에 강력한 힘이 있으며 4가지 핵심 요소에서 나오고 실행 가능하다. 그리고 보편적이며 연구와 경험을 통해 입증되었다. 당신은 분명 이 가운데 일부 행동을 하고 있고 그에 따른 신뢰의 배당을 이미 받고 있을 것이다. 반대로 하지 않는 행동도 있을 것이며 이에 대해 신뢰의 세금을 내고 있을 것이다.

당신은 앞으로 13가지 행동을 탐구하면서 당신에게 가장 크게 변화를 일으킨다고 생각하는 행동을 선택할 수 있다. 그러면 각 행동을 살펴보기 전에 이들 행동을 이해하고 구체적인 상황에 적용하는 데 도움이 되는 중요한 개념을 간단히 검토해보자.

충분히 바꿀 수 있다

어떤 사람은 행동을 바꿀 수 없다고 말하지만 행동은 바뀔 수 있고 실제로 바뀐다는 것을 보여주는 분명한 증거가 있다. 그리고 그러한 행동 변화는 놀랄 만한 결과를 낳는다. 안와르 사다트는 반(反)이스라엘 행동을 극적으로 바꿔 오랫동안 적대적이던 이집트와 이스라엘을 평화 협상 테이블에 앉게 했다. 넬슨 만델라는 한때 아프리카민족회의ANC 무장 세력을 이끌다가 나중에는 비폭력, 용서, 화해의 정신으로 전환기의 남아공을 성공적으로 이끌었다. 그밖에 부모의 나쁜 행동을 자식에게 물려주길 거부하고 학대의 세습을 사랑의 유산으로 전환한 많은 부모를 보라. 재활 프로그램을 성공적으로 마친 알코올과 약물중독자들은 또 어떠한가?

당신의 삶을 생각해보라. 행동을 바꾸겠다고 결심하고 성공한 적이 있는가? 행동을 바꾸는 사람과 그렇지 못하는 사람의 차이는 강력한 목적의식에 있다. 그 목적이 신뢰를 구축하는 동시에 성과를 얻는 것일 때 신뢰 구축 행동은 생산적이고 만족스러운 관계와 더욱 긴밀한 협력, 공유된 성공, 즐거움을 누리게 해준다.

최근에는 패러다임 전환의 중요성이 크게 강조되고 있다. 패러다임 전환이란 세상을 보고 생각하는 방식을 바꾸는 것으로 행동의 근본적인 변화를 낳는다. 이 책이 당신에게 신뢰에 대한 패러다임의 전환이 일어나는 계기가 되기를 바란다. 나아가 근본적인 행동 전환의 계기가 될 수 있기를 기대한다. 행동 전환이란 세상을 보고 생각하는 방식을 실질적으로 바꿔놓는 행동의 변화를 의미한다.

나는 조지 크레인George Crane 박사에게 들은 한 여성의 이야기를 좋아한다.

어느 날 한 여성이 크레인 박사의 사무실을 찾아왔다. 그녀는 남편에게 너무 화가 나서 이혼하는 것으로도 모자라 고통을 주고 싶다고 말했다. 그때 크레인 박사가 그녀에게 말했다.

"집에 돌아가 마치 남편을 정말로 사랑하는 것처럼 행동하십시오. 진심으로 사랑한다고 말하십시오. 남편의 모든 장점을 칭찬해주십시오. 가능한 친절하고 관대하게 대하고 배려하십시오. 뭐든 남편이 즐거워하는 것을 해주십시오. 남편이 당신을 사랑한다는 것을 믿게 하십시오. 당신의 영원한 사랑과 당신이 남편 없이는 살 수 없다는 것을 확신시킨 후에 폭탄선언을 하십시오. 이혼하겠다는 말을 하십시오. 그러면 남편은 정말로 큰 상처를 입을 겁니다."

그 여성은 그것이 훌륭한 계획이라고 생각해 그날부터 남편을 진심으로 열렬하게 사랑한다는 확신을 주기 시작했다. 그녀는 남편에게 그런 믿음을 주기 위해 가능한 모든 일을 했다. 몇 달이 지난 후 갑자기 자신이 정말로 그를 사랑한다는 것을 깨닫고 깜짝 놀랐다. 그녀는 사랑하는 것처럼 행동함으로써 정말로 사랑하게 된 것이다.

이 이야기가 주는 교훈을 생각해보라. 만일 당신이 관심을 보이고 있지 않지만 그럴 뜻이 있다면 그렇게 행동하라. 정직하지 않지만 정직한 사람이 될 뜻이 있다면 정직하게 행동하라. 관심을 보이고 정직한 행동을 하라. 그렇게 하면 시간은 좀 걸리겠지만 당신이 원하는 사람으로 거듭날 수 있다.

신뢰를 쌓는 계좌

신뢰를 쌓으려 노력할 때 당신의 노력을 가시화, 정량화하는 좋은 방법은 신뢰계좌를 만드는 것이다. 이것은《성공하는 사람들의 7가지 습관》에서 소개한 '감정은행계좌'와 비슷하다. 신뢰를 쌓는 행동을 할 때 입금액이 늘어나고 신뢰를 떨어뜨리는 행동을 하면 인출액이 늘어난다. 그리고 계좌 잔고는 주어진 시점에서 그 관계의 신뢰 정도를 나타난다.

신뢰계좌 개념의 가장 큰 장점은 신뢰에 대해 이야기할 수 있는 수단이 생긴다는 것이다. 신뢰계좌는 여러 가지 중요한 현실에 대한 인식을 도와준다는 점에서도 가치가 있다.

신뢰계좌는 모두 특별하다. 내 경우 세 살 된 딸아이의 신뢰계좌와 열아홉 살짜리 아들의 신뢰계좌에는 큰 차이가 있다. 딸아이는 나를 묵시적으로 신뢰하지만 아들은 항상 마크 트웨인의 말을 떠올리게 한다.

"내가 열네 살이었을 때 아버지는 너무 무식해서 그 노인이 곁에 있는 것을 참을 수가 없었다. 하지만 스물한 살이 되었을 때, 그 노인이 7년 만에 몰라보게 유식해진 것을 보고 깜짝 놀랐다."

이처럼 특별함을 인식하는 것은 각 계좌의 잔고를 보다 효과적으로 늘리는 데 도움이 된다.

예입과 인출이 항상 같은 규모로 이뤄지는 것은 아니다. 작은 것이 의외로 큰 힘을 발휘할 때가 많다. 허리케인 카트리나가 미국 남동해안을 강타할 때, 동료 한 사람이 섬에 사는 고객에게 걱정을 담은 간단한 이메일을 보냈다. 그는 이메일에서 무사하기를 바라고 자신이 그녀를 위해 기도하고 있으며 다시 만나 대화를 나누고 싶다고 말했다. 나중에 그 고객이 말했다.

"가족을 제외하고 나를 걱정해준 유일한 이메일이었어요. 내게 큰 의미가 있었죠. 고맙습니다."

반면 가족의 생일을 잊거나 고맙다는 말을 하지 않을 때, 혹은 다른 작은 호의나 행동을 소홀히 할 때 큰 인출이 일어날 수 있다.

무엇이 예입인지는 사람에 따라 다를 수 있다. 당신이 비즈니스 파트너인 나와 저녁식사를 함께할 때 나는 그것을 예입이라고 생각할 수 있지만 당신에게는 인출이 될 수도 있다. 당신은 비즈니스 파트너와 식사하는 것을 좋아하지 않거나 다이어트 중이거나 집에서 쉬고 싶었지만 내게 무례를 범하기 싫어 의무적으로 참석했을 수도 있다. 또한 나는 당신의 선행을 공개적으로 인정하는 것이 예입이라고 생각할 수 있다. 반면 당신에게 그것은 인출이 될 수 있다. 특히 당신이 익명의 선행을 원했다면 그것은 큰 인출이 된다. 따라서 신뢰를 쌓으려고 할 때는 상대방에게 무엇이 예입인지 아는 것이 중요하다.

인출은 대개 예입보다 크게 일어난다. 워런 버핏은 우리가 늘 기억해야 할 명언을 들려주었다.

"명성을 쌓는 데는 20년이 걸리지만 그 명성을 까먹는 데는 5분밖에 걸리지 않는다."

일반적으로 인출은 예입보다 10배, 20배, 심지어 100배 이상 빨리 이뤄질 수 있다. 어떤 인출은 너무 심각해 단 한 번의 행동으로 당신의 계좌를 완전히 비워버릴 수도 있다. 신뢰는 한 번에 한 방울씩(예입) 모여 물이 가득 찬 커다란 양동이와 같다는 비유를 들은 적이 있다. 그러나 인출(대규모 인출)은 양동이를 걷어차는 것과 같다. 쉽게 말해 단 한 번의 행동으로 그동안 쌓은 모든 신뢰를 날려버릴 수 있다는 얘기다. 잊지 말아야 할 것은 양동이를 걷어차는 것은 현명하지 못하다는 사실이다. 실수는 할 수 있지만(누구나 실수를 한다) 신뢰를 한꺼번에 잃는 실수를 해서는 안 되며, 신뢰를 얼마나 잃었든 다시 신뢰를 쌓고 회복하려 노력해야 한다.

때로는 인출을 중단하는 것이 신뢰를 쌓는 가장 빠른 방법이 될 수 있다. 내가 코비리더십센터를 흑자로 전환시키는 임무를 맡았을 때 회사는 5개 사업 가운데 4개가 수익을 내고 있었다. 다섯 번째 사업은 20퍼센트의 시간을 투자했지만 수입의 2퍼센트밖에 성과가 없어 오히려 돈을 까먹고 있었다. 그때 나는 전체 수익을 개선하는 가장 빠른 방법은 다른 4개 사업 개선에 집중하는 것이 아니라 다섯 번째 사업을 정리하는 것이라고 생각했다. 그래서 일부 리더가 그 사업을 원했음에도 사업을 매각했다. 그 사업의 매각은 회사의 흑자 전환과 은행 및 다른 관련 기관의 신뢰 회복에 큰 도움이 되었다.

이 경험에서 알 수 있듯 성과 수준을 높이려면 추진력을 강화하는 것은 물론 제약 요소도 제거해야 한다. 그렇지 않으면 한쪽 발로는 액셀을 밟고 다른 발로는 브레이크를 밟고 운전하는 것처럼 앞으로 나아갈 수 없다. 때론 브레이크에서 발을 떼는 것이 성과를 얻는 가장 빠른 방법이다.

모든 관계에는 각각 2개의 신뢰계좌가 있음을 인식하라. 한 관계에서 당신이 인식하는 신뢰의 정도와 상대방이 인식하는 크기는 다를 수 있다. 일반적으로 어떤 관계든 2개의 신뢰계좌 측면에서 생각하고 양쪽 계정의 조화를 의식하려 노력하는 것이 현명하다. 나는 종종 사람들의 머리 위에 신뢰 수준 막대 표시가 뜨면 도움이 될 거라는 생각을 한다. 휴대전화 수신 신호 크기에 따라 오르락내리락하는 막대 표시처럼 말이다. 그 막대 표시는 각각의 접촉에서 예입과 인출, 그리고 그 결과 잔고가 어떻게 되는지를 보여줄 것이다. 하지만 그런 그래픽의 도움을 받을 수 없으므로 상대방에게 무엇이 예입이 되고 또한 무엇이 인출이 되는지 파악하려 노력하고 항상 신뢰를 구축하는 행동을 하는 것이 최선이다.

사실이란 것은 없다. 오직 해석만 있을 뿐이다.

_니체

행동에 옮기기 전에 알아야 할 점

이제 13가지 행동으로 넘어가면서 행동의 이해와 실행에 도움이 되는 몇 가지 사항을 지적하고자 한다.

첫째, 13가지 행동은 성품과 역량을 함께 요구한다. 처음 5개의 행동은 성품, 그 다음 5개의 행동은 역량에서 나오며 나머지 3개의 행동은 성품과 역량의 결합에서 나온다. 이 점은 매우 중요하다. 신뢰를 떨어뜨리는 가장 빠른 방법은 성품에서 나온 행동을 위반하는 것이고, 신뢰를 높이는 가장 빠른 방법은 역량에서 나온 행동을 보여주는 것이기 때문이다.

둘째, 우리는 이들 행동을 극단적으로 할 수도 있다. 하지만 아무리 강점이라도 극단으로 가면 약점이 될 수 있다. 다음의 그림을 염두에 두면 도움이 될 것이다. 나는 4가지 핵심 요소를 사용하고 판단력을 강화해 각 행동에 대한 곡선에서 최상 성과 발생점 내에 들 수 있는 구체적인 방법을 지적하고 싶다.

셋째, 13가지 행동은 서로 균형을 만들어낸다. 예를 들어 '솔직하게 말하라'는 '상대방을 존중하라'와 조화를 이뤄야 한다. 다시 말해 다른 사람의 가치나 생각, 감정을 무시하면서까지 솔직하게 말할 필요는 없다.

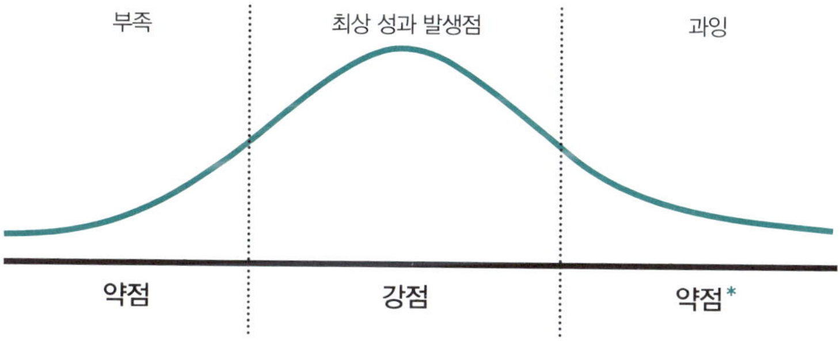

* 어떤 강점이든 극단으로 가면 약점이 될 수 있다.

넷째, 각 행동에는 그 행동의 기초가 되는 원칙이 있다. 여기서는 각 행동의 반대되는 행동과 가짜 행동도 언급한다. 신뢰 인출이 가장 큰 것이 바로 반대되는 행동과 가짜 행동(본인은 종종 알지 못한다)이다.

다섯째, 각 장의 끝에서 몇 가지 유용한 팁을 알려준다. 이 팁에는 적정범위 내에 들기 위해 4가지 핵심 요소를 강화하는 개념과 행동 적용 방법에 대한 조언이 포함된다. 행동 자체는 실제로 해야 하는 것이고 유용한 팁은 다음 단계의 사고를 도와주기 위한 것이라는 점을 기억하라.

구체적인 관계 속에서 생각하라

한번은 내가 강연을 마쳤을 때 한 남자가 눈물을 흘리며 나를 찾아왔다.

"이 강연을 10년 전에 들었으면 얼마나 좋았을까요? 명성을 쌓는 데는 20년이 걸리지만 그 명성을 까먹는 데는 5분밖에 걸리지 않는다는 워런 버핏의 말이 맞습니다. 그동안 아내와의 사이에 쌓은 내 신뢰는 단 5분 만에 완전히 무너졌습니다. 그 이후에는 전쟁의 연속이었죠."

그 남자의 경우처럼 신뢰계좌에서의 인출이 너무 크고 고통이 심해 신뢰가 회복될 수 없는 상황도 있다. 그렇게 되면 사실상 신뢰계좌는 폐쇄된다. 그런데 내가 볼 때 사람들은 친구관계나 가족관계에서 너무 성급하게 판단하는 것 같다. 나는 사람들이 도저히 가능해 보이지 않는 상황에서도 진지하고 성실하게 신뢰 회복을 위해 노력해 기적을 이룬 경우를 여러 번 보았다. 때론 오랜 시간이 걸리기도 하지만 사람들이 생각하는 것보다 빨리 신뢰가 회복되는 경우도 많다. 어떤 경우에는 비온 뒤에 땅이 굳어지듯 다시 쌓은 신뢰가 이전보다 더 단단해지기도 한다.

나는 이 섹션에서 개인적인 의미가 보다 깊어지도록 현재 신뢰계좌의 잔고가 적은 직장생활과 개인생활의 구체적인 관계 속에서 생각해볼 것을 권한다. 당신은 이 두 관계에서 신뢰를 높여 업무적으로 훨씬 더 좋은 성과를 얻고, 개인적으로 보다 큰 행복을 찾을 수 있어야 한다.

이 섹션의 끝에서 나는 당신에게 가장 큰 변화를 가져올 두세 가지 행동을 확인하고 변화를 위한 실행 계획을 세울 기회를 주겠다.

지금까지 세상에서 가장 가치 있고 영속적인 유일한 관계는 한 사람이 다른 사람을 신뢰할 수 있는 관계였다.

_사무엘 스마일스Samuel Smiles, 영국 저술가

신뢰를 쌓는 행동을 생각할 때, 누구를 접촉하든 그 순간이 곧 신뢰의 순간moment of trust임을 명심하라. 그 순간 당신의 행동 방식이 신뢰를 높이거나 떨어뜨릴 것이다. 그 순간에 높은 파급 효과가 나타나는 것이다. 당신이 가족 한 명을 대하는 태도는 다른 가족에게 알려진다. 당신이 한 부하직원을 대하는 태도는 다른 부하직원에게 전달된다. 당신이 고객을 대하는 태도는 다른 고객이 관찰한다. 결국 하나하나의 행동이 기업의 전설을 만들게 된다. 이것이 바로 파급 효과이다. 다시 한 번 마피아의 신조를 긍정적으로 비틀어 이렇게 말할 수 있다.

"한 사람에게 신뢰를 쌓는 행동을 하면 수많은 사람에게 신뢰를 쌓을 수 있다."

2장

행동 1
솔직하게 말하라

내가 대하기 어려운 사람은
정보를 모두 주지 않는 사람들이다.
그들은 고의적으로
이야기의 특정 부분을 빼놓고 보고해
사실을 왜곡한다.

_셜리 라자러스Shelley Lazarus,
오길비 & 마더Ogilvy & Mather 전 회장

언젠가 나는 어떤 결정이 내려진 뒤 그것이 옳거나 틀린 것으로 판명될 때까지 자신의 입장을 말하지 않는 사람과 함께 일한 적이 있다. 나는 그가 어떤 입장인지 도무지 알 수가 없었다. 하지만 결정이 옳은 것으로 판명되면 그는 마치 우승마를 탄 듯 그것이 처음부터 자신의 의견이었다고 신나게 떠들어댔다.

한번은 이사회에서 대단히 중요한 제안이 나왔다. 나는 그 제안이 독이 될 수도 있고 약이 될 수도 있다고 생각했다. 자기 입장을 분명히 밝히지 않던 그 사람은 이번에도 모호한 태도를 보였다. 나는 그의 기회주의적인 태도가 마음에 들지 않아 어느 쪽인지 공식적으로 밝히도록 하고 싶었다. 그날 밤 나는 그의 집을 찾아가 대화를 나눴고, 그때 그는 내가 그 제안에 반대하는 것으로 받아들였다. 그래서 그런지 어떤 입장이냐고 묻자 절대 반대한다고 말했다. 다음날 나는 이사들 앞에서 그에게 물었다.

"어제의 미팅에서 이 문제에 대해 입장을 분명하게 밝히지 않았는데, 이제 당신의 의견을 말해주시겠습니까?"

그 회의에는 어제와 달리 회장이 참석했고 그는 회장이 그 제안에 찬성하는 것으로 알고 있었기 때문에 전날 밤 나에게 말했던 것과 반대되는 태도를 보였다. 나는 화가 나서 그에게 말했다.

"어젯밤 내게 한 얘기와는 완전히 다르군요. 이 제안에 반대한다고 솔직하게 말했잖아요."

그는 헛기침을 하고 더듬거리며 말했다.

"아, 그것이…… 그때는 그렇게 생각했는데……"

그는 회피성 발언을 하거나 핵심 인사의 마음에 드는 말을 하는 데 선수였다.

오직 진실만을 전달하라

개인생활과 직장생활에서 사람들이 자기 생각을 솔직하게 있는 그대로 말했으면 좋겠다고 생각했던 적이 있는가?

그들이 솔직하지 않았을 때, 그들에 대한 신뢰는 어땠는가?

그들이 솔직했을 때, 그들에 대한 신뢰는 어떻게 되었는가?

'솔직하게 말하라'는 정직성을 행동으로 보이는 것이다. 이는 성실성, 정직성, 솔직성의 원칙에 기초를 두고 있으며 진실을 말하고 말뜻을 제대로 전달하는 것을 의미한다. 간혹 진실을 말하고도 말뜻을 잘못 전달할 수도 있다. 말뜻을 제대로 전달한다는 것은 오해가 없도록 분명하게 말한다는 것을 의미한다.

> 우리의 말은 진실이다. 기술적으로만 옳은 것이 아니라 실용성의 측면에서도 옳다.
>
> _ 델의 행동강령

내가 알고 있는 어느 상장기업 사장은 솔직하게 말할 줄 아는 사람이다. 그는 성과가 낮고 자리를 유지하는 것이 어려운 사람에게 공식적으로 피드백을 줄 때 항상 분명하게 말한다.

"당신이 해야 할 일이 있습니다. 만약 그 일을 하지 않으면 당신은 해고될 겁니다."

그는 가벼운 질책이나 다른 사업부로 발령받는 일은 아예 기대하지 못하게 만든다. 따라서 직원들은 성과를 내지 못하면 해고될 거라는 점을 분명히 알고 있다. '해고'라는 말은 듣기도 곤란하고 드러내놓고 말하기도 어렵다. 하지만 솔직하게 말하는 것이 불필요한 오해를 낳는 것보다 낫다.

워런 버핏 역시 솔직하게 말하는 타입이다. 그는 매년 회사의 연례보고서에 첨부되는 경영자 편지에 사실을 있는 그대로 설명한다. 예를 들면 이런 식이다.

- 나는 몇 번 이런 거래를 했습니다. 그리고 내 행동은 결국 회사에 손해를 불러왔습니다.

- 나는 지난해 그 일을 성공하지 못했습니다. 우리가 이미 확보한 수익원 외에 새로 굵직한 수익원을 추가하기 위해 수십억 달러 규모의 기업을 여러 개 인수하려 했지만 실패하고 말았습니다.
- 그 사업을 매각하고자 했지만 상황에 정면 대응하지 못해 몇 년을 그냥 흘려보내고 말았습니다. 이처럼 지체된 것은 내 잘못입니다.

이와 대조적으로 회사가 가능한 좋아보이도록 연례보고서 내용을 각색하는 경우도 상당히 많다. 예를 들어 '2005년은 우리에게 도전의 해였습니다'라는 말로 시작할 경우, 그해에 회사 실적이 신통치 않았음을 알 수 있지만 마치 돼지에게 화장을 시키듯 그럴 듯한 말로 현실을 왜곡하는 것이다. 하지만 버핏은 솔직하게 돼지를 돼지라고 불렀다.

역사 속에서 솔직히 말하는 리더를 한 명 꼽으라고 한다면 나는 단연 에이브러햄 링컨을 추천하고 싶다. 그는 심지어 과거의 정적들에게도 신뢰를 보냈던 전설적인 인물이다. 그가 신뢰를 얻게 된 데는 여러 가지 이유가 있지만 결정적인 특징은 소통 방법에 있다. 그는 종종 직설적이라는 평을 받았는데, 이는 솔직하게 말하는 방식의 또 다른 형태라고 할 수 있다. 물론 그에게 반대하는 사람도 있었으나 그가 일구이언(一口二言)한다고 보는 사람은 아무도 없었다. 링컨의 성품은 그가 정적에게 '링컨은 두 얼굴을 가진 사람'이라는 말을 들었을 때 재치 있게 받아친 한마디로도 충분히 알 수 있다.

"내가 두 얼굴을 가졌다면 오늘처럼 중요한 자리에 이 못생긴 얼굴로 나왔을까요?"

솔직함과 반대로 거짓말을 하거나 속이는 행동은 즉시, 혹은 나중에 거짓임이 드러났을 때 엄청난 세금을 만들어낸다. 1970년대 초의 워터게이트 사건은 거짓말과 속임수, 은폐 시도가 어떤 결과를 가져오는지 똑똑히 보여준다. 거짓말을 하면 신뢰가 파괴되고 더 이상 아무도 믿는 사람이 없으면 인생이 어떻게 될지는 불을 보듯 뻔하다.

> 나를 화나게 하는 것은 당신이 내게 거짓말하는 것이 아니라, 내가 당신을 더 이상 믿을 수 없다는 것이다.
>
> _니체

사람들은 대개 노골적으로 거짓말을 하진 않는다. 최소한 뻔뻔하지는 않다는 얘기다. 대신 솔직히 말하는 척 가짜 행동을 한다. 가짜 행동에는 에둘러 말하기, 정보 숨기기, 한 입으로 두 말하기, 아첨, 선전, 시늉만 하기 등이 포함된다. 그중 으뜸은 다른 사람의 생각, 감정, 행동을 조작 및 왜곡하는 것이다. 또 다른 가짜 행동은 진실을 말하되 말뜻을 잘못 전달하는 것이다. 겉으로 점잔을 빼면서 쓸데없이 자세히 말하는 것이 여기에 해당한다. 이 모든 행동은 늘 신뢰를 떨어뜨린다.

왜곡의 사이클

2005년 머서 경영컨설팅Mercer Management Consulting의 한 연구에 따르면, 상사가 솔직하게 말한다고 믿는 부하직원은 40퍼센트에 불과하다고 한다. 직원 열 명 중 여섯 명이 상사가 정직하게 말하지 않는다고 생각한다는 뜻이다. 이러한 부정직성은 속도와 비용에 어떤 영향을 미칠까?

많은 조직에서 사람들이 솔직하지 못하고 왜곡해서 말하는 바람에 왜곡 세금을 만들어낸다. 이는 그토록 많은 조직이 신뢰가 낮은 주요 이유 중 하나이다. 사람들은 리더로부터 왜곡된 말을 들을 때 믿지 않고 오히려 냉소를 보낸다. 물론 정치인의 반복되는 왜곡에도 같은 반응을 보인다. 그러다가 대량해고, 구조조정, 합병 같은 힘든 변화를 맞으면 사람들은 최고경영진의 말이나 행동을 좋은 쪽으로 해석하지 않는다. 세금이 매겨지는 것이다.

때론 조직 전체가 사실을 왜곡하거나 솔직하게 말하는 시늉만 하면서 왜곡의 하향 사이클에 빠지기도 한다. 이는 신뢰를 떨어뜨리는 것은 물론 정보를 감추는 데 따른 추가적인 보류 세금을 만들어낸다. 이 때문에 기업에서는 종종 의도치 않게 세 종류의 미팅이 열리게 된다. 본 미팅을 준비하기 위한 사전 미팅은 이해할 만하다. 문제는 본 미팅에서 사실을 왜곡하고 정보를 감추느라 실제 문제를 토론하지 못하는 바람에 사후 미팅이 생기게 된다는 데 있다. 아이러니하게도 사후 미팅에서는 실제로 토의가 이뤄지고 문제가 공개된다.

한 조직이 사실 왜곡과 정보 감추기의 하향 사이클에 빠졌을 때,

솔직하게 말하려면 대단한 용기가 필요하다. 안데르센의 동화 〈벌거벗은 임금님〉의 이야기를 기억하는가? 한 임금이 바보나 자격이 없는 사람들의 눈에는 보이지 않는 마법의 옷을 만들 수 있다고 주장하는 두 명의 사기꾼에게 속아 넘어갔다. 그때 임금을 포함해 옷을 보러온 모든 사람이 바보나 자격이 없는 사람이라는 말을 듣기 싫어 있지도 않은 옷을 두고 훌륭한 옷이라고 칭송했다. 마침내 임금이 그 옷을 입고 행차했을 때 길가에 늘어선 사람들도 모두 감탄하기 시작했다. 그런데 한 소년이 용감하게 말했다.

"임금님이 벌거숭이네!"

그러자 왜곡과 아첨을 하던 사람들은 진실을 깨닫고 모두들 외치기 시작했다.

"임금님은 벌거숭이다!"

사람들이 왜곡의 사이클을 중단하고 솔직하게 말하는 용기를 발휘할 때 놀라운 일이 벌어진다. 소통이 분명해지고 미팅 횟수가 줄어들며 요점만 토의하게 되는 것이다. 더불어 신뢰가 높아지고 업무 속도가 빨라지며 비용은 줄어든다.

솔직담백함에도 센스가 필요하다

다른 모든 행동과 마찬가지로 솔직하게 말하는 것도 극단적인 경우가 있다. 내가 아는 어떤 리더는 솔직하게 말한다는 명분을 내세워 가혹하고 무자비한 소통을 정당화했다. 그는 자신의 방법이 다른 사람과 신뢰에 부정적인 영향을 미친다는 사실을 알지 못했다. 어쩌면 알고 있으면서도 강행했을지 모른다. 어떤 경우든 그의 지나친 솔직함은 큰 약점이 되었다.

대부분의 상황에서 솔직하게 말하는 것은 신뢰를 쌓는 데 도움이 되지만 기술, 센스, 적절한 판단으로 조절할 필요가 있다. 나는 경험을 통해 그 사실을 배웠다. 언젠가 가족과 함께 해변으로 놀러 갔을 때의 일이다. 내가 수영을 하려고 상의를 벗자 세 살 된 딸이 나를 보고 소리쳤다.

"우와, 아빠. 배가 무지 크네!"

정말 어떠한 센스나 배려하는 마음도 가미되지 않은 솔직한 말이었다. 덕분에 나는 충격을 먹었지만 말이다.

이런 간단한 예를 통해 우리는 행동은 서로 조화를 이뤄야 하며 4가지 핵심 요소가 판단력을 제공해 행동이 최상 성과 발생점의 범위에 들게 한다는 것을 확인할 수 있다. 용기(성실성)가 상호 이익 추구라는 의제(의도), 상황을 직접 대할 수 있는 능력(능력), 신뢰 구축에 대한 집중(성과)과 결합할 때 솔직하게 말할 수 있는 분별력이 생긴다.

가정에서 솔직하게 말하기

솔직하게 말하는 것은 조직은 물론 개인관계와 가족관계에서도 중요하다. 그런 관계에서는 무엇보다 자신의 의도를 밝히고 토의를 시작하는 것이 유익하다. 특히 서로 말하거나 듣기 곤란한 말이 있을 때 더욱 그렇다. 예를 들어 가정에서는 다음과 같이 솔직하게 말할 수 있다.

- 부모는 약물 남용, 친구 선택, 성(性) 같은 어려운 문제를 다룰 때도 아이에게 솔직히 말하는 것은 물론 확실하게 가르쳐주고 도움을 준다.
- 부부는 아이 벌주기, 인척, 돈 같은 어려운 문제를 다룰 때, 자신의 생각과 감정을 서로에게 분명히 밝히고 승-승 해결 방안을 찾기 위해 노력한다.
- 가족 구성원은 무시당하고 희생되었다고 생각하거나 무례 혹은 무관심하다고 비난하지 말고 "이거 내가 한 건데 좀 봐줘"라고 말한다.

솔직하게 말하는 것이 가장 중요한 사람과의 관계에서 어떤 변화를 만들 수 있는지 생각해보라.

솔직함의 곡선

솔직하게 말하기의 분포 곡선에서 왼쪽으로 치우친 행동, 즉 별로 솔직하게 말하지 않는 것은 성실성 문제(용기 부족), 의도 문제(자기 중심적 의제), 능력 문제(언어 능력이나 대인관계 기술 부족 등), 성과 문제(신뢰를 쌓는 결과에 집중하지 못함)로 인해 일어날 수 있다. 곡선의 왼쪽 행동은 신뢰의 순간을 제대로 활용하지 못하는 것이다.

오른쪽의 과도한 행동 역시 신뢰의 순간을 제대로 활용하지 못한다. 〈솔직담백함에도 센스가 필요하다〉의 사례에서 말한 것이 여기에 해당한다. 또한 솔직히 말한다는 명분을 내걸고 뒤에서 다른 사람을 끊임없이 험담하고 무시하는 사람도 포함된다. 이런 과도한 행동은 4가지 핵심 요소 문제, 다시 말해 겸손 부족(성실성)이나 관심 부족(의도), 혹은 억압적 스타일(능력), 결과에 둔감한 것(성과)이 반영되어 나타난 것이다.

신뢰의 효과를 극대화하는 열쇠는 각 행동이 4가지 핵심 요소와 연결되도록 하는 데 있다. 이러한 연결은 행동 적용에 대한 판단력을 극대화하고 신뢰관계를 지배하는 원칙과 일치되는 행동을 보장한다. 이에 따라 가장 큰 신뢰의 배당을 만들어내는 동시에 신뢰의 세금을 피할 수 있을 것이다.

다음은 솔직하게 말하는 능력을 향상시켜 주는 몇 가지 조언이다.

- **자신에게 질문하라.** 내가 솔직히 말하는 것을 가로막는 것은 무엇인가? 결과에 대한 두려움인가? 고통의 두려움인가? 틀릴 수 있다는 두려움인가? 다른 사람의 감정을 다치게 할 수 있다는 두려움인가? 인기를 얻고 싶은 마음인가? 용기 부족인가? 사람들이 솔직히 말하지 않는 환경에서 살거나 일하고 있어서 그런가? 정직하고 솔직한 것의 배당과 그렇지 않을 때의 비용을 확인하라. 그 다음에 자신의 4가지 핵심 요소와 솔직히 말할 수 있는 능력

을 강화하기 위해 노력하라.

- **자신의 대화를 살펴보라.** 대화 중에 잠시 멈춰 자신에게 물어보라. 나는 솔직히 말하고 있는가, 아니면 왜곡하고 있는가? 만일 왜곡하고 있다면 그 이유를 찾아보고 자신이 그에 대한 세금을 내고 있음을 인식해 성실성과 의도를 개선하기 위해 노력하라.
- **요점을 신속하게 말하는 법을 배워라.** 긴 서언과 지나치게 많은 내용 전달을 피하라. 대부분의 경우 간결한 요점이 지루한 설명보다 효과가 뛰어나다는 사실을 인식하라. 법조계에는 "설명하면 이미 지고 있는 것이다"라는 말이 있다. 솔직히 말하는 것을 개인적인 규율로 삼을 때, 정확한 언어를 경제적으로 사용해야 왜곡을 막을 수 있다.

모든 행동에 해당하는 것은 아니지만 한 가지 추가할 조언이 있다. 이것을 기억해두면 분명 도움이 될 것이다.

- **다른 사람을 참여시켜라.** 그리고 그들에게 말하라. "나는 다른 사람과 대화할 때 솔직히 말하는 능력을 기르고 싶습니다. 내가 당신과의 대화에서 어떻게 하고 있는지 알 수 있도록 피드백을 줄 수 있겠습니까?"

다른 사람을 참여시키면 두 가지 이점이 있다.

첫째, 당신의 행동이 보다 쉽게 변화할 수 있다. 성장하고 발전하고자 할 때 다른 사람의 도움을 받으면 변화를 가로막는 문화를 촉진하는 문화로 바꿀 수 있다.

둘째, 당신의 현재 상황과 진행 상황을 보다 정확하게 알 수 있다. 우리는 우리의 행동을 보기 어렵지만 다른 사람은 볼 수 있다. 사람에겐 누구나 맹점이 있고 피드백은 이러한 맹점을 볼 수 있게 해준다.

그러나 다른 사람을 참여시키기로 했다면 그들의 기대 수준이 더욱 높아질 거라는 점을 알아야 한다. 만약 당신이 그들의 기대에 부응하지 못하면 분명 인출이 일어날 것이다. 반대로 기대를 충족시키면 신뢰를 쌓을 수 있다.

| 요약 | 행동 1- 솔직하게 말하라

정직하라. 진실을 말하라. 사람들이 당신의 입장을 알게 하라. 간단하게 말하라. 사실을 있는 그대로 말하라. 성실성을 보여줘라. 사람들을 조종하거나 사실을 왜곡하지 마라. 진실을 왜곡하지 마라. 말뜻을 잘못 이해하게 하지 마라.

3장

행동 2
상대방을 존중하라

우리는 자신을 도와주지 않거나
자신에게 상처를 주는 사람을
대하는 태도를 보고
그 사람의 성품을 판단할 수 있다.

_ 작자 불명

시노버스파이낸셜Synovus Financial은 〈포천〉이 선정한 '미국에서 일하기 좋은 100대 기업' 가운데 하나이다. 그 회사는 이 리스트에 오른 이후 한 번도 탈락한 적이 없으며 1999년에는 1위에 오르기도 했다. 회장 제임스 블랜차드James Blanchard는 그 회사가 시장에서 성공하고 일하기 좋은 기업이 될 수 있었던 주요 이유를 말해주었다.

> 정상에서 두각을 나타내는 기업은 대개 목표를 달성하고 때론 초과달성한다. 나아가 그들은 비전과 꿈을 실현하며 항상 기대를 넘어선다. …… 튼튼하고 활력이 넘치며 열정적이고 지속적으로 성공하는 조직에는 어떤 비결이 있는 듯하다. 아니, 정상에 우뚝 선 극소수의 기업에게는 한 가지 공통점이 있다. 솔직히 우린 그것을 배웠고 컨설팅을 받았으며 그 공식을 발견하기 위해 할 수 있는 모든 것을 했다. 그런 다음 이렇게 말했다.

"우리는 영속적으로 성공하는 극소수의 선택받은 그룹 중 하나가 될 것이다."

그 비결, 단서, 공통점은 바로 사람들을 대하는 방식에 있다. 당신은 동료, 팀원, 고객, 규제 당국, 일반 대중, 청중, 지역사회를 어떻게 대하는가? 개인의 가치를 중요하게 생각하는가? 인적 요소를 연례보고서에서 하는 의례적인 말이 아니라 실제로 중요하게 대하는가? 바로 여기에 그 비결이 있다.

행동 2는 상대방을 존중하는 것이다. 이 행동에는 2가지 차원이 있다. 첫째는 기본적인 존중심을 보이는 것이고 둘째는 관심을 보이는 것이다. 많은 문화권, 특히 동양 문화권에서는 이 행동을 훌륭한 가정교육의 증거로써 중요하게 다루고 있다. 이에 따라 서양 사람들의 무관심한 태도는 이들에게 불쾌하거나 무례한 것으로 받아들여진다. 오늘날처럼 글로벌 경제에서 신뢰를 쌓을 때는 이러한 문화적 차이를 이해하는 것이 대단히 중요하다.

존중심을 보이는 행동은 존중, 공정함, 친절, 사랑, 정중함 같은 원칙에 기초를 두고 있다. 그러나 지배적인 원칙은 개인의 고유한 가치이다. 인류의 일원으로서 각 개인의 가치는 가장 중요한 원칙으로, 이것은 전 세계 거의 모든 문화권과 종교가 인정하는 황금률이다. 다음의 예를 생각해보라.

- 기독교: "네가 대접받고 싶은 대로 다른 사람을 대접하라."
- 유대교: "네가 싫어하는 일을 누구에게도 시키지 마라."

- 이슬람교: "너희 가운데 누구도 자신이 좋아하는 것을 형제를 위해 좋아할 때까지는 신을 섬길 수 없다."
- 힌두교: "이웃이 당신에게 하지 않았으면 하는 일을 이웃에게 하지 마라."
- 불교: "너를 아프게 하는 것으로 다른 사람을 아프게 하지 마라."
- 시크교: "네가 대접받고 싶은 대로 다른 사람을 대접하라."
- 유교: "네가 원하지 않는 일을 다른 사람에게 행하지 마라."
- 아리스토텔레스: "친구가 나에게 해주었으면 좋겠다고 생각하는 방식으로 친구를 대하라."
- 플라톤: "내가 대접받고 싶은 대로 다른 사람을 대할 수 있기를."

반대로 존중심을 보이지 않는 행동은 일반적으로 무례함으로 나타나며 직장과 가정에서 큰 문제가 된다. 여기에는 실제로 관심이 없거나 관심을 보이는 방법을 모르거나 관심을 보일 시간이 없어 관심을 보이지 않는 행동도 포함된다.

존중심을 보여주는 행동의 가짜 행동은 거짓으로 존중심과 관심을 보이거나 모든 사람(그들에게 아무것도 해줄 수 없는 사람)이 아닌 일부 사람(그들에게 무언가를 해줄 수 있는 사람)에게만 그것을 보이는 것이다. 이 일관성 없는 행동은 웨이터 법칙Waiter Rule으로 알려져 있다. 이것은 레스토랑에서 웨이터를 대하는 방식으로 사람을 대할 때 그 사람에 대해 많은 것을 알 수 있다는 생각에 토대를 두고 있다. 한때 웨이트리스로 일했던 사라리Sara Lee의 CEO 브렌다 반스Brenda Barnes는 이렇게 말한다.

"내가 CEO 자리에 앉아 있다고 우리 공장의 지게차 기사보다 더 나은 사람이 되는 것은 아니다. 웨이터나 부하직원을 쓰레기처럼 대하면 어떻게 되겠는가? 그들이 모든 것을 바쳐 열심히 일할까? 나는 그렇지 않다고 생각한다."

> 나는 사람들을 인간적으로 대하려고 노력한다. …… 당신이 그들에게 관심이 있음을 알 때 그들은 최고의 능력을 발휘한다.
>
> _리처드 브랜슨, 버진그룹 창립자

나는 특히 4학년 졸업시험에서 마지막 문제 직전까지 문제를 잘 풀었던 한 경영학과 학생의 이야기를 좋아한다. 마지막 문제는 "당신의 기숙사를 청소하는 사람의 이름은 무엇인가?"였다. 그녀는 믿을 수가 없었다. 대체 그것이 경영학 학위와 무슨 상관이 있단 말인가? 그녀는 교수에게 그런 문제가 출제된 이유를 물었다. 교수는 의미 깊은 얘기를 들려줬다.

"너희는 대부분 성공하는 기업의 사장이나 CEO가 되는 것을 꿈꾼다. 하지만 성공은 팀이 함께 노력한 결과이다. 좋은 리더는 그 어떤 것도 당연한 것으로 받아들이지 않으며 팀원 한 사람 한 사람의 공헌을 인정한다. 하찮은 일을 하는 것처럼 보이는 사람들을 포함해서 말이다."

포천과 함께 100대 기업 리스트를 만들어내는 일하기 좋은 곳 연구소Great place to work Institute는 신뢰의 3대 요소 중 하나로 직원 존중을 꼽았다. 또한 시로타 서베이 인텔리전스Sirota Survey Intelligence는 직원 존중을 사기가 높은 조직의 핵심 특징 중 하나로 인식하고 있다. 그들은 상위 10퍼센트 조직에서 하위직 직원들이 경영자와 같은 대우를 받고 있음을 알아냈다. 그밖에도 많은 경영자가 직원들이 최소한의 존중을 보장받을 수 있도록 조치를 취하고 있다.

작은 행동, 큰 감동

사람들을 존중하는 작은 행동은 신뢰 형성에 놀라운 영향을 미친다. 나는 비서의 어머니가 병원에 입원했을 때 문병을 갔는데 그때 그녀는 깊은 감동을 받은 듯했다. 비록 작은 행동이었지만 그녀에게는 내가 관심이 있음을 보여주는 것만으로도 큰 의미가 있었던 것이다. 역시 작은 행동이란 것은 없었다. 10년 전쯤 한 대학총장의 비서로 일했던 우리 워크숍 참가자가 이런 경험담을 들려주었다.

> 어느 날 오후, 우리는 총장님 댁에서 특별한 만찬을 준비하고 있었다. 다음날이 졸업식이었기 때문에 그 전날 대학발전기금 기부자, 우수 졸업생, 남미의 저명한 정부 관료들을 위해 마련한 만찬이었다. 테이블을 준비하는데 대학발전기금위원회에서 주문한 것으로 보이는 아름다운 화환이 도착했다. 그러자 사모님이 당황해서 총장님께 다가가 말했다.
>
> "어쩌면 좋죠?"
>
> 사실은 오랫동안 가정부로 일했던 나이든 유럽 여성이 그 행사를 위해 이미 화환을 준비해두었던 것이다. 총장은 아내를 보고 말했다.

"걱정 말아요. 그 화환은 즉시 돌려보낼 거요. 로라가 만든 화환을 사용하기로 했잖소."

그 모습을 보고 나는 아무리 작은 공헌일지라도 그것을 존중해야 한다는 것을 배웠다.

관심과 존중심을 보여주는 이 작은 행동이 가정부의 신뢰계좌에 얼마나 많은 신뢰를 예입할지 생각해보라. 그것이 직원, 만찬 참가자, 대학발전기금위원회 종사자, 그리고 우리 워크숍 참가자를 포함한 관련된 모든 사람의 신뢰계좌에 미칠 엄청난 영향을 상상해보라. 실제로 나를 포함해 그 이야기를 들은 모든 사람이 감명을 받았다. 얘기는 거기서 끝나지 않았다.

그 경험담을 들려준 여성은 현재 직장(그 대학과는 무관하다)에서 그 교훈을 어떻게 적용하고 있는지, 그리고 그것이 현재 함께 일하는 사람들의 신뢰계좌에 어떤 영향을 미쳤는지 들려주었다. 한번의 결정적인 순간이 만들어낸 신뢰의 파급 효과를 생각해보라.

고맙다는 말 한마디

가정에서는 작은 행동이 특히 중요하다. 고맙다는 말 한마디, 진지한 경청, 물건 사용 후의 정리정돈, 텔레비전 채널 양보하기, 꽃 선물이나 다른 사랑의 표시로 상대방 놀라게 해주기 등은 가족의 신뢰계좌에 엄청난 예입을 가져온다.

내가 어렸을 때 부모님은 매일 30분씩 작은 오토바이를 타고 동네를 한 바퀴 돌면서 함께 대화하는 특별한 시간을 보냈다. 또한 상대방이 집에 오기 전에 주방이나 차고, 뜰을 정리해 상대방을 즐겁게 해주려고 애썼고, 내가 밖에서 돌아올 때면 가족이 늘 따뜻하게 맞아주었다. 지금 우리 집에서는 열아홉 살짜리 오빠가 뒤뜰에서 세 살짜리 동생의 네발 자전거를 끌어주며 웃음꽃이 피어난다. 나는 경험을 통해 이런 작은 행동이 어떤 변화를 만들어내는지 알고 있다.

친절은 궁극적으로 사람들이 당신 곁으로 오게 만든다.

_아니타 로딕Anita Roddick, 바디숍 창립자

또한 나는 작은 무례가 신뢰계좌를 완전히 고갈시킬 수 있음을 알고 있다. 한 출판물은 가정 내 학대에 대해 이렇게 말한다.

"배우자와 아이에 대한 학대는 상대방의 능력 무시, 끊임없는 비난, 모욕주기, 욕하기, 대화 거부, 조종하기, 죄책감 일으키기, 반복되는 약속 위반, 위협, 신체적 위해를 가할 것 같은 행동, 은연중의 비난, 기물 파괴처럼 사소해 보이는 일에서 시작된다."

사람들은 텔레비전, 음악, 책, 영화에서 무례한 태도와 학대 행위를 자주 접하고 즐기기까지 한다. 이에 따라 그런 행동이 사람과의 관계에 미치는 영향에 대해 무감각해진다. 가정에서는 사소한 행동도 매우 크게 느껴진다는 점을 잊지 않아야 한다.

존중심이 가져다주는 경제적 이득

어떤 사람에게는 상대방을 존중하는 행동이 '실체가 없는 행동'이라는 인상을 줄 수도 있지만, 그 행동은 신뢰와 직접적인 관계가 있으며 나아가 수익과 직결된다.

직원들의 29퍼센트만 경영진이 그들의 기술개발에 관심이 있다고 생각하는 이유는 무엇인가? 직원들의 42퍼센트만 경영진이 그들에게 관심이 있다고 생각하는 이유는 무엇인가? 설사 경영진이 관심이 있다고 말해도 직원들이 경영진을 신뢰하지 않는 이유는 그들이 기본적으로 존중심을 보이는 행동을 하지 않기 때문이다.

> 리더가 자신을 따르는 사람들에게 존중심을 분명하게 보여줄 때 신뢰가 형성된다.
>
> _제임스 오툴James O'Toole, 《변화의 리더Leading Change》 저자

경영진이 자신들에게 관심이 없다고 생각할 때 직원들은 최선을 다하지 않는다. 자발적으로 변화하지도 협력하지도 않는다. 오히려 불평하고 비난하고 노조를 결성하고 파업한다.

상대방을 존중하는 행동은 고객관계에도 큰 영향을 미친다. 수년 전, 유타주 파크시티 근처 고급 주택단지가 매각된 적이 있는데 이때 부동산업자들은 개발업자와 손을 잡기 위해 치열하게 경쟁을 벌였다. 4,000에이커에 달하는 그 땅은 개척시대 이후 양을 치는 가족이 소유하고 있었다. 개발업자는 파크시티의 정상급 부동산업자들 몇

명을 불러 프레젠테이션을 하게 했다. 그중에는 다른 사람들과 비슷한 방식으로 프레젠테이션을 한 톰 피크도 있었다. 하지만 톰에게는 한 가지 다른 점이 있었다. 프레젠테이션을 마친 후, 그는 개발업자에게 그 기회를 제공해준 것에 감사하는 편지를 보냈던 것이다. 그 행동에 감동한 개발업자는 톰을 선택했다. 톰은 "서로 대면하고 있지 않을 때 상대방에게 존중심을 보이고 그들을 생각하는 것이 중요하다"고 말했다. 콜로니로 불린 이 개발사업은 북미 최대의 스키장 내 리조트 시설을 건설하는 일이었다. 이때 지어진 주택은 대지가 최소한 4에이커에 이르고 건물은 최대 3만 평방피트에 달했다. 그리고 파크시티는 2002년 동계올림픽 개최지로 선정되었다.

관심을 보이는 작은 행동으로 경제적 혜택을 누린 예는 무수히 많다. 특히 기업들은 광고를 통해 자신들이 소비자에 대한 관심으로 특정 제품을 생산하는 것이라고 설득하려 애쓴다.

더 사랑하기

4가지 핵심 요소의 강화와 결합에서 나오는 판단력이 적정범위의 행동을 하는 데 대단히 중요하다는 점을 다시 한 번 기억하라. 다음은 존중심을 보이는 데 도움이 되는 몇 가지 방법이다.

- 당신은 직장과 가정에서 사람들을 어떻게 대하는가? 웨이터 법칙을 자신에게 적용하라. 사람들이 당신을 대하는 태도가 마음

에 드는가? 마음에 들지 않다면 당신의 의도가 잘 전달되도록 하는 데 집중하라.

- 당신이 다른 사람에게 관심이 있다는 것을 보여주기 위해 할 수 있는 일을 구체적으로 생각해보라. 사람들에게 전화하라. 감사의 편지를 써라. 감사의 인사를 하라. 관심을 보여주는 이메일을 보내라. 매일 누군가가 미소 지을 수 있도록 무언가를 하려고 노력하라. 그 사람이 당신이 일하는 회사 건물의 관리인일지라도 말이다. 당신의 감정과 행동 사이에 괴리가 생기지 않도록 하라.
- 기존의 관계, 특히 사랑하는 사람, 가족, 친구와의 관계를 당연시하지 마라. 새로운 관계에 더 힘을 쏟으며 이미 알고 지내는 사람들은 당신이 그들에게 관심이 있음을 알고 있을 거라고 생각하지 마라. 새로운 관계보다는 기존의 관계에 더 많은 관심을 보여야 한다.

| 요약 | 행동 2 - 상대방을 존중하라

다른 사람에게 진정으로 관심을 보여라. 당신이 관심이 있음을 보여줘라. 모든 사람, 모든 역할을 존중하라. 모든 사람을 존중하는 마음으로 대하라. 특히 당신에게 아무것도 해줄 수 없는 사람들에게 그렇게 대하라. 작은 것에서 친절을 보여줘라. 거짓으로 관심을 보이지 마라.

4장

행동 3
투명하게 행동하라

어떤 리더는
사람과 정보를 통제하려 한다.
또한 회사와 미래에 대해
알고 있는 것을 숨긴다.
이러한 행동은 리더의 지위를
확고하게 해주지만
팀의 신뢰를 얻긴 어렵다.

_잭 웰치

몇 해 전, 아메리칸 항공의 CEO가 된 도널드 카티Donald Carty는 겨우 파산 위기에서 벗어난 회사를 회생시키기 위해 노조와 힘겨운 임금 협상을 하고 있었다. 그 협상은 노조의 임금과 수당을 연 18억 달러 삭감하는 것으로 끝이 났는데, 그 협상을 진행하는 중에 그는 최고경영진 여섯 명에게 거액의 보너스를 지급한다는 계획을 세우고 있었다. 또한 회사가 파산하더라도 최고경영진 45명에게 연금이 지급될 수 있도록 특별 신탁기금이 만들어졌다. 물론 이것은 불법이 아니었지만 그 사실이 노조와의 협상 중에는 알려지지 않았다.

경영진에 대한 이런 특전은 매년 미 증권거래위원회에 제출하는 서류에서 드러났고, 노조가 임금삭감안을 승인한 바로 그날 이 사실이 공개되었다. 그 소식을 들은 노조는 경악하고 말았다. 동시에 카티는 노조와 일부 이사로부터 신뢰를 잃는 것은 물론 거센 항의를 받았다. 〈비즈니스위크〉의 표현에 따르면 "갑자기 카티의 '희생분담' 요구가 공허해졌다." 그리고 카티는 그 실수로 며칠 만에 자리를 내놓게 되었다.

새 CEO로 오게 된 제라드 아피는 처음부터 전임자가 만들어 놓은 엄청난 상속세에 직면했다. 아피는 전 직원의 신뢰를 회복하기 위해 필요한 정보는 물론 모든 것을 투명하게 밝혔고 개방적인 환경을 조성했다. 나아가 재정 문제를 노조에게 공개했으며 이사회가 그에게 제시한 연봉 인상을 거부했다. 그뿐 아니라 어려운 시기에 어울리지 않는 상징물이 되어 버린 회사 소유의 고가 미술품을 팔았다. 흥미롭게도 그는 노조가 회사의 어려움을 경영진의 입장에서 볼 수 있도록 노조 대표를 고위경영자위원회에 참여시켰다. 그는 자기 입장을 분명히 밝혔다.

"어떤 사람은 노조가 문제라고 생각하지만 우리는 그들이 해법의 한 부분이라고 생각한다."

> 투명하고 진실해지려 노력하라. 특히 어려울 때는 더욱 그래야 한다.
>
> _장 시릴 스피네타Jean-Cyril Spinetta, 에어 프랑스 회장

아피는 쇼가 아니라 자신의 진짜 성품과 역량(그의 4가지 핵심 요소)을 발휘했다. 그는 "업무적, 개인적으로 신뢰를 구축하는 유일한 방법은 신뢰할 수 있는 사람이 되는 것이다. 나는 그 기준을 따르고 있다고 생각한다"라고 말했다. 결국 아피는 다시 신뢰를 쌓았고 덕분에 아메리칸 항공은 다른 미국의 4대 항공사와 달리 파산을 피할 수 있

었다. 노조 지도자 캠벨 리틀Campbell Little의 평가가 아피의 진실성을 잘 보여준다.

"나는 제라드가 진실하고 동정심이 있으며 진심으로 회사의 회생을 원한다고 생각한다."

몇 달 전, 나는 엘리베이터 안에서 아메리칸 항공의 한 조종사를 만났다. 나는 그에게 물었다.

"제라드 아피를 어떻게 생각하십니까?"

그는 주저하지 않고 대답했다.

"훌륭한 사람입니다. 신뢰할 수 있는 사람이죠!"

> 기업은 업무 처리가 투명할 때 좋은 평판을 얻는다.
>
> _ 찰스 폼브런Charles Fombrun, 《평판Reputation》의 저자

투명성을 높이려면 공개해야 한다. 동시에 진실하게 행동하고 사람들이 확인할 수 있도록 진실을 말해야 한다. 그것은 정직성, 공개성, 성실성, 진정성 등의 원칙에 기초를 두고 있다. 나는 여기에 빛의 원칙을 추가하고 싶다. 왜냐하면 빛이 스며들어야 투명해지기 때문이다. 미 연방대법원 판사 루이스 브랜디스Louis Brandeis는 "햇볕은 최고의 살균제"라고 말한다. 빛은 어둠을 몰아내고 그늘을 없앤다. 또한 사람들이 볼 수 있게 한다. 모든 것을 드러내면 사람들은 신뢰를 보낸다.

투명성과 반대되는 행동은 숨기고 덮고 모호하게 하고 비밀로 하는 것이다. 여기에는 숨겨진 의제, 의미, 목적이 포함된다. 그리고 투

명한 행동의 가짜 행동은 투명한 척하고 자신이 아닌 다른 사람인 체하는 것이다. 대표적으로 인터넷은 특별한 투명성을 만들어 사람들이 어디에 살든 정보를 얻고 진실에 접근하게 하지만, 동시에 사람들이 ID로 자기 정체와 의도를 드러내지 않고 다른 사람과 만날 수 있는 곳이기도 하다.

투명의 효용가치

글로벌 경제에서 투명성은 신뢰가 높은 조직의 중요한 가치로 인식되고 있다. 프라이스워터하우스쿠퍼스PriceWaterhouseCoopers는 대중의 신뢰를 회복하는 첫 번째 열쇠로 '투명성의 정신'을 꼽는다. 실제로 투명성은 빠르게 신뢰를 구축하도록 해준다. 최근 어려움에 빠진 어느 자선단체는 신뢰를 회복하기 위해 돈이 어디에 사용되는지 사람들에게 공개했다.

특히 이해가 충돌하는 상황에서 그것이 문제가 되는 것을 막는 가장 좋은 방법은 사실을 솔직히 밝히고 공개적으로 대처하는 것이다. 투명한 기업은 누구도 그들의 의제를 의심할 수 없도록 관계, 이해, 갈등을 낱낱이 공개한다.

신뢰가 낮을 때 사람들은 직접 보지 않은 것은 신뢰하지 않는다. 그럴 경우에는 모든 것을 보여주어 숨길 것이 없음을 확인시켜 주어야 한다. 투명한 행동의 좋은 예로 도요타가 공급업체들을 대하는 방식을 들 수 있다. 대부분의 제조업체가 공급업체에게 가격경쟁을 강조하고 할 일을 지시하는 자동차 업계에서 도요타는 다른 접근 방법의 모범을 보였다. 그들은 제품 지식이 자산으로 취급되는 상황에서 자사와 공급업체, 그리고 공급업체간의 장기적인 관계를 구축하는 데 초점을 맞추고 가치 사슬 내에서 공정하게 지식을 나눴던 것이다.

이러한 방식은 모든 참가자의 높은 투명성이 없으면 성공하기 어렵다. 이는 곧 도요타와 공급업자 관계의 중심에 투명성이 있다는 것을 의미한다.

언젠가 나는 5억 달러 규모의 회사 CEO와 한 거래를 놓고 협상을 하게 되었다. 일단 그를 만나 거래의 틀을 만들긴 했지만 거래 성공에는 그 CEO의 판매 · 제품개발 · 법률 팀의 동의가 필요했던 터라 최종 결론을 내리지는 못했다. 나는 거래조건표 형식으로 가능한 거래 형태를 만들어 그 CEO에게 이메일을 보냈다. 그것을 토대로 각 팀장들과 회의를 연 그는 문제와 우려되는 부분을 표시한 조건표를 조금도 가감하지 않고 그대로 내게 보내주었다. 그 투명성에 나는 깜짝 놀랐다. 덕분에 나는 추측에 의존하지 않고 어떤 것이 문제가 되는지 정확히 알고 대처할 수 있었다.

그들의 투명한 자세에 깊은 인상을 받은 나는 같은 서류에 내 우려 사항을 표시해 다시 보냈다. 이런 방식으로 우리는 아주 빠른 시간 내에 더 좋은 안을 도출해낼 수 있었다. 서로 투명하게 대하지 않았다면 시간이 이보다 두 배는 더 걸렸을 것이다.

속도와 비용의 관점에서 투명한 행동은 상당한 의미가 있다. 먼저 숨겨진 의제를 걱정하거나 추측할 필요가 없다. 또한 체면을 유지하거나 어떤 사람에게 무슨 전략을 사용할지 고민하면서 시간 및 노력을 낭비할 필요도 없다.

이미 많은 기업이 재정 상태를 전 직원에게 공개하는 이른바 열린 경영으로 조직의 투명성을 높이고 있다. 나와 함께 일한 적 있는 한 CFO는 열린 경영이 그 어떤 것보다 빨리 신뢰를 높여준다고 말했다.

"처음에는 우리가 밝힌 것이 실제 수치인지 의심하는 사람들도 있었다. 우리는 계속 공개했고 곧 사람들로부터 감지할 만한 반응이 왔다. 경영진에 대한 신뢰가 크게 높아졌던 것이다. 이후 회사는 높은 수익을 올리기 시작했다."

> 우리는 직원들에게 어떤 것도, 어떤 문제도 숨기지 않겠다는 철학을 채택했다.
>
> _롤린 킹Rollin King, 사우스웨스트 항공 창립자

투명성을 높이면 사람들은 자발적으로 참여해주고 동의해준다. 예를 들어 가정에서 아이들에게 가정의 경제 상태를 투명하게 알려주고 지출 결정에 참여시키면 아이들은 당신이 왜 '노'라고 하는지 알게 되고, 처음부터 무리한 요구를 하지 않는다. 나아가 미래에 성인이 되었을 때 보다 책임 있게 소비 결정을 내리는 습관을 갖게 된다.

투명성을 높이기 위해 항상 당신의 패를 모두 보여야 하는 것은 아니다. 정보를 적절히 공개하고 목표로 하는 것을 알려주면 된다.

책임과 균형감각을 생각하라

투명성을 높일 때는 다른 모든 행동에서와 마찬가지로 책임과 균형을 생각해야 한다. 특히 공개기업의 경우, 법에 따라 공개해서는 안 될 정보도 있다. 또한 대외비로 분류되어 있거나 공개하는 것이 부적절한 정보도 있다. 상식적으로 판단해 대외비 사항, 사적 대화, 혹은 말할 권리가 없는 다른 사항은 말하지 않아야 한다.

한 기업의 경영진 회의에 참가한 적이 있는데, 그때 CEO가 투명성을 높이고자 회의실에 있는 모든 사람의 연봉을 공개했다. 회의실은 삽시간에 아수라장이 되었다. 사람들이 왜 일부 동료가 자기 연봉의 두 배를 받는지 궁금해 하면서 웅성거렸기 때문이다. 이러한 행동은 분포 곡선에서 가장 오른쪽에 치우친 것으로 무책임하고 과도하게 투명성을 높인 것이다. 겸손(성실성), 상호 이익 추구 의제(의도), 신뢰 능력과 리더십 기술(능력), 혹은 결과에 대한 적절한 정의와 고려(성과) 등이 부족 혹은 과잉이 되면 이런 행동이 나온다.

이와 반대되는 행동 역시 신뢰를 만들어내지 못한다. 당신은 곡선의 왼쪽에 치우쳐 있는가? 당신은 왜 투명성을 적절히 높이지 못하는가? 왜 정보를 말하지 않는가? 왜 목적을 공개하지 않는가? 투명성을 높이지 못하는 이유는 정직성 혹은 용기 부족(성실성), 숨겨진 의제(의도), 투명성의 중요성을 인식할 수 있는 신뢰 능력(능력)이 부족하기 때문이다.

다시 한 번 강조하지만 4가지 핵심 요소를 강화할 때 곡선의 최상성과 발생점의 범위 내에 들 수 있으며 서로 조화와 균형을 이뤄야 한다. 투명성을 높이려 할 때 다음과 같은 방법이 도움을 줄 것이다.

- 직장이나 가정에서 정기적으로 자신에게 물어라. 나는 공개해야 할 정보를 말하지 않고 있는가? 만일 그렇다면 그 이유를 물어라. 그 결과 내게 될 세금을 생각하라. 투명성을 높임으로써 얻을 수 있는 배당을 생각하라.
- 직장에서 리더의 지위에 있다면, 여러 이해당사자에 대한 당신 조직의 투명성을 평가하라. 그 다음에 각 상황을 생각하고 자신에게 물어라. 우리가 더 투명해지면 어떻게 달라질까? 투명성을 높이고 신뢰의 배당을 받는 방법을 찾아라.
- 만일 당신이 배우자와 가정 경제의 책임을 나눈다면, 당신이 재정 문제를 다루는 데 얼마나 투명한지 생각하라. 많은 사람에게 돈 문제가 이혼의 가장 큰 이유임을 잊지 마라. 당신이 경제적 우선순위, 경제적 결정, 지출과 관련해 투명하지 않다면 그 이유를 자신에게 물어라. 4가지 핵심 요소를 강화하는 것은 배우자에게 보다 투명한 방식으로 행동하는 데 도움이 될 뿐 아니라, 통일된 접근 방법을 만들어내는 능력도 높여준다.

| 요약 | 행동 3 - 투명하게 행동하라

사람들이 확인할 수 있도록 진실을 말하라. 진실을 보여라. 공개적으로 대하고 진짜 의도를 말하라. 공개하고 또 공개하라. 숨겨진 의제를 갖지 마라. 정보를 숨기지 마라.

5장

행동 4

잘못은 즉시 시정하라

의를 알고도 행하지 않는 것이
가장 비겁하다.

_공자

우리 형제는 자랄 때, 운동을 좋아했고 경쟁심이 매우 강했다. 그런 경쟁심이 여전히 남아 있었는지 몇 년 전 나는 유감스럽게도 어느 경기에 도취되어 그만 10대 조카 캠에게 한바탕 해버리고 말았다. BYU(브리검 영 대학)와 유타 대학의 농구경기(유타주에서 이것은 늘 빅 게임이다)가 있는 날이었다. 두 팀은 전통적으로 라이벌 관계였고 과거의 승패에 관계없이 항상 경쟁이 뜨거웠다. 그런데 내 처남은 유타 대학을 다녔기 때문에 그와 캠은 열렬한 유타 팬이었다. 반대로 처남과 캠을 제외한 다른 모든 가족은 BYU를 응원했다.

캠은 경기에서 결정적인 순간에 주심이 석연치 않게 유타에게 유리한 판정을 내릴 때까지 얌전히 경기를 지켜봤다. 하지만 판정이 내려지는 순간 캠은 얼마나 기쁜지 자기도 모르게 팔을 흔들면서 뛰어올랐다. 캠이 다시 앉았을 때, 나는 나 자신을 억제하지 못하고 그의 머리에 물병을 집어던졌다. 캠은 처음에는 충격을 받은 모습이었다가 그 다음에는 실망으로, 고통으로 변해갔다. 내가 그런 짓을 한다는 것이 믿을 수 없다는 표정이었다.

나는 곧 내 유치한 행동이 창피했고 깊은 후회가 밀려왔다. 잘못을 만회하고 싶었던 나는 깊이 사과한 후 청량음료를 사다가 그것을 내 얼굴에 던지라고 말했다. 캠은 당황하며 거절했다. 그는 내가 경기에 깊이 빠져 있었다는 것을 이해하고 나를 용서했지만 나는 나 자신을 용서할 수 없었다.

그 후 두 달간 나는 거의 매주 캠에게 전화했다. 그리고 그와 대화할 때마다 말했다.

"네 머리에 물병을 던져서 정말로 미안해한다는 것을 네가 알아주었으면 좋겠어. 날 용서해줘!"

다음에 BYU와 유타의 경기가 열렸을 때 나는 여동생과 캠에게 표를 사줬다. 유타 대학에서 열린 그 경기를 얌전히 관람하고 난 후에 나는 캠에게 유타 로고가 들어간 옷과 패스트푸드를 사주며 말했다.

"다시 한 번 말하는데 그땐 정말 미안했다."

"괜찮아요, 난 벌써 용서했어요! 이젠 잊어버리세요."

이런 소동에도 불구하고 캠과 나는 훨씬 더 가까워졌다. 내 반복된 사과와 만회하려는 노력이 내가 캠과의 관계에 정말로 관심이 있다는 확신을 심어주었기 때문이다. 이 경험을 계기로 나는 화를 억누를 수 있게 되었다. 아무리 경기에 빠져들더라도 조심했고 다시는 이성을 잃어버린 행동을 하지 않았다.

충성심의 인센티브

잘못을 시정한다는 것은 단순히 사과하는 것이 아니라 원상 회복을 말한다. 만회하고 완전하게 만드는 것이다. 아니, 잘못을 시정하기 위해 할 수 있는 일을 하고 그보다 조금 더 하는 것이다. 기업이 잘못을 시정할 때는 서비스 회복이나 고객에게 저지른 잘못을 고치는 것이 포함된다. 고객이 만족을 넘어 기업에 더 큰 충성심을 보이도록 인센티브를 준다는 얘기다. 기업은 그런 충성심을 촉진하기 위해 조금 더 한다. 불편을 끼친 데 대한 사과의 표시로 무료 상품이나 상품권 같은 것을 제공하는 것이다. 물론 제트블루 항공처럼 비행기를 놓치면 요금이 얼마든 상관없이 무료로 탑승시켜 주는 큰일을 할 수도 있다.

개인관계나 가족관계에서 조금 더는 진정한 사과와 만회 그리고 침대에 꽃을 갖다 두는 것처럼 사랑을 표현하는 추가적인 노력이 될 수 있다.

겸손과 자만의 갈림길에서

잘못을 시정하는 것은 겸손, 성실성, 회복의 원칙에 기초를 두고 있다. 그 반대되는 행동은 잘못을 부인하거나 합리화하는 것, 어쩔 수 없이 인정해야 할 때까지 잘못을 인정하지 않는 것이다. 그런 행동에는 에고와 자만이 포함된다. 양심이 아닌 상황에 의해 겸손해지기 때문이다.

잘못을 시정하는 것의 가짜 행동은 잘못을 덮거나 숨기는 것이다. 만약 잘못을 덮으려고 하다가 발각되면 훨씬 더 큰 세금이나 이중의 세금을 내게 된다. 세상에 실수하지 않는 사람은 없다. 문제는 실수하는 것이 아니라 그 실수에 어떻게 대응하느냐에 있다. 이것은 겸손과 용기의 길을 선택할 것인가, 에고와 자만의 길을 선택할 것인가의 문제이다.

겸손과 용기의 길을 선택한 사람들의 예를 생각해보자. 오프라 윈프리는 제임스 프레이James Frey의 책《100만 개의 작은 조각A Million Little Pieces》을 추천해 그 책이 〈뉴욕타임스〉 베스트셀러에 오르는 데 도움을 주었다. 그런데 논픽션으로만 알았던 이 책의 내용이 프레이가 꾸민 것이라는 고소가 제기되자, 오프라는 그 진실을 발견한 다음 그를 다시 그녀의 쇼에 출연시켰다. 그녀는 시청자들에게 진심으로 사과하고 프레이에게 독자와 텔레비전 시청자들을 배신한 것에 대해 공개적으로 추궁했다.

"속았다는 느낌이에요. 그런데 더 중요한 것은 당신이 수백만 독자를 배신했다는 것이에요."

또한 그녀는 래리 킹 쇼에서 전화 통화를 할 때 저자를 옹호했던 것도 실수였음을 인정했다. 그녀는 "그 통화가 후회되는군요. 나는 실수했고 진실이 중요하지 않다는 인상을 남겼습니다. 그 점에 대해 깊이 사과드립니다. 그건 내 신조에 어긋나는 일이었습니다. 이 문제에 대해 이의가 있는 모든 분들께 거듭 말하지만 여러분이 절대적으로 옳습니다"라고 말했다. 이러한 오프라의 행동은 그녀의 브랜드와

명성의 상징인 성실성에 대한 신뢰를 확인시켜 주었다.

아드리안 고스틱Adrian Gostick과 다나 텔포드Dana Telford의 훌륭한 책 《성실성의 장점The Integrity Advantage》에서 저자들은 캐나디언 타이어Canadian Tire의 CEO 웨인 세일스Wayne Sales의 경험을 소개했다.

> 신차가 나오자 크라이슬러 중역들은 시험 삼아 수천 마일을 주행한 다음 그 차를 반환했다. 그런데 어떤 사람이 주행거리계를 조작해 그 차를 신차로 팔아먹었다. 그 일이 발각되었을 때 나는 조직 내에 어떤 일이 벌어질지 눈앞이 캄캄했다. …… 올바른 조치를 취하고 나서 리 아이아코카는 〈디트로이트 프리 프레스Detroit Free Press〉에 전면광고를 실었다.
>
> "우리는 잘못을 저질렀습니다. 고객의 신뢰와 성실성을 저버렸습니다. 우리의 잘못을 인정하고 다시는 이런 일이 일어나지 않게 할 것임을 약속합니다."
>
> 그리고 사업은 계속되었다.

2005년 3월, 조지 W. 부시 대통령의 전 특별보좌관 더그 위드Doug Wead는 대통령 모르게 녹음된 대화 내용이 담긴 책을 낸 것에 대해 사과의 편지를 발표했다. 위드는 크리스 매튜스Chris Matthews와의 인터뷰에서 그 편지의 내용을 소개했고 〈USA투데이〉의 편집자에게도 편지를 보냈다. 그 편지에서 위드는 부시의 허가를 받고 1987년부터 녹음을 하기 시작했다고 말했다.

> 1997년, 회담이 재개되자 나는 기록을 시작했다. 회담에서 많은 안건이

토의되고 폐기되었다. 최종적으로 나는 민감한 메시지를 기자나 반대편 캠프에 전해주라는 요청을 받았다. 이것은 매우 민감한 문제였고 나는 그 일을 하는 데 적합한 인물이 아니었다. 그래서 다음해부터 비밀녹음을 하기 시작했다. 처음에는 내가 올바른 일을 하고 있는지, 혹은 부시가 원하는 일을 하고 있는지 확인하는 것이 고작이었다. 하지만 점점 자만과 오만에 빠진 나는 선의가 내 행동을 정당화할 거라고 생각했다. 나는 본인의 허락을 받지 않고 어떤 사람의 말을 녹음했고 그는 대통령 선거에서 이겼다. 테이프의 일부를 공개하겠다는 내 결정은 가족에게 끔찍한 대가를 치르게 했으며 다른 많은 사람에게도 깊은 상처를 주었다.

본인이 허락한 것 이상으로 부시의 말을 녹음한 것은 어리석고 잘못된 일이었다. 또한 상황에 관계없이 출판업자에게 테이프를 들려준 것은 잘못된 일이었다. 기자에게 테이프를 들려준 것은 더 큰 잘못이었다. 나는 그 일이 발표되기 전과 후에 다시 대통령에게 사과했다. 그는 개인적으로 상처를 입었음에도 참을성을 보였다.

오늘 내가 일으킨 문제에 대한 해결 작업이 시작되었다.

- 내 책 판촉이 취소되었다.
- 인세는 모두 자선단체에 기부한다.
- 수백만 달러의 제안을 받았던 테이프는 대통령에게 반환했다.
- 신, 대통령, 친구들과의 관계 회복 작업이 시작되었다.

내가 인생을 다시 살 수 있다면 달리 하고 싶은 일이 많이 있다. 나로 인해 다른 사람이 받은 상처를 되돌릴 수는 없지만, 나는 신의 도움으로 모든 것을 극복해낼 것이다.

이 이야기에서 흥미로운 점은 사건이 정치 쟁점화하지 않았다는 것이다. 나는 사과가 신속하고 겸손하게 진심으로 이뤄지고 그의 말을 뒷받침하는 행동(인세 포기와 테이프 거래를 통한 미래 수익 포기)이 뒤따랐기 때문이라고 생각한다.

잘못을 시정하는 행동과 관련해 내가 들은 이야기들은 핵심 당사자가 아닌 직원들에게서 나온 경우가 많다. 이는 조직에서 리더가 신뢰를 고취한 행동이 하나의 상징이 되었음을 의미한다. 또한 이것은 신뢰의 속도에 영향을 미치는 파급 효과의 좋은 예이다. 한 사람에게 신뢰를 쌓으면 그것은 수많은 사람에게 파급되게 마련이다.

이제 에고와 자만의 길을 선택한 사람들의 예를 생각해보자. 대표적인 예는 1970년대 초반에 발생한 워터게이트 사건이다. 대통령을 포함한 닉슨 정부가 불법 도청에 관여했다는 사실이 밝혀졌을 때, 관련자들은 책임을 지지도, 불법 행위를 사과하지도 않았다. 오히려 그들은 사건 은폐를 시도했다. 그 결과 신뢰가 완전히 무너졌고 탄핵 위기에 몰린 닉슨은 사임할 수밖에 없었다.

> 워터게이트 사건은 단순한 주거 침입 사건이 아니라, 그것을 책임지고 잘못을 인정하거나 사과하지 못한 사건이었다.
>
> _존 M. 헌츠먼

최근에 전 필라델피아 이글스의 와이드 리시버wide receiver 테렐 오웬스Terrell Owens가 언론에서 그의 쿼터백과 경영진을 비판하는 것으로 비춰지는 발언을 했다. 언론에 따르면 시즌 전반기 내내 그는 거칠고 비협력적인 행동으로 일관하며 경영진과 팀의 다른 사람들에게 계속해서 미묘한 타격을 주었다고 한다. 마침내 팀은 그의 뛰어난 재능에도 불구하고 그로 인한 피해가 너무 크다고 판단해 시즌의 남은 기간에 그의 출전을 정지시켰다.

출전 정지 조치 이후 오웬스는 "나는 진심으로 팀플레이어가 될 수 있다고 생각한다"며 사과했다. 하지만 사과가 너무 미약했고 건성인 데다 신뢰는 이미 무너져 있었다. 결국 행동으로 일으킨 문제를 말로 벗어나려 했던 그는 실패했다.

긍정적인 예에 등장하는 사람들은 잘못을 신속하게 인정하고 고치려 노력한다. 이처럼 잘못을 했어도 신속하게 인정하고 사과하면 앞으로 나아갈 수 있다. 그러나 잘못했을 때 인정하거나 사과하지 않으면 신뢰성과 신뢰에 큰 타격을 입는다. 이는 작은 사건을 부풀려 아주 큰 문제로 만들기도 한다. 특히 그것을 덮으려고 할 때 문제는 더욱 커진다. 나중에 사과하는 것은 사과를 하지 않는 것보다는 낫지만, 신뢰를 쌓거나 회복하는 데는 즉시 사과하고 고치는 것이 훨씬 더 효과적이다.

실수를 신속하게 바로잡는 법

잘못을 시정하는 행동은 수익에 큰 영향을 미친다. 대부분의 보험회사가 의사에게 실수했을 때 사과하지 말라고 당부하지만, 정중하게 사과하고 공감하는 의사가 고소를 더 적게 당한다는 것을 보여주는 증거가 속속 나오고 있다.

사람들은 보통 화가 났을 때 고소를 하는데, 이들이 화를 내는 이유는 사과를 받지 못했기 때문이다. 따라서 대부분의 경우 진심으로 사과하면 고소를 포기한다. 존슨 & 존슨이 1982년의 타이레놀 사건에서 잘못을 시정한 후 25년간 신뢰의 배당을 받은 것에서도 알 수 있듯 잘못은 대단히 중요한 신뢰의 순간을 만들어낸다.

심지어 당신이 잘못하지 않고 상대방이 잘못했을 때도 잘못의 시정과 신뢰 형성을 위해 당신이 할 수 있는 중요한 일이 있다. 예를 들면 당신은 용서함으로써 당사자가 쉽게 사과하고 시정하게 할 수 있다. 직장이나 가정에 잘못을 용서하고 또한 잘못을 인정하는 분위기가 형성되면 사람들은 모험을 피하지 않게 되고 더욱 품위를 높일 수 있다.

당신의 행동이 분포 곡선의 왼쪽에 치우쳐 있다면(잘못을 잘 시정하지 않는다면) 당신은 정직성, 겸손, 용기(성실성), 관심(의도), 행동, 그리고 원하는 결과를 한 방향으로 정렬하는(성과) 데 신경 써야 한다. 만약 오른쪽에 치우쳐 있다면(너무 깊이 사과하거나 같은 잘못을 반복해서 사과한다면) 당신은 일치성(성실성), 동기(의도), 4가지 핵심 요소의 강화와 결합에서 나오는 판단에 신경 써야 한다.

잘못을 시정하는 능력을 키우고자 할 때, 다음과 같은 몇 가지 방법이 도움이 될 것이다.

- 다음에 실수할 때는 자신의 반응에 주의를 기울여라. 당신은 실수를 무시하려 하는가, 정당화하려 하는가, 덮으려고 하는가?

아니면 신속하게 인정하고 대책 마련을 위해 조치를 취하는가? 만일 당신에게 잘못을 신속하게 시정하는 데 필요한 겸손과 용기가 없다면 당신이 되고 싶은 사람처럼 행동하려고 노력하라.

- 당신의 과거를 생각해보라. 시정하지 않은 잘못이 있는가? 해결해야 할 소원해진 관계가 있는가? 잘못을 시정하는 것이 불가능할 정도로 어려워 보일 수도 있지만 과거의 잘못을 고치려고 할 때 느끼는 급성통증은 불신의 만성통증만큼 힘들지 않다는 것을 잊지 마라. 그리고 과거의 잘못을 시정하려 할 때 느껴지는 안도감은 헤아릴 수 없을 만큼 크다는 점도 알아야 한다.
- 다음번에 누군가가 당신에게 잘못했을 때 신속하게 용서하라. 다른 사람이 잘못을 쉽게 시정하게 만들어라. 그것은 그들과 당신 모두에게 도움이 될 것이다.

| 요약 | 행동 4 - 잘못은 즉시 시정하라

잘못했을 때는 그 잘못을 즉시 시정하라. 신속하게 사과하라. 가능하면 보상하라. 서비스 회복을 실천하라. 개인적인 겸손을 보여줘라. 잘못을 덮지 마라. 자만심이 잘못을 시정하는 데 방해가 되지 않게 하라.

6장

행동 5
신의를 보여라

함께 일한 사람들에게
공을 돌리는 사람이
신뢰, 충성심, 재미, 열정을
빨리 얻었다.
리더는 어떤 공도 필요치 않다.
그는 이미 필요 이상으로
공을 인정받고 있다.

– 로버트 타운센드,
에이비스AVIS 전 CEO

오래 전에 어느 회사에서 근무할 때 나는 거의 매일 12명의 직원과 함께 점심을 먹으러 갔다. 그런데 식당에서 직원 몇 명이 먼저 식사를 마치고 나가면 다른 사람이 그들에 대한 이야기를 하기 시작했다. 또 몇 사람이 먹고 나가면 이번에는 그들에 대한 이야기가 쏟아져 나왔다. 나는 내가 자리를 뜨면 내 이야기가 나올까봐 식당을 나올 수가 없었다.

내가 이때 경험한 것은 대표적인 신의의 반대 행동이다. 그 행동은 신의 배반이었고 화제에 오른 사람이나 그 자리에 앉아 수다를 떤 사람들 모두의 신뢰계좌에서 대규모 인출이 일어나게 했다. 사실 남 얘기를 하는 사람도 자신이 자리를 뜨면 자기 얘기가 나올 거라는 사실을 알고 있지 않은가. 그런 행동은 절대 신뢰를 쌓지 못한다.

신의를 보여주는 것은 그 사람은 물론 그것을 알게 되는 모든 사람의 신뢰계좌에 대규모 예입이 일어나게 한다.

존 마르치카John Marchica는 자신의 책《책임지는 조직The Accountable Organization》에서 사우스웨스트 항공의 사장이자 COO인 콜린 배럿Colleen Barrett이 직원들에게 어떻게 신의를 보여주었는지 설명하고 있다.

"우리는 다른 고객서비스 중심 기업이 '고객은 항상 옳다'고 말하는 것에 동의하지 않는다. 논리적으로는 맞는 말이지만 사실은 좀 뜻밖이라고 생각한다. 그렇다고 직원이 고객에게 심각한 잘못을 저질렀을 때 질책이나 처벌을 하지 않는다는 뜻은 아니다. 내 말은 고객이 잘못했다면, 분명 고객의 행동에 잘못이 있다면 나는 직원을 옹호하고 지원하겠다는 의미다. 자주 그러는 것은 아니지만 우리는 가끔 고객에게 '당신 같은 고객은 원치 않는다'고 말한다. 이것은 우리가 직원들의 신뢰를 얻는 방법 중 하나이다."

신뢰를 보여주는 행동은 성실성, 충성심, 감사, 인정해주기의 원칙에 기초를 두고 있다. 크든 작든 신뢰를 보여주는 방법은 많지만 이 장에서는 다른 사람의 공을 인정하는 것과 당사자가 있든 없든 한결같이 이야기하는 것에 집중하겠다.

다른 사람의 공을 인정하라

신의를 보여주는 중요한 방법 중 하나는 다른 사람의 공을 인정하는 것이다. 성과를 얻는 데 기여한 부분을 인정하라는 얘기다. 그러기 위해서는 먼저 개인의 공헌을 인정하고 나아가 사람들이 자유롭게 변화 및 협력하고 생각을 나눌 수 있는 환경을 조성해야 한다. 그러면 자연스럽게 신뢰승수가 만들어진다.

공을 인정하는 것과 관련해 나는 짐 콜린스가 말한 창문과 거울의 비유를 좋아한다. 그는 일이 잘 풀릴 때는 창문을 통해 바깥을 본다. 사람들이 공헌한 모든 것을 보며 그들의 공을 인정하고 그들에게 공을 돌리며 고마움을 표시하는 것이다. 일이 잘 풀리지 않을 때는 거울을 들여다본다. 밖을 내다보며 다른 사람을 탓하고 비난하는 것이 아니라 오로지 자기 자신만 본다는 얘기다.

공을 인정하는 것의 반대되는 행동은 공을 독차지하는 것이다. 우리는 컨설팅 프로그램에서 한 영업사원이 어떻게 까다로운 고객을 상대로 기회를 잡기 위해 온갖 노력을 다했는지 들려주었다. 그런데 그는 거래의 마지막 단계에서 상사에게 도움을 요청했다. 그 상사는 상대가 얼마나 큰 고객인지 알게 되자 그 일을 자기가 맡았고 결국 모든 매출실적과 공을 독차지했다.

그 행동은 그에게 고객을 빼앗긴 영업사원은 물론 다른 모든 팀원에게 엄청난 불신을 초래했다. 팀원들은 그가 자신에게도 같은 행동을 할 거라 생각하고 더 이상 아무도 상사에게 도움을 요청하지 않았다. 이는 한 사람에게 신뢰를 쌓을(허물) 때, 수많은 사람에게 신뢰를 쌓게(허물게) 된다는 것을 보여주는 좋은 예이다.

> 리더는 공을 인정함으로써 신뢰를 쌓는다. 그는 아이디어를 훔치거나 강압적으로 자신의 아이디어라고 주장하지 않는다.
>
> _잭 웰치

공을 인정하는 데 있어서 가짜 행동은 두 얼굴을 갖는 것이다. 이들은 관련된 사람들과 함께 있을 때는 공을 인정하는 척하지만, 그렇지 않을 때는 공을 깎아내리고 모든 공을 독차지한다. 이러한 이중성은 곧 드러나고 모두에게 신뢰를 잃고 만다.

경영 관련 저술가 도티 갠디Dottie Gandy는 사람들의 공을 인정하는 것은 매우 중요하며, 그것은 곧 성품을 인정하는 것과 마찬가지라고 말한다. 직장이나 가정에서 사람들을 인정하는 방법에는 여러 가지가 있다. 직접 축하하거나 감사의 편지(카드, 꽃)를 보낼 수도 있고 회사나 가족 회보에 성공 이야기를 발표할 수도 있다.

한 경영자가 우리의 워크숍에서 이런 말을 들려주었다.

"윗사람으로부터 제안을 해달라는 요청이 들어오면 나는 그 사실을 우리 부서의 담당직원에게 알려준다. 그리고 좋은 제안이 들어오면 그것을 다른 제안과 종합해 올리거나 그들의 이메일을 첨부해 '우리의 의견은 다음과 같습니다'라고 보고한다. 그렇게 하면 사람들은 자신이 한 일을 인정받게 된다. 더불어 나와 직원들 사이에 큰 신뢰성과 신의가 형성된다. 일단 내가 그들을 인정하는 것은 물론 윗선에서도 그들의 공을 인정하리라는 것을 알기 때문이다."

당신이 주도적으로 한 일이라도 다른 사람의 공을 인정하면 모든 부분에서 신뢰와 경제적인 성과를 획기적으로 높일 수 있다. 아낌없이 공을 인정하라. 공이 있는 사람의 공을 인정하는 것은 적절한 판단만으로도 가능하지만, 아낌없이 공을 인정하는 것은 풍요로운 마음에서 나오게 된다.

누가 공을 차지할지 신경 쓰지 않는다면 무엇이든 달성할 수 있다.

_해리 S. 트루먼Harry S. Truman, 전 미국 대통령

험담과 비난의 부작용

신의를 보여주는 또 다른 방법은 당사자가 있든 없든 한결같이 이야기하는 것이다. 나는 이 행동의 중요성을 함께 점심을 먹던 직원들과의 경험에서 배웠다. 자리를 뜬 사람들에 대한 이야기는 관련된 모든 사람의 신뢰에 상처를 주었다. 이것은 당사자가 있든 없든 한결같이 이야기하는 것과 반대되는 행동이다. 당사자가 없을 때 배신하거나 공정하지 않게 말하는 것이기 때문이다.

신의 있는 행동의 가짜 행동은 사람들의 면전에서는 달콤한 말을 하고 등 뒤에서는 험담하는 것이다. 그러면서도 자신이 그렇게 행동한다는 것을 잘 알지 못한다. 한 소프트웨어 회사의 CEO는 자신이 신뢰와 관련해 다면평가에서 받은 통찰력 있는 피드백에 대한 느낌을 들려주었다.

어떤 사람이 의견란에 이렇게 썼다.

"누군가 회사를 떠날 때 직원들 앞에서 그를 험담하지 마십시오. 내가 회사에 어떤 공헌을 하든 떠나는 순간 잊혀질 거라는 생각이 듭니다."

아이쿠! 나는 내가 그런 행동을 하고 있고 또한 그것이 어떤 영향을 미치는지 전혀 몰랐다. 그 말을 듣고 나는 아주 겸허해졌다.

등 뒤에서 남 얘기를 하는 사람은 함께 험담하는 사람과 동료애나 신뢰를 쌓는다고 생각하지만 사실은 그 반대이다. 함께 있는 사람은 자신이 없을 때는 자기의 험담을 할 거라고 생각하게 된다. 그것은 분명 신뢰에 부정적인 영향을 미친다.

나는 가끔 아내 제리가 그녀의 어느 친구에 관해 말하는 것을 듣는다. "나는 카렌이 무엇을 하든 믿어. 나는 그 친구가 다른 사람을 험담하거나 비난하는 것을 본 적이 없어. 그런 일은 절대 하지 않아."

뉴저지주 연방검사로 임명된 샘 알리토Sam Alito는 전임자로부터 한 사건을 넘겨받아 수사했지만 성과를 거두지 못했다. 그 상황에서 그는 전임자를 탓할 수도 있었지만 그렇게 하지 않았다. 〈USA투데이〉는 기사에서 "알리토는 그 사건을 넘겨준 전임자나 보좌관을 탓하지 않았다. …… 새 연방검사는 직원들에게 높은 점수를 땄다."고 썼다.

> 함께 있는 사람들을 붙잡아 두고 싶으면 그 자리에 없는 사람들에게 신의를 지켜라.
>
> _스티븐 R. 코비

나는 몇 년 전에 비슷한 경험을 한 어떤 남자를 알고 있다. 그는 어느 중소기업 사장이 되었을 때 전임 사장으로부터 중요한 문제를 물려받았지만 공석에서든 사석에서든 전임자를 험담하지 않기로 결심했다. 물론 이것은 그에게 대단히 힘든 일이었고 여러 번이나 험담하고 싶을 때가 있었지만 꾹 참았다. 그의 행동은 조직에서 빠르게 신뢰를 쌓는 데 큰 도움이 되었다. 아울러 그가 회사에 붙잡아 두고 싶어 했던 전임 사장의 재능 있는 아들과 좋은 관계를 만드는 데도 도움이 되었다.

가정에서도 마찬가지다. 내가 알고 있는 한 젊은 여성은 자신이 자랄 때 부모에게 개인적으로 한 이야기는 다른 가족에게 알려진 적이 없었다고 했다. 그녀의 부모가 사적인 대화 내용을 가족에게 전혀 말하지 않았기 때문이다. 이처럼 신의를 보이면 부모와 자식간에 높은 신뢰가 형성된다.

좋든 나쁘든 다른 사람이 없을 때 그 사람에 대해 이야기하거나 이야기하지 않는 것은 신뢰에 엄청난 영향을 미친다. 신뢰를 쌓을 수도 있고 허물 수도 있다. 그것도 아주 빠르게 말이다.

공정한 대화법

사람들에 대해 이야기해야 할 상황에 놓이면 어떻게 하는가? 현실을 외면하고 '나는 누구에 대해서든 이야기하지 않겠다'고 말할 수는 없는 노릇이다. 그러면 어떻게 해야 할까?

어느 조직에서 인사담당 이사를 지낸 어떤 사람이 다음과 같은 경험담을 들려주었다.

> 한번은 하루 종일 사람들에 대해 이야기해야 하는 일을 맡았다. 매니저들이 내게 와서 말했다.
>
> "짐과 로리에게 문제가 있는데 어떻게 하죠?"

우리는 그들에 대해 이야기해야 했고 그 이야기가 칭찬이 아닌 경우도 있었다. 나는 나 자신에게 물었다. 어떻게 하면 내 직분에 충실하면서 당사자가 없을 때도 한결같이 이야기할 수 있을까?

결국 나는 신의를 보이는 것과 그렇지 않은 것의 차이는 의도에 있다는 것을 깨달았다. 만약 내 목적이 성과나 관계를 향상시키는 데 있다면, 혹은 그 사람을 존중해주는 공정한 대화에 있다면 나는 신의를 보여주고 있다고 느낄 것이다.

중요한 것은 존중심을 보여주는 말을 하는 데 있다. 그 사람이 곁에 있든 없든 그에 대해 존중하는 마음으로 이야기하면 당신은 옆에 있는 사람들에게 신뢰를 쌓게 된다. 또한 당신이 문제가 있다고 생각하는 사람과 직접 대화할 용기를 갖는 것도 중요하다. 때론 자신에게 변화가 필요하다는 사실을 본인만 모르는 경우가 있다. 당사자를 찾아가 문제를 알려주는 용기를 발휘하는 것도 신의를 보여주는 것이다.

원칙에 충실하라

이제 행동의 분포 곡선을 보자. 왼쪽은 최소한의 신의만 보여주는 행동이다. 자신에게 편리할 때만 신의를 지키며 간혹 어느 정도 신뢰를 보여주기도 하지만 다른 사람이 반대하면 입장이 흔들린다. 오른쪽은 어느 순간에 극단적으로 신의를 보여주긴 해도 그들의 미래의 행복이나 원칙에 대해서는 신의를 보이지 않는다.

예를 들면 당신은 어떤 사람의 범죄 행위에 대해 침묵할 수도 있고, 어떤 생각이나 믿음이 시대에 뒤떨어졌거나 불완전하다는 것이 밝혀졌음에도 끝까지 지지할 수도 있다. 성실성(특히 용기와 일치성), 의도(동기와 행동), 능력(신뢰 능력)은 행동의 효과를 극대화하는 데 결정적인 역할을 한다. 원칙에 충실한 것이 사람들에 대한 신의를 보여주는 가장 좋은 방법이라는 것을 명심하라.

행동을 개선하려고 할 때는 다음과 같은 방법이 도움이 된다.

- 나음번에 대화를 하던 중에 사람들이 그 자리에 없는 사람에 대해 험담을 시작할 때, 이런 방법을 고려하라. 당신은 대화에 참여하거나 그 자리를 떠날 수 있다. 아니면 남아서 침묵할 수도 있다. 대화의 균형을 맞추기 위해 그 사람에 대해 긍정적인 이야기를 할 수도 있다. 혹은 "나는 그 사람에 대해 이야기하는 게 편치 않습니다. 우려할 만한 점이 있으면 그와 직접 이야기합시다"라고 말할 수도 있다. 어떤 것이 가장 원칙에 충실한 방법인지 생각해보고 행동에 옮겨라.
- 다음번에 직장이나 가정에서 다른 사람들과 프로젝트를 추진할 때는 아낌없이 그들의 공을 인정하라. 모든 사람의 공헌이 인정받고 모두에게 고마움을 느끼는 환경이 조성되는 것을 도와라. 아낌없이 공을 인정하라.
- 가족에 대해 부정적으로 말하지 마라. 배우자와 아이들을 포함해 가족에 대해 이야기할 때는 주의하라. 아이들이 올바르게 행

동하는 모습을 포착하고 그 착한 행동으로 당신이 얼마나 기쁜지 이야기하라.

| 요약 | 행동 5 - 신의를 보여라

아낌없이 공을 인정하라. 다른 사람의 공헌을 인정하라. 당사자가 없더라도 있을 때처럼 이야기하라. 없는 사람을 대변해줘라. 사람들의 등 뒤에서 험담하지 마라. 다른 사람의 개인적인 정보를 말하지 마라.

7장

행동 6
성과를 내라

미래의 리더는
어떤 성과를 내느냐보다
그들이 약속한 성과를 내느냐에
더 관심을 기울일 것이다.

_ 데이브 울리치Dave Ulrich, 경영 저술가

사람들은 종종 내게 묻는다.

"당신이 새 고객과 관계를 구축하려 할 때, 가장 빨리 신뢰를 쌓는 방법은 무엇입니까?"

나는 주저 없이 대답한다.

"성과를 내는 것입니다!"

성과는 즉각적으로 신뢰성과 신뢰를 가져다주며 힘을 준다. 성과는 당신이 가치를 창조하고 공헌할 수 있고 실행할 수 있음을 보여준다. 성과는 개인적인 신뢰성의 한 부분이며(4가지 핵심 요소의 하나) 다른 사람과의 관계에서 신뢰를 구축하는 데 막강한 도구가 된다.

성과를 내는 것은 책임, 설명, 성과의 원칙에서 나오며 이 행동부터 성품에서 역량에 기초를 둔 행동으로 넘어간다. 반대되는 행동은 빈약한 성과를 내거나 성과를 내지 못하는 것이고, 가짜 행동은 성과가 아니라 활동만 해내는 것이다.

나는 오랫동안 말은 많지만 그 말을 이행하지 못하는 사람들(특히 영업사원들)과 함께 일해 왔다. 그들은 대개 멋진 프레젠테이션을 하고 훌륭한 성과를 내겠다고 약속하지만, 약속한 성과를 내지 못하거나 그 수준에 훨씬 못 미치는 성과를 낸다. 결국 나는 말은 적게 하고 말한 것 이상을 이행하는 사람을 구분해내는 법을 배웠다.

그렇다고 그들이 프레젠테이션을 잘 못한다거나 높은 수준의 성과를 기대하지 않는다는 말은 아니다. 그들 역시 다른 사람과 비슷하지만 과장하지 않고 한결같이 성과를 낸다. 나는 경험을 통해 말은 많지만 성과를 내지 못하는 사람보다, 말은 적고 성과는 많이 내는 사람에게 가장 좋은 기회를 주는 것이 효과적이라는 것을 배웠다.

> 우리는 자신을 앞으로 할 수 있는 것으로 판단하지만, 다른 사람은 우리를 우리가 이미 한 것으로 판단한다.
>
> _헨리 워즈워스 롱펠로Henry Wadsworth Longfellow, 시인

나는 성과를 생각할 때마다 영화 〈반지의 제왕Lord of the ring〉을 떠올린다. 이것은 장장 9시간에 걸친 영화로 결국 프로도는 화산 분화구에 반지를 던지게 된다. 만약 그런 결말이 없다면 다른 모든 장면은 의미가 없을 것이다.

신뢰와 성과의 놀라운 선순환

내가 코비리더십센터의 CEO로 들어갔을 때, 회사에는 취미활동 정도로 인식되는 사업부 혹은 함께 지내기는 좋지만 돈은 못 버는 사업부가 하나 있었다. 이 사업부는 3년간 수많은 논의를 거듭했음에도 어떤 제품이나 결과도 내지 못했다. 마치 조직 전체가 이 사업부를 떠받치고 있는 듯한 느낌이었다.

나는 이 사업부의 리더를 만나 무슨 일이 있어도 6개월 내에 제품을 만들고 결과를 내기로 합의했다. 우리는 분명한 목표와 그 목표에 대한 성과 확인 방법도 정했다. 그런데 얼마 후 그 사업부 사람들로부터 기한이 촉박해 목표를 달성하기 어렵다는 말이 들려오기 시작했다. 나는 단호하게 말했다.

"지금 우리의 신뢰성이 위기에 놓여 있습니다. 제품을 만들지 못하는 사업부는 한낱 취미활동에 불과합니다. 우리는 수년간 제품에 대해 논의했지만 전혀 성과를 올리지 못했습니다. 우린 이 기한을 지켜야 합니다."

그들은 모두 나를 미워했고 내가 좀 더 시간을 주기를 기대했다. 하지만 나는 계속 책임감을 강조하면서 한 발짝도 물러서지 않았다. 결국 그들은 해냈고 합의한 날짜에 제품이 나왔다. 그리고 우리는 그 제품으로 몇 달 만에 수백만 달러를 벌어들였다.

그 성과는 이 사업부가 취미활동에 불과하다는 인식을 완전히 바꿔놓았다. 그들의 성과가 신뢰를 만들어냈던 것이다. 신뢰는 파급 효과를 낳으면서 그들 개인, 사업부, 조직 전체로 퍼져나갔다.

우리 집에서는 최근 열두 살이 된 아들 크리스천에게 쓰레기통을 내놓고 들여놓는 일을 맡겼다. 무거운 쓰레기통을 길고 가파른 진입로를 지나 도로까지 날라야 했기 때문에 우리 집에서는 매우 성가신 일이었다. 특히 눈이라도 오게 되면 몹시 힘들었다. 그러나 크리스천은 자기 책임을 다했고 그런 모습을 보게 되어 우리는 매우 기뻤다.

사실 우리는 크리스천에게 단 한 번 부탁했을 뿐이지만, 매주 수요일에 집에 돌아오면 쓰레기통은 밖에 나와 있었고 목요일에 돌아오면 쓰레기통이 들어와 있었다. 누가 보든 말든 그는 묵묵히 책임을 다했다. 우리가 크리스천의 행동에 그토록 기뻐했던 것은 그 반대의 행동을 보았기 때문이다. 그의 형에게 같은 일을 맡길 때 우리는 여러 차례 이야기했지만 책임 있게 행동하지 않았던 것이다.

일을 책임 있게 할 때와 그 반대의 경우는 신뢰계좌와 속도, 비용에 엄청난 영향을 미친다. 우리는 아이들이 성과를 내고 신뢰가 높을 때는 아이의 요구를 잘 들어주고 특전을 주기도 했다.

이런 현상은 직장에서도 나타난다. 결과를 내는 사람에게 더 많은 선택권과 유연성이 주어지는 것은 당연하다. 잭 웰치는 이러한 유연성을 삶과 일의 균형을 지원하고자 하는 상사와 관련지어 말한다.

"상사들은 사람들이 자유롭게 출퇴근할 수 있도록 유연성을 부여하는 데 찬성한다. 단, 그 유연성을 얻으려면 성과나 결과를 내야 한다. 나는 일과 삶의 균형이 실제로 작용하는 방식을 과거의 전표 지불 방식으로 설명하고 싶다. 훌륭한 성과를 내는 사람에게는 유연성과 교환할 수 있는 전표가 쌓인다. 전표가 많아질수록 자신이 원하는 시간에 원하는 곳에서 원하는 방식으로 일할 기회는 커진다."

성과를 낼 때 사람들은 냉소를 거둔다. 그리고 새로운 관계에서 빠르게 신뢰를 구축할 수 있다. 나아가 유연성과 선택권을 얻는다. 심지어 역량 문제로 신뢰를 잃었을 경우에도 빠르게 신뢰를 회복할 수 있다.

> 나는 당신이 반복적으로 성과를 내기 전까지는 당신을 전적으로 신뢰할 수 없다. 내 주요 거래처 중 한 사람이 신뢰관계를 원한다고 했을 때 나는 생각했다. '부질없는 짓이지!' 그리고 돌아서서 말했다. "나는 당신을 신뢰하지 않아요. 당신이 반복적으로 성과를 내기 전까지는 당신을 신뢰하지 않을 겁니다."
>
> _피터 로위Peter Lowe, 영국 홈오피스 IT 담당 이사

성과의 범위를 미리 분명하게 정하라

나는 가끔 성과는 내지만 기대하는 반응은 얻지 못하는 사람들을 만난다. 그들은 신뢰계좌에 1,000달러의 예입이 발생하기를 기대하지만 10달러만 들어오고, 심한 경우 인출이 발생하기도 한다. 그것은 대부분 그들이 미리 자신에게 기대하는 것을 분명하게 정하지 않았기 때문이다.

사람들이 좋은 성과 심지어 위대한 성과라고 생각하는 것은 보통 상대방이 볼 때 평범한 성과에 지나지 않는다. 더구나 그들의 성과는 상대방과 기준이 완전히 다르다. 마치 일주일에 80시간을 일하는 부

모가 아이에게 물질적으로 많은 것을 주고 아이의 신용계좌에 큰 예입이 발생할 거라고 생각하지만, 아이가 정말로 원하는 것은 부모의 시간인 것처럼 말이다. 또는 고객은 관심도 없는 특징을 만들어내는 데 열심인 제품개발팀처럼 말이다.

최근 영국에서 열린 한 회의에서 CIO와 다른 IT 전문가들이 기술과 조직의 신뢰에 대해 토의했다. 핵심 안건 중 하나는 기술은 기분 좋은 약속을 많이 하지만 밤낮으로 기본적인 성과를 내지 못하면 그 약속은 어떤 의미도 없다는 것이다. 회의에서 브리티시 항공의 CIO 폴 코비Paul Coby는 이렇게 말했다.

"신뢰의 관점에서 내가 IT 분야에서 끊임없이 성과를 내기 전까지는 우리가 BritishAirways.com에서 하려고 하는 훌륭한 일이나 다른 신개발에 대해 토의하지 않을 생각이다. …… 당신이 그것을 마쳐야 그들과 보다 창조적인 아이디어에 대해 이야기할 수 있다."

오늘날에는 성과를 미리 정하는 것이 특히 중요하다. 직원들의 상당수가 측정 가능한 성과를 보여주기 어려운 일을 하고 있기 때문이다. 따라서 어떤 상황에서든 신뢰 구축에 도움이 되는 성과를 정한 다음, 예산을 초과하지 않는 범위 내에서 제때에 그 성과를 내는 것이 중요하다.

> 가장 먼저 할 일은 성과를 통계로 보여주는 것이다. 성과를 내는 데 중대한 영향을 미치는 IT 시스템을 돌리든 돌리지 않든 혹은 다른 어떤 일도 하지 않든 성과를 투표로 결정할 수는 없다.
>
> _J. P. 랑가스와미Rangaswami, 글로벌 CIO

결과에 집중하라

이제 행동의 분포 곡선에서 역량에 기초를 둔 핵심 요소가 나타나고 있다. 곡선 왼쪽은 기대 이하의 성과를 내는 것이므로 성실성, 능력, 성과를 강화할 필요가 있다. 오른쪽은 이 성과가 자신이 집중해야 하는 성과인지 생각지도 않고(예를 들면 상사의 중요한 목표도 아닌데 미친 듯이 일하는 직원이나 특근을 하며 아이와 함께 지내지 않는 부모) 성과를 너무 많이 내는 것이다. 성실성(특히 일치성), 능력의 한 방향 정렬, 성과 결정에 집중하면 적정범위에 드는 데 도움이 된다.

- 기대하는 목표를 확실히 이해하라. 일방적인 생각으로 좋은 성과를 내고 있으니 목표를 달성할 거라고 기대하지 마라.
- 다음번에 성과를 내겠다는 약속을 할 때, 그것이 현실적인지 자신에게 물어라.
- 미리 필요한 것을 예상하고 요구가 있기 전에 결과를 내라. 캐나다의 위대한 하키선수 웨인 그레츠키는 "나는 퍽이 있었던 곳이 아니라 퍽이 올 만한 곳으로 스케이트를 지친다"라고 말했다.

| 요약 | 행동 6 - 성과를 내라

실적을 내라. 올바른 일을 해내라. 일을 완수하라. 당신이 채용된 목적을 완수하라. 기한을 지키고 예산 범위를 초과하지 마라. 약속은 크게 하고 성과는 미달하지 마라. 성과를 내지 못한 것에 대해 변명하지 마라.

8장

행동 7
끊임없이 개선하라

21세기의 문맹은
글을 읽고 쓰지 못하는 사람이 아니라
배우지 못하고, 배운 것을 잊지 못하고,
다시 배우지 못하는 사람이다.

_ 앨빈 토플러

나는 어린시절부터 겨울이면 스키를 즐겨 탔다. 스키 타는 실력은 매년 향상되었고 그것은 스키를 잘 탈뿐 아니라 넘어지기도 잘했다는 것을 의미한다. 모순처럼 들릴 수도 있지만 넘어지지 않으면 실력이 향상되었음을 느낄 정도로 힘차게 나아갈 수 없다. 열여덟 살 때 내 스키 실력은 최고조에 달했고, 나는 그때부터 조심스럽게 타기 시작했다. 더 이상 넘어지고 싶지 않았고 또한 다리가 부러질지도 모를 위험을 피하고 싶었기 때문이다.

나는 여전히 스키를 즐겨 탄다. 하지만 25년 넘게 실력은 늘지 않았다. 그저 오래 전에 배운 기술에 의존해 과거 속에 살고 있을 뿐이다.

스키는 초중급자 코스green circle, 상급자 코스blue square, 최상급자 코스black diamond 등의 난이도가 있는 운동이다. 만일 내가 초중급자 코스나 상급자 코스에서 스키를 탄다면 꽤 잘 타는 것처럼 보일 것이다. 하지만 가파른 언덕과 둔덕mogul이 있는 전문가 코스double-black-diamond에서 탄다면 우스꽝스러워 보일 게 뻔하다.

> 사람들이 배움을 중단하는 이유 중 하나는 실패를 무릅쓰고 배우겠다는 마음이 점점 옅어지기 때문이다.
>
> _존 가드너

오늘날 우리는 더블 블랙 다이아몬드(최상급 난이도 스키 코스-옮긴이 주)의 세계에 살고 있다. 기술 진보와 세계화, 지식노동자 경제는 난이도를 한껏 높여 놓았고 우리를 더욱 도전적인 상황으로 몰아넣고 있다. 이 새로운 상황에서 과거의 기술을 적용하려고 하는 것은 최상급자 코스에서 초중급자 능력을 적용하려고 하는 것과 같다.

능력을 근본적으로 향상시키지 않으면 이 도전적인 상황에서 살아남지 못할 것이다. 경쟁이 날로 치열해지는 상황에서 그것은 내 스키 타기 실력처럼 필연적인 결과다. 초중급자 코스에서 나는 유능한 스키어처럼 보일 수 있지만, 전문가 코스에서는 완전히 달라진다. 그런데 신뢰를 고취하는 스키어는 전문가 코스의 스키어이다.

개선의 반대말은 퇴보가 아닌 머무름이다

개선은 지속적인 향상, 학습, 변화의 원칙에 기초를 두고 있다. 나아가 개선은 신뢰를 가져온다. 이 행동은 성과를 내는 것처럼 4가지 핵심 요소 가운데 하나(능력)가 직접 막강한 관계 구축 도구로 바뀔 수 있음을 보여주는 예이다.

사람들이 당신을 배우고 성장하고 새로워지는 사람으로 볼 때, 그들은 급변하는 환경 속에서도 성공 가능성이 큰 당신의 능력에 신뢰를 보낸다. 이는 신뢰가 높은 관계를 형성하고 아주 빠른 속도로 나아갈 수 있게 해준다.

개선의 반대 행동은 과거의 성공에 안주하거나 퇴보하고, 악화되어 불필요한 존재가 되는 것이다. 급변하는 세계에서는 의식적으로 개선하고자 노력하지 않으면 현상 유지는 고사하고 퇴보를 면치 못한다. 주변 사람이 빠르게 전진하기 때문에 점차 불필요한 존재로 전락하고 마는 것이다. 따라서 현재 상태에 머물러 있으면 신뢰를 고취하기는커녕 오히려 신뢰가 떨어진다.

개선의 가장 흔한 가짜 행동은 2가지이다. 하나는 영원한 학생의 행동으로 항상 배우지만 생산하지 못하는 것이다. 다른 하나는 프랭크 허버트Frank Herbert가 잘 설명하고 있다.

"내가 가장 불신하는 사람은 삶의 개선을 원하면서도 한 가지 행동 방식만 고집하는 사람이다."

이런 사람은 모든 것을 자신이 잘하는 것에만 맞추려고 한다. 심리학자 에이브러햄 머슬로는 "망치질을 잘하는 사람은 모든 것을 못으로 생각한다"고 말했다.

더블 블랙 다이아몬드 세계의 생존법

끊임없는 개선의 좋은 예가 되는 사람은 이 책에도 많이 등장하지만, 그밖에도 하루에 최소한 책 한 권을 읽는《영혼을 위한 닭고기 수프》시리즈의 공동저자 잭 캔필드, 마이크로소프트의 빌 게이츠, 페덱스의 프레데릭 스미스, 메리 케이 화장품의 메리 케이 애시Mary Kay Ash 등이 있다. 이들은 항상 배우는 자세로 회사를 설립할 때나 변화의 시기에 꼭 필요한 존재로 거듭났다.

> 스무 살에 중단하든 일흔 살에 중단하든 배움을 중단하는 사람은 노인이 된다. 배움을 계속하는 사람은 젊은이로 남을 뿐 아니라 신체적 능력에 관계없이 더욱 가치 있는 사람이 된다.
>
> _하비 울먼

끊임없는 개선의 또 다른 예는 NBA에서 20년간 활약한 파워 포드 칼 말론Karl Malone이다. 말론은 루키 시즌(데뷔 첫 시즌)에는 프리드로 성공률이 48퍼센트에 불과했다. 하지만 그는 선수생활을 하는 동안 수많은 프리드로를 던져야 하는 현실을 분명하게 인식하고 자신의 약점을 강점으로 바꿔놓았다. 덕분에 이후에는 75퍼센트의 성공률을 기록했는데 그런 거구로는 뛰어난 기록이었다.

루키 시즌 이후, 그는 유례없이 강도 높은 웨이트트레이닝을 실시했다. 이것은 꽤 효과적이었고 다음해에 그가 훈련캠프장에 나타났을 때는 이전 시즌을 마칠 때보다 몸이 더 좋아져 있었다. 덕분에 말론은 지난 시즌과 같은 수준으로 경기를 펼치는 동료들과 달리 경기 능력이 크게 향상되었으며 명예의 전당에도 올랐다.

흥미로운 것은 끊임없이 개선하는 사람은 전체 수준을 끌어올리는 촉매제가 된다는 점이다. 말론과 마찬가지로 제리 라이스Jerry Rice는 풋볼에서, 타이거 우즈Tiger Woods는 골프에서 비슷한 영향을 미쳤다.

비즈니스 분야에서는 핀란드 기업 노키아Nokia가 개선의 좋은 예이다. 노키아는 유럽에서 가장 신뢰받는 브랜드로 130개 나라 이상에서 405억 달러의 매출을 올리는 세계 최대의 휴대전화 생산업체이다. 노키아는 본래 휴대전화를 생산하는 기업이 아니었다. 약 150년 전 노키아는 종이 제조회사였는데 당시 노키아의 리더들은 혁신을 핵심 능력으로 보고 새로운 기업 문화를 세웠다. 이를 통해 그들이 쇄신이라고 부르는 그 혁신을 지난 140년간 실천해올 수 있었다. 〈패스트컴퍼니〉는 이렇게 말했다.

> "(노키아는) 종이 제조에서 장화, 우비, 사냥총, 가전제품 제조로 계속 바꾸다가 마지막에는 휴대전화에 승부를 걸었다. 그렇게 쇄신은 계속되어 왔다. …… 노키아는 대규모로 확장하거나 노쇠하거나 느려지는 것을 거부하는 기업이다."

오늘날 노키아는 도전적인 산업의 한복판에 있고, 리더들은 시장의 요구에 부응해 끊임없이 혁신하고 개선하지 않으면 경쟁에서 뒤처질 것이란 사실을 인식하고 있다. 그래서 노키아는 지칠 줄 모르고 혁신을 계속하고 있다.

쇄신, 재창조, 혁신, 지속적인 개선 등 뭐라고 부르든 이러한 행동의 필요성은 더블 블랙 다이아몬드 세계에서 성공하기 위한 필수 조건이다. GE의 CEO 제프리 이멜트Jeffrey Imelt는 "GE에 가장 긴급하게 요구되는 것은 끊임없는 재창조이다. …… 잠시 방심하면 일용품 지옥commodity hell으로 빠지고 말 것이다"라고 말했다.

개선의 심리학

개선하려 할 때 그 효과를 높일 수 있는 방법에는 2가지가 있다. 그것은 피드백 구하기와 실수에서 배우기이다.

피드백 구하기

피드백을 구하고 그것을 효과적으로 활용하는 것은 품질을 개선하는 데 대단히 중요하다. 내 삶에서 피드백은 직장에서 이뤄지는 내부 설문조사와 외부 고객 방문, 그리고 집에서 제리에게 "당신의 삶이 나아지도록 하기 위해 내가 할 수 있는 게 뭐지?"라고 물어보기에 이르기까지 내 모든 노력의 일부분이다.

델사의 마이클 델과 케빈 롤린스가 어떻게 피드백을 구하고, 피드백에 반응했는지 생각해보라. 그들은 자신의 실적에 근거해 피드백을 무시할 수도 있었지만 그것을 겸허하게 받아들였다. 반대로 나는 어떤 제품개발 프로젝트를 수행할 때 피드백을 받아들이지 않았다. 그러다가 시장의 미지근한 반응이 그 피드백에서 지적된 사항이 옳았음을 확인시켜 주었을 때 내가 얼마나 후회했을지 상상해보라.

적절한 피드백을 받고 그에 따른 행동을 취하는 것은 배우고 성장하고 혁신하는 기업의 징표이다. 메리어트 인터내셔널은 내가 그 호텔에 투숙할 때마다 이메일로 피드백을 요청한다. 아마존닷컴은 내가 회원판매자third-party seller에게 주문할 때마다 피드백을 요청하고 내 피드백은 그 회원사의 성과 평가에 반영된다.

거의 모든 대기업이 직원 만족도, 참여도 등을 묻는 설문조사를 통해 직원들로부터 피드백을 얻는다. 물론 좋은 기업과 최고의 기업을 가름하는 것은 피드백 조사 유무가 아니라 피드백에 대한 태도와 반응 방식이다.

우리는 앞서 말한 것처럼 피드백을 개선에 필수적인 요소로 보고 신뢰의 속도 프로그램에 신뢰에 대한 다면평가 도구를 포함시켰다. 사람들은 이 도구를 통해 자신의 강점 및 약점에 대한 인식과 다른 사람의 인식을 비교하며, 때로는 놀라운 이야기를 듣고 패러다임을 바꾸거나 마음을 열고 긍정적 변화의 길을 찾는다.

우리가 참가자들에게 말할 때 피드백을 지나치게 강조하거나 과잉반응하면 그들은 자신의 직관과 비전을 낮춰보게 된다. 또한 피드백은 받는 사람보다 주는 사람에 대해 더 많은 것을 알려줄 때가 많다. 물론 이러한 정보도 신뢰 구축에 큰 도움이 될 수 있다. 다른 사람이 그 관계에 부여하는 의미와 어떤 행동이 그들의 신뢰계좌에 예입을 만드는지 알 수 있는 것이다.

일단 피드백을 받으면 그것을 준 사람들에게 고마움을 표시하고 그것을 어떻게 실행할 계획인지 알려주어야 한다. 당신이 피드백을 진지하게 받아들이면 당신에 대한 신뢰가 높아지고 성장과 변화의 환경이 만들어진다. 하지만 이미 말했듯 항상 책임 있게 실행해야 한다. 그렇지 않으면 당신의 의도 표현은 인출을 발생시키고 피드백을 구하지 않을 때보다 더욱 관계가 나빠질 것이다.

실수에서 배우기

내가 스키를 배울 때처럼 당신도 기꺼이 실수하겠다는 마음이 없으면 끊임없이 개선할 수 없다. 사람들은 대체로 실패를 두려워하거나 좋은 인상을 남기기 위해 실수하려 하지 않는다. 하지만 현명한 사람과 기업은 실수가 하나의 과정임을 깨닫는다. 그들은 실수를 개선에 도움이 되는 피드백으로 보며 그 실수에서 어떻게 배워야 하는지를 배운다.

사실 획기적인 발명이나 통찰을 가져오는 것은 실패이다. 앨버트 아인슈타인은 "나는 몇 달, 몇 년을 생각하고 또 생각한다. 내가 얻은 결론은 아흔아홉 번 틀리지만 백 번째에서 옳은 결론을 찾는다"라고 말했다. 토머스 에디슨 역시 완벽한 전구를 만드는 과정에 대해 날카로운 혜안을 보여준다.

"나는 만 번 실패한 것이 아니라, 동작하지 않는 만 개의 재료와 조합을 성공적으로 제거한 것이다."

최고의 기업은 혁신과 관련해 이와 비슷한 사고 방식을 채택했다. 대표적으로 혼다자동차의 창립자 소이치로 혼다Soichiro Honda는 "나는 반복되는 실패와 반성을 통해 성공을 이룰 수 있었다. 사실 성공은 1퍼센트의 노력과 99퍼센트의 실패에서 오는 것이다"라고 했다.

자기 자신에 대해 아주 많이 생각하지 않으면 성공에서 아무것도 배우지 못한다. 성장은 실패를 통해 이뤄진다. 실패를 인정하고 받아들이고 실패에서 배우고 실패를 극복하고 다시 시작할 수 있다면 말이다.

_디 호크Dee Hock, 비자 인터내셔널 창립자

현명한 리더는 적절한 모험을 북돋우는 분위기, 안심하고 실수할 수 있는 분위기를 만든다. 그 좋은 예가 IBM 창립자 톰 왓슨 2세Tom Watson Sr.이다. 워런 베니스Warren Bennis와 버트 나누스Burt Nanus는 《워런 베니스의 리더Leaders: Strategies for Taking Charge》에서 왓슨에 대해 다음과 같은 이야기를 들려준다.

IBM의 한 유망한 젊은 이사가 위험한 기업 투자에 참여해 천만 달러 이상의 손실을 입었다. 회사의 입장에서 그것은 재앙에 가까웠다. 왓슨이 잔뜩 겁을 먹은 그 이사를 사무실로 불렀을 때, 그 젊은이가 단도직입적으로 말했다.

"제 사표를 원하십니까?"

왓슨이 말했다.

"무슨 말씀이오? 우리는 당신을 교육시키기 위해 천만 달러를 썼을 뿐이오."

왓슨이 "성공률을 높이고 싶으면 실패율을 두 배로 높이라"고 말한 것은 이런 학습을 염두에 둔 것이다.

실패율을 높여라

효과적으로 개선하는 것은 4가지 핵심 요소 모두와 관계가 있다. 개선을 약속하고 그 약속을 지키기 위해서는 성실성이 필요하다. 당신의 의도가 다른 사람의 삶에 공헌할 수 있는 능력을 향상시키는 것일 때, 행동의 분포 곡선의 정점에 이르게 된다. 그 사람은 향상된 당신의 재능과 기술의 수혜자일 수도 있고(당신 가족의 경우처럼), 돈 버는 능력의 수혜자일 수도 있다.

끊임없는 개선은 능력과 관계가 있다. 여기에는 의미 있는 목표를 정하고 달성할 수 있는 능력과 신뢰를 쌓고 키우고 보내고 회복할 수 있는 능력이 포함된다. 또한 개선에 들이는 노력의 투입·산출비를 극대화하고 개선에 집중하는 것과 얻으려고 하는 성과 사이의 관계를 인식한다는 점에서 성과와도 관계가 있다.

- 부하직원, 고객, 팀원, 가족에게 계속·중단·시작 요청을 하라. 다음의 3가지 간단한 질문을 하라.
  1. 우리가 지금 하고 있는 것 가운데 당신이 계속 해야 한다고 생각하는 것 한 가지는 무엇인가?
  2. 우리가 지금 하고 있는 것 가운데 당신이 중단해야 한다고 생각하는 것 한 가지는 무엇인가?
  3. 우리가 지금 하지 않는 것 가운데 당신이 시작해야 한다고 생각하는 것 한 가지는 무엇인가?

  대답해준 사람들에게 고마움을 표시하고 당신이 무엇을 하려고 하는지 말해준 다음 그 진행 상황을 보고하라.

- 다음번에 당신이 실수를 하면 고민하지 말고 그것을 피드백으로 생각하라. 실수에서 무엇을 배웠는지, 다음에 다른 성과를 얻기 위해 접근 방법을 어떻게 개선해야 하는지 생각하라.
- 당신이 조직, 팀, 가정에서 리더의 역할을 맡고 있다면 안심하고 실수할 수 있는 환경을 만들어라. 높은 신뢰, 시너지, 생산성을 얻을 수 있도록 사람들이 적절하게 모험을 하고 실패에서 배우게 하라.

| 요약 | 행동 7 - 끊임없이 개선하라

지속적으로 개선하라. 자신의 능력을 키워라. 끊임없이 배워라. 공식적·비공식적 피드백 시스템을 만들어라. 자신이 받은 피드백에 대해 행동을 취하라. 피드백을 준 사람들을 고맙게 생각하라. 자신은 피드백을 받지 않아도 된다고 생각하지 마라. 오늘의 지식과 기술이 내일의 도전을 극복하는 데 충분할 것이라고 생각하지 마라.

9장

행동 8
현실을 대면하라

리더의 첫 번째 책임은
현실을 정의하는 것이다.

_ 맥스 드프리Max Depree, 허만 밀러Herman Miller 회장

반복되는 회의에 참가해본 적이 있는가? 공식 미팅에서 다뤄졌어야 할 문제를 소그룹에서 비공식적으로 토의한 적이 있는가? 문제를 직접 다루고 해결하지 않아 얼마나 많은 시간과 돈이 낭비되고 있다고 생각하는가?

당신의 가족이 경영 관련 저술가 캐슬린 라이언Kathleen Ryan이 '토의조차 불가능한 문제undiscussables'라고 불렀던, 모두가 피하는 상황에 놓인 적이 있는가? 서로 신뢰하는 관계에 방해가 되는 문제이지만 아무도 그것에 대해서 말하지 않는 상황을 경험한 적이 있는가? 토의조차 불가능한 그 문제가 없었다면, 사람들이 어느 주제에 대해서든 서로를 존중해주면서 솔직하고 자유롭게 토의할 수 있었다면, 얼마나 달라졌을 거라고 생각하는가?

현실 대면이란 어려운 문제를 정면으로 다루는 것을 말한다. 또한 모두가 쉬쉬하는 문제를 거론하고 신성불가침 영역sacred cow을 다루며 토의조차 불가능한 문제를 토의하는 것이다. 이러한 문제를 적절하게 다룰 때 신뢰가 쌓이게 된다. 사람들이 당신이 순수한 마음으로 이런 문제를 다룬다고 생각하기 때문이다.

현실 대면은 용기, 책임, 자각, 존중의 원칙에 기초를 두고 있다. 이러한 행동을 훌륭하게 보여준 대표적인 인물은 미국의 해군제독 제임스 스톡데일James Stockdale이다. 베트남에서 8년간이나 전쟁포로로 지냈던 그는 그 혹독한 현실에서 짐 콜린스가 명명한 '스톡데일 패러독스'를 보여주었다. 실제로 그는 함께 투옥된 모든 전쟁포로로부터 신뢰와 존경을 받았다. 콜린스는 《좋은 기업을 넘어 위대한 기업으로》에서 스톡데일의 말을 인용하고 있다.

"결국에는 승리할 거라는 믿음, 결코 패배하지 않는다는 믿음과 가혹한 현실을 대면하는 규율을 혼동해서는 안 된다."

콜린스는 계속해서 덧붙이고 있다.

"스톡데일 패러독스는 자신을 이끄는 경우든 다른 사람을 이끄는 경우든, 위대함을 창조하는 모든 사람의 징표이다."

현실 대면의 또 다른 예로는 앤 멀케이Anne Mulcahy를 들 수 있다. 〈포천〉에 소개되었듯 앤이 2001년 8월 제록스의 CEO가 되었을 때, 가혹한 현실이 그녀를 기다리고 있었다. 회사는 만성적자와 거액의 부채, 고비용, 매출감소로 허덕였고 유동성 위기를 맞은 가운데 대부분의 인재가 회사를 떠나고 있었다. 또한 회사의 비즈니스 모델은 시대에 뒤떨어진 데다 제품 및 서비스는 변화가 없었다. 설상가상으로 전체 경제마저 침체에 빠졌고 SEC 회계 부정 사건까지 터졌다. 더구나 업계의 치열한 경쟁으로 이전 해에 주가는 63.69달러에서 4.43달러로 곤두박질 쳤다.

그야말로 가혹한 현실이었다. 하지만 멀케이는 현실을 회피하기보다 정면으로 맞섰다. 그녀는 워크아웃 전문가들의 반대에도 불구하고 먼저 파산을 피하고 생존하는 데 힘을 쏟았다.

"재정적 측면에서 파산이 더 유리하다고 생각할 수 있지만, 필사적으로 회생해 명성을 되찾으려고 하는 회사에게 그것은 우울하고 사기를 떨어뜨리는 일이었다."

다음으로 멀케이는 잇따라 어려운 결정을 내렸다. 데스크톱 사업부를 폐쇄하고 고비용 구조를 개혁했으며 회계 부정 사건을 해결했던 것이다. 나아가 제품 및 서비스에 변화를 주는 것은 물론 진실을 말했다. 한번은 제록스의 비즈니스 모델이 지속되기 힘들고 재창조가 필요하다고 솔직하게 털어놓기도 했다. 월가는 즉각 반응했고 주가는 하루만에 26퍼센트나 폭락했다. 그러나 직원들의 신뢰는 오히려 높아졌다.

그녀는 오랫동안 방치되어 온 문제를 기꺼이 떠안았다. 덕분에 처음에는 직원들, 그 다음에는 고객과 은행을 포함한 투자자들의 신뢰가 높아졌다. 멀케이는 이전의 제록스 리더들이 알면서도 회피했던 문제에 과감히 대면했으며 사람들은 그녀를 용기 있는 리더로 평가했다.

이후 놀랄 만큼 좋아진 제록스는 수익을 내기 시작했고 부채는 큰 폭으로 감소했다. 나아가 주가가 반등했다. 현재 상태에서 아직 판단을 내리긴 이르지만 적어도 지금까지 앤 멀케이는 어려운 문제를 정면 돌파해 신뢰를 구축한 리더라고 볼 수 있다.

현실 대면의 반대 행동은 현실을 무시하고 마치 현실이 존재하지 않는 것처럼 행동하는 것이다. 이 경우 현실을 모른 체하거나 현실이 사라졌다고 생각한다. 가짜 행동은 현실을 회피하면서 현실을 대면하는 체하는 것이다. 바쁜 일에 집중하면서 실제 문제를 회피하는 것이 여기에 해당한다.

반대 행동과 가짜 행동의 문제는 어떤 이유로든 실제 문제를 대면하지 않으면 사람들이 당신을 성품이 부족하거나(열려 있거나 정직하지 않고 투명하지 않으며 솔직하지 않다) 역량이 부족한 사람(눈치가 없고 순진하며 무능하고 실제 문제가 무엇인지 알지 못한다)으로 평가한다는 점이다. 어떤 평가를 받든 신뢰를 고취하는 데는 도움이 되지 않는다.

획기적인 변화의 분수령

현실 대면은 적어도 2가지 면에서 속도와 비용에 영향을 미친다. 첫째, 솔직한 대화와 신속한 성취를 촉진하는 관계 구축을 돕는다. 둘째, 다른 모든 사람을 위한 장밋빛 그림을 그리며 혼자 어려운 문제와 씨름하는 대신 문제를 해결할 때 다른 사람이 창의력, 능력, 시너지를 발휘하게 한다. 이처럼 현실을 대면하면 아이디어가 자유롭게 흘러가며 혁신과 협력이 이뤄진다. 또한 해결 방안이 더 빨리 나오고 그것이 문제 해결 과정에 참여한 사람들의 이해와 동의, 흥분 속에 실행된다.

나는 프랭클린코비의 합병을 경험하면서 현실을 대면하면 어떤 신뢰의 배당이 나오는지 분명히 알게 되었다. 앞서 말했듯 내가 미팅 의제를 젖혀두고 사람들이 정말로 원하는 문제를 토의하자고 제안했을 때, 처음에 나는 사람들의 반응에 충격을 받았다. 와락 불신이 느껴졌기 때문이다. 그러나 한 시간 만에 거대한 댐이 무너지는 것 같은 느낌을 받았다. 회의 공간으로 밀려드는 솔직함과 신뢰, 안도감, 고마워하는 마음이 느껴졌던 것이다. 그것은 내게 하나의 분수령이 된 경험이었다. 이후 우리의 협력 능력에, 궁극적으로는 고객의 가치 창조 능력에 획기적인 변화가 생겼다.

우리는 왜 현실을 대면하지 않는가

존 케이스John Case는 《열린 경영Open Book Management》에서 성공 경영의 열쇠는 사람들을 성인으로 대해주는 데 있다고 말한다. 사람들을 성인으로 대할 때 성인처럼 행동한다는 얘기다. 그것이 경영 공개와 현실 대면을 받쳐 주는 패러다임이라는 것인데, 케이스는 이런 접근 방법이 사람들에게 존중심을 보여준다고 말한다. 사람들에게 '당신은 성인이다. 당신은 이 문제를 해결할 수 있다'는 메시지를 전해주기 때문이란다. 나에게는 그것이 이런 메시지를 전해주는 것처럼 보인다.

"나는 상황 개선에 대한 당신의 의견을 소중히 여깁니다."

당신이 직면한 도전과 문제를 해결하려면 사람들의 도움을 받아야 한다. 이때 그들의 입을 막으면 어떤 것도 얻지 못한다. 아메리칸 항공의 CEO 제라드 아피는 현실을 대면하는 데 노조를 동참시킨 결정에 대해 이렇게 말했다.

"사람들이 당신의 비즈니스 파트너가 아니라면, 그들은 당신의 전략을 약화시킬 것이다."

그렇다면 사람들은 왜 현실을 대면하지 않는 것일까? 인기를 잃고 싶지 않아서다. 나쁜 소식을 전달하는 사람이 되고 싶지 않은 것이다. 때로 리더는 신뢰성과 신뢰를 유지하기 위해 잘못된 상황과 거리를 둬야 한다는 생각으로 다른 사람을 시켜 나쁜 소식을 전하게 한다. 그러나 이런 행동은 정반대의 결과를 가져온다. 사람들이 리더가 정직하고 솔직하지 않으며 어려운 문제 앞에서 몸을 사리고 더러운 일은 다른 사람에게 맡긴다고 생각해 막대한 세금이 발생하는 것이다.

> 리더는 따르는 사람들에게 좀 더 솔직해져야 한다. 좋은 소식뿐 아니라 골치 아프고 부정적인 소식도 솔직하게 말하고 책임 있게 행동하라. 나빠질 가능성을 숨기지 말고 나쁜 소식을 부하직원을 시켜 전하지 마라. 적절한 타이밍에 직원들과 문제를 함께 나눠라.
>
> _존 M. 헌츠먼

사람들은 불편함을 피하고 싶어 한다. 예를 들어 부모는 아이가 약물에 중독되거나 다른 중독성 행동에 빠지는 것을 원치 않는다. 그런 일은 고통이 심하기 때문에 설사 아이가 약물에 중독되더라도 문제를 인정하고 신속하게 행동을 취하지 못한다. 문제를 못 본 체하거나 다른 식으로 보고 아이를 대면하지 못하는 것이다.

사람들은 체면을 잃는 것을 원치 않는다. 나는 심각한 재정 문제에 직면한 한 가족을 상담하면서 이러한 경향을 분명히 볼 수 있었다. 그들은 수입이 급격하게 줄었지만 과거의 생활 습관을 그대로 유지했다. 친구들에게 체면을 잃는 것이 걱정되어 저축을 축내고 빚을 내면서 어려운 상황을 덮으려 했던 것이다. 계속 그런 식으로 나가면 파산할 수도 있었지만 그들은 현실을 직시하고 싶지 않아 현실에서 고개를 돌렸다. 결국 그들은 수많은 상담을 받고 몇 달간 솔직한 대화를 나누고 나서야 비로소 현실을 인정하고 필요한 조치를 취했다.

나는 개인적, 직업적 경험을 통해 현실 대면을 늦추지 않아야 한다는 것을 배웠다. 시간이 간다고 해결이 쉬워지는 것도 아니고 개선되지도 않는다. 어떤 경우에는 관련 정보를 수집해 기민하게 행동하지 않으면 해결 방안을 잃게 될 수도 있다. 해결 방안이 아닌 피해 수습책을 마련해야 할 상황이 올 수도 있는 것이다.

머서 인적자원 컨설팅Mercer Human Resource Consulting의 연구에 따르면, 직원들의 39퍼센트만 경영진이 문제가 확산되기 전에 적절히 대응한다고 생각하는 것으로 나타났다. 그 비용을 한번 생각해보라. 문제가 생겼을 때는 조기에 대응하는 것이 효과적이다. 그것이 비용이 적게 든다.

나쁜 소식을 전하는 것을 주저하지 마라. 모든 것을 긍정적으로 말해야 한다고 생각하지 마라. 그렇다고 "모든 게 끔찍해. 우리는 망할 거야"라며 곡선의 오른쪽으로 행동이 치우치는 것도 옳지 않다. 짐 콜린스가 지적했듯 가혹한 현실을 직시하되 결코 믿음을 잃어서는 안 된다. 실제로 좋은 기업에서 위대한 기업으로 도약한 기업(리더)

은 모두 그렇게 했고 그들의 접근 방법은 힘의 원천이 되었다. 콜린스는 다음과 같이 말했다.

"위대한 기업으로 도약한 기업은 가혹한 현실에 맞설 때 더 약해지거나 의기소침해지는 것이 아니라, 더욱 강해지고 활기가 넘친다. 가혹한 현실에 정면으로 맞서는 그들에게서는 "우리에게 포기란 없다. 절대 항복하지도 않는다. 아무리 많은 시간이 걸릴지라도 우리는 승리의 길을 찾을 것이다"라고 말하는 것처럼 흥분감 같은 것이 느껴진다. 마찬가지로 당신도 "현실은 이렇다. 현실 문제를 함께 다뤄보자. 우리가 왜 승리할 수 있는지 말해주겠다" 혹은 "내가 우리 팀이 앞으로 나아갈 수 있다고 생각하는 이유를 말해주겠다"라고 말할 수 있다."

문제에 정면으로 맞서라

현실 대면 행동은 4가지 핵심 요소의 상호작용에서 나오는 판단력이 뒷받침될 때 적정범위 내에 들 수 있다. 곡선의 왼쪽에 치우치면 현실 대면 행동은 무시되거나 약화된다. 이 경우에는 너무 약해서 효과가 없거나 대면하긴 해도 행동으로 나타나지 않는다. 이때는 용기를 높이고(성실성), 신뢰 능력 향상을 통해 동기를 개선하며(능력), 현실 대면의 성과로부터 자신감을 얻을 때 적정범위에 접근하게 된다.

곡선의 오른쪽에 치우치면 문제가 아니라 사람을 대면하게 된다. 혹은 극단주의("끔찍해, 우리는 망할 거야")나 희생자 의식("상황이 너무 나빠서 내가 할 수 있는 일은 아무것도 없어!")에 빠지게 된다. 역시

4가지 핵심 요소를 강화하는 것이 열쇠이다. 현실 대면 능력을 향상시키려 할 때는 다음과 같은 방법이 도움이 된다.

- 다음에 직장이나 가정에서 현실을 대면하기 싫을 때, 자신의 감정을 살펴보라. 당신은 결과나 고통이 두려워 주저하고 있는가? 현실 대면을 하지 않을 때의 결과를 생각해보라. 필요하다면 관련된 사람들에 대한 당신의 태도를 바꿔라. 그들을 현실을 있는 그대로 인식할 수 있는 성인으로(혹은 강하고 활기찬 아이로) 보라. 앞으로 나아가라. 현실을 직시하고 현실을 존중하라.
- 당신의 경제적인 삶, 직업인으로서의 자격, 건강에 대해 생각해보라. 당신은 현실을 대면하고 있는가, 아니면 꿈의 세계에서 살고 있는가? 자기 자신에게 솔직해지려 노력하라. 자신의 삶을 원하는 성과를 가져오는 원칙과 일치시키는 일에 도전해보라.
- 개인적 혹은 직업적 관계가 불편하다면 자신에게 왜 그런지 물어보라. 솔직하고 신뢰가 높은 관계를 만드는 데 방해가 되는 문제가 있는가? 문제에 정면으로 맞서는 것을 고려하라.

| 요약 | 행동 8 - 현실을 대면하라

어려운 문제를 직접 다뤄라. 말하지 않은 현실이 있음을 인정하라. 용기 있게 대화를 주도하라. 그들의 손에서 칼을 제거하라. 현실 문제를 회피하지 마라. 현실을 외면하지 마라.

10장

행동 9
기대하는 바를 분명히 하라

거의 모든 갈등이
기대를 충족시키지 못해 발생한다.

_블레인 리Blaine Lee,
《지도력의 원칙The Power Principle》 저자

몇 달 전의 어느 날 저녁 아내 제리가 열여섯 살 된 딸에게 말했다.

"네 방과 욕실을 청소하지 않으면 오늘 저녁에 외출 금지다."

나중에 제리가 내게 와서 소리쳤다.

"맥킨리가 약속을 깼어요! 제 방과 욕실을 청소하지 않으면 외출 금지라고 했는데, 청소도 하지 않고 그냥 나가버렸어요."

나는 댄스 파티장에 있는 맥킨리에게 전화를 걸어 말했다.

"너 당장 집으로 들어오너라. 나가기 전에 네 방과 욕실을 청소하겠다고 엄마한테 약속해 놓고 왜 하지 않았지?"

"청소했어요, 아빠!"

"넌 분명히 하지 않았어."

"아녜요, 했어요!"

"그렇다면 제대로 하지 않은 거지."

"전 항상 그렇게 했어요."

나는 그 상황을 지켜보며 맥킨리와 아내 사이에 청소 기준이 다르다는 데 문제가 있음을 깨달았다. 아내가 방과 욕실 청소가 무엇을 의미하는지 분명하게 이야기하지 않았던 것이다. 나는 맥킨리가 돌아왔을 때 다시 이야기하기로 하고 딸아이가 계속 파티를 즐기게 했다.

예방 행동

기대하는 바를 분명히 하는 것은 공유된 비전을 만들고 무엇을 해야 하는지 미리 약속하는 것이다. 사실 이것은 사람들이 별로 주의를 기울이지 않는 행동 가운데 하나이다. 나는 이것을 '예방 행동'이라고 부르는데 이 행동을 하면 나중에 속을 썩거나 화가 날 일은 없을 것이다. 하지만 미리 이 행동을 하지 않으면 나중에 신뢰의 문제가 생기고 그것은 속도와 비용에 영향을 미치게 된다.

직장과 가정에서 어떤 경험을 했는지 생각해보라. 사람들이 기대하는 바를 분명하게 알지 못해 얼마나 많은 시간과 노력을 낭비했는가? '당신이 이 일을 하기로 되어 있었는데', '당신이 그 일을 한다고 하지 않았나요?', '당신이 언제 그걸 내게 원했죠?', '당신은 내가 ……를 할 수 없다고 말하지 않았어요.'

리더들이 올바른 길을 분명하게 설명해주지 않아 사람들이 프로젝트에서 벗어나는 경우가 얼마나 많은가? 기대하는 바를 분명히 하지 않아 낮은 성과가 나온 경우는 얼마나 있는가? 이 모든 것은 신뢰에 어떤 영향을 미치는가?

기대하는 바를 분명히 하는 것은 명확성, 책임, 설명의 원칙에 기초를 두고 있다. 기대하는 바를 분명히 하는 것의 반대되는 행동은 기대하는 바를 정하지 않는 것이다. 이 경우 이미 알고 있다고 생각하거나 원하는 결과에 대해 공유하는 비전이 없어 그 결과를 밝히지 못한다. 그러면 사람들은 추측하거나 궁금해 하거나 가정한다. 나아가 성과를 냈을 때 인정받지 못하면 모두 실망하고 신뢰, 속도, 비용은 부정적 영향을 받는다.

기대하는 바를 분명히 하는 것의 가짜 행동은 속임수를 만드는 것이다. 기대하는 바를 분명히 하겠다는 말만 하고 구체적인 사항(결과, 기한, 액수)을 정하지 않아 점검이 불가능한 경우이다. 혹은 상황이나 사람들의 기억, 해석, 편의에 따라 기대가 변하는 것이다.

기대하는 바를 분명히 하는 것은 어려운 일일 수도 있다. 우리는 신뢰의 속도 프로그램에서 가끔 소그룹 활동을 하는데, 우선 각 테이블에 앉은 사람에게 '신뢰란 무엇인가?'라는 질문을 받았을 때 떠오르는 단어 10개를 적게 한다. 이때 신뢰라는 말을 자주 사용함에도 각 테이블에서 6, 7명은 한두 개의 단어밖에 떠올리지 못한다.

나는 이것이 기대하는 바를 분명히 하는 것의 어려움을 말해준다고 생각한다. 우리는 대개 언어와 경험에 스스로 의미를 부여한다. 의미는 사물에 있는 것이 아니며 반드시 단어에만 있는 것도 아니다. 당신과 내가 어떤 것에 합의를 할지라도 우리가 단어를 같은 의미로 사용했는지 확인해야 하는 이유가 여기에 있다.

기대하는 바를 분명히 하는 행동의 효과가 그처럼 광범위한 이유는 명시적, 묵시적으로 알든 모르든 모든 대화에 기대하는 것이 있기 때문이다. 이 기대가 충족되거나 충족되지 않는 정도가 신뢰에 영향을 미친다. 사실 불분명한 기대는 제리와 맥킨리의 상황에서처럼 신뢰가 깨지는 가장 큰 이유가 된다. 기대가 충족되지 않으면 거의 항상 신뢰의 문제를 낳고 갈등을 부른다.

계약서만으로 신뢰를 만들 수는 없다

한번은 어떤 사람이 내게 우리가 상대방을 신뢰한다면 왜 비즈니스 계약을 서면으로 하느냐고 물었다. 나는 계약서는 기대하는 바를 분명히 확인하게 하고 지속적으로 신뢰를 유지 및 향상시키는 데 도움이 된다고 대답했다. 나는 계약서를 작성하지 않고 악수만 하고 합의했다가 실패한 거래를 여러 건 알고 있다. 첫 거래에 포함되지 않은 기대 사항을 명확하게 하지 않아서 혹은 협상 대표가 바뀌면서 합의 사항에 대한 해석이 달라져 실패한 것이다. 그렇다고 악수 합의에 반대하는 것은 아니지만, 양 측의 기대하는 바를 분명히 할 수 있도록 계약을 서면화하는 것이 좋다.

하지만 계약서도 한계가 있으므로 계약서만으로 신뢰를 만들어낼 수는 없다. 일방적인 내용이나 적대적인 내용이 들어간 계약서, 신뢰하기 어려운 표현이 담긴 계약서, 신뢰관계를 대체할 목적으로 만들어진 계약서는 정식 계약서라 하더라도 문제가 있다.

신뢰는 계약서에 생명을 불어넣고 의미와 이해를 가져다주며 성과를 전체적으로 향상시킨다. 제1장에서 연구진이 10년에 걸쳐 1,200건의 아웃소싱 계약을 분석한 워윅 경영대학원의 연구를 언급했는데, 계약서가 아닌 신뢰에 의존한 관계는 계약액이 20~40퍼센트 높게 나타났다.

신뢰의 배당에 대해 이야기하라!

W. 에드워즈 데밍W. Edwards Deming과 버크민스터 풀러Buckminster Fuller의 제자 마셜 서버Marshall Thurber는 "명확성이 힘이다"라는 아주 통찰력 있는 말을 했다. 그 예는 좋은 기업에서 위대한 기업으로 도약하는 중에 회사를 이끌었던 월그린스Walgreens의 CEO '코크' 월그린 3세'Cork' Walgreen Ⅲ에 대한 묘사에서 볼 수 있다. 몇 세대 동안 음식 서비스 산업에 집중해온 월그린스는 시대가 변하면서 레스토랑이 아닌 약국으로 세계 최고가 되자는 결정을 내렸다. 짐 콜린스의 책《좋은 기업을 넘어 위대한 기업으로》는 코크를 이어 CEO가 된 댄 존트Dan Jorndt에게 들은 얘기를 싣고 있다.

> 코크가 기획위원회 회의에서 말했다.
>
> "좋아요. 이제 분명하게 선을 긋겠습니다. 우리는 5년 안에 레스토랑 사업에서 완전히 손을 뗄 겁니다."
>
> 당시 우리는 500개가 넘는 레스토랑을 운영하고 있었다. 모두가 숨을 죽이고 그의 말을 경청했다.
>
> "모두 시간이 가고 있다는 것을 알았으면 합니다."
>
> 6개월 뒤에 다시 열린 기획위원회 회의에서 누군가가 지나가는 말로 레스토랑 사업에서 철수할 시간이 5년밖에 남지 않았다고 말했다. 그러자

원래 조용한 편이던 코크가 테이블까지 두드리며 외쳤다.

"아니오. 4년 반입니다. 내가 5년이라고 말한 건 6개월 전입니다. 이제 4년 반 남았습니다."

그 이튿날, 정말로 레스토랑 사업 철수 작업이 시작되었다.

내가 참가한 한 미팅에서 어느 이사가 그날 논의하려는 주제의 민감성을 인식해주었으면 좋겠다고 말했다. 그런데 그 미팅에 참가한 사람들이 부주의하게 기밀 유지 원칙을 몇 번 위반해 이미 신뢰가 낮아진 상태였다. 그 이사는 기대하는 바를 분명히 하기 위해 테이블을 돌아다니며 참석자 한 사람 한 사람을 보고 직접 당부했다.

"이 자료가 대외비라는 것을 알고 있죠? 비밀을 유지하겠다는 데 동의하나요?"

그는 극적이고 효과적인 방법으로 기대하는 바를 분명히 했던 것이다.

가정에서 낭비하는 시간과 노력 줄이기

기대하는 바를 분명히 하면 직장은 물론 가정에서도 많은 것이 달라진다. 예를 들어 당신이 결혼했을 경우 역할과 책임이 불분명하거나 그것을 서로 다르게 알고 있을 때 얼마나 실망스럽고 잦은 말다툼을 하게 될지 생각해보라. 배우자는 당신에게 돈 벌기, 아이들과 함께 놀아주기, 쓰레기 내다놓기 등을 기대할지도 모른다. 그런데 당신이 그런 일에 무심하고 그 문제를 꺼내서 이야기한 적도 없다면 부부 관계에서 항상 문제가 터질 소지가 있다.

만일 당신이 부모라면, 가정에서 책임이나 다른 문제에 대해 기대를 분명히 하지 않았을 때 얼마나 많은 시간과 노력을 낭비하게 되는지 생각해보라. 나는 맥킨리 사건을 겪은 후 친구의 자문을 받았다. 그 친구는 아이들이 어렸을 때, 옷장 문 안쪽이나 욕실 캐비닛 문에 방 청소가 무엇을 의미하는지 구체적으로 적어놓은 리스트를 붙여 기대하는 바를 분명히 했다고 말했다. 아이들을 훈련시키고 그 리스트의 기준에 따라 맡은 일을 책임지게 했던 것이다. 덕분에 그 가정에서는 기대하는 것에 대한 의문이 없었다. 그렇게 한다고 모든 문제가 없어지는 것은 아니지만 낭비되는 시간과 노력이 한결 줄었고 일의 질이 높아졌으며 신뢰의 환경이 만들어졌다고 한다.

일방적인 기대는 거부하라

미국경영자협회의 최근 연구에 따르면 비윤리적인 기업 행동의 가장 큰 이유는 비현실적인 기대 때문이라고 한다. 사람들은 대개 언제까지 어떤 비용으로 일해야 한다는 지시를 받는다. 기대하는 것과 정해진 기한이 주어지는 것이다. 이에 따라 부담감이 커지면 사람들은 지름길을 찾기 시작한다. 심지어 기대를 충족시키기 위해 비윤리적인 일까지 하게 된다.

기대하는 바를 분명히 하는 것은 항상 일방통행이 아니라는 점을 명심하라. 사람들은 현실적이고 양측 모두에게 유익한 기대가 될 수 있도록 일방적인 기대를 거부할 수 있어야 한다.

내가 코비리더십센터에 있을 때, 한번은 어느 회사 사람들이 내게 어떤 사업에 대해 전략적인 제휴를 제안했다. 그에 대한 가능성을 진지하게 검토한 우리는 양측 모두에게 타당성이 없다는 결론을 내렸다. 그때 그들 중 한 명이 내 뒤로 다가와 약간 힘이 들어간 목소리로 말했다.

"당신에게 정말 실망했습니다. 당신은 아버지가 가르친 것을 실천하지도 않는군요."

나는 속으로 깜짝 놀랐지만 별다른 표정 변화 없이 응수했다.

"미안하지만 구체적으로 말씀해주십시오."

"당신 아버지는 승-승을 가르쳤습니다. 우리는 당신과 승-승 협상을 하기 위해 왔는데 당신은 협상조차 하려고 하지도 않는군요."

나는 안도의 한숨을 가볍게 내쉬며 말했다.

"나 역시 승-승을 적극 찬성합니다. 문제는 당신의 제안이 승-승이 아니라는 겁니다. 그건 우리에게 승이 되지 않을 겁니다. 만일 우리에게 승이 되게 만들면 당신에게는 패가 되고 맙니다. 그건 내 아버지가 가르친 게 아닙니다. 아버지는 승-승이 아니면 거래하지 말라고 가르쳤습니다. 양쪽 모두에게 승이 될 수 없다면 우리는 거래하지 않습니다. 그것이 당신의 제안에 대한 우리의 입장입니다."

그는 '승-승이 아니면 무거래'라는 사고에서 편리하게 '무거래' 부분을 떼어냈다. 그러나 무거래는 떼어낼 수 있는 게 아니다. 승-승이 아닌데도 거래를 고집한다면 승-패로 끝날 수 있는 협상을 하게 될 것이다. 그 사람은 내 말을 이해한 뒤 기대하는 것이 분명해졌고 (승-승이 아니면 무거래) 자신의 생각을 바꿨다.

목표를 현실화하라

오랜 세월에 걸쳐 나는 기대하는 바를 분명히 하는 것에 대해 여러 가지 중요한 점을 배웠다.

첫째, 모든 것을 정량화하는 법을 배웠다. 결과는 무엇인가? 누구에게? 언제까지? 얼마만큼의 비용으로? 그것을 어떻게 측정하는가? 우리가 목표를 달성했다는 것을 어떻게 아는가? 목표 달성 기준과 최종 결과를 언제 누구에게 설명하는가?

사실 아이들에게는 일반적으로 이런 과정보다 결과에 초점을 맞추는 것이 더 효과적이지만 내가 일곱 살 때 아버지는 내가 좋아하는 방식으로 잔디밭을 '푸르고 깨끗하게' 만들어놓으라고 하셨다. 호스나 양동이 무엇이든 사용할 수 있고 원하면 침을 뱉을 수도 있다고 했다. 아버지는 내 창의력을 북돋웠고 내가 좋아하는 방식으로 성과를 낼 자유를 주셨다. 나아가 스프링클러에 대해서도 이야기하고 그 사용법도 설명해주셨다.

둘째, 대부분의 상황에서 품질, 속도, 비용을 고려하는 것이 현명하며 이 중에서 2가지를 선택할 수는 있지만 3가지를 모두 선택할 수 없다는 것을 배웠다. 예를 들어 고품질로 빠른 결과를 원한다면 대개 비용이 올라간다. 만약 낮은 비용으로 빠른 결과를 원한다면 품질을 포기해야 할 것이다. 또한 고품질과 낮은 비용을 원하면 시간이 많이 걸리게 된다. 이처럼 거의 항상 선택을 해야 하며 2가지를 얻으면 한 가지는 포기해야 한다.

이러한 인식은 기대하는 것을 분명히 하고 관련된 거래를 이해하는 데 도움이 되었다. 그러나 이러한 거래식을 변형시킬 수 있는 한 가지 변수가 있는데, 그것은 바로 높은 신뢰이다. 높은 신뢰 환경이 조성되면 고품질(가치), 빠른 속도, 낮은 가격이 현실적으로 가능해진다.

마지막으로 때론 기대하는 바를 분명히 하는 것이 어렵더라도 나중에 실망하기보다 미리 분명히 해두는 것이 더 좋다는 것을 배웠다. 예를 들면 상대방이 원하는 것을 거짓으로 약속하기보다 현실적인 목표 달성 날짜를 정하는 것이 좋다.

약속은 함께 공유하라

기대하는 바를 분명히 하는 행동이 적정범위 내에 들려면 성실성(기대하는 것을 정하고 그것을 다른 사람에게 알려줄 때 솔직하고 용기 있게 하는 것)이 필요하다. 관련된 모든 사람에게 승이 되는 기대성과를 정하려는 의도, 합의 요소를 정리하고 성과 확인 방법을 정하며 우수하게 실행할 수 있는 능력, 그리고 관련된 모든 사람이 이해할 수 있는 방식으로 원하는 결과를 확인하는 능력이 필요한 것이다.

기대하는 바를 분명히 하는 행동이 곡선의 왼쪽에 치우쳐 있다면 기대하는 바가 명확하지 않은 것이다. 오른쪽에 치우쳐 있으면 너무 구체적이고 행동 지향적이며 필요하면 중도 수정을 해야 하고 신뢰하지 못하는 것일 수 있다. 예를 들어 많은 사람에게 결혼 전 약속은 곡선의 오른쪽으로 많이 치우쳐 있을 것이다. 이 경우 기대하는 바를 분명히 할지라도 그 과정에서 신뢰를 잠식할 수 있다.

4가지 핵심 요소를 보고 어느 부분을 개선할 수 있는지 생각하라. 개선하는 데 다음과 같은 방법이 도움이 될 것이다.

- 다른 사람에게 기대하는 바를 알려줄 때, 명확성이 힘이라는 점을 인식하라. 다음과 같은 몇 가지 간단한 질문을 통해 기대하는 것을 분명히 알려줬는지 확인하라. 명확한지 점검하라.
- 이 대화에서 당신은 무엇을 알았는가?
- 대화 결과, 다음 단계에서 무엇을 해야 한다고 생각하는가?
- 다른 사람이 기대하는 것을 분명히 알고 있다고 생각하는가?
- 일을 보다 분명하게 하기 위해 무엇을 할 수 있는가?
- 다음번에 직장에서 프로젝트에 참여할 때, 미리 분명한 프로젝트 합의서를 만들어라. 만일 당신이 책임을 맡았다면 참여하는 사람들과 미팅을 열고 프로젝트에 대한 아이디어와 관심 사항을 들어라. 현실적이고 분명하며 모든 이해당사자에게 승이 되는 합의서를 작성하기 위해 노력하라. 만일 당신이 책임을 맡지 않았다면 책임자에게 아이디어를 제시하거나 당신 자신의 합의서를 작성하라. 책임자에게 말하라. "내가 이해하기로는 이것이 당신이 기대하고 있는 것과 내가 할 수 있는 것이다. 당신은 다르

게 이해하고 있는가?" 이러한 확인 노력은 기대하는 바를 분명히 하고 그것을 확정할 기회를 준다. 그렇게 하면 나중에 문제가 발생하지 않을 것이다.

- 가정에서 기대하는 바를 명확히 하라. 배우자와 상의하지 말고 당신의 결혼에서 가장 실망스러운 점 3가지를 적어라. 각각의 실망 사항을 보고 이렇게 질문하라. 어떤 기대가 충족되지 않고 있는가? 서로에 대한 기대나 실망과 관련해 깨달은 것을 나누고 기대하는 것을 분명히 하기 위해 함께 노력하라.

| 요약 | 행동 9 - 기대하는 바를 분명히 하라

기대하는 것을 밝혀라. 이야기하라. 확인하라. 필요하면 다시 협상하라. 기대하는 성과를 달성하라. 기대하는 것이 분명하거나 상대방이 알고 있다고 가정하지 마라.

11장

행동 10
책임있게 행동하라

모든 권력은 신뢰다.
우리는 그 권력 행사에 책임을 진다.

_벤저민 디즈레일리 Benjamin disraeli

기대하는 바를 분명히 하는 행동이 책임지는 행동에 우선하는 이유는 기대하는 바를 먼저 분명히 했을 때 훨씬 더 명확히 책임을 질 수 있기 때문이다. 이 행동은 신뢰에 중대한 영향을 미친다. 2002년 골린·해리스 여론조사에서 '개인적으로 책임을 지는 것'이 신뢰 구축에서 두 번째로 중요한 요소로 꼽혔다. 프라이스워터하우스쿠퍼스는 대중의 신뢰를 구축하는 3가지 핵심 요소 중 하나에 책임지는 문화를 포함시켰다.

책임을 지는 데는 두 개의 차원이 있다. 하나는 스스로 책임지는 것이고 다른 하나는 다른 사람이 책임지게 하는 것이다.

잘못은 떳떳하게 인정하라

최근에 신뢰의 속도 프로그램에 참가한 어떤 사람이 미국 대형 소고기 공급업체에서 구매자로 일하는 다른 참가자 매트에 대한 이야기를 들려주었다.

매트의 부하직원 중 한 명이 회사 차량을 운전하다가 사고를 당했다. 그리 심각한 사고는 아니었지만 회사 규정에 따르면 회사 차량과 관련된 사고가 발생했을 경우에는(주차장의 접촉 사고나 나무를 들이받는 사고를 포함해) 운전자가 즉시 경찰에 신고하게 되어 있었다. 하지만 매트는 이 규정을 알지 못했다. 그때 매트의 상사가 그에게 와서 말했다.

"당신의 부하직원이 경찰에 신고하지 않았으니 당신이 그에 대한 경위서를 제출하세요."

"제가 그 규정을 몰라서 그 직원도 몰랐던 겁니다."

매트는 직원에 대한 경위서와 함께 자신의 경위서도 작성해 제출했다. 상사가 매트의 경위서를 받지 않겠다고 하자 매트는 이렇게 말했다.

"제 부하직원이 규정을 몰랐던 것은 제 책임입니다."

매트의 행동은 스스로 책임지는 것이 무엇인지를 보여주는 훌륭한 예이다. 그의 행동은 짐 콜린스가 창문과 거울의 비유에서 지적했던 점을 그대로 보여준다. 그는 창문 밖을 내다보며 탓하고 비난할 사람을 찾는 대신 거울을 들여다보며 자신에게 책임을 돌렸던 것이다.

이러한 행동은 책임 묻기, 책임지기, 책임 정신, 주인의식의 원칙에 기초를 두고 있다. 반대되는 행동은 책임지지 않거나 책임을 인정하지 않으며 '내 잘못이 아니다'라고 말하는 것이다. 그리고 가짜 행동은 다른 사람을 가리키면서 '그들의 잘못이다'라며 남을 탓하는 것이다.

이러한 행동이 신뢰에 미치는 영향을 파악하기 위해 다음의 예를 생각해보라.

어느 중요한 경기의 마지막 총력전에서 명예의 전당에 오른 미국 프로미식축구팀 샌프란시스코 포티나이너스49ers의 쿼터백 스티브 영Steve Young은 리시버가 있기로 했던 곳으로 볼을 던졌지만, 그곳에는 리시버가 없었다. 볼은 가로채기 당했고 샌프란시스코 포티나이너스는 그 경기에서 졌다. 나중에 기자가 리시버가 엉뚱한 곳으로 달려간 것 같았다고 지적하며 그 지적이 맞는지 물었다.

사실 리시버는 엉뚱한 곳으로 달려갔고 영은 기자의 지적에 동의하며 가로채기 당한 것에 대해 부당한 비난을 피할 수 있었다. 하지만 영은 "내가 공을 잘못 던져서 가로채기를 당했다. 내 책임이다. 팀의 쿼터백으로서 내가 부족했다"고 말했다. 당연히 팬들과 해설자들은 영을 비난했다. 하지만 코치와 다른 선수들은 리시버의 잘못임을 알고 영의 행동을 칭찬했다. 비난을 떠안은 영에게 신뢰를 보냈던 것이다.

> 좋은 리더는 책임질 때는 자기 몫 이상을 지고, 공을 세웠을 때는 자기 몫 이상을 다른 사람에게 돌린다.
>
> _아놀드 글래스노Arnold Glasnow

미국의 핵잠수함 그린빌Greeneville의 전 함장 스콧 워들Scott Waddle 역시 책임지는 행동의 전형을 보여줬다. 어느 날 그가 탔던 6,900톤급 핵잠수함이 하와이 해안 근처에서 일본의 어선과 충돌해 아홉 명이 사망하는 사고가 발생했다. 그런데 조사가 진행되면서 지휘 계통에 여러 사람이 있었고 젊은 장교와 승무원이 저지른 많은 실수들이 워들에게 제대로 보고되지 않았음이 밝혀졌다. 그렇지만 함장 워들은 자신을 희생하면서 지휘관으로서 모든 책임을 졌다. 법률 고문의 강력한 만류에도 불구하고 워들은 혼자 증언대에 섰던 것이다.

> 저는 2001년 2월 9일을 포함해 군인으로 살아오는 동안 늘 최선을 다해 제 임무를 수행했습니다. …… 제가 실수를 했다면 그것은 제 의도가 아니었음을 말씀드리고 싶습니다. 사고가 발생해 정말로 유감입니다. 돌아가신 분들의 가족과 그린빌 승무원들, 그분들의 가족, 잠수함 부대, 제 자신, 제 가족에게는 비극이었습니다. 물론 제가 군사 법정에서 제 자신을 성공적으로 변호하지 못할 수도 있음을 알고 있습니다. …… 이 법정과 가족들은 저에 대해 개인적, 법률적으로 선입견이 있더라도 제 증언을 들어야 합니다. …… 왜냐하면 그것이 올바른 일이기 때문입니다.

워들은 지휘권을 박탈당하고 해군에서 전역했다. 이후 그는 일본으로 가서 사고 희생자 가족에게 개인적으로 사과했다. 이 사고로 비록 그의 군대 경력은 끝났지만, 개인적으로 책임을 지고 조사와 재판에 책임 있게 응함으로써 그는 군 안팎과 전체 사회로부터 큰 존경과 신뢰를 얻었다.

이들의 훌륭한 행동을 허리케인 카트리나에 대한 연방재난관리청FEMA의 전 청장 마이클 브라운Michael Brown의 행동과 비교해보라. 미 연방정부의 대응과 관련해 고소를 받은 그가 하원에서 증언한 이후 〈USA투데이〉는 1면에 '전 FEMA 청장, 현지 정부 비난'이란 제목으로 브라운의 증언에 대한 시각을 드러냈다. 그 기사는 이렇게 시작된다.

> "사과하지 않는 마이클 브라운과 실망한 하원의원들이 맞붙은 전투적인 청문회에서, 전 FEMA 청장은 허리케인 카트리나에 대한 자신의 대응이 정당했다고 변호했다. 그리고 주민들을 대피시키지 못한 책임을 루이지애나 주지사 캐슬린 블랑코Kathleen Blanco와 뉴올리언스 시장 레이 네이진Ray Nagin에게 돌렸다."

CNN.com도 헤드라인을 '브라운, 루이지애나 관리들에게 책임 전가'로 비슷하게 뽑았다. 물론 브라운은 일부 책임을 인정했지만 대체로 '내 잘못이 아니다. 현지 정부 잘못이다'라는 취지로 대응했다. 많은 사람이 그가 자신의 의무를 다하지 않고도 그 책임을 다른 사람에게 전가한다고 생각했다.

스스로 책임지는 것이 어려운 이유 중 하나는 우리가 재난이나 사고에 따른 피해자가 늘어나는 사회에 살고 있다는 것이다. 책임을 진다는 것은 우리 문화의 저변에 깔린 피해자 의식에서 180도 전환하는 것을 의미한다. 러시아 속담에 이런 말이 있다.

"성공은 아버지가 많지만 실패는 고아이다."

한편으로는 이런 문화적 현상으로 책임을 지는 것이 신뢰를 구축하는 데 강력한 힘을 발휘한다. 피해자 의식은 의존과 불신을 낳지만 책임 의식은 독립과 신뢰를 낳는다. 물론 그 효과는 엄청나다. 사람들, 특히 리더들이 스스로 책임을 질 때 사람들도 따라서 책임을 지는 분위기가 조성된다. 리더가 "더 잘할 수 있었는데, 더 잘했어야 했는데!"라고 말하면, 사람들은 "나야말로 그걸 진작 알았어야 했는데. 당신을 더욱 적극적으로 도울 수도 있었는데"라고 화답한다.

결혼이나 가족관계에서도 마찬가지다. 누군가가 "충동적으로 돈을 써서 미안하다. 그건 우리의 약속에 어긋나는 행동이었다" 혹은 "당신에게 소리를 질러서 미안하다. 당신을 존중하지 못했다"라고 말할 때 그런 말은 다른 사람도 자신의 행동에 책임을 지게 만든다. 솔직하게 인정하고 신뢰하는 분위기를 만드는 것이다.

다른 사람에게 책임을 지게 하는 법

직장과 가정에서 스스로 책임지는 것 외에 다른 사람에게 책임을 지게 하는 것도 중요하다. 사실 사람들, 특히 성과를 내는 사람들은 책임에 민감한 반응을 보인다. 그들은 스스로 책임지는 것을 원한다. 나아가 좋은 성과에 대해 설명할 기회가 주어질 때 상사, 리더, 팀원, 동료, 기타 이해당사자의 신뢰가 높아지는 것을 느낀다. 그뿐 아니라 반복해서 성과를 약속하고 그것을 지켜야만 신뢰와 자신감이 높아질 수 있음을 알게 된다.

또한 성과를 내는 사람들은 다른 사람에게 책임을 지게 한다. 그들은 모두가 자발적으로 책임질 것이라고 기대할 수 있는 환경 속에서 번성한다. 책임 회피자와 성과가 낮은 사람은 그냥 넘어가지 않는다는 믿음이 형성된 환경 말이다.

> 좋은 사람들을 얻고 그들에게 성과를 기대하라. 잘못된 선택을 했다면 신속하고 공정하게 그들과의 관계를 끝내라.
>
> _J. 윌러드 메리어트 2세, 메리어트 인터내셔널 회장

사람들이 모두가 책임질 것이라는 사실을 알고 안심할 때 신뢰 문화가 형성된다. 하지만 리더가 사람들이 책임지지 않게 하면 그 반대의 일이 일어난다. 사람들은 공정하지 않다고 생각하며 "그 친구, 그렇게 하고도 무사히 넘어갔잖아"라고 말한다. 그것은 실망감과 불안감을 주고 불공평하다는 느낌이 들게 한다. 가정에서도 아이에 대한 처벌에 일관성이 없거나 이 아이에게는 책임을 지게 하고 저 아이에게는 책임을 지게 하지 않는 경우, 혹은 상황에 따라 책임을 지게 하거나 지게 하지 않으면 그런 일이 생긴다.

나는 아들의 허락을 받아 이러한 행동에 대한 개인적인 이야기를 들려주도록 하겠다. 스티븐은 열여섯 살이 넘었을 때 운전면허증을 취득했다. 그때 제리와 나는 아들을 앉혀 놓고 말했다.

"운전을 하고 싶다면 우리가 말하는 규칙과 책임을 따라야 한다."

우리는 안전운행, 안전벨트 착용, 법규 준수 등 여러 가지 규칙을 적은 1쪽짜리 합의서를 만들었다. 또한 운전할 권리를 유지하려면

집에서 자신의 책임을 다하고 학교에서 좋은 성적을 올리는 등 다른 일도 열심히 해야 한다고 말했다. 그런데 스티븐이 운전을 시작한 지 한 달도 되지 않아 그의 풋볼팀이 플레이오프에서 탈락했다. 실망한 스티븐은 친구들과 함께 가족차를 몰고 나갔는데, 한밤중에 경찰로부터 전화가 걸려왔다. 스티븐이 과속을 했던 것이다. 비록 음주운전은 아니었지만 분명 교통법규 위반이었다. 아내와 나는 경찰서로 가서 아이를 데려온 다음 기대 사항을 분명히 확인했다.

"법규를 지키지 않으면 운전할 권리를 상실한다."

우리는 분명 그렇게 약속했다. 이제 아들에게 책임을 물어야 하는데, 10대 자식을 둔 부모라면 모두 알겠지만 그게 그리 쉬운 일이 아니다. 그동안 스티븐이 간혹 가족차를 이용해 심부름도 도와주고 다른 필요한 일을 처리해준 덕분에 우리의 생활은 한결 편리했었다. 만약 합의 사항을 지킨다면 우리는 그 모든 편리함을 포기해야 한다. 더구나 스티븐은 벌금을 내야 했다. 나는 스티븐이 약간 안 됐다는 생각이 들었다. 이제 겨우 열여섯 살인데 그 큰 돈을 어떻게 갚을 것인가? 이 일은 그의 평판이나 친구들과의 관계에 어떤 영향을 미칠까? 우리와의 관계에는?

우리는 달리 방법이 없다는 것을 깨달았다. 스티븐은 책임을 져야 했고 우리는 책임을 물어야 했다. 우리가 그렇게 하지 않으면 어떻게 스티븐이 우리를 신뢰할 수 있겠는가? 어떻게 다른 아이들이 우리를 신뢰하겠는가? 그것은 스티븐은 물론 전체 가족 문화에도 영향을 미치는 문제였다.

결국 스티븐은 555달러의 벌금을 냈다. 여름방학 내내 아르바이트로 모은 돈을 몽땅 바친 것이다. 경찰은 그의 면허를 정지시키지는 않았으나 우리는 정지시켰다. 합의한 대로 몇 달간 운전을 못하게 했다. 그것은 대단히 가혹한 조치였지만 이후 스티븐은 모범적인 운전자가 되었고 친구들 사이에서도 안전 운전자로 인정받았다. 그때부터 그의 친구들 사이에 새로운 농담이 생겼는데, 그들이 함께 어딘가로 갈 때 그들의 부모가 안전운전을 당부하면 이렇게 말했다.

"걱정 마세요, 코비와 함께 가요!"

코비와 함께 간다는 것은 제한 속도를 넘지 않고 안전벨트를 착용하며 교통 법규를 준수한다는 것을 의미했다.

직장에서 사람들에게 책임을 물은 대표적인 사람은 제록스의 비즈니스그룹 오퍼레이션스 사장 우르슐라 번스Ursula Burns이다. 번스는 CEO 앤 멀케이의 팀과 제록스의 회생에 핵심적인 인물이었다. 그녀는 실적평가 회의를 할 때 목표를 달성하지 못한 사람들을 구체적으로 거명하며 설명을 요구했다. 〈포천〉과의 인터뷰에서 멀케이는 "번스는 늘 '짐, 실패했군요. 어떻게 된 건지 말해주세요'라고 말합니다"라고 했다. 번스는 비록 악의는 없었지만 책임을 묻는 일에 철저했다. 베스티 모리스Besty Morris는 같은 잡지에서 번스 스타일의 효과에 대해 이렇게 말했다.

"사람들은 곧 메시지를 받았다. 그것은 목표를 달성한 사람은 편안히 앉아서 다른 사람이 당하는 것을 지켜볼 것이라는 메시지였다."

다른 사람에게 책임을 묻는 것은 쉬운 일이 아니다. 때론 매우 어렵다. 하지만 신뢰의 측면에서 그 효과는 엄청나며, 그것은 속도와 비용에 직결된다.

끊임없이 스스로를 돌아보라

행동 분포 곡선에서 정점은 4가지 핵심 요소가 반영된 결과이다. 그러나 만약 왼쪽으로 치우쳐 있다면 책임을 잘 인정하지 않는 것이다. 그런 행동은 책임을 적절히 받아들이지 못하거나 책임을 이행하지 않거나 조직에서 효과적인 성과 확인 시스템을 만들지 못했을 경우 발생한다. 이때 최상 성과 발생점의 범위로 이동하려면 종종 성품(성실성과 의도)의 강화가 필요하다. 하지만 역량 강화는 반드시 필요하다. 일관성 있게 개인적인 기대성과를 정하고 달성할 수 있는 능력과 가정 및 직장에서 책임지는 문화를 만들어낼 수 있는 능력을 향상시켜야 한다.

분포 곡선에서 오른쪽으로 치우쳐 있으면 책임을 너무 인정하는 것이다. 이혼할 때 지탄받을 만한 배우자의 행동을 비롯해 모든 것에 대한 책임을 혼자 지는 것, 부모가 최선을 다하고도 아이가 나쁜 선택을 했을 때 죄책감과 책임감을 느끼는 것, 매니저가 나쁜 마음을 먹고 사람들이 성과를 내고 개선하도록 도와주는 대신 그들을 처벌하고 책임을 악용하는 것, 기업인이 환율 변동이나 이자율 등 자신의 힘으로 어쩔 수 없는 것까지 책임지는 것이 여기에 해당한다. 이 경우 적정범위로 이동하려면 성품과 역량, 그리고 4가지 핵심 요소에 의해 형성된 판단력이 필요하다.

- 자신의 언어와 생각에 귀를 기울여라. 일이 잘 풀리지 않을 때 자신이 다른 사람을 탓하거나 비난하는 것을 깨달으면 즉시 중

단하라. 자신에게 물어라. 나는 어떻게 창문을 닫고 거울을 들여다볼 수 있을까? 다른 사람을 탓하고 책임을 돌리는 태도와 스스로 책임을 지는 태도가 가져다주는 신뢰의 차이를 비교하라.

- 직장에서 부하직원들이 그들의 행동에 책임지게 하라. 모두가 무엇을 언제까지 책임져야 하는지 알 수 있도록 먼저 기대하는 바를 명확히 하라. 사람들이 당신에게 성과를 설명할 때, 먼저 본인이 계획한 성과와 실제 성과를 비교 평가하게 하라(대부분의 사람은 자신에 대해 당신보다 더 엄격하게 평가할 것이다). 그 다음 계획한 성과나 사람들의 성과의 필연적 결과를 검토하라. 회사에서 가장 믿을 만한 사람들, 즉 성과를 내는 사람들은 책임지는 것은 물론 다른 사람에게 책임을 묻는 것도 좋아할 것이다.
- 가정에서 책임지는 환경을 만드는 방법을 찾아라. 경제적인 문제처럼 함께 해결하기로 합의한 문제에 대해 배우자와 대화하라. 아이들과 함께 그들의 책임과 그 결과에 대해 합의서를 만들어라. 그리고 합의 사항을 이행하라. 서로 신뢰할 수 있는 사람이 되고 그런 문화를 만들어라.

| 요약 | 행동 10 - 책임있게 행동하라

스스로 책임 있게 행동하라. 다른 사람에게 책임지게 하라. 결과에 대해 책임있게 행동하라. 당신이 어떤 성과를 내고 있는지 분명히 알려주고 다른 사람이 어떤 성과를 내고 있는지 명확히 파악하라. 책임을 회피하지 마라. 일이 잘 풀리지 않을 때 다른 사람을 탓하거나 그들에게 책임을 돌리지 마라.

12장

행동 11
먼저 경청하라

인생에서 훌륭한 성공비결은
상대방의 입장이 되어
자신의 시각은 물론 상대의 시각에서
세상을 보는 것이다.

_헨리 포드Henry Ford

이제부터 성품과 역량의 거의 균등한 결합을 요구하는 마지막 3가지 행동으로 넘어간다.

먼저 경청하는 것은 상대방의 생각, 감정, 경험, 관점을 진심으로 이해하려고 노력하는 것을 넘어 판단하거나 영향을 미치거나 처방하기 전에 진정으로 경청하는 것을 말한다.

나는 고등학교에 다닐 때 먼저 경청하기의 중요성을 배웠다. 토론팀에서 활동했던 나는 어느 날 사례를 발표할 기회를 얻게 되었다. 그런데 발표를 하는 동안 심판관이 손을 들어 빠르게 원모양으로 움직이는 것을 보았다. 나는 그것을 내가 방금 전에 펼친 주장을 자세히 설명하라는 뜻으로 알고 그 내용을 다른 각도에서 설명했다. 토론을 할 때마다 이런 일이 반복되었고 나는 계속해서 이전 내용으로 돌아가 여러 가지 방식으로 다시 설명했다. 그러나 시간이 흐른 후 나는 그 심판관이 내 생각과 정반대의 뜻을 전달하려 했다는 것을 알게 되었다. 그것은 '알았으니 넘어가라'는 신호였던 것이다. 내가 그 뜻을 이해하지 못했다는 것이 얼마나 당황스러웠는지 모른다(당황스럽기는 다른 팀원들도 마찬가지였다).

몇 년 전, 대기업의 어느 팀에게 프레젠테이션을 하면서 나는 비슷한 상황에 부딪혔다. 그때 나는 핵심적인 문제를 끄집어내 기업 문화에 대한 토의를 진행했고 사람들은 진지하게 임하고 있었다. 그러던 어느 순간 갑자기 토의가 빨라졌고 민감한 문제에 대해 누구도 토의하려 하지 않았다. 내가 모르는 사이에 아무도 신뢰하지 않는 공장 매니저가 들어와 있었던 것이다. 내가 당황하는 것을 알아챈 어떤 사람이 그를 가리키며 '그가 여기에 있어요. 우리가 입을 열지 않는 것은 그 사람 때문이에요'라는 말을 전하려 했다.

하지만 나는 그를 가리킨 것이 '그를 지명해서 물어보세요'라는 것으로 잘못 해석했고, 그에게 질문을 던져 내 동료들과 모든 참석자를 실망시켰다(내게는 별로 좋지 않은 프레젠테이션 경험이었음을 밝혀둔다).

내 경험이 보여주듯 먼저 경청하는 것, 즉 이해하는 것이 중요하다. 그렇지 않으면 완전히 틀린 가정 아래 행동하게 된다. 나아가 이런 행동은 다른 사람을 당황스럽게 만들고 역효과를 낳게 된다.

먼저 경청하는 행동의 원칙에는 이해, 존중, 상호 이익이 포함된다. 반대되는 행동은 먼저 말하고 나중에 경청하는 것, 혹은 전혀 경청하지 않는 것이다. 이 경우 다른 사람이 당신의 말에 영향을 미칠 수 있는 정보, 아이디어, 혹은 시각을 갖고 있을지도 모른다는 것을 고려하지 않고 자신의 의제를 꺼내게 된다. 또한 다른 사람을 먼저 이해해야 한다는 것을 무시하며 종종 상대가 당신의 말을 경청할 준비를 하기도 전에 말을 꺼낸다. 이는 자기중심적인 행동으로 신뢰 구축에 전혀 도움이 되지 않는다.

> 그는 말을 너무 많이 한다는 비판을 들었다. 당신은 누군가가 지나치게 경청한다고 비난받는 것을 들은 적이 있는가?
>
> _놈 어거스틴Norm Augustine, 록히드마틴 전 회장

가짜 행동은 경청하는 척하는 것이다. 이 경우 경청해야 할 시간에 자신이 어떤 대답을 할 것인지 생각하거나 자신이 말할 차례가 오길 기다리는 데 집중한다. 혹은 이해하지 않고 듣는다. 그러면 당신은 상대방의 말에 영향을 받지 않으며 상대방은 당신이 이해한다는 느낌을 받지 못한다. 나는 인터뷰할 때나 사람들이 프로그램 및 프레젠테이션을 마치고 질문할 경우 먼저 경청하는 것이 중요하다는 것을 알고 있다. 거의 모든 상황에서 경청이 출발점이다. 직장과 가정에서 일어나는 문제는 종종 경청하지 않은 데서 비롯된 것이다.

경청은 실용적인 행동이다

어떤 사람은 먼저 경청하는 것은 비효율적이며 시간이 너무 많이 걸린다고 말한다. 나는 거기에 동의하지 않으며 오히려 그런 행동이 대단히 실용적이라고 확신한다. 경청은 신뢰를 쌓는 데 그 어떤 행동

보다 긍정적인 영향을 미치며 속도와 비용에도 그만한 영향을 준다.

〈하버드비즈니스리뷰〉에 수록된 글에서 피터 드러커는 효과적인 경영자의 8가지 행동을 열거하고 마지막 부분에서 이러한 결론을 내렸다.

"우리는 효과적인 경영자의 8가지 행동을 검토했다. 여기에 마지막으로 한 가지 행동을 추가하겠다. 그 행동은 대단히 중요해서 규칙으로 격상시키겠다. 그것은 '먼저 경청하고 나중에 말하라'이다."

그는 왜 경청을 규칙으로 격상시켰을까? 왜냐하면 먼저 경청할 때 통찰을 얻고 상대방의 말을 정확하게 이해할 수 있기 때문이다. 그러면 당신은 보다 좋은 결정을 내릴 수 있다. 경청하면 상대에게 존중심을 보여줄 수 있으며 그 행동은 신뢰에 커다란 영향을 미친다.

현명한 조직은 먼저 경청하는 것의 위력을 잘 알고 있다. 특히 고객이나 다른 외부 이해당사자들과 관련해 먼저 경청하는 것이 어떤 힘을 지니고 있는지 알고 있다. 만약 기업이 제품을 생산하기 전에 고객의 욕구와 선호에 대한 시장조사를 하지 않는다면 수익을 올리지 못할 것이다. 제품을 재설계해 다시 출시하는 데 막대한 시간과 돈을 들여야 할지도 모른다. 혹은 퇴출될 수도 있다.

현명한 리더는 먼저 경청하는 것의 위력을 알고 있다. 특히 동료나 내부 고객과 관련해 먼저 경청하는 것이 어떤 힘을 지니는지 잘 알고 있다. 먼저 경청하지 않는 리더는 결국 자기 자신과 회사를 속여 정보, 피드백, 혁신, 협력, 그리고 신뢰가 높은 환경 조성과 성공에 중요한 파트너 관계를 얻어내지 못할 것이다.

리더십은 앞장서서 길을 안내하는 것이라기보다 사람들의 욕구를 경청하고 충족시켜 주는 것이다.

_찰스 M. 코리Charles M. Cawley, MBNA 아메리카 회장

마이크 가렛Mike Garrett이 조지아 파워의 사장이 되었을 때 나는 어떤 계획을 세웠는지 물었다.

"몇 달간 사람들의 말을 듣기만 할 겁니다. 상황을 지켜볼 생각입니다. 사람들의 말을 경청하지 않고 비전과 계획을 내놓는다면 효과도 없을뿐더러 내가 하려는 일도 신뢰를 얻지 못할 것입니다. 나는 먼저 경청하는 데 주력할 것입니다."

이런 지혜로운 태도는 내가 코비리더십센터 CEO가 되었을 때도 유효했다. 당시 우리는 8건의 소송사건에 휘말려 있었다. 이들 소송은 몇 달간 계속되었고 어떤 것은 몇 년씩 이어져 막대한 시간과 에너지를 소모시켰다. 장기적인 소송에 진저리가 난 나는 모든 사건을 2개월 내에 마무리 짓기로 결정했다. 이를 위해 먼저 상대측 말을 경청했다. 8건 중 7건은 경청을 통해 터놓고 이야기하고 서로를 이해하는 분위기가 조성되면서 모두에게 유익한 해결 방안을 찾을 수 있었다. 나머지 한 건은 상대가 상호 이익을 도모할 생각이 없고 상황을 자신에게 유리하게 조작하려 해서 법적으로 해결할 수밖에 없었다.

CEO가 지녀야 할 가장 훌륭한 두 가지 특징은 경청 능력과 다른 사람이 좋은 동기를 갖고 있다고 생각하는 태도이다.

_잭 M. 그린버그Jack M. Greenberg, 맥도날드 회장

한번은 코비리더십센터에서 성과를 내지 못하는 한 계열사와 관계 단절을 고려해야 할 상황에 놓였다. 그가 여러 가지 변수 때문에 성과를 내지 못했다고 생각하는 것 같아 내가 물었다.

"당신의 말을 듣고 싶습니다. 당신의 입장을 말해주십시오."

나는 2시간이나 그의 말을 경청했다. 말을 마친 그는 편안한 모습으로 자신의 심정을 털어놓았다.

"이제 다 말한 것 같군요. 당신이 어떤 결정을 내리든 상관없습니다. 그동안 당신이 몰랐거나 제대로 평가하지 못했다고 생각했던 모든 사실을 이제 이해시킨 것 같습니다. 결정을 내릴 때 이런 점을 고려해주십시오."

결국 우리는 관계를 끝냈지만 그는 여전히 우리와 개인적으로 좋은 관계를 유지하고 있다. 만약 우리가 그를 이해하지 못한다고 생각했다면 많은 시간과 돈이 소요되는 법적 투쟁으로 확산되었을 것이다.

경청의 위력

먼저 경청하는 행동의 커다란 이익 중 하나는 신뢰를 쌓는 데 도움이 된다는 것이다. 경청은 특정인의 어떤 행동이 신뢰계좌에 예입이 되는지 아는 데도 도움이 된다. 이런 이해를 바탕으로 말을 하면 상대방과 같은 언어로 말하기 때문에 속도가 빨라진다.

게리 채프먼Gary Chapman은 대인관계에 대한 자신의 책 《5가지 사랑의 언어The Five Love Languages》에서 사랑 표현법은 무한하게 많지만 감정적인 사랑의 언어는 5가지밖에 없다는 흥미로운 주장을 펼쳤다.

"당신의 감정적인 사랑의 언어와 배우자의 언어는 영어와 중국어만큼 다를 수 있다. …… 우리가 사랑을 효과적으로 표현하려면 배우자의 기본적인 사랑의 언어를 배워야 한다."

채프먼은 이 사랑의 언어를 개인관계에도 적용하고 있는데, 같은 개념이 직업적 관계에도 적용된다. 고객, 투자자, 공급업자, 유통업자, 동료들과 같은 언어를 배우고 사용함으로써 그들을 더 잘 이해하고 원활하게 소통할 수 있는 것이다. 지멘스 AG의 CEO 하인리히 피레르Heinrich Pierer가 말했듯 "리더십은 궁극적으로 사람들을 이해하는 것을 의미한다."

사람들과의 관계에서 말은 생각, 감정, 의미의 일부만 전달할 뿐이다. 실질적으로 말은 중요한 소통 수단이 되지 못하고 있다. 연구에 따르면 직접 대면했을 때 태도와 감정의 소통 비율은 말이 7퍼센트, 말하는 방식 38퍼센트, 신체 언어가 55퍼센트라고 한다.

먼저 경청하는 것은 귀로 듣고 눈과 마음으로도 듣는 것을 의미한다. 그런 점에서 직접 대면이 아닌 원격 소통에 많이 의존하는 요즘의 기업에게 소통은 매우 어려운 과제라고 할 수 있다. 역으로 말하면 경청이 그만큼 중요하다는 얘기이다. 반스 & 노블의 CEO 레너드 리지오Leonard Riggio는 "나는 다른 사람의 귀를 통해 들으려 노력하고 다른 사람의 눈을 통해 보려고 노력한다"라고 말한다.

먼저 경청하는 것은 무언가를 들으려고 귀를 기울이는 것을 의미한다. 우리는 고객에게 무엇이 가장 중요한지 들으려고 고객의 말에 귀를 기울인다. 투자자에게 무엇이 가장 중요한지 들으려고 투자자의 말에 귀를 기울인다. 무엇이 동료의 관심을 유발하고 창의력을 발휘하게 하는지 들으려고 귀를 기울인다. 자판기 앞에서 대화에 귀를 기울이는 관찰자는 그들의 사명이나 가치관보다 회사 문화를 알 수 있는 대화 내용을 들으려고 귀를 기울인다.

마지막으로 먼저 경청하는 것은 결정하고 행동하기 전에 자기 자신, 자신의 직감, 내면의 소리에 귀를 기울이는 것을 의미한다. 한번은 내가 감원을 결정해야 하는 순간을 맞기도 했다. 많은 사람의 운명이 내 결정에 달려 있었다. 나는 이 문제를 위해 법인 이사에서부터 외부 컨설턴트, 동료, 부하직원에 이르기까지 내가 정말로 신뢰하는 사람들의 조언을 들었다. 조언은 사람마다 달랐고 나는 혼란과 중압감을 느꼈다. 나는 너무 많은 사람의 말을 들었다는 결론을 내리고 나 자신의 소리에 귀를 기울이기로 했다. 직관과 직감에 충실한 것이 최선의 결정을 내리는 방법이라고 생각했기 때문이다. 이처럼 내면의 소리에 귀를 기울였을 때, 무엇을 해야 하는지 분명하게 알 수 있었고 결정은 성공적으로 실행되었다. 이 경험을 통해 나는 자기 신뢰가 있을 때 귀를 기울여야 할 것은 내면의 소리임을 배웠다.

내면의 소리에 귀 기울여라

행동의 분포 곡선에서 먼저 경청하는 것은 성실성, 의도, 능력, 성과를 모두 갖췄을 때 적정범위 내에 든다. 왼쪽으로 치우쳐 먼저 경청하지 않는다면 겸손(성실성), 상호 이익 의제(의도), 공감적 경청 기술(능력)에 집중하거나 당신이 충분히 이해했다고 상대방이 느끼게 해야 한다(성과). 성과를 내는 데 알아야 할 두 가지 중요한 사항은 다음과 같다.

1. 감정이 격앙되어 있을 때 사람들은 자신이 이해받았다고 느끼지 못한다.
2. 자신이 이해받았다고 느끼기 전까지 사람들은 당신에게 조언을 구하지 않는다. 그러므로 너무 일찍 조언을 하면 감정을 더 자극하거나 당신의 말을 무시해버린다.

곡선의 오른쪽에 치우쳐 오로지 경청만 하고 결정 및 자문하거나 영향을 미치지 못한다면 용기(성실성)에 집중하고 상대방의 이익을 위해 행동하며(의도) 의사결정과 협력 기술을 개발해(능력) 무언가를 얻어내야 할 것이다(성과).

- 직장과 가정에서 지난주에 있었던 다른 사람과의 대화를 생각해 보라. 언제 먼저 경청했는가? 언제 먼저 경청하지 않았는가? 그 결과 어땠는가? 다르게 행동했다면 결과는 어떻게 달라졌을까?
- 다음번에 대화할 때 자신에게 물어보라. 나는 정말로 이 사람의 말을 경청하고 있는가? 정말로 그의 감정을 이해하고 있는가? 만일 경청하고 있지 않다면 먼저 경청하라. 자신의 의제는 젖혀 두고 상대방의 의견을 이해하는 데 집중하라.

• 당신의 회사에서 내부 및 외부의 이해당사자들을 이해하기 위해 주도적인 조치를 취하라. 당신은 모든 것, 모든 정답을 알고 있다는 환상에 사로잡혀 있지 않은가? 당신이 경청하고 있고 상대방의 관심 사항과 욕구를 충족시키고자 노력하고 있음을 확인시키기 위해 무엇을 할 수 있는지 생각하라.

| 요약 | 행동 11 - 먼저 경청하라

말을 하기 전에 경청하라. 이해하라. 진단하라. 귀, 눈, 마음으로 들어라. 함께 일하는 사람들에게 어떤 행동이 가장 중요한지 파악하라. 상대방에게 중요한 것이 무엇인지 알고 있다고 생각하지 마라. 당신이 모든 것, 모든 정답을 알고 있다고 생각하지 마라.

13장

행동 12
약속을 지키라

작은 일에서든 큰 일에서든
옳은 것을 지지하고
항상 약속을 이행하라.

_뤼벤 마크Reuben Mark, 콜게이트-팔모라이브 회장

약속을 지키는 것은 13가지 행동 중 가장 중요하다. 또한 이 행동은 직원, 상사, 팀원, 고객, 공급업자, 배우자, 아이, 대중 등 어떤 관계에서든 신뢰를 쌓는 가장 빠른 방법이다. 그 반대되는 행동, 즉 약속을 깨거나 약속을 지키지 않는 것은 신뢰를 잃는 가장 빠른 방법이다. 이 행동에는 약속을 지키는 것뿐 아니라 약속을 하는 것도 포함된다. 내 친구 로저 메릴Roger Merrill의 표현을 빌리면 약속할 때 희망을 쌓고 약속을 지킬 때 신뢰를 쌓는다. 약속 위반이 어떤 영향을 미치는지 안다면 약속할 때 신중을 기해야 한다.

약속의 가짜 행동은 모호하거나 갈피를 잡을 수 없는 약속을 하는 것, 심지어 약속을 지키지 못할까 걱정되어 약속하지 않는 것을 말한다. 보나파르트 나폴레옹이 이와 비슷한 말을 한 적이 있다.

"약속을 지키는 가장 좋은 방법은 약속을 하지 않는 것이다."

그러나 이런 태도는 용기가 부족한 것이고 또한 별로 가망도 없는 행동이다. 오늘날의 글로벌 경제에서 이런 행동은 전혀 통하지 않는다. 수많은 기업이 동일한 제품과 솔루션을 제공하는 환경 속에서 소비자들의 눈에 띄려면 주목할 만한 약속을 하고 그것을 지켜야 한다. 더구나 이런 행동은 나폴레옹에게도 효과가 없었다. 장담하건대 이러한 행동은 신뢰를 쌓는 데 전혀 도움이 되지 않는다.

> 약속을 지키고 신뢰를 얻는 것이 무엇을 의미하는지 보여주는 것은 리더의 책임이다.
>
> _ 행크 폴슨, 골드만삭스 회장

최근 나는 한 인터뷰에서 약속을 하고 지키는 것이 어떻게 신뢰를 쌓고 신뢰를 잃는 데 중요한 영향을 미치는지 설명했다. 설명을 마치자마자 인터뷰한 사람은 흥미롭다는 듯 말했다.

"제 경험담을 들려드릴까요?"

그는 얼마 전에 수백만 달러 규모의 회사를 어떻게 인수했는지 들려줬다. 그 회사는 지난 4년간 이번을 포함해 모두 세 번 매각되었는데, 경영자와 직원들은 이번에도 별로 기대를 하지 않았다. 지금까지 인수자들이 많은 약속을 하고 전혀 지키지 않았기 때문이다. 하지만 이번에 인수한 그는 모든 사람을 모아놓고 그들의 불만과 관심 사항을 들었다. 그런 다음 직원들에게 각각 시한을 못 박은 14가지 개선 사항을 이행하겠다고 약속했다. 모두가 회의적으로 생각했지만 일주일 만에 그는 자신이 한 약속을 모두 이행했다. 그는 곧바로 사람들을 다시 모아놓고 말했다.

"나는 하겠다고 약속했고 그것을 지켰습니다. 이제 무엇을 할까요?"

그의 신뢰성은 순식간에 높이 치솟았다. 하루아침에 그는 신뢰의 환경을 만들어내 장기적인 세금을 배당으로 전환시켰던 것이다. 그 결과는 신속하게 나타났다. 오랜 정체와 마이너스 성장을 극복하고 첫해에 수입이 배가되었으며 수익도 빠르게 증가했다.

> 항상 자신이 한 약속을 지켜라. 지키지 못할 약속은 절대 하지 마라. 신뢰를 쌓는 것은 어떤 의미에서는 모진 시련을 견뎌내는 것과 같다. 비록 어렵더라도 자기 역할을 다하겠다는 것을 보여줘야 한다.
>
> _ 데니스 로스Dennis Ross, 전 미국 대사

약속을 지키는 행동은 성실성, 성과, 용기, 겸손의 원칙에 기초를 두고 있다. 이 행동은 솔직하게 말하기, 성과내기 등 다른 행동과 밀접한 관계가 있다. 성품과 역량이 완전하게 조화를 이룰 때 이러한 행동이 나온다. 특히 이 행동은 성실성(성품)과 하겠다고 말한 것을 할 수 있는 능력(역량)을 필요로 한다.

신뢰를 깨뜨리는 가장 큰 요인

신뢰에 대해 이야기할 때는 항상 약속을 지키는 것이 영향력 있는 행동 1순위에 오른다. 기업 윤리에 관한 2005년 미국경영자협회의 연

구에 따르면 윤리적 문화 창조에서 가장 중요한 요소로 약속 지키기가 꼽혔다고 한다. 한편 2002년 세계경제포럼의 리더들에 대한 조사에서는 약속 어기기가 신뢰를 깨뜨리는 가장 큰 요인으로 나타났다.

약속을 지키는 것은 당연하고 상식처럼 보이지만 사실 이 상식이 항상 지켜지는 것은 아니다. 그리고 약속을 어기는 행동은 신뢰에 막대한 타격을 입힌다.

나는 총명하고 재능이 뛰어난 한 리더와 함께 일한 적이 있는데, 그의 단점은 비밀을 지키지 못하는 것이었다. 사람들은 비밀 지키기를 약속으로 생각하고 있었기 때문에 그의 신용계좌에서 큰 인출이 발생했다. 또한 그를 신뢰하지 못했던 사람들은 그와 대화할 때 기밀사항을 알려주지 않았다. 결과적으로 그는 사람들을 이끌고 의사결정을 내리는 데 도움이 되는 정보를 얻을 수 없었다.

나는 기업을 공개한 후 주가를 안정시키기 위해 이사들에게 주식을 팔지 말라고 지시했던 어느 경영자에 관한 글을 읽은 적이 있다. 하지만 그런 지시를 내린 경영자 자신은 주식을 일부 팔았다. 그는 일부만 팔았기 때문에 문제될 것이 없다고 합리화했지만, 다른 이사들은 그의 지시에 자신도 팔지 않겠다는 암묵적인 약속이 포함되어 있었다고 생각했다. 결국 그는 막대한 신뢰의 세금을 내야 했다.

이런 경우도 있었다. 한 회사가 데이터베이스를 구축한 후, CEO가 그 리스트를 팔거나 임대하지 않겠다고 공개적으로 천명했다. 하지만 몇 년 후에 새로운 의사결정자가 들어오면서 리스트 임대 결정을 내렸다. 얼마 후 한 고객이 몇몇 기업으로부터 오는 DM 광고물 주소 인쇄지에 리스트를 임대하거나 팔지 않겠다고 약속한 그 회사의 광고물과 똑같은 독특하고 뚜렷한 에러가 있다는 것을 발견했다. 그는 우연히 그런 일이 발생할 수는 없다고 생각하고 회사에 전화를 걸어 물어봤다. 그 회사는 임대 사실을 시인하고 사과했지만, 그 고객은 명시적인 약속을 위반한 회사는 신뢰할 수 없다고 말하고 그들과의 거래를 끊었다.

> 위선자에게는 3가지 특징이 있다. 거짓말을 하고 자신이 한 약속을 지키지 않고 신뢰를 배반한다.
>
> _마호메트

이러한 예에서 분명히 볼 수 있듯 명시적 약속은 물론 묵시적 약속 위반도 신뢰계좌의 인출을 불러온다. 사람들은 대개 기업이 정직성, 성실성, 우수한 품질을 약속한다고 생각한다. 따라서 엔론이나 월드컴, 파마랏, 샌디에이고시(회계 부정으로 '바닷가의 엔론'이란 별명이 붙었다)처럼 조직이 묵시적인 약속을 위반하면 대규모 인출과 즉각적인 불신이 발생한다.

인간관계에서도 마찬가지다. 결혼하는 사람들은 대부분 배우자가 혼인관계에 충실하고 태어날 아이들의 행복을 위해 최선을 다할 거라고 생각한다. 그러다가 배우자가 이 약속을 위반하면 신뢰에 심각한 균열이 일어난다. 약속이 명시적이든 묵시적이든 그것은 속도와 비용에 영향을 미친다. 약속을 위반하면 진보의 수레바퀴를 녹슬게 하는 의심, 의혹, 냉소, 불신이 생긴다. 반대로 약속을 지키면 희망, 열의, 신용, 신뢰가 생겨 보다 쉽게 성과를 얻을 수 있다.

기업의 문화 지능

새로운 글로벌 경제에서는 문화마다 약속을 바라보는 시각이 다르다는 점을 알아야 한다. 그 차이를 아는 것이 예입을 만들고 인출을 피하는 열쇠이다. 여기에는 윤리나 지역 문화뿐 아니라 기업 문화도 해당한다.

나는 여러 기업 문화를 접해봤다. 어느 기업에서는 미팅을 2시로 정하면, 2시에 모든 사람이 참석해 있다. 하지만 어느 기업에서는 약속의 성격이 '1시쯤', '2시쯤'이라는 개념으로 정착해 몇 십 분 늦는 것을 당연시한다.

미팅 시간은 사람들이 그 시간에 무엇을 가장 중요하게 생각하느냐에 따라 달라진다. 그 차이점은 희랍어 크로노스chronos와 카이로스kairos에 잘 나타나 있다. 크로노스는 연대기적 시간을 의미하고 카이로스는 질적 시간 혹은 그 시간으로부터 얻는 가치를 의미한다.

나는 프랭클린코비의 합병 이후 처음 열린 미팅을 잊지 못한다. 프랭클린 사람들은 말쑥하게 정장을 차려입고 이사회실에 정시에 도착했다. 그런데 코비그룹 사람들은 캐주얼한 차림으로 10분 늦게 도착했다. 프랭클린에는 시간관리manage your time를 중시하는 회사 문화가 있었고, 코비그룹에는 주도적인 삶lead your life을 중시하는 회사 문화가 있었기 때문이다. 중요한 것은 서로 다른 문화의 명시적 혹은 묵시적 약속의 성격을 이해해야만 보다 신속하게 신뢰를 구축할 수 있다는 점이다.

10년 규칙

사람들은 보통 고객에게 한 약속에는 엄격하지만 가족에게 한 약속에 대해서는 소홀히 하는 경향이 있다. 이는 가족을 부양한다는 명목을 내세워 약속 위반을 정당화하기 때문이다. 하지만 나는 가정에서의 약속도 직장에서 한 약속만큼이나 중요하다고 생각한다. 아니, 그보다 더 중요할 수 있다.

얼마 전 딸아이 맥킨리가 고등학교 뮤지컬에서 주연을 맡았다고 해서 보러 가겠다고 약속했다. 출장이 예정되어 있었지만 시간에 맞춰 비행기를 타고 올 생각이었다. 사실 나는 '무슨 일이 있어도 보러 가겠다'고 한 것이 아니라 '보러 갈 수 있을 것 같다'고 느슨하게 약속한 것이었다. 하지만 딸은 그 약속을 무척 중요하게 받아들였다.

출장을 가기 몇 주일 전, 고객들과 대화하던 중에 나는 그들로부터 좀 더 오래 있어 달라는 부탁을 받았다. 나는 딸에게 약속을 취소해도 되는지 확인하려고 했다. 하지만 그런 시도 자체가 큰 인출이 될 수 있다는 것을 깨달았다. 그래서 고객의 양해를 구하려고 했다. 그들 역시 내 요청을 달갑지 않게 생각하고 계속 더 머물러 있어야 한다고 고집했다.

딜레마에 빠진 나는 동료인 브레인 리Blaine Lee가 '10년 규칙'이라고 부르는 방법을 적용하기로 했다. 나는 스스로에게 물었다. 어떤 것을 하면 지금으로부터 10년 후에 더 행복할까? 나는 딸과의 약속을 지키는 것이 10년 후에 더 행복할 것이라는 결론을 내렸다. 그래서 고객에게 더 머물러 있을 수 없다고 알려줬다. 결과적으로 나는 경제적 기회를 잃었지만 고객은 큰 피해를 입지 않았고 나와 딸아이는 아주 행복했다. 딸이 공연한 그날 밤 나는 12송이의 장미꽃을 안고 관람석 맨 앞에 앉아 있었다.

약속을 지키는 것은 신뢰에 큰 영향을 미치며 특히 가족 문화 형성에 대단히 중요하다. 그러므로 가족에게 한 약속이 중요할 때가 많다는 사실을 잊어서는 안 된다. 또한 자신과의 약속은 모든 것의 출발점이며 당신에게 다른 사람과의 신뢰를 구축할 수 있게 해주는 힘과 자신감(자기 신뢰)을 준다.

약속하고 지키고 반복하라

행동의 분포 곡선에서 왼쪽으로 치우쳐 있다면, 즉 약속을 잘 하지 않거나 약속을 지키지 않는다면 어떻게 해야 할까? 당연히 성실성을 높이고 상호 이익 추구 의도를 강화하며 이 행동의 반복적인 수행으로 습관화할 수 있는 능력을 개발하고 신뢰 구축 성과를 보다 분명하게 인식해야 한다. 분포 곡선에서 오른쪽으로 치우쳐 있다면, 즉 너무 많은 약속을 하거나 상황이 변해 약속을 지키는 것이 비현실적이고 지혜롭지 못함에도 어떻게든 약속을 지킨다면, 4가지 핵심 요소의 강화를 통해 판단력을 높이는 데 집중해야 한다. 특히 성실성을 높이는 데 집중하고 약속을 지키거나 지키지 않았을 때의 결과를 생각해야 한다. 약속을 지키려고 할 때는 다음과 같은 방법 가운데 한 가지를 고려하는 것이 도움이 된다.

- 새로운 관계를 구축하고 그 관계에서 신속하게 신뢰를 쌓으려 할 때는 다음의 과정을 따르라. 먼저 약속을 하고 지켜야 할 이유를 찾아라. 그리고 또다시 약속을 하고 지켜야 할 이유를 찾아라. 그렇게 계속 하라. 이처럼 '약속을 하고-지키고-반복하는' 사이클을 계속할 때, 신뢰계좌 잔고는 빠르게 불어날 것이다.
- 다음번에 직장에서 누군가와 약속할 때 그 약속이 현실적인 약속이 되도록 하라. 비현실적인 약속을 해서 지키지 못하는 것보다 그를 실망시키는 한이 있더라도 현실적인 약속을 하는 것이 훨씬 낫다. 약속한 것은 반드시 이행하라. 기한을 맞추지 못할 경우 가능하면 빨리 조정을 시도하라. 기한을 무시하거나 넘기지 마라.
- 가정에서 당신의 언어에 주의를 기울여라. 당신이 무언가를 하겠다고 말하면 그 말이 가족에게 약속으로 느껴진다는 점을 인식하라. 당신이 하겠다고 한 것을 진지하게 생각하고 이행하라. 가정에서 쌓는 신뢰는 그 어떤 신뢰보다 중요한 것임을 잊지 마라.

| 요약 | 행동 12 - 약속을 지키라

무엇을 할 것인지 말하고 그 말한대로 행동하라. 신중하게 약속하고 그 약속을 지켜라. 약속 지키기를 당신의 명예의 상징으로 만들어라. 신뢰를 깨지 마라. 여론을 조작해 약속을 지키지 못한 데 따른 책임을 모면하려 하지 마라.

14장

행동 13
먼저 신뢰하라

사람들을 신뢰하라.
그러면 그들은
당신에게 충실할 것이다.
사람들을 위대한 사람으로 대하라.
그러면 그들은
위대함을 보여줄 것이다.

_ 랠프 왈도 에머슨

어느 시즌에 나는 리틀리그기 풋볼팀의 코치를 맡았는데, 내 팀에는 안나 험프리라는 용기 있는 선수가 있었다. 안나는 우리 팀의 유일한 여자선수였다. 내가 기억하기로는 전체 리그에도 여자선수는 안나 말고 한두 명 더 있을 뿐이었다. 안나는 그리 못하지는 않았지만 경험과 기술이 다른 아이들보다 부족했다.

리틀리그 규칙에 따르면 나는 경기마다 절반 정도는 모든 선수가 뛰게 해야 했다. 7개의 포지션에 14명의 선수가 있다는 것을 가정한 규칙이었다. 하지만 그 시즌에 우리 팀은 선수가 10명밖에 없었다. 나는 안나의 짧은 경험과 기술을 고려해 그녀를 절반 정도만 뛰게 하고 뺄 수도 있었지만, 남학생들과 경쟁할 수 있을 만큼 용기가 있다고 판단해 다른 선수들과 공평하게 뛰게 했다.

우리가 그날의 빅게임에 이르기까지는 모든 것이 순조로웠다. 시즌 마지막 경기였고 그때까지 양 팀은 무패를 기록하고 있었다. 그날 마지막 공격에서 상대팀은 안나의 측면으로 달려와 터치다운으로 득점을 올렸다. 이제 상대팀은 우리 팀에 단 한 점 뒤져 있었고 그들이 승리하려면 남은 한 번의 공격에서 2점을 얻어야 했다.

그때 나는 안나를 빼고 다른 선수를 투입할 수도 있었고 안나를 그대로 둘 수도 있었다. 안나는 그때까지 열심히 뛰었다. 나는 모든 선수를 공평하게 대한다는 내 결정을 근거로 안나를 계속 뛰게 했다. 팀의 승리가 불확실한 상황이었지만 상대팀이 다시 측면으로 달려오면 잘 대응해 막을 수 있을 거라고 생각해 그녀에게 신뢰를 보냈다.

안나는 그것을 느꼈는지 더욱 열심히 뛰었고 상황에 적절하게 대응했다. 예상한 대로 상대팀은 안나의 측면으로 달려왔지만 그녀는 목표 라인을 불과 몇 십 센티미터 남겨 두고 공격수의 반칙을 얻어냈다. 이것은 시즌 중 그녀가 유도한 두 번째 반칙으로 가장 결정적인 공격에서 반칙을 얻은 것이었다. 우리는 그 경기에서 이겼고 비공식 리그 챔피언이 되었다. 그 후 나는 안나를 볼 때마다 그녀에게 신뢰를 보냈던 것에 행복을 느낀다. 나는 그녀에게 말했다.

"너는 내 영웅이야! 네가 해냈어!"

신뢰받는 사람에서 신뢰를 보내는 리더로

신뢰를 보내는 것은 다른 행동과는 종류가 다르다. 그 행동은 신뢰를 명사에서 동사로 바꾼다. 다른 행동이 당신이 더욱 신뢰받는 사람이나 신뢰받는 매니저가 되는 데 도움이 된다면, 이 행동은 신뢰를 보내는 리더가 되는 데 도움이 된다. 신뢰를 쌓는 것에 그치지 않고 신뢰를 활용하라. 이 행동은 상호작용이기 때문에 당신이 사람들을 신뢰할 때 그들은 당신에게 신뢰를 보낸다. 아이러니하지만 신뢰가 없을 때 신뢰를 얻는 좋은 방법은 신뢰를 보내는 것이다.

> 상호 신뢰가 없는 리더십은 말 자체가 모순이다.
>
> _워런 베니스

워런 버핏의 맥레인 유통 인수 문제를 생각해보자. 그 거래는 워런 버핏이 자발적으로 신뢰를 보냄으로써 그처럼 신속하고 저렴한 비용으로 성사될 수 있었다. 마찬가지로 P&G의 CEO A. G. 래플리A. G. Lafley와 질레트의 CEO 짐 킬츠Jim Kilts도 기업 합병 과정에서 서로에게 신뢰를 보냈다. 〈포천〉에서 래플리는 주목할 만한 접근 방법을 설명했다.

> "나는 협상에 협력적인 자세로 임하기로 했다. 우리는 우호적인 거래를 하고 있었기 때문에 갖고 있는 패를 모두 보이지 않을 이유가 없었다. 나는 신뢰를 바탕으로 내게 경영을 공개하라고 권한 맥킨지의 CEO 라자 굽타Rajat Gupta에게 비용 측면의 시너지 효과를 살펴보고 질레트의 기술을 전망해줄 것을 요청했다. 우리는 그 흔한 조언자들의 도움 없이 서로 협력했다. 한번은 짐이 내게 말했다."
>
> "은행가들을 데려오지 않나요?"

"우리는 은행가가 필요하지 않습니다."

"변호사를 데려오지 않나요?"

"우리는 변호사가 필요하지 않습니다."

그것은 우리가 서로를 신뢰한다는 대단히 중요한 신호였다.

이 이야기는 신뢰의 전이의 예이다. 여기서 맥킨지의 라자 굽타는 두 사람 사이에서 '신뢰의 다리' 역할을 했다. 양측 모두 한 개인을 신뢰했고 그 사람은 양측에 대한 신뢰를 상대측에 전달했으며 양측은 그의 신뢰를 서로에게 전이시켰다.

그렇다고 모두가 워런 버핏이나 A. G. 래플리와 같은 합병 방식을 취해야 한다고 주장하는 것은 아니다. 누군가를 쉽게 만나 실사도 하지 않고 악수 몇 번으로 거래를 마쳤다가 나중에 허위로 창고를 매입했음을 발견할 수도 있다. 실제로 내 프로그램을 실시하던 중 쉬는 시간에 한 여성이 내게 와서 신뢰를 보냈다가 크게 당했던 경험을 들려줬다.

"얼마 전에 회사를 하나 인수했어요. 인수 협상 중에 그 회사 CEO에게 고용 계약의 필요성을 이야기했지만, 그는 그런 계약은 원치 않는다고 말했어요. 그는 '당신은 내 회사를 인수하고 있어요. 나를 믿으세요. 나를 믿지 않으면 무엇 때문에 내 회사를 인수하는 거죠?'라고 말했죠. 타당한 주장 같아서 내가 '좋습니다. 당신을 믿겠습니다'라고 했어요."

하지만 거래가 종료된 후 그 CEO(그녀는 그의 전문성과 인적 네트워크가 절대적으로 필요했다)는 돈을 더 주지 않으면 그만두겠다고 협박

하며 온갖 문제를 일으켰다. 고용 계약서를 작성하지 않아 회사 인수는 실패작으로 끝나고 말았다. 그녀는 다시는 사람들에게 신뢰를 보내지 않겠다고 말했다.

지나치게 낙관하다가 낭패를 당하고 싶어 하는 사람은 없다. 무차별적으로 혹은 지혜롭지 못하게 신뢰하다가 돈을 잃거나 이용당하고 싶어 하는 사람도 없다. 하지만 신뢰를 보냈을 때 돌아오는 이익이 클 때는 신뢰하는 것을 주저하지 마라.

이 책의 마지막 부에서는 신뢰 고취를 다루고 있다. 거기에서 우리는 위험을 최소화하고 이 여성 같은 상황에 걸려들지 않도록 언제 어떻게 진정한 신뢰를 보내야 하는지 깊이 있게 살펴볼 것이다. 하지만 이 장에서는 신뢰를 보내는 것이 사람들과 신뢰를 구축하고 조직의 신뢰 문화 조성에 엄청난 영향을 미친다는 점만 지적하고자 한다. 신뢰를 보내는 것은 신뢰를 쌓고 키우는 가장 좋고 빠른 방법이며, 이제 우리는 그런 측면을 집중적으로 살펴볼 것이다.

대접받고 싶다면 먼저 대접하라

신뢰 보내기는 임파워먼트, 상호작용의 원칙, 그리고 대부분의 사람이 신뢰받길 원하고 신뢰를 받을 때 신뢰에 보답할 거라는 기본적인 믿음에 기초를 두고 있다. 신뢰 보내기의 반대 행동은 신뢰 보내기를 주저하는 것이다. 이 행동은 모든 차원, 특히 조직에서 큰 비용을 발생시킨다.

시니어 리더를 신뢰하지 않는 직원이 많은 이유는 무엇인가? 여러 가지가 있겠지만 가장 큰 이유는 그들이 직원들을 신뢰하지 않고 그 불신이 다시 시니어 리더에게 되돌아오기 때문이라고 생각한다. 사실상 시니어 리더가 직원들의 불신 형성에 일조하는 것이다. 사람들은 자신을 신뢰하지 않는 사람을 신뢰하지 않는다. 이에 따라 결국 악순환이 일어나게 된다.

많은 기업이 감독 없이 직원들 스스로 하는 잔업이나 주말 특근을 허용하지 않는다. 왜냐하면 직원들이 자신의 직무를 다할 거라고 믿지 않기 때문이다. 그런 회사의 한 직원은 대개 이렇게 말한다.

"회사에서는 우리가 잔업 시간에 빈둥거리며 도넛을 먹고 게임이나 한다고 생각하죠!"

이런 행동을 리츠칼튼 호텔의 접근 방법과 비교해보라. 그곳 경영진은 고객에게 사고가 발생했을 때 객실 담당을 포함한 모든 직원에게 결재를 받지 않고 2,000달러까지 보상해줄 수 있는 권한을 부여했다. 또한 소매업체 노드스트롬Nordstrom의 직원들은 고객서비스와 관련해 한 가지 규칙만 지킨다. 그 규칙은 '모든 상황에서 잘 판단하라'이다.

고품질 서비스로 널리 알려진 제트블루 항공에는 예약센터가 없고 사람들은 집에서 근무한다. 재택근무를 원하는 어머니들이 집에서 예약을 받는 것이다. 제트블루 매니저는 그들에게 모니터를 설치해주고 그들이 일하기로 약속된 시간에 일할 것이라고 믿고 있다.

사람들을 신뢰하지 못하는 기업은 직원들이 아이를 돌보거나 다른 일을 하느라 업무를 제대로 해내지 못할 거라고 걱정한다. 하지만 제트블루의 예약 담당직원들은 책임 있고 예의 바르고 친절하며 상냥하고 애교 있게 전화를 받는 것으로 알려져 있다. 이는 직원들이 회사로부터 받는 대우와 신뢰, 그리고 회사와 일에 대한 자신의 감정을 고객에게 되돌려주기 때문이다.

흥미롭게도 유나이티드 항공과 델타 항공 등 다른 항공사도 제트블루의 저가 항공 모델을 모방해 테드Ted와 송Song 등의 저가 항공사를 설립했다. 하지만 전략은 모방할 수 있어도 제트블루처럼 효과적으로 실행할 수는 없었다. 신뢰 문화는 모방할 수 없기 때문이다. 제트블루와 다른 모방 항공사와의 차이점이 무엇이냐는 질문을 받자, 인사담당 부사장 빈센트 스테이빌Vincent Stabile은 "우리는 고객이 대접받기를 바라는 대로 직원들을 대우해준다"고 대답했다.

> 기업은 사람들이 가정에서 더 많은 일을 한다고 믿어야 한다. 출퇴근은 창조적인 일에 사용할 수 있는 많은 시간과 힘을 빼앗아간다.
>
> _리처드 브랜슨, 버진그룹 창립자

베스트바이Best Buy도 직원들에게 비슷한 방식으로 신뢰를 보낸다. 2002년 직원 이직률과 스트레스 관련 진료 건수가 급격하게 오른 이후, 그 회사는 자기 임무만 완수한다면 언제 어디서든 근무할 수 있게 했다. 최근에 텔레비전 프로그램 〈60미니츠60 Minutes〉에서 이 회사의 경영자 챕 에이킨Chap Achen은 다음과 같이 말했다.

"어떤 환경에서든 우리 직원들이 임무를 완수할 것이라고 믿는다. …… 아이러니한 점은 실제로 사람들이 더 열심히 일하도록 만드는 것은 이러한 신뢰 요소라는 점이다."

이 근무 방식은 확실히 효과적이었고 생산성이 35퍼센트나 올라갔다. 채퍼럴스틸Chaparral Steel의 전 사장이자 CEO인 고든 포워드Gordon Forward는 이렇게 말했다.

"우리에게는 규정이 없다. 우리는 몇 가지 기본 개념에서 시작한다. 첫째, 우리는 신뢰와 정직성 같은 요소가 업무 수행에 큰 역할을 한다는 결론을 내렸다. 조직의 수많은 절차는 이런저런 방법으로 놀면서 지내려 하는 3퍼센트를 규제하기 위해 만들어진 것이다. 우리는 신뢰할 수 있는 97퍼센트를 위한 규칙을 만들기로 했다. 그러면 나머지 3퍼센트는 자연스럽게 드러나게 되고 결국 그들은 회사를 떠날 것이라고 생각했다. 이것이 우리 회사의 상황이다."

직원을 믿어야 할지 믿지 않아야 할지 알 수 없어 신뢰할 수 있는 97퍼센트를 신뢰할 수 없는 3퍼센트와 똑같이 대하는 쪽을 선택한다는 얘기다. 하지만 3퍼센트는 비현실적이며 사실은 신뢰할 수 없는 사람이 10퍼센트는 된다고 주장하는 사람도 있다. 설사 그것이 사실일지라도 신뢰할 수 있는 90퍼센트는 어떻게 하는가? 소수가 다수를 규정하게 놔둬야 하는가? 그렇게 하면 속도와 비용은 어떤 영향을 받을까?

나는 그런 행동이 속도와 비용에 파괴적인 영향을 미칠 것이라고 생각한다. 제트블루와 베스트바이가 분명하게 보여주는 열정, 참여, 협력, 그리고 조직을 이끄는 상호 신뢰를 깡그리 파괴시켜 버릴 것이다.

이 행동의 가짜 행동에는 두 가지가 있다. 하나는 거짓 신뢰를 보내는 것으로 사람들에게 책임만 부여하고 업무를 수행하는 데 필요한 권한이나 자원은 제공하지 않는 것이다. 다른 하나는 속임수 신뢰를 보내는 것이며 이는 실제로는 신뢰하지 않으면서 신뢰하는 척하는 것을 말한다. 다시 말해 일을 맡긴다고 하면서 사실은 기웃거리거나 배회하거나 감시한다. 심지어 직원 대신 일을 하기도 한다.

속임수 신뢰를 보내는 사례로는 중학교 학생자치회의 지도교사를 들 수 있다. 학생자치회에서 일하는 내 동료의 아들이 최근 지도교사로부터 다가올 활동에 대비해 지역 대학에 전화를 걸어 필요한 장비를 빌릴 수 있게 해놓으라는 과제를 받았다. 하지만 그는 과제를 수행하는 과정에서 지도교사가 이미 전화를 걸어 빌릴 준비를 끝내 놓았다는 것을 알았다. 이런 일은 학생자치회 간부들이 흔히 겪는 일이다. 이러한 행동은 학생들의 자발성과 신뢰에 어떤 영향을 미칠까?

강력한 동기유발 요소

사람들은 동기를 유발하거나 고취하는 것이 없더라도 신뢰를 받으면 열심히 일한다. 신뢰를 받으면 스스로를 관리하기 때문에 관리 감독을 받을 필요가 없다. 사람들에게 그들의 인생에 가장 큰 영향을 미친 사람이 누구이고, 어떤 영향을 받았는지 물어보면 대개 이런 대답을 한다.

"그분은 아무도 나를 믿지 않을 때 내게 신뢰를 보냈습니다."

"그분은 내게서 아무도 못 본 것을 보았습니다."

이 말은 그 사람이 자신에게 신뢰를 보냈고 거기에 큰 영향을 받아 신뢰에 보답했다는 얘기다.

> 사람들은 내게 어떻게 그런 관심과 열의로 어려움을 이겨내고 성공할 수 있었는지 묻는다. 나는 "아버지가 나를 신뢰라는 엄격한 규율로 대했기 때문이다"라고 말한다. 아버지는 나를 신뢰했고 나는 꼼짝없이 그 신뢰에 보답해야 했다. 또한 나는 다른 사람들을 신뢰했으며 그들은 내 신뢰에 보답했다.
>
> _로버트 갤빈 2세Robert Galvin Jr., 모토로라 전 CEO

우리는 신뢰를 보냄으로써 사람들에게 힘을 준다. 신뢰받는 사람은 최고의 능력을 발휘해 큰 시너지를 만들어낸다. 나아가 기업, 학교, NPO, 가족 등 모든 조직의 능력을 극대화하는 신뢰 문화를 창조한다.

지금 당장 주변에 신뢰를 보내라

신뢰를 보내는 행동은 성실성, 의도, 능력, 성과의 강화를 요구한다. 이 행동의 분포 곡선에서 왼쪽에 치우쳐 있으면 충분한 신뢰를 보내지 않고 있거나 효과적으로 신뢰하지 않고 있는 것이다. 그렇다면 용기를 기르고(성실성) 신뢰 성향을 높이며(의도) 기대하는 바를 분명히 하는 것은 물론 다른 사람에게 책임을 묻고 보다 실행 가능한 방식으로 진정한 신뢰를 보내는 데(능력) 집중해야 한다.

분포 곡선에서 오른쪽에 치우쳐 있다면 신뢰를 너무 많이 보내 이용당할 것이다. 이 경우 4가지 핵심 요소 개발을 통해 판단력을 길러야 한다. 이 책의 마지막 부에는 신뢰의 적정범위에 접근하는 데 도움이 되는 보다 구체적인 내용이 나온다.

이 행동을 개선하려고 할 때는 다음과 같은 방법이 도움이 된다.

- 당신을 신뢰하지 않는다고 생각하는 어떤 사람과의 관계를 생각해보라. 자신에게 물어보라. 나에 대한 신뢰가 부족한 것이 이 사람에 대한 내 신뢰가 부족한 데 원인이 있지 않을까? 만일 이 부분이 하향 사이클을 그리고 있다면 그 사이클을 역전시키기 위해 노력하라. 신뢰를 보내는 행동을 시작하고 그 결과를 확인하라.
- 직장이나 가정에서 자신이 사람들을 얼마나 신뢰한다고 생각하는가? 1~10의 점수로 평가하라. 당신의 행동이 왼쪽으로 이동하거나(신뢰를 적게 보냄) 오른쪽으로 이동하면(신뢰를 너무 많이 보냄) 어떻게 되는지 생각해보라. 점수가 5점 이하면 보다 많은 신뢰를 보내기 위해 취할 수 있는 조치를 찾아라.
- 당신이 부모라면 아이들과 대화하는 방식에 주의를 기울여라. 당신은 아이들을 의심하거나 아이들 주변을 맴돌거나 시시콜콜 간섭하는 경향이 있는가? 아니면 아이들을 신뢰할 만한 책임 있는 사람으로 대하는 경향이 있는가? 제5부에서 아이들에게 진정한 신뢰를 보내는 방법을 살펴볼 것이므로 여기서는 자신의

경향과 그 경향이 가족에게 어떤 메시지를 보내는지, 그리고 그 결과가 어떤지 확인하기 바란다.

| 요약 | 행동 13 - 신뢰를 보내라

신뢰성을 보여줘라. 이미 당신의 신뢰를 얻은 사람들을 아낌없이 신뢰하라. 당신의 신뢰를 얻고 있는 사람들에게 조건적인 신뢰를 보내라. 상황, 위험, 사람들의 신뢰성(성품과 역량)에 근거해 다른 사람에게 적절하게 신뢰를 보내는 방법을 배워라. 신뢰 성향을 가져라. 위험이 따른다고 신뢰를 보내는 데 주저하지 마라.

변화를 위한 실행 계획 세우기

13가지 행동에 관해 이야기를 시작할 때, 나는 당신에게 신뢰를 쌓고 싶은 두 가지 관계(직장과 가정에서 각각 하나씩)를 선정해 이 책을 유용하고 실행 가능한 자료로 만들 것을 주문했다. 이제 그 이야기를 마무리하면서 당신에게 어떤 행동이 가장 큰 효과가 있었는지 생각해보고, 변화를 위한 실행 계획을 세울 기회를 주겠다.

만약 실행 계획을 세워본 적이 없다면 지금 세워보라. 신뢰를 구축하고 세금을 배당으로 바꿔놓으며 두 사람과의 관계, 나아가 다른 많은 사람과의 관계를 개선해줄 결정을 내려라.

다음 쪽에 나온 표를 사용하면 도움이 될 것이다. 이러한 접근 방법이 유익하면 먼저 한 관계로부터 시작하기 바란다. 행동들을 검토하라. 당신이 각각의 행동을 얼마나 하고 있는지 생각해보고 현재의 성과에 표시하라. 그 다음에 가장 크게 긍정적인 변화를 가져왔다고 생각하는 2, 3가지 행동에 동그라미를 쳐라.

각 행동이 변화를 가져오도록 하기 위해 취해야 할 1, 2가지 조치를 확인하라. 각 장의 유용한 팁을 활용해도 좋고 당신의 상황에 더욱 적합한 방법을 사용해도 좋다. 중요한 것은 그러한 조치를 실행 가능하게 만들고 그 조치를 취하겠다고 자신에게 약속한 다음 그것을 지키는 것이다.

그 다음에 당신이 선택한 나머지 관계에 대해서도 같은 과정을 실행하라.

계획을 세울 때 인출이 발생하는 가장 빠른 길은 성품과 관련된 행동을 위반하는 것이고, 예입이 발생하는 가장 빠른 길은 역량과 관련된 행동을 보여주는 것임을 잊지 마라. 이러한 인식은 당신의 상황에서 신뢰를 가장 빨리 구축하는 방법을 찾는 데 도움이 될 것이다.

	행동	현재의 성과	반대 행동/가짜 행동
성품	솔직하게 말하라		거짓말·왜곡·절반의 진실만 말한다, 비위를 맞추는 말을 한다.
	상대방을 존중하라		관심이 없거나 관심이 있음을 보여주지 않는다, 무례함을 보이거나 자신에게 뭔가 해줄 수 있는 사람에게만 존중심을 보인다.
	투명하게 행동하라		정보를 말하지 않는다, 비밀로 한다, 투명한 체한다.
	잘못은 즉시 시정하라		잘못을 인정하거나 고치지 않는다, 잘못을 덮는다.
	신의를 보여라		다른 사람을 배반한다, 공을 독차지한다, 면전에서는 달콤한 말을 하고 등 뒤에서는 험담한다.
역량	성과를 내라		성과를 내지 못한다, 결과가 아닌 활동을 보여준다.
	끊임없이 개선하라		악화된다, 개선에 시간과 노력을 투입하지 않는다, 모든 문제를 자신의 유일한 해결책에 맞춘다.
	현실을 대면하라		현실을 외면한다, 바쁜 일에 집중하며 실제 문제를 회피한다.

	행동	현재의 성과	반대 행동/가짜 행동
역량	기대하는 바를 분명히 하라		기대하는 바를 가정하거나 밝히지 않는다, 기대하는 것이 모호하고 자주 바뀐다.
	책임 있게 행동하라		책임지지 않는다, 다른 사람에게 책임을 묻지 않는다.
성품과 역량	먼저 경청하라		경청하지 않는다, 먼저 말하고 나중에 경청한다, 경청하는 척한다, 이해하지 않고 듣는다.
	약속을 지켜라		약속을 어긴다, 모호하고 종잡을 수 없는 약속을 한다, 약속을 하지 않는다.
	신뢰를 보내라		신뢰를 보내지 않는다, 거짓 신뢰를 하고 기웃거리며 감시한다, 권한은 주지 않고 책임만 부여한다.

THE SPEED OF TRUST

04

세 번째, 네 번째, 다섯 번째 차원: 조직과 사회에서의 신뢰력

이제 우리에게는 신뢰의 4가지 핵심 요소와 13가지 행동이라는 신뢰 구축 도구가 생겼다. 이 섹션에서는 속도를 높이고 비용을 낮추는 것은 물론, 가치 창조와 신뢰 구축으로 당신과 당신 조직의 영향력을 극대화하기 위해 이 도구를 사용할 수 있는 상황을 집중적으로 살펴본다.

세 번째 차원(조직 차원)에서는 내부 이해당사자에게 신뢰를 쌓는 문제를 다룬다. 조직 내에서 세금을 없애고 배당을 높이는 한 방향 정렬에 초점을 맞출 것이다.

네 번째 차원(시장 차원)에서는 외부 이해당사자에게 신뢰를 쌓는 문제를 다룬다. 시장에서 신뢰를 고취하는 평판이나 브랜드를 구축하는 데 초점을 맞출 것이다.

다섯 번째 차원(사회 차원)에서는 오늘날 사회적, 경제적 필수 요소라는 인식이 급속하게 확산

되고 있는 공헌과 글로벌 시민의식의 원칙에 기초해 신뢰를 구축하는 문제를 살펴볼 것이다.

이제 당신이 한 가지 선택할 것이 있다. 그 선택은 앞으로 전개될 내용을 이해하고 이해당사자에게 신뢰를 쌓을 수 있는 능력에 영향을 미치게 된다. 또한 그 선택은 당신에게 가장 실행 가능한 차원, 혹은 가장 유용한 맥락 속에서의 조직을 정의한다.

만약 당신이 기업의 CEO나 사장이라면 조직을 거시적 차원이나 가장 넓은 맥락 속에서 정의할 것이다. 이때 당신은 전체 조직이라는 안경을 쓰고 이 책을 바라보며, 당신의 내부 이해당사자는 조직 내에서 일하는 모든 사람이 된다. 물론 고객, 공급업자, 유통업자, 투자자를 포함한 다른 사람은 외부 이해당사자이다.

당신이 조직 내에서 한 부서나 팀의 책임자라면 조직을 보다 미시적인 차원에서 정의할 것이다. 이때 당신의 조직은 당신의 부서이고, 당신의 내부 이해당사자는 당신의 부서에서 일하는 사람들이다. 외부 이해당사자는 회사 내 다른 부서 사람, 회사 밖의 고객, 회사 내에서 도움이 되는 이른바 내부 고객이다.

당신이 교육감이라면 당신의 조직은 지역 교육청이고, 당신이 학교장이라면 당신의 조직은 학교가 된다. 당신이 교사 혹은 학생이라면 당신의 조직은 학급이다. 당신이 팀에 속해 있다면 당신의 조직은 팀이며 당신에게 가족이 있다면 당신의 조직은 가족이다.

이 책에서 내부 이해당사자는 조직 차원에서 다루고, 외부 이해당사자는 시장과 사회 차원에서 다룬다. 당신이 어떤 역할을 맡고 있든 당신의 조직을 가장 실행 가능한 차원, 가장 유용한 맥락 속에서 정의하고 그 정의를 바탕으로 이 섹션을 읽는다면, 유익하게 활용할 수 있을 거라고 확신한다. 일단 이 섹션을 마치고 나면 새로운 통찰을 적용하기 위해 당신의 조직을 전체 회사로 정의해 거시적 차원에서 다시 한 번 살펴봐야 할 것이다.

THE THIRD, FOURTH, AND FIFTH WAVES:

STAKEHOLDER TRUST

1장

조직의 신뢰
한 방향 정렬의 원칙

조직은 힘이 아니라
신뢰의 바탕 위에서 만들어진다.

_피터 드러커

우리는 고객과 함께 일할 때, 4가지 핵심 요소나 13가지 행동을 거론하기 전이라 하더라도 그들에게 4가지 질문을 한다. 나는 지금 당신에게 그 질문을 하고 싶다. 이 장을 읽기 전에 잠시 시간을 내서 마음속으로 4가지 질문에 대답한다면 이 장의 개념을 훨씬 쉽게 이해하고 적용할 수 있을 것이다.

신뢰가 낮은 조직의 특징은 무엇인가? 신뢰가 높은 조직의 특징은 무엇인가? 당신의 조직은 어디에 해당하는가? 그 결과는 어떤가?

우리의 워크숍과 강연에 참가한 사람들은 일반적으로 신뢰가 낮은 조직에 다음과 같은 문화적 특징이 있다고 말한다.

- 사람들이 사실을 조작하거나 왜곡한다.
- 사람들이 정보를 말하지 않고 숨긴다.

- 공을 인정받는 것이 대단히 중요하다.
- 사람들은 자신에게 유리하게 진실을 왜곡한다.
- 새로운 아이디어는 공개적인 저항에 부딪히고 묵살된다.
- 잘못을 덮거나 숨긴다.
- 대부분의 사람이 '네 탓이오'를 외치고 다른 사람을 험담한다.
- 자판기 앞의 대화가 많다.
- 같은 문제를 놓고 회의를 여러 번 하는 일이 많다.
- '토의조차 불가능한 문제'가 많다.
- 약속은 크게 하고 이행은 작게 한다.
- 기대한대로 성과를 내지 못하는 경우가 많고 사람들이 거기에 대해 변명하려 한다.
- 사람들이 나쁜 일이 벌어지지 않은 것처럼 행동하거나 그 사실을 부인한다.
- 에너지가 낮다.
- 사람들이 비생산적인 긴장을 자주 느낀다. 때로는 두려움을 느끼기도 한다.

참가자들은 일반적으로 신뢰가 높은 조직에서는 다음과 같은 문화적 특징을 볼 수 있다고 말한다.

- 정보가 공개된다.
- 실수를 용인하고 실수를 배움의 수단으로 삼는다.
- 혁신적이고 창조적인 문화가 있다.

- 사람들이 당사자가 없어도 있을 때처럼 이야기한다.
- 사람들이 솔직하게 말하고 현실 문제를 정면으로 다룬다.
- 실질적인 소통과 협력이 이루어진다.
- 사람들이 공을 아낌없이 나눈다.
- 같은 문제를 놓고 회의를 여러 번 하는 일이 거의 없다.
- 투명성을 중요한 가치로써 실행한다.
- 사람들이 솔직하고 진실하다.
- 사람들이 책임을 지려고 노력한다.
- 생기와 활력이 느껴진다. 사람들이 긍정적 힘을 느낄 수 있다.

우리가 참가자들에게 그들이 일하는 회사가 어느 쪽에 가까운지 물어보기도 전에 대개는 첫 번째로 설명한 특징을 보고 웃으며 말한다.

"이거 우리 회사네요. 내가 일하는 회사가 그래요."

그러면 우리는 그런 행동이 어떤 결과를 낳는지 묻는다.

- 당신의 회사는 일하기가 어떤가?
- 당신은 직장에서 근무하는 시간의 몇 퍼센트를 실제 업무에 집중하는가?
- 당신은 조직 내적 혹은 외적으로 사람들과 팀을 이뤄 일할 수 있는 능력이 어느 정도인가?
- 신성불가침 영역은 어떻게 다루는가?
- 당신의 조직에는 얼마나 협력적인 문화가 있는가?
- 혁신은 어떠한가?

• 동료들은 열심히 일하는가?
• 사람들은 전략을 얼마나 잘 실행할 수 있는가?
• 사람들은 조직의 가장 중요한 목표가 무엇인지 알고 있는가?
• 의사결정권자들은 데이터를 여과하지 않은 상태로 얻는가?
• 미팅은 어떠한가?
• 윤리성은 어떠한가? 그저 법규를 따를 뿐인가, 아니면 올바른 일을 하는가?
• 어느 범위까지 통제하는가?
• 어떤 종류의 시스템과 절차가 갖춰져 있는가?
• 속도에는 어떤 영향을 미치는가?
• 비용에는 어떤 영향을 미치는가?

흥미롭게도 사람들은 이 질문에서 낮은 신뢰의 결과를 보고도 '아, 그렇구나'라고 말하지 않았다. 왜냐하면 그것은 그들이 매일 접하는 현실이기 때문이다.

사람들은 개인 혹은 조직의 원칙을 지키지 않았을 때 어떤 결과가 나타나는지 깨달으면 '아, 그렇구나'라고 말한다. 다시 말해 4가지 핵심 요소와 13가지 행동을 위반하고 핵심 요소와 행동의 한 방향 정렬을 만들어내는 조직 설계의 원칙을 위반했을 경우 어떻게 되는지 알았을 때 그렇게 말한다. 또한 리더들이 신뢰를 고무하는 시스템을 만들고 활용하고 유지할 책임을 망각한 채 신뢰가 낮은 환경 속에서 직원들의 행동을 탓할 경우 어떻게 되는지 알았을 때 그렇게 말한다.

조직 설계전문가 아서 W. 존스Arthur W. Jones는 이렇게 말했다.

"모든 조직은 완전하게 한 방향으로 정렬되어야 지속적인 성과를 얻을 수 있다."

나는 여기에 한마디 덧붙이고 싶다.

"모든 조직은 완전하게 한 방향으로 정렬되어야 높은 신뢰를 얻을 수 있다."

조직이 그런 신뢰 수준과 신뢰의 배당을 얻지 못하고 있다면 한 방향 정렬의 원칙이 제대로 적용되고 있는지 점검해봐야 한다. 나아가 신뢰의 문화에 영향을 미치는 패러다임의 소통 구조와 시스템을 살펴봐야 한다.

> 내부 갈등에 휩싸인(한 방향으로 정렬되지 않은) 기업은 오늘날의 경쟁적 환경에서 생존하고 번영할 힘이나 초점을 갖지 못할 것이다.
>
> _존 O. 휘트니, 컬럼비아 경영대학원 교수

앞에서 신뢰가 모든 것에 영향을 미치는 숨겨진 변수라고 말한 이유는 리더들이 일상적인 행동에 매몰돼 시스템, 구조, 프로세스, 규정, 틀 속에서 그것을 찾지 않기 때문이다. 그들은 증상에 집중하고 수면 위로 반짝이는 물결만 본다. 수면 아래 움직이는 고기를 볼 수 있는 안경을 쓰지 않는다. 리더로서 개인 차원과 대인관계 차원의 신뢰에 성공해 개인적으로 신뢰를 받더라도, 신뢰를 촉진하는 시스템을 설계하고 한 방향으로 정렬하지 않는다면 조직 차원의 신뢰를 형성하는 데는 실패할 것이다.

신뢰의 상징, 불신의 지표

우리 워크숍에서 한 참가자가 남편이 공부를 더 하고 싶어서 최근에 다니던 회사를 그만두고 대학원에 들어갔다고 말했다. 하지만 대학원에 들어간 지 며칠 만에 다시 전에 다니던 직장으로 돌아갔다고 한다. 대학의 관료주의적 규정과 절차로 인해 심지어 볼펜 한 자루를 얻는 데도 3단계의 결재 과정을 거치고 신청서를 써내야 했기 때문이다. 대학의 이러한 규정은 불신의 상징이다.

> 신뢰는 조직 내 사람들의 만족도를 보여주는 가장 중요한 지표이다.
>
> _짐 쿠제스Jim Kouzes와 배리 포스너Barry Posner, 경영 저술가

나는 어느 대형 컨설팅사에서 비슷한 한 방향 정렬 불량 사례를 보았다. 재정적으로 어려움을 겪고 있던 그 회사에 새로 들어온 재무담당 이사들은 비용을 관리하기 위해 세세하고 번거로운 비용 보상 규정을 만들었다. 그 규정에는 '공항에 도착해 기름을 넣지 않고 렌터카를 반납하면 개인적으로 더 높은 비용을 지불해야 한다'는 것처럼 사소한 조항도 포함되어 있었다. 한마디로 이 도시에서 저 도시로 고객 사이를 바쁘게 오가고 항상 허둥거리며 비행기를 타야 하는 컨설턴트들을 게으름 피우고 무책임한 사람들로 생각하는 규정이었다. 또한 파트너급이 아닌 사람에게는 출장 중에 사용한 휴대전화 요금을 보상하지 않는다는 조항도 있었다. 회사에서는 컨설턴트들이 업무용보다 개인적인 목적으로 휴대전화를 사용한다고 생각했던 것이다.

이러한 규정은 불신의 상징이 되었다. 다행히 그 회사에는 신뢰할 만한 컨설턴트가 여러 명 있었고 그들은 거세게 반발했다.

"이러한 규정은 마음에 들지 않습니다. 우리를 완전히 어린애 취급을 하시네요. 우리를 조금도 신뢰하지 않는 모양이군요."

결국 그 규정은 바뀌었고 존중과 신뢰라는 회사의 더 큰 가치와 한 방향을 이루게 되었다.

> 좋은 리더는 주변 사람들을 신뢰한다.
>
> _리처드 브랜슨, 버진그룹 창립자

이 두 가지 예에는 구조와 시스템이 신뢰를 강화하는 원칙과 한 방향을 이루지 못할 때 어떻게 되는지 잘 나타나 있다. 또한 조직 내의 모든 사람에게 기본 패러다임을 말해주는 조직의 상징이 어떤 힘을 발휘하는지도 보여준다.

사실 상징은 강력한 힘과 놀랄 만한 가치를 지니고 있다. 그것은 항상 말보다 빨리 퍼지며 그렇기 때문에 훨씬 더 분명하게 패러다임을 전해준다. '그림 한 장에 천 마디의 가치가 있다'는 말은 상징의 의미를 잘 보여준다. 상징은 아주 많은 것을 매우 빠르게 전달한다.

상징은 긍정적일 수도 있고 부정적일 수도 있으며 유형의 대상, 시스템과 프로세스, 일관된 행동, 전설적인 이야기 등 여러 가지 형태를 띨 수 있다. 500쪽의 규정 매뉴얼, 임원용 주차장에 고급차를 주차하는 최고경영진, 직원들에게 잘못된 메시지를 전달할까 우려해 임금 인상을 거부하는 새로 임명된 CEO, 스타벅스 직원들이 살해되었을 때 관심을 보여준 하워드 슐츠의 이야기는 모두 상징에 해당한다. 또한 직원을 해고시키는 중에 이사회실에 걸어 놓기 위해 구입하는 고가 미술품, 고객의 생각을 소중하게 생각해 1만 명의 고객 피드백을 읽는 CEO도 상징에 포함된다. 뉴욕시가 정전되었을 때 제트블루의 CEO 데이비드 닐먼David Neeleman이 JFK 공항으로 달려가 자신의 PC로 탑승 수속을 한 이야기처럼 회사 전 직원에게 회자되는 조직의 전설 역시 상징에 속한다.

언젠가 나는 열심히 현명하게 즐겁게 일하는 것을 3가지 핵심 가치로 삼고 있는 대형 부동산개발회사에서 일한 적이 있다. 한번은 대형 프로젝트를 추진하고 싶다는 고객의 대리인 자격으로 어느 중개업자가 내게 접근했다. 그는 이미 시내 10대 개발업체로부터 견적서를 받아 놓은 상태였다. 우리는 흥분된 마음으로 협상에 임했지만 협상이 진행되면서 점점 회의가 느껴졌다. 중개업자가 너무 까다롭고 적대적인 데다 일방적이라 미팅이 몹시 고통스러웠기 때문이다. 그 프로젝트를 위해 열 번째 미팅을 열고 있을 때 책임을 맡고 있던 시니어 파트너가 내게 말했다.

"스티븐, 물어볼 게 하나 있는데요. 이 협상이 즐겁습니까?"

"아뇨. 전혀……"

"나도 전혀 즐겁지 않아요. 즐겁게 일하는 것이 우리 회사의 가치인데 우리는 전혀 즐겁지 않으니, 회사의 가치와 맞지 않는 거죠? 입찰에서 빠집시다."

우리가 그 큰 사업기회에서 입찰을 포기하자 중개업자와 고객은 충격을 받았다. 하지만 그것은 회사의 핵심 가치에 부합하는 결정이었다. 그 결정은 우리가 회사 가치에 충실하고 있다는 분명한 메시지를 전 직원에게 전달했다. 나아가 그 결정은 회사 가치의 상징이 되었고 회사 내에 전설 같은 이야기로 널리 회자되었다

> 상징은 올바른 것, 잘못된 것의 표상, 아이콘, 이미지 등 어떤 형태를 띠든 중요하다. 신뢰받는 리더는 큰 조직에서 좋은 신화, 특히 일관성에 관한 좋은 신화가 만들어지면 영원히 살 수 있다.
>
> _ 헹크 브로더스Henk Broeders, 네덜란드 캡 제미니 E&Y CEO

그러면 신뢰를 쌓는 데 도움이 되는 몇 가지 상징을 살펴보자.

HP의 지혜

휴렛팩커드HP를 설립한 지 몇 년 후, 공동창립자 빌 휴렛Bill Hewlett은 어느 주말에 연장을 가지러 회사 창고에 들어갔다가 창고가 잠겨 있는 것을 발견했다. 이는 직원들이 필요하면 자유롭게 사용할 수 있도록 모든 부품 창고와 보관실을 개방한다는 회사의 명시적 방침에 어긋나는 일이었다. 부품 창고 개방은 공동창립자 데이비드 팩커드David Packard의 경험에서 나온 것으로 직원들에 대한 신뢰를 보여주기 위해 의식적으로 내린 결정이었다. 그는 과거에 어떤 회사에서 일했는데, 그 회사는 직원들이 연장과 부품을 훔쳐가는 것을 막기 위해 지나칠 정도로 창고와 보관실의 경비를 철저히 했다.

창고가 잠겨 있는 것에 짜증이 난 휴렛은 자물쇠를 부숴서 내동댕이치고 자물쇠가 있었던 곳에 'HP는 직원들을 신뢰합니다'라는 표

지판을 붙여 놨다. 그날 이후 열린 창고는 신뢰의 상징이자 충성심과 창의력을 고취하는 상징이 되었다. 회사가 HP 직원들을 진정으로 신뢰한다는 것을 이보다 더 웅변적으로 보여줄 수는 없었을 것이다. 팩커드는 훗날 이렇게 말했다.

"열린 창고와 보관실은 신뢰의 상징으로써 HP 사업 방식의 중심이 되었다."

한 장의 감동

수많은 기업이 수백 쪽에 이르는 직원 편람과 규정집을 만들지만 노드스트롬의 규정집은 단 한 장의 카드로 되어 있다. 카드 앞면에는 이런 내용이 적혀 있다.

> 직원 규정집
>
> 노드스트롬에 들어오신 것을 환영합니다.
>
> 당신과 함께 일하게 되어 기쁩니다.
>
> 우리의 제1목표는 우수한 고객서비스를 제공하는 것입니다.
>
> 당신의 개인적, 직업적 목표를 높게 잡으십시오.
>
> 우리는 당신이 그 목표를 달성할 수 있다고 굳게 믿습니다.
>
> 우리의 직원 규정집은 아주 간단합니다.
>
> 우리에게는 한 가지 규칙만 있습니다.

뒷면은 이렇게 되어 있다.

한 가지 규칙

모든 상황에서 잘 판단하십시오.

백화점 매니저, 매장 매니저, 인사담당 사무실에 물어보십시오.

언제든 어떤 질문이든 자유롭게 하십시오.

데이비드 시로타David Sirota와 루이스 A. 미슈킨드Louis A. Mischkind, 마이클 어윈 멜처Michael Irwin Meltzer는 공저《열정적인 직원The Enthusiastic Employee》에서 다음과 같이 말한다.

"이 한 쪽으로 된 규정집은 회사에 대해 많은 것을 말해준다. 특히 노드스트롬이 고객만족, 비관료주의 문화, 직원들의 능력과 성품에 신뢰의 주안점을 두고 있음을 단적으로 보여준다. 그리고 이 규정집은 사람들을 환대하고 존중하는 조직에서 사용하는 언어의 전형을 보여주고 있다."

노드스트롬의 직원 규정집은 신뢰의 상징으로 사람들의 좋은 판단을 통해 우수한 고객서비스를 제공한다는 가치와 완전하게 한 방향을 이루고 있다.

델의 신뢰 문화

델의 회장 마이클 델과 사장 겸 CEO인 케빈 롤린스의 사무실은 투명 유리벽 하나를 두고 나뉘어져 있으며, 책상은 서로 마주보는 방향으로 놓여 있다. 심지어 그들은 언제라도 자유롭게 대화할 수 있도록 문의 경첩을 떼어 놓았다. 이것은 델의 신뢰 문화의 상징이 되었다. 두 리더가 서로에게 완전히 열려 있고 상대방의 등 뒤에서 이야기하지 않는다는 것을 보여주는 상징 말이다.

당신의 조직에는 어떤 상징이 존재하는가? 그 상징은 내부 고객에게 무엇을 말하는가? 그 상징은 높은 신뢰를 만들어내는 원칙과 한 방향을 이루고 있는가? 그 결과는 어떤가?

조직 문화 살펴보기

당신 조직의 상징이 불신을 말하고 불신을 조장한다면 4가지 핵심 요소로 조직을 점검해보라. 다음의 질문을 해보라.

- 우리 조직은 성실성이 있는가? 우리가 어떤 가치를 지키고 있는지 알고 있는가? 우리의 조직 구조와 시스템은 존중과 신뢰의 기본 패러다임을 반영하고 있는가? 조직에 정직의 문화가 있는가? 겸손의 문화가 있는가? 우리는 서로의 생각에 귀를 기울이는가? 우리는 실수를 두려워하지 않고 또한 그것을 인정하는가? 우리는 어려운 문제를 다룰 용기가 있는가? 조직의 시스템과 구조는 윤리적 행동을 고무하는가?
- 우리 조직은 좋은 의도가 있는가? 조직에 서로에게 관심을 갖는 문화가 있는가? 업무에 관심을 갖는 문화가 있는가? 고객에게 관심을 갖는 문화가 있는가? 우리는 진정으로 모두의 승을 원하는가? 시스템은 경쟁을 보상하는가, 협력을 보상하는가? 시스템은 사람들이 아이디어와 정보를 자유롭게 나누도록 고무하는가,

아니면 숨기도록 조장하는가?

- 우리 조직은 어떤 능력이 있는가? 우리는 가치를 달성할 수단이 있는가? 우리는 오늘날의 시장에서 경쟁하기 위해 필요한 재능, 기술, 지식, 스타일을 끌어들이고 유지하고 있는가? 우리는 버스에서 적합한 사람들을 적합한 좌석에 앉히고 있는가? 우리는 지속적으로 개선 및 혁신하고 있는가? 우리는 필요하면 스스로를 재창조하는가?
- 우리 조직은 성과를 얻고 있는가? 우리는 약속한 성과를 내고 있는가? 사람들은 우리가 가치를 창조하고 약속을 이행할 거라고 믿는가? 우리는 신뢰를 높일 만한 실적이 있는가? 고객은 우리를 다른 사람에게 추천하는가? 우리는 신뢰를 고취하면서 성과를 내고 있는가?

당신의 조직이 이 가운데 어느 한 부분이라도 부족하다면, 한 방향 정렬을 시작하고 조직의 신뢰를 구축해야 한다. 조직의 공식적인 리더가 아니더라도 당신이 영향력을 발휘할 수 있는 일은 얼마든지 있다. 만일 영향력을 발휘할 수 없다면 개인적으로 4가지 핵심 요소에 집중하고 신뢰성을 높여야 한다.

개인 차원의 4가지 핵심 요소 강화는 조직 차원의 한 방향 정렬에도 도움이 된다. 조직의 성실성을 증대시키려면 벽에 걸린 사명서나 핵심 가치가 아닌 실질적인 의미를 지닌 사명서나 핵심 가치가 될 수 있도록 모든 사람을 참여시켜 조직의 사명서나 핵심 가치를 만들거나 개선하는 것이 좋다. 또한 조직 내에 약속하고 그것을 지키는 문화를 만들어야 한다. 이것은 특히 리더들에게 중요하다. 리더는 작은 약속이라도 소중하게 다뤄야 한다. 리더가 작은 약속이라고 소홀히 다루면 그런 태도가 조직 전체로 확산되어 모두가 내부의 약속을 가볍게 생각하게 된다. 조직의 의도를 개선하려면 조직의 사명서나 핵심 가치에 신뢰 형성을 고무하는 동기와 원칙을 반영하는 것이 좋다. 당신이 솔선해 관심을 보여줄 수도 있다. 특히 리더가 존중심이나 관심을 보여줄 때 조직 전체가 영향을 받는다는 점을 알아야 한다. 나아가 당신은 상호 이익 의제를 실행하는 시스템과 믿고 맡긴 일의 성과를 확인하고 협력을 보상하며 신뢰를 높이는 시스템을 만들기 위해 노력할 수도 있다.

조직의 능력을 높이려면 직원 채용과 보상 체계를 포함해 조직의 시스템과 구조를 경쟁력을 갖추는 데 필요한 인재를 끌어오고 유지하는 형태로 개편해야 한다. 또한 성장에서 오는 만족을 얻고 필요한 존재가 되도록 지속적인 훈련과 멘토링을 제공할 수도 있다. 정보와 의사결정 시스템이 조직이나 고객의 욕구를 충족시켜 주는 활동과 한 방향을 이루게 하는 것도 바람직하다.

조직의 성과를 개선하려면 사람들이 가장 중요한 목표와 연결되고 모두가 같은 목표를 지향할 수 있게 해주는 시스템을 통해 비전을 공유하도록 만들어야 한다. 또한 오너뿐 아니라 모든 이해당사자의 욕구를 충족시킬 수 있는 균형 성과표balanced scorecard를 만드는 것도 좋다. 아울러 결과에 대해 책임질 기회를 제공하는 문화를 만들 수도 있다.

장담하건대 신뢰의 안경을 쓰고 조직에서 이루어지는 4가지 핵심 요소 강화 효과를 본다면 그 결과에 깜짝 놀랄 것이다. 나아가 4가지 핵심 요소를 강화하는 데 필요한 일을 하면 조직이 완전하게 한 방향으로 정렬되고 그에 따른 놀라운 신뢰의 배당을 받을 수 있다.

조직 차원에서 4가지 핵심 요소를 살펴본 후, 당신의 조직이 13가지 행동을 얼마만큼 보여주고 고무하는지 생각해보라. 이번에는 조직 차원에서 다음 표를 다시 살펴보라. 표의 어느 쪽이 당신 조직의 문화를 더 잘 설명하고 있는가?

	행동	현재의 성과	반대 행동/가짜 행동
성품	솔직하게 말하라		거짓말·왜곡·절반의 진실만 말한다, 비위를 맞추는 말을 한다.
	상대방을 존중하라		관심이 없거나 관심이 있음을 보여주지 않는다, 무례함을 보이거나 자신에게 뭔가 해줄 수 있는 사람에게만 존중심을 보인다.
	투명하게 행동하라		정보를 말하지 않는다, 비밀로 한다, 투명한 체한다.
	잘못은 즉시 시정하라		잘못을 인정하거나 고치지 않는다, 잘못을 덮는다.
	신의를 보여라		다른 사람을 배반한다, 공을 독차지한다, 면전에서는 달콤한 말을 하고 등 뒤에서는 험담한다.
역량	성과를 내라		성과를 내지 못한다, 결과가 아닌 활동을 보여준다.
	끊임없이 개선하라		악화된다, 개선에 시간과 노력을 투입하지 않는다, 모든 문제를 자신의 유일한 해결책에 맞춘다.

	행동	현재의 성과	반대 행동/가짜 행동
역량	현실을 대면하라	|_|_|_|_|_|_|	현실을 외면한다, 바쁜 일에 집중하며 실제 문제를 회피한다.
	기대하는 바를 분명히 하라	|_|_|_|_|_|_|	기대하는 바를 가정하거나 밝히지 않는다, 기대하는 것이 모호하고 자주 바뀐다.
	책임 있게 행동하라	|_|_|_|_|_|_|	책임지지 않는다, 다른 사람에게 책임을 묻지 않는다.
성품과 역량	먼저 경청하라	|_|_|_|_|_|_|	경청하지 않는다, 먼저 말하고 나중에 경청한다, 경청하는 척한다, 이해하지 않고 듣는다.
	약속을 지켜라	|_|_|_|_|_|_|	약속을 어긴다, 모호하고 종잡을 수 없는 약속을 한다, 약속을 하지 않는다.
	신뢰를 보내라	|_|_|_|_|_|_|	신뢰를 보내지 않는다, 거짓 신뢰를 하고 기웃거리며 감시한다, 권한은 주지 않고 책임만 부여한다.

이제 당신의 조직이 몇 가지 행동에서 오른쪽에 있다면 자신에게 그 이유를 물어보라. 조직 시스템과 구조에서 어떤 부분이 신뢰를 떨어뜨리는 행동을 조장하는가?

> 문제의 핵심은 항상 사람들의 행동을 바꾸는 데 있다.
>
> _존 코터 John Kotter, 하버드 경영대학원 교수

몇 주 전, 내 친구가 선물로 받은 스테레오를 포장을 뜯지 않은 채 그대로 대형 소매업체의 고객서비스부에 반품하려 했다. 그는 포장이 뜯기지 않은 것을 확인하고 영수증을 첨부해 고객서비스부로 갔다. 줄을 서서 몇 분간 기다린 후 반품 의사를 밝히자 고객서비스 직원이 말했다.

"미안합니다. 전자제품부 직원이 와서 포장을 확인하기 전까지는 환불을 해드릴 수 없습니다."

실망한 내 친구는 자신에게 급한 볼일이 있고 누가 봐도 포장이 뜯기지 않은 것을 알 수 있는데 확인할 필요까지 있느냐고 물었다. 그 직원은 친구의 말에 전적으로 동의했지만, 전자제품부에서 확인하는 것이 회사 규정이고 자신은 그 규정을 따라야 한다고 말했다. 그렇게 10분 넘게 기다린 후 전자제품부에서 누군가가 왔다. 그는 간단하게 제품 상자를 확인하고는 포장을 뜯지 않은 것이 분명하다고 말하고 정밀검사가 필요하지 않다고 밝혔다. 내 친구는 매장을 나오면서 다시는 그 회사의 제품을 사용하지 않겠다고 결심했다. 그는 이 이야기를 많은 사람에게 들려줬다.

이 회사의 규정은 내부에 초점이 맞춰져 있으며 고객서비스와 직원들에 대한 신뢰의 원칙과 방향이 맞지 않는다. 이것은 당연히 수익에 나쁜 영향을 미치게 된다.

정보, 의사소통, 의사결정, 보상 시스템 등 당신 조직의 구조와 시스템을 주의 깊게 분석해보면 방향이 맞지 않는 부분이 드러날 것이다. 어느 부분에서 세금을 내고 있는지, 속도가 느리고 비용이 높아지고 있는지, 배당을 놓치고 있는지 파악하라.

리더의 패러다임은 신뢰 형성을 촉진하는 원칙과 방향이 일치해야 한다. 리더가 기본적으로 사람들을 신뢰하지 않을 때 그들은 위계질서, 복잡한 관리 계층, 번거로운 프로세스 등 자신의 인식을 반영한 시스템과 구조를 만든다. 이러한 시스템과 구조는 다시 사람들의 불신 행동을 조장하고, 다른 사람을 신뢰할 수 없다는 리더의 인식을 확인시켜 준다. 한마디로 악순환 구조를 만들어내는 것이다.

> 신뢰할 수 없는 사람을 만드는 가장 확실한 방법은 그를 불신하고 그것을 행동으로 보여주는 것이다.
>
> _ 헨리 심슨Henry Stimson, 전 미 국무장관

데이비드 팩커드가 부품 창고와 보관실의 경비를 철저히 했던 회사에서 일한 경험은 이런 악순환의 현실을 확인해준다.

> 나는 직장생활 초기의 경험을 통해 사람들에 대한 신뢰 부족이 어떤 문제를 일으킬 수 있는지 배웠다. …… 많은 직원이 그 명백한 불신의 증거(부품 창고가 잠겨 있는 것)를 보고 틈만 나면 연장이나 부품을 들고 나감으로써 그 불신이 정당했음을 증명해 보였다.

이와 대조적으로 데이비드 팩커드, 브레이크 노드스트롬, 데이비드 닐먼 같은 리더는 기본적으로 사람들을 신뢰해 보관 창고 개방, 1쪽짜리 직원 규정집, 예약 담당직원의 재택근무 등 그 믿음을 반영한 시스템과 구조를 만들었다. 이러한 시스템과 구조는 신뢰 행동을 낳음

으로써 리더들의 인식이 옳았음을 입증했다. 이처럼 신뢰의 패러다임과 행동은 선순환 구조를 만들어낸다.

4가지 핵심 요소와 13가지 행동은 리더의 필수 도구로 조직의 한 방향 정렬과 신뢰를 만들어내는 열쇠이다. 이는 리더가 3가지 차원에서 의미 있는 변화를 일으킬 수 있는 힘을 준다. 즉 내부 이해당사자에게 신뢰가 조직 내의 모든 관계와 결과에 어떤 영향을 미치는지 보여주고see, 이해·대화·문제해결을 도와주는 방식으로 신뢰에 대해 말하며speak, 신뢰를 구축하는 행동을 할 수 있는behave 힘을 주는 것이다. 다시 말해 리더로서 신뢰가 높은 조직을 만들 수 있게 해준다.

세금을 배당으로 바꿔라

조직에서 아직 신뢰 증진을 위한 충분한 동기가 없는 사람들을 위해 결정적 동기가 될 수 있는 신뢰의 구체적인 세금과 배당을 살펴보도록 하겠다.

당신의 조직이 신뢰가 높지 않다면 세금을 내고 있을 것이고 그것은 낭비되는 세금이다. 이 세금은 월급명세서에 신뢰세라고 찍혀 나오지 않으며 보통 다른 문제로 위장되어 보이지 않는다. 나는 수면 아래에서 어떤 일이 일어나고 있는지 볼 수 있도록 신뢰의 안경을 낄 것을 권한다. 당신에게 조직의 숨겨진 세금과 높은 신뢰에서 나오는 특별 배당을 보여주고 싶다.

신뢰가 낮은 조직의 7가지 세금

불필요한 중복

중복은 불필요하게 겹치는 것이다. 사명 완수에 필수적인 시스템과 데이터 관리 시스템은 중복이 필요하지만 통제를 목적으로 한 조직의 위계질서, 복잡한 관리 계층, 중복되는 구조에는 세금을 내게 된다. 대부분의 경우 이런 중복은 '사람들은 신뢰할 수 없으므로 엄격하게 감독해야 한다'는 인식에서 나온다. 이러한 중복에는 높은 비용을 치르게 마련이다.

아버지는 내게 라스베이거스의 한 카지노 업체에서 강연했을 때의 경험을 들려주었다. 경영진은 아버지에게 카지노 영업장을 보여주며 전반적으로 신뢰가 낮고 절도 위험이 높아 영업장을 4, 5단계로 관리하고 있다고 설명했다. 사람을 감시하는 사람을 두고, 또 그들을 감시하는 사람을 두고, 다시 그들을 감시하고 있다는 얘기다. 하지만 신뢰가 높은 환경에서는 2단계 관리면 충분하다.

어떤 의미에서 재작업과 재설계도 낮은 신뢰로 유발된 중복 비용으로 간주될 수 있다. 소프트웨어를 개발할 때는 무려 비용의 30~50퍼센트가 재작업에서 발생하기도 한다. 제조 분야에서는 종종 재작업 비용이 최초의 생산비를 초과하는 경우도 있다.

복잡한 관료주의

관료주의는 복잡하고 번거로운 규칙, 규제, 규정, 절차, 프로세스를 포함한다. 이러한 관료주의는 지나치게 많은 서류 작업, 형식주의, 통제, 복잡한 결재 과정, 정부 규제 등의 형태로 나타나며 지속적인 개선과 거리가 멀다. 나아가 현상 유지만 하는 것이 아니라 복잡한 절차와 비효율성, 그리고 비용을 가중시킨다. 경영이론가 로런스 피터Laurence Peter는 "이미 오래 전에 현재quo가 그 지위status를 잃어버렸음에도 관료주의는 현상status quo을 지킨다"고 말했다.

정부, 병원, 교육기관, 비영리단체, 기업 등 모든 조직에서 관료주의로 인해 막대한 비용을 치르고 있다. 2004년 추정치를 보면 미국에서만 연방정부의 규제 법규를 지키는 데 따른 비용이 1조 1,000억 달러에 이른다. 이는 GDP의 10퍼센트가 넘는 규모이다. 앙겔라 메르켈 수상은 독일에서 중소기업 매출의 4~6퍼센트가 관료주의적 규칙을 따르는 데 쓰인다고 말했다. 2003년 미국에서 병원의 관료주의에 따른 비용이 3,990억 달러나 되었다. 이는 보험 혜택을 받지 못하는 모든 사람을 진료할 수 있는 비용을 훨씬 초과하는 규모이다.

낮은 신뢰는 관료주의를 낳고 관료주의는 다시 낮은 신뢰를 낳는다. 그리고 신뢰가 낮은 조직에는 관료주의가 만연하게 된다.

갈등의 정치

조직에서 정치는 권력을 얻기 위해 전략과 전술을 사용하는 것으로 정의된다. 사무실 정치는 로런스 맥그리거 서븐Lawrence MacGregor Serven이 말한 것처럼 '내부의 적'으로 갈등을 불러일으켜 조직을 분열시킨다. 사무실 정치가 정보 숨기기, 내부 싸움, 숨은 뜻 찾기, 의제 숨기기, 부서 간 경쟁, 헐뜯기, 같은 주제를 놓고 계속되는 미팅 등과 같은 행동을 낳기 때문이다. 이러한 행동은 시간, 재능, 힘, 돈의 낭비를 낳는다. 또한 기업 문화를 오염시키고 전략을 무산시키며 창의력, 관계 구축, 경력 개발을 방해한다. 사무실 정치에 따른 간접비용은 최소한 연간 1,000억 달러는 될 것으로 추정된다.

사무실 정치는 신뢰가 낮은 환경 속에서 번성한다. 여러 가지 면에서 정치는 신뢰의 반대말이다.

만연한 태만

업무에 몰두하지 않는 것disengagement은 사람들이 몸은 회사에 있지만 마음은 다른 데 있는 것을 말한다. 그들은 월급을 받고 해고되지 않을 정도만큼만 일한다. 자신의 재능, 창의력, 에너지, 열정을 쏟거나 발휘하지 않는 것이다. 그들이 업무에 몰두하지 않는 이유는 여러 가지가 있겠지만 가장 큰 이유는 자신이 신뢰받지 못한다고 느끼기 때문이다.

갤럽은 미국에서만 업무에 몰두하지 않는 데 따른 손실액이 연간 2,500~3,000억 달러에 이를 것으로 보고 있다. 또한 이들은 조사를 통해 미국 직장인의 28퍼센트만 업무에 몰두하며, 이보다 수치가 낮은 나라도 많을 것으로 추정하고 있다. 조사 결과 업무에 몰두하는 직원의 96퍼센트와 업무에 몰두하지 않는 직원의 46퍼센트가 경영진을 신뢰하는 것으로 나타났다. 닭(불신)이 먼저일까, 달걀(업무에 몰두하지 않음)이 먼저일까? 이 악순환 구조는 조직을 점진적으로 약화시키고 결국에는 멈춰 서게 만든다.

잦은 이직

직원 이직은 조직에 큰 비용을 발생시킨다. 신뢰가 낮은 소식의 이직률은 쉽게 평균이나 시장 평균을 넘어서고 있다. 이것은 성과가 낮은 사람들의 바람직한 이직이 아니라 성과가 높은 사람들의 바람직하지 않은 이직을 말한다. 낮은 신뢰는 업무에 몰두하지 않는 환경을 만들고 이것은 이직을 낳는다. 특히 잃고 싶지 않은 사람들이 회사를 떠나게 만든다. 성과를 내는 사람들은 신뢰받기를 원하고 신뢰가 높은 환경 속에서 일하고 싶어 한다. 그들은 신뢰받지 못할 때 모욕감을 느끼며 결국 자신이 신뢰받을 수 있는 직장을 찾아 떠난다.

이러한 이직은 이미 언급한 두 가지 세금의 영향도 크다. 사람들은 신뢰가 낮은 환경에서 나타나는 관료주의와 정치를 좋아하지 않는다. 갤럽 조사에 따르면 그들은 상사와의 관계도 좋지 않은 것으로 나타났다. 원치 않는 이직은 비싼 대가를 치르게 마련인데, 기업이 기존의 직원을 교체할 경우 연봉이 기존 직원의 평균 1.5~2배나 든다고 한다.

> 닫혀 있고 정직하지 못한 직장 문화 속에서는 직원들이 만족을 얻지 못하기 때문에 높은 이직과 낮은 생산성으로 비용이 많이 든다. 반면 업무 환경이 윤리적이고 생산적이며 긍정적이면 사람들은 떠나지 않는다. 남아서 헌신적으로 일하고 회사를 이끌어간다.
>
> _켄트 머독Kent Murdoch, O.C. 태너 사장

이해당사자의 이탈

이탈churn은 직원이 아닌 이해당사자가 떠나는 것이다. 조직의 신뢰가 낮을 때, 시장 내의 관계에 영향을 미쳐 고객, 공급업자, 유통업자, 투자자들의 이탈이 발생한다. 블로그 같은 새로운 기술이 속속 개발되어 직원들이 자신의 경험을 효과적으로 외부에 알릴 수 있게 되면서 이탈 현상은 점점 가속화하고 있다.

특히 직원은 신뢰받지 못할 때, 신뢰 부족을 고객에게 전가하는 경향이 있고 결국 고객은 떠나게 된다. 내 여동생이 최근에 레스토랑에 갔다가 이상한 일을 겪었다고 했다. 그녀가 웨이터에게 메뉴에서 무엇을 추천하겠느냐고 묻자 웨이터가 뭐라고 대답했는지 아는가?

"다른 레스토랑을 추천해드리죠."

이 말의 본뜻은 알 수 없지만 직원은 대개 경영진이 그들을 대하는 그대로 고객을 대한다는 점을 상기할 필요가 있다. 사우스웨스트 항공 사장 겸 COO인 콜린 배럿은 이렇게 말한다.

"우리는 내부 고객과 외부 고객을 같은 고객서비스 방식으로 대하기 때문에 직원이나 탑승객에 대해 똑같이 신뢰를 중시한다."

고객 이탈에 대한 연구에 따르면 새로운 고객을 확보하는 것과 기존 고객을 유지하는 것의 경제적 효과에는 커다란 차이가 있으며 어떤 사람은 무려 500퍼센트의 차이가 있다고 말한다.

속임수와 부정

부정fraud은 부정직함, 태업, 업무 방해, 속임수, 분열로써 엄청난 비용이 든다. 여기에는 개인적인 세금 외에 부정세라는 간접세가 붙는데, 사실 지금까지 살펴본 6가지 조직의 세금(특히 중복과 관료주의)은 경영진이 이 '부정'에 반응한 결과이다. 부정을 막기 위해 여러 가지 낮은 신뢰의 세금이 만들어져 시간과 돈을 낭비하게 되는 것이다.

2004년 공인부정조사관협회Association of Certified Fraud Examiners에서 실시한 조사에 따르면, 미국의 기업들은 부정행위로 인해 연간 수입의 6퍼센트를 손해 봤다고 한다. 부정세가 100퍼센트에 달했던 엔론은 결국 망하고 말았다. 부정은 전적으로 성품의 문제로써 성실성 부족과 자기중심적 의도가 결합되어 나타난다. 성품에 대한 접근 방법이 규제와 통제를 강화하는 것이라면 부정세를 약간 줄일 수 있겠지만, 다른 6가지 세금을 만들어낼 것이다. 그렇게 되면 결국 세금은 원래의 부정세보다 5~10배는 더 커지게 된다.

좀 더 상식적으로 판단하면 이 문제에 다르게 접근할 수 있다. 우리에게는 보다 근원적인 접근 방법이 필요하다. 다시 말해 신뢰성의 4가지 핵심 요소를 활용해야 하는 것이다. 역량과 함께 성품을 강화하고 교육과 개발로 사람들이 성실성을 높이는 것은 물론 의도를 개선하도록 도와줘야 한다. 나아가 문화적 관습과 가치를 강화하는 윤리적 문화를 형성하고 그런 문화의 바탕 위에서 기업을 경영해야 한다. 사회학자 에밀 뒤르켕émile Durkheim이 말했듯 "관습(문화적 가치)이 충분할 때는 법이 불필요하고 관습이 불충분할 때는 법을 집행할 수 없다." 중요한 것은 문화적 관습이나 가치를 강화하는 것이다. 그렇게 하지 않고는 법규를 아무리 강조해도 집행할 수단이 충분치 않을 것이다.

규칙이 성품을 대신할 수는 없다.

_앨런 그린스펀

우리는 신뢰가 낮은 조직에 발생하는 이 7가지 세금을 통해 낮은 신뢰와 느린 속도, 높은 비용 사이에 의미 있고 직접적이며 확실한 관계가 있음을 분명히 확인할 수 있다.

신뢰가 높은 조직의 7가지 배당

이제 신뢰가 높은 조직이 받는 신뢰의 배당을 생각해보자. 이는 신뢰가 낮은 조직의 7가지 세금과 반대되는 것이다. 중복, 관료주의, 업무에 몰두하지 않는 환경, 정치, 이직, 이탈, 부정을 줄이거나 제거하면 신뢰계좌에 놀라운 예입이 일어나고 조직의 성과는 근본적으로 달라진다. 나아가 비용, 속도, 그리고 세 번째 지표인 가치에 영향을 미치는 배당도 있다.

가치의 증대

높은 신뢰는 두 가지 차원에서 가치를 증대시킨다.

첫째는 주주가치이다. 이미 말했듯 왓슨 와이어트의 2002년 조사에 따르면 신뢰가 높은 기업의 주주에게 돌아가는 이익(주가+배당)은 신뢰가 낮은 기업의 주주에게 돌아가는 이익보다 286퍼센트가 높았다. 또한 2005년 러셀인베스트먼트그룹Russel Investment Group의 조사에서는 〈포천〉이 선정한 미국에서 일하고 싶은 100대 기업(신뢰가 이 기준의 60퍼센트를 차지한다)이 지난 7년간 세계 시장 평균 수익의 4배 이상을 벌어들인 것으로 나타났다. 〈포천〉이 밝혔듯 "직원들은 최고라고 생각하는 일을 자유롭게 할 수 있는 환경을 소중히 여기고 훌륭한 기업은 그들을 신뢰한다."

둘째는 고객 가치이다. 신뢰가 높은 조직은 지속적으로 고객에게 더 많은 가치를 창조한다. 그리고 이러한 고객 가치는 다른 핵심 이해당사자에게 더 많은 가치를 창조한다.

성장의 가속화

신뢰가 높은 기업은 주주가치를 비롯해 매출과 수익에서도 신뢰가 낮은 기업보다 성과가 높다. 연구에 따르면 고객은 신뢰하는 기업과 사람에게 더 많이, 더 자주 사고, 더 많이 소개하며, 더 오랫동안 이용하는 것으로 나타났다. 더구나 이들 기업은 더욱 낮은 비용으로 이러한 성과를 낸다. 도넛과 커피를 파는 짐 같은 사람을 생각하면 될 것이다. 그 결과 수익이 뒷받침되는 성장이 가속화한다. 뱅가드인베스트먼트Vanguard Investments의 CEO 존 브레넌John Brennan은 "신뢰는 우리의 제1의 자산이다. …… 고객이 우리를 신뢰할 때, 우리는 놀라운 성장을 이룰 수 있다"라고 말했다.

혁신의 활성화

신뢰가 높은 기업은 고객에게 혁신적인 제품과 서비스를 제공한다. 그들에게는 신뢰의 환경이 낳는 혁신의 문화가 있기 때문이다. 혁신과 창의력이 번성하려면 정보 공유, 서로 공을 다투지 않는 태도, 모험 정신, 안심하고 실수할 수 있는 분위기, 협력 등 여러 가지 중요한 조건이 갖춰져야 한다. 이 모든 조건이 높은 신뢰의 산물이다.

혁신은 기회, 성장, 시장점유율 증가를 가져다준다. 수년 전, 거의 바닥에 가라앉아 있던 애플 컴퓨터는 아이팟과 아이튠즈 뮤직스토어iTunes Music Store 개발이라는 혁신을 통해 완전하게 회생했다. 최근 〈비즈니스위크〉와 보스턴 컨설팅그룹은 애플을 세계에서 가장 혁신적인 기업으로 선정했다. 존 마르치카는 《책임지는 조직》에서 이렇게 말한다.

> 많은 사람이 애플의 다운로드 서비스를 음악계의 구세주로 보았다. …… 아이튠즈의 도입으로 (애플의 CEO 스티브) 잡스가 …… 결국 제대로 본 것 같다. 그는 "소비자는 범죄자 취급을 받고 싶어 하지 않고 음악인은 귀중한 작품을 도둑맞기를 원치 않는다"고 말했다. "아이튠즈 뮤직스토어는 양측에 획기적인 솔루션을 제공한다."

협업 증대

신뢰가 높은 기업은 새로운 글로벌 경제에서 성공하기 위해 필요한 협업과 팀워크를 촉진한다. 협업collaboration은 전통적인 조화 및 협력coordination and cooperation 방식과 달리 핵심 기회 모델을 만들어낸다. 비즈니스 컨설턴트 마이클 해머Michael Hammer의 말을 빌리면, "경영쇄신은 협업 경제를 위한 준비 작업에 불과하다."

협업은 조직 내부뿐 아니라 외부 고객이나 외부 공급업자와도 가능하다. 〈포브스〉는 2006년 이 '기회로서의 협업' 추세를 집중적으로 다루면서 협업의 기초가 되는 것은 신뢰라고 지적했다. 신뢰가 없는 협업은 협력에 불과하다. 지식노동자 시대에는 협력만으로는 협업의 이익과 가능성을 얻을 수 없다.

파트너십 강화

앞에서 말했던 워윅 경영대학원의 연구에 따르면 신뢰에 기초한 파트너 관계(아웃소싱 같은)는 계약 금액의 40퍼센트까지 신뢰의 배당을 만들어낸다고 한다. 물론 신뢰관계가 아닌 계약서에 의존하는 관계는 신뢰의 배당이 계속 악화되었다. 연구 보고서에는 이런 내용이 들어 있다.

"신뢰관계에 의한 계약은 엄격한 조항과 벌칙에 따른 계약보다 양측에 신뢰의 배당을 가져다줄 가능성이 크다는 것을 발견했다. 실제로 신뢰는 현실과 무관하지 않다. 그것은 …… 성과를 통해 얻어진다."

실행력 향상

신뢰가 높은 기업은 신뢰가 낮은 기업보다 조직의 전략을 더 잘 실행할 수 있다. 나는 실행의 중요성을 하버드 경영대학원 수업 첫날 분명히 알 수 있었다. 4시간의 사례 연구를 마친 뒤, 교수는 내게 잊지 못할 조언을 해줬다.

"2년간 교육을 받으면서 이 한 가지만은 분명히 기억하게. 'A급 전략에 B급 실행력보다는 B급 전략에 A급 실행력이 더 낫다.'"

〈스트래티지+비즈니스Strategy+Business〉의 독자로부터 영원한 경영 아이디어 1위로 선정된 실행력은 오늘날 모든 기업의 화두가 되었다. 이러한 실행력은 신뢰를 통해 크게 향상된다. 프랭클린코비의 실행지수 도구 'xQ'는 조직의 높은 실행 수준과 높은 신뢰 수준 사이에 커다란 상관관계가 있음을 일관되게 보여준다. 2006년 식료품점에 대한 조사에서 실행력이 뛰어난 상점은 실행력이 낮은 상점보다 모든 부분에서 신뢰 수준이 훨씬 높았다.

충성심 증대

신뢰가 높은 기업은 신뢰가 낮은 기업보다 동료, 고객, 공급업자, 유통업자, 투자자 등 이해당사자로부터 훨씬 큰 충성심을 얻었다.

- 직원들은 신뢰가 높은 기업에 더 오랫동안 근무한다.
- 고객들은 신뢰가 높은 기업을 더 오랫동안 이용한다.
- 공급업자와 유통업자는 신뢰가 높은 기업과 더 오랫동안 거래한다.
- 투자자는 신뢰가 높은 기업에 더 오랫동안 투자한다.

개인정보 보호와 보안 분야의 선도적인 신뢰도 측정 기관인 포네몬 인스티튜트Ponemon Institute의 창립자 겸 회장 래리 포네몬Larry Ponemon은 "신뢰는 고객 충성도와 브랜드 강화에 핵심적인 요소가 되고 있다"고 말한다.

우리는 신뢰가 높은 조직에서 받은 이 7가지 배당을 통해, 그리고 높은 신뢰가 모든 세금을 감소시키거나 없애준다는 점을 통해 높은 신뢰와 빠른 속도, 낮은 비용, 가치 증가 사이에 의미 있고 직접적이며 확실한 관계가 있음을 분명히 확인할 수 있다.

> (경영자)는 신뢰 의제를 다시 만들어야 한다. 신뢰가 없으면 실질적으로 아무 일도 못하지만 신뢰가 있으면 온갖 장애를 극복할 수 있다. 누구에게나 자랑할 만한 기업을 만들 수 있다.
>
> _짐 버크

신뢰의 속도만큼 빠른 것은 없다. 신뢰만큼 높은 수익을 가져다주는 것은 없다. 신뢰의 광범위한 영향만큼 파급력이 큰 것은 없다. 신뢰를 볼 수 있는 안경을 쓴다면 이러한 현실이 분명히 보일 것이다. 다시 한 번 강조하지만 신뢰를 쌓고 키우고 보내고 회복할 수 있는 능력은 새로운 글로벌 경제의 핵심 리더십 역량이다.

가족도 조직이다

가족도 조직이라는 점을 지적하지 않고 이 장을 마치고 싶지는 않다. 우리가 이 장에서 살펴본 모든 것은 다른 조직에서처럼 가족에게도 그대로 적용된다.

가족 역시 한 방향으로 정렬될 때, 가치를 구현하고 신뢰가 높은 행동에 보상하는 구조와 시스템이 있을 때, 그리고 신뢰의 패러다임을 전해주는 상징이 있을 때 더 큰 신뢰가 생긴다.

최근에 내 동료가 자신의 친구와 나눴던 대화를 들려주었다. 내 동료가 친구에게 아들이 농구를 하느냐고 묻자 그가 말했다.

"성적이 좋지 않아서 올해는 뛰지 못할 거야. 농구를 하려면 기준 이상의 성적을 받아야 하거든."

잠시 대화를 주고받은 후 그는 이렇게 말을 맺었다.

"나는 농구선수가 아니라 사람을 키우려고 하네."

아들이 좋은 성적을 받게 하고 싶은데 가족 구조와 시스템이 한 방향으로 정렬되어 있지 않다면 어떻게 될까? 가족 구조와 시스템이 다음과 같다고 해보자.

- **보상 시스템**: 경기에서 이기면 축하해주고 저녁에 외식을 한다. 성적이 A로 나오면 그냥 "잘했어!"라고 말한다.
- **소통 시스템**: 매주 아들에게 흥분한 목소리로 묻는다. "다음 경기 언제지?" 성적표가 나오면 분기에 한 번만 성적에 대해 이야기한다.
- **의사결정 시스템**: 가정에서 당신이 하는 모든 것의 중심은 다음 경기, 다음 행사이다. 점수는 주요 결정 대상이 아니다.
- **구조**: 아들은 성적과 관계없이 언제 잠자리에 드는지, 텔레비전을 얼마나 시청하는지, 친구들과 얼마나 오랫동안 지내야 하는지를 스스로 결정한다.

이 가족은 운동경기 성과를 향해 한 방향으로 정렬되어 있다. 운동에 집중하는 아이는 학업에 별로 관심이 없다.

정말로 가족을 진지하게 생각한다면, 사람들이 조직에 대해 묻는 것과 같은 질문을 자신에게 해야 한다.

- 우리 가족에게는 성실성이 있는가? 가치가 분명하고 규칙과 지침(구조와 시스템), 부모의 행동이 이 가치를 지원하는가? 정직과 겸손의 환경이 조성되어 있는가? 가족은 생각과 의견을 자유롭게 표현할 용기가 있는가? 그렇게 할 때 상호존중 해주는가?
- 우리 가족에게는 좋은 의도가 있는가? 존중심과 관심의 문화가 있는가? 의제가 상호 이익 추구인가, 아니면 어른이나 아이 가운데 한쪽에게만 승인가? 시스템이 협력을 보상하는가?
- 우리 가족의 능력은 무엇인가? 구조는 개발과 성장을 촉진하는가? 안심하고 실수할 수 있고 실수로부터 배우는가? 시스템은 아이들이 어른이 되었을 때 성공하는 데 필요한 삶의 기술을 배우도록 도와주는가?
- 우리 가족은 어떤 성과를 내고 있는가? 시스템은 성공을 나누는 즐거움을 선사하는가? 자주 대화하고 아낌없이 지원하고 사랑하는 분위기인가? 가족은 개인적으로 그리고 가족으로서 중요한 목표를 달성하고 있는가?

신뢰를 쌓는 방식으로 행동하는가? 솔직하게 말하는가? 존중심을 보여주는가? 신의를 보여주는가? 약속을 지키는가? 만약 그렇지 않다면 어떤 구조와 시스템이 신뢰를 떨어뜨리는 행동을 조장하고 있는가? 그런 상황을 바꾸기 위해 무엇을 할 수 있는가? 우리 가족의 상징은 무엇인가? 상징은 가족이 믿는 가치와 한 방향을 이루고 있는가?

가정에서 신뢰를 쌓을 수 있는 가장 효과적인 방법은 4가지 핵심 요소와 13가지 행동의 모범을 보이고 구조 및 시스템이 가치와 한 방향이 되도록 하는 것이다. 그렇게 할 때 신뢰 공식에서 커다란 승수가 만들어진다. 예를 들어 우리 집에서는 아들이 교통 법규를 위반했을 때 그에게 철저히 책임을 물었기 때문에 딸은 어떻게 운전해야 하는지 저절로 알게 되었다. 덕분에 우리는 딸을 훈련시킬 때 아들에게 했던 것처럼 그렇게 많은 시간을 들이지 않아도 된다. 나아가 딸은 우리가 약속을 지킬 것이라는 사실을 믿는다. 이것이 '한 번의 처벌로 온 가족을 가르치는' 배당이다. 따라서 처벌은 일관성을 유지하며 신뢰의 문화를 만드는 구조와 시스템 속에서 이뤄져야 한다.

기업, 비영리단체, 큰 조직 내의 부서나 팀, 가족 등 모든 조직은 신뢰를 구축하는 방식으로 구조와 시스템을 설계하거나 한 방향으로 정렬할 때 가장 큰 영향력을 갖게 된다. 나아가 이것은 조직 내의 모든 것에 긍정적인 영향을 미친다.

2장

시장의 신뢰
평판의 원칙

결국 당신에게 남는 것은
평판뿐이다.

_ 오프라 윈프리

다음 쪽에 나오는 로고들을 보라. 그 로고를 볼 때 어떤 느낌이 드는가? 모두 같은 느낌인가? 그렇지 않다면 그 이유는 무엇인가?

당신이 만약 그 회사와 좋은 연관이 있다면 일부 로고에서 긍정적인 느낌이 들 것이다. 그 회사를 알 수도 있고 제품 및 서비스를 사용해보았을 수도 있다. 친구나 친지가 그 회사에 다니거나 그 회사의 재정 상태, 리더십, 사회적인 책임감에 대해 긍정적인 얘기를 들었을 수도 있다. 어쨌든 당신은 그 긍정적 느낌을 바탕으로 그 회사의 제품 및 서비스를 구입하는 것은 물론 다른 사람에게 추천할 것이다.

다른 로고에서는 부정적인 느낌이 들지도 모른다. 어쩌면 당신이나 당신이 아는 사람이 그 회사의 제품 및 서비스에 대해 만족스럽지 못한 경험을 했을 수도 있다. 아니면 텔레비전에서 그들에 대해 좋지 않은 보도를 접했을지도 모른다. 이유야 어찌되었든 당신은 그

회사의 제품 및 서비스를 구입하거나 다른 사람에게 추천하지 않을 것이다.

시장의 신뢰는 브랜드나 평판이 좌우한다. 제품 및 서비스를 구입하게 만들거나 돈과 시간을 쓰게 하고 다른 사람에게 추천하게 만드는 것은 느낌이 좌우하는 것이다. 이때 대부분의 사람이 신뢰, 속도, 비용 사이의 관계를 확실히 경험한다.

사실 브랜드는 고객과 시장의 신뢰, 조금 더 대담하게 말하면 '화폐화한 신뢰'라고 할 수 있다. 대부분의 사람이 이 점을 직관적으로 이해하고 있기 때문에 기업은 신뢰 고취를 위한 브랜드 창조에 막대한 돈을 쏟아 붓고 있다. 실제로 일부 기업은 브랜드의 경제적 가치를 정량화하는 공식을 갖고 있다. PR회사 골린·해리스는 그들의 브랜드 구축 작업을 전 세계적인 신뢰 구축이라고 못 박는다.

> 신뢰는 기업 평판의 주춧돌이다. 그리고 그 결과 주주가치가 창조된다.
>
> _로버트 에커트, 마텔 CEO

브랜드, 신뢰, 속도, 비용의 직접적인 관계는 모든 차원에서 명확하게 나타난다. 언젠가 내가 영업과 마케팅 경영자 국제회의에서 발표할 때, 100년 전통을 자랑하는 수십억 달러 규모 기업의 한 경영자가 내게 와서 말했다.

"우리에겐 대단히 신뢰받는 브랜드가 있는데 그 브랜드는 엄청난 배당을 줍니다. 놀랍게도 우리의 서비스에 대한 계약 갱신률은 90퍼센트입니다. 이는 우리 브랜드의 가치를 보여주는 좋은 지표라고 할 수 있죠. 우리는 가장 귀중한 자산인 이 신뢰관계를 보호하기 위해 끊임없이 노력하고 있습니다. 많은 기업이 우리의 파트너가 되기를 원하지만, 우리는 고객과의 신뢰관계를 보호하기 위해 파트너 선정 기준을 매우 엄격하게 만들었습니다."

고객이 당신의 브랜드를 믿을 때, 그들은 당신의 메시지에 더욱 귀를 기울이고 당신 조직의 정보를 보다 주의 깊게 읽으며 신제품과 서비스에 대한 마케팅 전화를 기꺼이 받을 것이다.

_ 찰스 지오다노Charles Giordano, 벨라 캐나다 인터내셔널 대표

천문학적인 배당을 안겨주는 평판의 힘

브랜드는 제품 및 서비스를 판매하는 기업은 물론 정부, 교육청, 자선단체, 병원, 시정부, 주정부 등 모든 조직에도 중요하다. 예를 들어 이사할 때 많은 사람이 학군을 따지는데 이는 학교가 재원을 확보하는 일에 중대한 영향을 미친다. 학교의 입장에서는 건물 증축이나 리모델링, 교사 영입 등을 위해 재원 확보를 최우선 과제로 삼고 있으므로 평판에 신경 쓰지 않을 수 없다.

평판은 시정부에도 매우 중요하다. 언론 및 출판물에 꼭 가봐야 할 관광지나 살기 좋은 곳으로 소개되면 그것은 세금 증가, 관광 수입 증가, 기업 유치, 주택 가격 상승으로 이어진다. 지역정부, 주정부, 연방정부는 모두 나름대로 어떤 평판을 듣고 있으며 이는 기업을 유치하고 사업을 하는 능력에 영향을 미친다.

보다 미시적인 관점에서 조직 내의 특정 팀이나 부서의 평판은 자원배분과 예산수립 같은 요소에 중대한 영향을 끼친다. 매니저는 대개 자기 부서가 업무의 중요성 때문에 훨씬 더 많은 예산을 지원받아야 한다고 생각하지만, 높은 성과를 내는 부서에 밀려 예산을 확보하

지 못할 수도 있다. 또한 조직 내에서 특정 부서의 평판은 다른 부서 사람들이 그 부서를 대하는 태도에 영향을 미친다.

내가 어느 제조업체에서 일할 무렵, 한번은 우리 부서가 자재 공급과 제품 출하를 다른 부서에 의존해야 하는 상황에 놓이게 되었다. 그런데 그 부서는 재고관리가 엉망이고 실행력도 떨어져 평판이 좋지 않았다. 고민에 빠진 우리는 혹시라도 고객이 떠날지도 모른다는 생각에 비용을 들여 우리가 직접 그 일을 하기로 결정했다.

우리는 자재를 캐비닛에 쌓아두고 제품이 제때에 나갈 수 있도록 독자적인 유통과 출하 시스템을 만들었다. 결과적으로 우리는 중복 시스템을 만든 셈이었고 다른 부서에서 해야 할 일에 시간과 노력을 들임으로써 전체 조직이 그에 따른 세금을 내야 했다.

좀 더 미시적인 차원에서 모든 사람이 자기 브랜드나 평판을 갖고 있으면 그것은 신뢰, 속도, 비용에 영향을 미친다. 평판은 당신의 이력서와 취업을 할 때 내는 추천서에 나타난다. 나아가 직장이나 사회생활 속에서 사람들이 당신을 대하는 태도에서도 나타난다. 이것은 누군가가 당신과 데이트할지를 결정하는 데 영향을 주고 아이들이 당신의 말을 얼마나 진지하게 듣는지, 당신의 영향력이 어느 정도인지에 영향을 미친다.

또한 평판은 의심이 갈 때 좋은 쪽으로 생각할지 나쁜 쪽으로 생각할지 결정하는 데 영향을 끼친다. 신뢰성의 4가지 핵심 요소에서 살펴보았듯 워런 버핏은 개인적인 브랜드가 워낙 튼튼했던 덕분에 정부가 제너럴리와 AIG 보험 사이의 거래를 조사할 때 사람들은 의심이 가더라도 좋은 쪽으로 생각했다. 제록스의 회장이자 CEO인 앤 멀케이는 버핏에 대해 이렇게 말했다.

"나는 그를 존경하고 그에게 누구보다 높은 성실성이 있다고 생각한다. 그가 내리는 모든 결정, 그가 나누는 모든 대화, 그리고 그가 주는 모든 조언에 그의 가치가 담겨 있다."

이러한 평판은 그에게 천문학적인 배당을 안겨주었다.

나는 중대한 사업기회를 앞에 두고 관련된 민감한 재무 자료를 평가 및 논의하는 과정에서 개인적인 브랜드가 얼마나 중요한지 절감했다. 당시 재무담당 이사는 유능했지만 신뢰할 만한 평판을 얻지 못했다. 그래서 나는 그를 완전히 배제하고 신뢰하는 사람과 함께 논의했다.

평판은 아이들에게도 중요하다. 부모는 책임 있게 행동한다는 평판을 얻은 아이에게 쉽게 특권을 부여한다. 숙제 다 했니? 피아노 연습 다 했니? 몇 시까지 돌아올 거니? 이걸 확인하려면 누구에게 전화하면 되니? 평판이 좋은 아이는 굳이 이런 질문을 받을 필요가 없다.

모든 차원, 모든 관계에서 당신의 브랜드와 평판은 매우 중요하다. 그것은 측정할 수 있는 차이를 만들며 신뢰, 속도, 비용과 직결된다.

설득력 있는 증거

시장의 신뢰와 관련해 설득력 있는 증거를 살펴볼 때는 회사든 학교든 정부기관이든 조직 내의 팀이나 부서든 가족이든 당신이 실행

가능성의 측면에서 정의한 내용을 살펴보라. 시장의 신뢰는 외부 이해당사자를 대상으로 한다는 점을 기억하라. 외부 이해당사자에는 고객을 비롯해 공급업자, 유통업자, 투자자가 포함되지만 여기서는 그들을 모두 당신의 고객으로 보는 것이 편할 것이다. 이제 그 증거를 살펴보면서 평판과 신뢰 사이의 직접적인 관계를 확인해보기 바란다.

〈포천〉에서 매년 선정하는 세계에서 가장 존경받는 기업 순위는 기업 평판에 대한 최종 성적표로 불리는데, 이것은 평판과 존경심 사이의 분명한 상관관계를 보여준다. 헤이그룹Hay Group과 23개 나라 8,645명의 기업 대표, 임원, 애널리스트들이 실시하는 이 조사에서는 30개 분야의 351개 기업이 순위에 올랐다. 그 측정 기준은 사회적 책임(성실성), 사람 관리(의도), 혁신(능력), 재정 안정성과 장기적 투자(성과) 등 평판을 구성하는 9가지 요소 혹은 리더십 영역이다.

GE는 8년간 여섯 번이나 세계에서 가장 존경받는 기업으로 인정받았다. 도요타는 주로 성과 덕분에 2위에 올랐다(미국 이외의 기업으로는 가장 높은 순위다). 도요타의 수익은 순위에 포함된 12개 자동차 제조업체(순위가 높은 순서대로 12번째 기업까지)의 수익을 모두 합한 것보다 높았다. 이러한 요소는 왜 중요할까? 평판은 곧 브랜드이고 브랜드는 곧 시장의 신뢰이기 때문이다. 신뢰는 사람들의 행동에 영향을 미치는데, 2003년 골린·해리스의 조사 결과를 보면 다음과 같다.

- 개인의 39퍼센트가 기업의 신뢰 및 신뢰성 때문에 그 기업과 거래를 시작하거나 거래를 늘리겠다고 말한다.

- 53퍼센트가 기업의 신뢰 및 신뢰성에 대한 우려 때문에 거래를 중단하거나 줄이고 심지어 경쟁업체로 거래처를 바꾸겠다고 말한다.
- 83퍼센트가 신뢰하는 기업에 대해서는 의심이 가더라도 좋은 쪽으로 생각하고, 기업 행동에 대한 판단을 내리기에 앞서 기업 측 이야기를 들을 것이라고 한다.

2006년 에델만 신뢰도지표조사Edelman Trust Barometer는 이렇게 지적한다.

"신뢰는 덤으로 얻는 것이 아니다. 그것은 만들고 유지하고 쌓아야 하는 유형의 자산이다. …… 신뢰가 기업에 이익을 주듯 불신이나 신뢰 상실은 기업에 손해를 끼친다. 조사된 각국의 오피니언 리더의 64퍼센트 이상이 신뢰하지 않는 기업의 제품 및 서비스를 구입하지 않겠다고 대답했다."

또한 대부분의 오피니언 리더가 그러한 기업에 대해 나쁜 이야기를 하고(나쁜 입소문을 낸다), 그들과 거래하지 않으며 그들에게 투자하지 않겠다고 밝혔다. 그리고 약 절반의 오피니언 리더가 그런 기업에서 근무하지 않겠다고 말했다.

> 우리에게는 사람, 자본, 평판이 우리의 자산이라는 기업 정신이 있다. 이 중에서 잃었을 때 가장 되찾기 어려운 것은 평판이다.
>
> _ 행크 폴슨, 골드만삭스 회장

시장에서의 과중한 세금

글로벌 시장의 흥미로운 측면은 많은 브랜드가 그 브랜드의 소속 국가에 대한 사람들의 인식과 신뢰를 기초로 세금을 내거나 배당을 받고 있다는 것이다. 예를 들면 그 기업의 본사가 중국이냐 프랑스냐 인도냐 미국이냐에 따라 그 기업에 대한 사람들의 인식이 달라진다. 또한 역사, 문화, 현 정부의 정책 등 여러 가지 요소가 사람들의 인식에 영향을 준다. 그러나 그 이유에 관계없이 국가 디스카운트나 산업 디스카운트가 분명하게 존재한다.

이러한 세금은 미국에 본사를 둔 브랜드에 타격을 주고 있다. 미국 브랜드는 미국과 아시아에서는 배당을 받지만 유럽 일부 지역과 다른 시장에서는 과중한 세금을 내고 있는 것이다. 11개 나라 750명의 오피니언 리더에 대한 에델만 신뢰도지표조사에서 미국 브랜드는 캐나다, 영국, 프랑스, 독일에서 대접받지 못하거나 많은 세금을 냈다. 반면 아시아에서는 세금을 내지 않았고 일본에서는 배당을 받았다. 구체적으로 UPS에 대한 신뢰도는 미국에서 84퍼센트인 반면 유럽에서는 53퍼센트였으며, P&G는 미국 70퍼센트, 유럽 44퍼센트로 나타났다. 또한 코카콜라는 미국 65퍼센트, 유럽 41퍼센트였으며 맥도날드는 미국 51퍼센트, 유럽 30퍼센트였다.

이러한 국가 디스카운트는 일반적으로 상호성을 띠지 않는다. 영국과 독일에 본사를 둔 기업은 세계 어디서나 큰 세금 부담을 경험하지 않으며, 프랑스(미국에서는 제외) 역시 마찬가지다. 전체적으로 중국에 본사를 둔 기업의 국가 세금이 가장 높았다. 세계 어느 지역에서나 브랜드 디스카운트가 가장 심했던 것이다.

에델만 신뢰도지표조사는 산업 세금이나 배당의 존재도 확인해준다. 기업이 어느 분야에 속해 있느냐에 따라 신뢰의 세금을 내기도 하고 신뢰의 배당을 받기도 한다는 얘기다. 예를 들면 대부분의 국가에서 에너지와 미디어 산업은 세금을 내지만, 소매와 기술 분야는 배당을 얻는다. 따라서 세금이 부과되는 분야에 속한 기업은 그 분야의 평판을 능가하는 개별적 명성을 쌓는 것이 중요하다. 존슨 & 존슨은 미국에서 상당한 세금이 부과되는 제약업에 종사하고 있지만 좋은 평판을 얻었다.

이베이에서 얻은 가장 중요한 교훈

글로벌 시장의 또 다른 흥미로운 측면은 해리스 인터랙티브에서 실시하고 〈월스트리트저널〉에 발표된 2005년 연례기업평판지수RQ 조사에서 잘 나타나고 있다. 이 조사는 미국에서 가장 유명한 60개 기업의 평판 순위를 매기는데, 2005년에는 오랜 기간 지속적으로 신뢰를 쌓아온 존슨 & 존슨이 7년째 가장 평판 좋은 기업으로 선정되었다. 그들은 120년간 한 우물을 파온 기업이다.

가장 인상적인 것은 검색 분야에 뛰어든 지 7년밖에 안 된 구글이 3위에 올랐다는 사실이다. 이는 글로벌 하이테크 시대에 신뢰가 얼마나 빠르게 구축될 수 있는지를 보여주는 명백한 증거이다. 이베이의 창립자 피에르 오미디아르Pierre Omidyar는 이베이에서 얻은 가장 중요한 교훈이 무엇이냐는 질문에 이렇게 대답했다.

"1억 3,500만 명이 경험을 통해 낯선 기업을 신뢰해도 된다는 것을 알게 되었다는 점이다. 그것은 우리 사회에 믿을 수 없을 만큼 큰 영향을 미쳤다. 사람들은 생각보다 공통점이 많다."

해리스 인터랙티브의 연례기업평판지수에서 어느 기업이 꼴찌를 했는지 아는가? 월드컴(지금은 MCI)이 59위였고 엔론이 60위였다. 신뢰는 빠르게 구축할 수 있지만 그보다 더 빠르게 잃을 수도 있다. '명성을 쌓는 데는 20년이 걸리지만 그 명성을 무너뜨리는 데는 5분밖에 걸리지 않는다'는 워런 버핏의 말을 기억하라. 물론 새로운 글로벌 경제에서는 명성을 쌓는 데 20년까지 걸리지도 않는다. 하지만 그것을 무너뜨리는 것은 변함없이 한순간일 수 있다.

> 현명한 기업은 어려운 시기에 브랜드를 보호하는 데 필요한 신뢰 자산을 쌓아둔다. 이렇게 신뢰은행에 예입해두지 않으면, 신뢰를 높인 실적이 없을 경우 단 한 번의 신뢰 위반으로 기업은 무너질 수 있다.
>
> _ 엘렌 라이언 마딕스Ellen Ryan Mardiks, 골린 · 해리스 CMO

브랜드는 어떻게 구축하는가

브랜드는 어떻게 구축하는가? 브랜드 이미지가 실추하는 것을 어떻게 피할 수 있는가? 내 대답은 4가지 핵심 요소와 13가지 행동을 조직 및 시장에 적용하라는 것이다. 조직이 4가지 핵심 요소를 강화하고 이해당사자에게 13가지 행동을 보여주면 조직은 브랜드 가치를 측정 가능한 정도로 높일 수 있다. 4가지 핵심 요소와 13가지 행동은 시장에서 신뢰성과 신뢰를 쌓는 열쇠이다.

다시 신뢰의 안경을 쓰고 시장의 신뢰 측면에서 당신의 조직을 보라. 고객의 관점에서 생각하라. 당신 자신에게 물어보라.

- 내 브랜드는 성실성이 있는가? 정직하다는 평판을 듣고 있는가? 사람들이 믿고 신뢰할 만한 가치가 있는가? 시장에서 어려운 문제에 용기 있고 신속하게 접근한다는 평판을 듣고 있는가? 잘못을 솔직하게 인정하고 시정한다는 평판을 듣고 있는가?
- 내 브랜드는 좋은 의도를 보여주는가? 우리는 수익을 올리는 데 몰두하고 있는 것으로 인식되고 있는가, 아니면 우리가 정말로 고객에게 관심이 있으며 그들의 승을 원한다고 느끼는가?
- 내 브랜드는 능력을 보여주는가? 사람들은 우리의 브랜드에서 고품질, 우수함, 지속적인 개선, 그리고 글로벌 경제 시대에 존재의 필요성을 유지하기 위해 변화할 수 있는 능력을 연상하는가? 우리는 신뢰를 쌓으면서 목표를 달성할 수 있는 능력이 있는 것으로 인정받고 있는가?
- 내 브랜드는 성과를 연상시키는가? 사람들은 우리가 약속한 성과를 내고 있다고 느끼는가? 우리의 브랜드는 좋은 실적을 연상시키는가? 사람들이 베인Bain의 컨설턴트 프레데릭 라이히헬드Frederick Reichheld의 궁극적 질문 '당신은 이 회사를 친구에게 추천하겠는가?'에 기꺼이 '그렇다'라고 대답할 것 같은가?

원하는 브랜드나 평판을 얻지 못했을 때, 4가지 핵심 요소는 훌륭한 진단 도구 역할을 한다. 그 이유를 밝혀내고 가장 큰 수익을 가져다주는 투자 분야를 찾아내는 데 도움을 주는 것이다. 이에 따라 문제가 성품(성실성이나 의도) 혹은 역량에 있는지(능력이나 성과) 파악해 개선의 효과가 가장 큰 분야에 집중할 수 있다.

> 기업의 브랜드는 개인의 평판과 같다. 평판은 어려운 일을 해내려고 노력할 때 얻게 된다.
>
> _ 제프 베조스Jeff Bezos, 아마존닷컴 창립자

조직 차원에서 13가지 행동의 성과를 분석해 신뢰 개선 효과를 극대화하라. 이 행동을 개인관계에 적용하면 신뢰를 구축할 수 있듯 고객, 공급업자, 유통업자, 투자자, 지역사회 등 외부 이해당사자와의 관계에 적용하면 시장에서 신뢰를 구축할 수 있다.

몇 가지 예를 살펴보자.

솔직하게 말하라

교육 목적으로 처방약에 대한 소비자 직접 광고Direct to Consumer를 만든 존슨 & 존슨은 정보를 솔직하게 전달하고 소비자들을 교양 있는 성인으로 대했다. CEO 윌리엄 웰던William Weldon은 타 분야 기업도 솔직하게 말할 것을 주문하며 이렇게 말했다.

"나는 우리가 소비자 직접 광고라고 부르는 광고 방식이 의약품의 중요성과 그 위험을 축소할 수 있다는 사실을 인정하는 것으로부터

시작해야 한다고 생각한다. 소비자 직접 광고를 통한 환자들과의 소통은 사실상 소비자 직접 교육으로 생각해야 한다."

존슨 & 존슨이 기업평판지수에서 1위를 지키는 것도 이런 솔직함이 있었기에 가능했던 것이다.

투명하게 행동하라

이베이의 CEO 멕 휘트먼Meg Whitman과 그녀의 팀은 열린 인터넷 공간에서 '역동적 자율규제 경제'를 이끌고 있다. 휘트먼은 이베이만의 특징을 간략하게 정의했다.

"우리의 유일한 파트너는 수백만 명의 고객이다."

〈비즈니스위크〉 인터넷판은 이베이가 정보를 통제하거나 숨기지 않는다는 내용을 다루고 있다.

"이베이 세계에서 네티즌은 모든 트렌드, 판매, 신규 규제에 자유롭게 접근할 수 있다. 시스템은 투명성 그 자체이다."

먼저 경청하라

아일랜드의 식료품 소매체인과 쇼핑몰을 운영하는 슈퍼퀸Superquinn은 다양한 경로의 '고객의 소리 청취 시스템'에 기초한 제국을 건설했다. 이 시스템에는 일상적인 고객 패널, 고객의견서, 공식적인 시장조사, 각 매장의 데스크서비스, 충성도 프로그램에 참가한 사람들에 대한 개인적인 전화 등이 포함되어 있다. 슈퍼퀸은 고객의 소리 청취를 통해 수많은 통찰을 얻음으로써 식품 안전의 선구자가 되고 혁신적 고객서비스를 제공할 수 있게 된 것이다. 이 기업은 더 큰 경쟁업체와 경쟁하고 있음에도 시장을 지배하고 있다. 슈퍼퀸의 CEO 피어걸 퀸Feargal Quinn(아일랜드에서 '고객서비스의 왕'으로 알려져 있다)은 이렇게 말한다.

"진정한 경청 능력은 몇 안 되는 중요한 경쟁 우위 요소 중 하나이다. …… 당신이 누구이든 경청은 위임할 수 있는 행동이 아니다."

존슨 & 존슨, 이베이, 슈퍼퀸 같은 기업은 시장의 신뢰를 높이고 거기서 나오는 배당을 받는데 13가지 행동이 얼마나 중요한지를 똑똑히 보여준다.

대부분의 사람은 네 번째 차원, 즉 시장 차원에서 신뢰와 평판이 수익과 연결되어 있음을 알게 된다. 브랜드의 가치를 알기 때문이다. 하지만 시장 차원에서 신뢰받는 기업에게 배당을 가져다주는 원칙이 개인 차원, 대인관계 차원, 조직 차원의 신뢰에서도 작용한다는 점은 잘 모른다. 기업, 학교, 비영리단체, 가족, 기타 조직 차원에서 신뢰의 문제를 다룰 때는 가장 먼저 이런 질문을 해야 한다. 나는 어떤 평판을 얻고 있는가? 내 브랜드는 무엇인가? 나는 세금을 내고 있는가, 아니면 배당을 받고 있는가?

> 성실성이 있는 직원들이 회사의 평판을 쌓는다.
>
> _로베르토 고이주에타Roberto Goizueta, 코카콜라 전 CEO

명심할 것은 조직과 시장에서 우리의 신뢰 수준이 어느 정도이든, 그것은 우리가 스스로 만들어낸 신뢰성의 결과라는 점이다.

3장

사회의 신뢰

공헌의 원칙

통치자가
무기, 식량, 신뢰를
모두 취할 수 없다면
가장 먼저 포기해야 할 것은 무기이고
그 다음은 식량이다.
신뢰는 마지막까지 지켜야 한다.
신뢰가 없으면
견디지 못하기 때문이다.

_〈파이낸셜타임스〉 사설

1992년 4월 말, 로드니 킹 재판은 LA 전역을 휩쓴 폭동에 불을 붙였다. 곳곳에서 약탈과 방화가 자행되었고 이로 인해 기업들의 피해액은 수십억 달러에 달했다. 그런데 놀랍게도 폭동지역 내에 있던 모든 맥도날드 매장은 전혀 피해를 입지 않았다. 암흑으로 덮인 폐허 속에서 맥도날드는 횃불처럼 서 있었던 것이다.

당연히 의문이 생길 수밖에 없다. 주변의 거의 모든 건물이 파괴되었는데 어떻게 맥도날드 건물만 무사했던 것일까? 현지 주민들의 반응에는 한 가지 공통점이 있었다.

"맥도날드는 우리 지역에 관심이 많다. 특히 문맹퇴치 운동과 주민 스포츠 프로그램을 지원한다. 젊은이들은 'Mickey D's'에 가면 일자리를 얻을 수 있다는 것을 알고 있다. 우리 모두에게 그렇게 유익한 상점을 파괴하고 싶은 사람은 아무도 없을 것이다."

이처럼 맥도날드의 사회적 책임감은 사회의 신뢰를 불러왔고 그 신뢰는 측정 가능한 성과를 낳았다.

> 사람들 사이의 평화적인 협력은 기본적으로 상호 신뢰에 바탕을 두고 있다. 법과 경찰 같은 제도는 2차적인 수단일 뿐이다.
>
> _ 앨버트 아인슈타인

물고기가 마지막으로 물을 발견한다

'물고기가 마지막으로 물을 발견한다'는 프랑스 속담의 의미에 대해 생각해본 적이 있는가? 온통 물에 둘러싸여 있는 물고기에게 물은 그냥 환경일 뿐이다. 늘 곁에 있는 존재라 당연시하기 때문에 물이 오염되거나 사라지기 전까지는 물의 중요성을 깨닫지 못한다는 얘기다. 물이 오염되거나 사라지는 것처럼 즉각적이고 극적인 결과가 나타날 때라야 비로소 깨끗한 물이 그들의 생존에 절대적으로 필요하다는 것을 인식하게 된다.

마찬가지로 사람도 신뢰를 마지막으로 발견한다. 신뢰는 우리 사회 구조의 한 부분으로 우리는 신뢰에 의존한다. 하지만 신뢰가 오염되거나 사라지기 전까지는 신뢰를 당연한 것으로 여긴다. 그러다가 물이 물고기의 생존에 필수적이듯 신뢰도 우리의 생존에 필수적임을 분명하게 깨닫는다. 신뢰가 없으면 열린사회는 닫힌 사회로 바뀌고 궁극적으로 무너지고 말 것이다.

사람들이 서로를 신뢰하지 못할수록 거래는 위축되거나 즉시 사라진다.

_헨리 워드 비처Henry Ward Beecher, 19세기 미국 저술가

신뢰는 모든 것을 변화시킬 수 있다. 예를 들어 우리는 운전할 때 다른 운전자가 운전을 잘하고 교통 법규를 지키며 우리에게 해를 끼치지 않을 거라고 믿는다. 만약 차를 몰고 나갈 때마다 차가 폭탄을 맞거나 다른 차가 폭발하거나 의도적으로 사고를 낼지도 모른다고 걱정해야 하는 사회에 살고 있다면 어떻겠는가? 아니면 최근 워싱턴 D.C.에서 실제로 일어났던 것처럼 주유소에서 기름을 넣으려 잠시 차 밖으로 나오는 것 같은 단순한 행동을 할 때도 저격수가 노릴지 모른다는 걱정을 해야 한다면 어떻겠는가?

신뢰 없는 세상은 상상만 해도 숨이 막힌다. 토머스 프리드먼은《세계는 평평하다》에서 신뢰는 평평한 사회 혹은 열린사회에 필수적이라고 주장한다. 테러리스트의 주요 목적은 신뢰를 파괴하는 것이며 이는 우리의 일상적인 일을 두렵게 만든다.

평평하고 열린 글로벌 경제는 솔직함, 투명함, 책임감, 약속 이행, 신뢰, 그리고 잘못을 시정하는 행동에서 번성한다. 그러나 닫힌 테러 사회는 속임수, 숨겨진 의제, 잘못의 정당화, 약속 불이행, 남 탓하기, 핵심 측근 이외의 모든 사람 불신하기 등 가짜 행동과 반대 행동에서 번성한다. 그런 사회에서는 신뢰가 허약할 뿐 아니라 그것이 리더들의 변덕에 좌우된다.

> 열린사회의 위협을 물리치기 위해 (테러리스트는) …… 의도적으로 …… 열린사회를 계속 유지하고 혁신하며 평평하게 만드는 것을 공격하는 데, 그것은 바로 신뢰이다.
>
> _토머스 프리드먼

신뢰가 낮은 닫힌 사회에 부과되는 세금을 생각해보라. 그리고 정보 공유, 의료 기술의 비약적인 발전, 기술 진보, 경제적 파트너십, 문화 교류 등 닫힌 사회에서는 상상도 할 수 없는 온갖 배당을 생각해보라. 신뢰가 높은 사회에는 모두에게 더 많은 것이 주어진다. 선택할 수 있는 것과 기회가 보다 많이 주어지는 것이다. 나아가 갈등이 줄어 속도가 빨라지고 비용은 낮아진다. 이것이 신뢰가 높은 사회를 만드는 것이 중요한 이유이다. 신뢰처럼 속도와 비용은 물론 모든 사람의 삶의 질에 극적인 영향을 미치는 것은 아무것도 없다.

가치를 창조하는 공헌의 큰 뜻

사회에서 신뢰의 지배 원칙은 공헌이다. 공헌은 가치를 파괴하는 것이 아니라 창조하는 것이며, 취하는 것이 아니라 돌려주는 것이다. 많은 사람이 공헌과 그 공헌이 지향하는 큰 뜻이 건강한 사회에 얼마나 중요한지 깨닫고 있다.

자신이 영향력을 발휘할 수 있는 영역에서 변화를 일으키기 위해 노력하는 개인, 주주뿐 아니라 모든 이해당사자에게 봉사할 책임을 받아들이는 기업, 사회적 이상 실현에 기여하는 것을 기본 목적으로 하는 진취적인 조직들을 생각해보라.

2005년 〈타임〉은 올해의 인물로 마이크로소프트의 빌 게이츠와 그의 부인 멜린다Melinda, 그리고 U2 리드싱어 보노Bono를 선정했다. 재능이나 기술이 뛰어나다거나 돈이 많아서가 아니라 전 세계 가난한 사람들의 건강, 교육, 복지를 향상시키는 데 엄청나게 많은 시간과 돈을 쏟아 부은 공로를 인정받았던 것이다. 게이츠 부부는 빌-멜린다 게이츠 재단을 설립했고 2006년 6월 빌 게이츠는 마이크로소프트의 일상적인 경영에서 손을 떼고 재단 일에 주력하겠다고 밝혔다. 그로부터 2주일 후 워런 버핏은 자선단체에 전 재산의 84퍼센트에 이르는 370억 달러를 기부할 것이며, 그중 307억 달러는 빌 게이츠 재단에 들어갈 것이라고 발표했다.

1998년 오프라 윈프리는 어려운 사람들에게 능력을 펼칠 수 있는 기회를 주기 위해 자선단체 엔젤네트워크를 설립했다. 이후 이 단체는 7개 나라 농촌지역에 학교 건립, 남아공의 크리스마스 불우이웃돕기운동을 위해 5,000만 달러 모금, 허리케인 카트리나 희생자들을 위해 1,000만 달러 모금, 분쟁이 종식된 지역의 여성들이 생산적인 활동을 하고 인간의 존엄성을 되찾도록 도와주는 그룹들 지원 등 수많은 인도주의적 사업을 지원했다.

내게 개인적으로 깊은 인상을 남긴 위대한 기부자는 측지선 돔geodesic dome을 발명한 버크민스터 풀러이다. 그의 제자 가운데 한 명인 마셜 서버에 따르면 풀러는 로열티를 받으면(120만 달러나 되는 경우도 있었다), 회사 운영에 필요한 각종 경비를 제하고 나머지는 모두

기부했다고 한다. 때로는 자신이 쓸 돈조차 부족한 경우도 있었지만 그는 기부를 멈추지 않았다. 그는 이렇게 주장했다.

"당신이 다른 사람을 이롭게 하는 데 시간과 노력을 바친다면 세상은 필요할 때 반드시 당신을 도와줄 것이다."

사실 우리 사회 곳곳에서는 평범한 개인의 수많은 공헌 활동이 이뤄지고 있다. 수천 명의 의사와 간호사가 개발도상국 장애인을 무료 시술해주기도 하고, 많은 사람이 인도양의 쓰나미나 지진, 산사태, 기타 전 세계에서 일어나는 자연재해 희생자들을 돕기 위해 성금을 내고 있다. 또한 지역사회에서 사람들이 자발적으로 문맹퇴치, 보건, 교육, 사회복지 향상 등의 사회운동에 동참하고 있다.

이러한 공헌이 없다면 우리 사회가 얼마나 삭막해질지 생각해보라. 이런 공헌이 사회의 신뢰에 어떤 영향을 미칠지 생각해보라. 그렇다고 내가 비실제적이고 유토피아적인 정치적 견해를 밝히려는 것은 아니다. 다만 신뢰에서 나오는 실제적 이익에 초점을 맞추고 신뢰의 바탕이 되는 사회적 차원의 공헌과 책임의 원칙을 강조하고 싶을 뿐이다.

의미 있는 수익을 내는 기업

요즘에는 공헌의 가치를 인식하는 기업이 계속 늘어나면서 많은 기업이 일상적으로 공헌하는 구조를 갖추고 있다. 그 대표적인 기업이 영화배우 폴 뉴먼Paul Newman이 설립한 식품회사 뉴먼스 온Newman's Own이다. 이 기업은 2억 달러가 넘는 수익 전액을 자선단체에 기부했다. 〈비즈니스위크〉는 매년 성실하게 봉사하는 기업을 선정해 '100대 기업시민100 Best Corporate Citizens'을 발표하는데 2006년에는 인텔, 웰스파고, 텍사스 인스트루먼트, 제너럴밀스 같은 대기업이 20위 안에 들었다. 또한 패스트컴퍼니와 모니터그룹Moniter Group은 매년 사회적으로 책임 있는 진취적인 25개 기업에 수여하는 사회적 자본가상을 제정했다.

의미 있는 공헌의 상당수가 여전히 산업시대의 개념, 즉 자선사업philanthropy(돈을 벌어서 사회적으로 가치 있는 일에 기부하는 것) 형태로 나타나고 있지만 요즘에는 보다 포괄적인 지식노동자 시대의 글로벌 시민의식(사회의식, 기업시민의식, 기업의 사회적 책임CSR이라고도 한다) 패러다임으로 바뀌고 있다. 이 개념에는 전통적 의미의 자선사업과 함께 기업의 한 부분으로 자리 잡은 사회적, 윤리적 의제가 포함된다. 선행은 더 이상 비즈니스 외의 활동이 아니라 비즈니스 그 자체가 된 것이다.

> 일부에서는 시민정신과 자선사업을 혼동하는 경향이 있지만 이것은 같은 것이 아니다. 엔론은 훌륭한 자선사업을 했으나 좋은 기업시민은 아니었다. 글로벌 시민의식의 핵심은 윤리와 품행이다. 그것은 기업이 세계 속에서 '스스로의 역할을 어떻게 생각하는가'로부터 시작된다. 기업은 오로지 가능한 많은 돈을 벌기 위해 존재하는가?
>
> _ 데보라 던Deborah Dunn, 휴렛팩커드 부사장

글로벌 시민의식의 등장을 알리는 여러 움직임 중 하나는 무함마드 유누스Muhammad Yunus가 창립해 소액신용대출을 해주는 방글라데시의 그라민은행이다. 이 은행은 가난한 사람들이 수익을 올려 자립하는 것을 돕기 위해 설립되었다. 대개 50~200달러의 소액대출을 해주고 있으며 대출자의 96퍼센트가 여성이다. 유누스가 이 사업을 시작한 때는 1970년대였는데, 그의 노력과 다른 사람의 비슷한 노력이 성공을 거두자 UN은 2005년을 '세계 소액신용대출의 해'로 정했다. 이베이의 창립자 피에르 오미디아르에 따르면 소액신용대출은 낯신 기업을 신뢰해도 된다는 사실을 경험한 수억 명을 통해 이베이가 사회에 미친 것과 비슷한 영향을 미칠 것이라고 한다.

소액신용대출은 이제 마이크로프랜차이징microfranchising으로 확대되고 있다. 이것은 사람들이 기업을 설립할 수 있도록 사회사업가들이 교육과 자금을 제공함으로써 노력의 효과를 극대화하는 것은 물론, 다른 사람을 고용하며 의미 있는 수익을 낼 수 있도록 돕는 것이다.

의도적 덕행과 의식적 자본주의

기업의 사회적 책임이라는 개념은 새로운 것이 아니다. 그것은 본래 사유기업 사상의 개념적 틀이었다. 자유기업의 아버지이자 《도덕감정론The Theory of Moral Sentiments》과 《국부론The Wealth of Nations》의 저자인 애덤 스미스는 의도적 덕행intentional virtue이 번영하는 경제의 기초라고 주장했다. 필요한 최소한의 사람들이 의도적 덕행의 틀 안에서 자신의 이익을 위해 경쟁할 때, 보이지 않는 손이 작용해 모두에게 번영과 부를 가져다주는 사회로 이끌어줄 것이라고 가르쳤던 것이다. 하지만 20세기 후반에 의도적 덕행 부분이 떨어져 나가면서 애덤 스미스의 메시지는 이런 식으로 그 의미가 변질되었다.

"시장에서 무조건 경쟁하기만 하면 보이지 않는 손이 부의 창조를 이끌어줄 것이다."

이것은 결국 탐욕, 물질주의, 부정, 문서 위조, 이중성, 치솟는 신뢰의 세금 등 4가지 핵심 요소와 13가지 행동의 광범위한 위반으로 이어졌다.

> 문서 위조와 부정은 자유시장 자본주의에, 넓게는 우리 사회의 토대에 대단히 파괴적인 영향을 미친다. …… 시장 시스템은 신뢰에 의존하고 있다. 거래자 상호간의 믿음이 시장을 떠받치고 있는 것이다.
>
> _ 앨런 그린스펀

첫 장에서 말했듯 오늘날에는 곳곳에 낮은 신뢰가 만연해 있다. 아이러니하게도 그런 가운데 그 반작용으로 실질적인 신뢰의 르네상스가 나타나고 있다. 낮은 신뢰의 비용을 인식하고 신뢰를 쌓거나 회복하기 위해 노력하는 사람들이 계속해서 늘고 있는 것이다.

일부에서는 물질주의적 패러다임을 보다 지속가능한 공헌의 패러다임으로 바꾸기 위해 노력하고 있다. 액튼 연구소Acton Institute는 그동안 기업이 돈만 알고 사회적으로 무책임한 것으로 비춰지는데 흥분했지만, 이제 기업의 가치와 자원의 융합을 도와줌으로써 기업과 종교지도자간의 불신의 골을 메우기 위해 노력하고 있다. 페제르 바인야드Fetzer Vineyards의 CEO 폴 도란Paul Dolan은 모든 기업에게 기업 성공의 3가지 척도에 헌신할 것을 촉구한다. 이는 기업이 경제적 이익뿐 아니라 사회적, 환경적 영향도 고려해야 한다는 얘기다.

글로벌 시민의식은 경제의 필수 요소

〈포브스〉의 제임스 수로위키James Surowiecki는 다음과 같이 말했다.

> 자본주의는 신뢰와 투명성은 확대되고 자기 이익을 추구하는 행동은 축소되는 방향으로 진화해왔다. 이러한 진화가 생산성 증대와 높은 경제성장을 가져온 것은 우연이 아니다. 또한 자본가들이 좋은 사람들이라 이러한 방향으로 진화가 일어난 것도 아니다. 이 진화는 신뢰의 이익, 즉 신뢰하고 신뢰할 수 있는 사람이 되는 것의 잠재적 이익이 엄청나고, 성공하는 시장 시스템이 사람들에게 그 이익을 인식하도록 가르쳐주었기 때문에 일어난 것이다.

패트리셔 애버딘은 《메가트렌드 2010》에서 의식적 자본주의의 출현, 그리고 수익과 그것의 직접적 연관성에 주목한다. 그녀는 1984~1999년에 주주뿐 아니라 투자자, 고객, 직원, 공급업자, 지역사회 등 모든 이해당사자에게 행복을 선사한 이해당사자의 슈퍼스타가 S&P 500기업보다 성과가 126퍼센트 더 높았다는 점을 지적했다. 애버딘이 이 책에서 집중적으로 다룬 7개의 거대물결 가운데 6개가 사회 차원의 신뢰에 내재된 공헌, 가치, 의미, 목적, 책임의 원칙과 관계가 있다.

드폴 대학의 2002년 조사에 따르면 〈비즈니스에틱스Business Ethics〉의 100대 기업시민의 전체 재무성과는 S&P 500기업에 비해 상당히 높았다. 사실 재무성과는 기업시민 의식을 평가하는 기준 가운데 하나이다. 이 조사 결과는 리더십이 사회적 차원에서 모든 이해당사자에게 신뢰를 고취하며 성과를 얻는 것이라는 점을 잘 보여준다.

> 사람들은 기업의 책임이 다른 무엇보다 우선시해야 할 새로운 어떤 것인 듯 말하지만, 사실 책임은 기업의 본질이다. 내 철학은 수익을 내기 위해 기업을 운영하는 것이 아니라 기업을 운영하기 위해 수익을 낸다는 것이다. 기업이 지구촌 가족이 되려면 의미와 목적이 필요하다. 그렇지 않다면 도대체 왜 기업이 존재해야 하는가?
>
> _타치 키우치Tachi Kiuchi, 미츠비시전자 전 상무이사

영국의 머서 투자컨설팅그룹은 기업들이 처음에는 사회적으로 무책임하다고 낙인찍히는 것(세금)을 피하고자 글로벌 시민의식에 동참하는 것 같다고 주장한다. 100대 기업시민으로 선정된 스타벅스의 CEO 사장 오린 스미스Orin Smith는 이렇게 말한다.

"아직은 기업의 사회적 책임성을 보고 제품을 구입하는 사람이 일부에 불과하지만, 좀 더 시간이 흐르면 그보다 훨씬 더 많은 사람이 사회적으로 무책임한 기업에 대해 부정적 반응을 보일 것이다."

제품에 대한 인상에 영향을 미치는 요소는 수백 개에 이르지만, 한 기업이 좋은 시민이라는 믿음이 생기면 그 브랜드에 대해 보다 긍정적으로 생각하게 된다.

_셜리 라자러스, 오길비 & 마더 회장

처음에는 고통의 두려움이 글로벌 시민의식에 동참하는 동기가 될 수도 있다. 그러나 시간이 흐르면 사회 공헌으로 만들어지는 배당과 풍요가 개인 및 조직의 기본 동력이 될 것이다. 나는 궁극적으로 글로벌 시민의식이 좋은 비즈니스로 자리 잡게 되는 날이 올 거라고 확신한다. 시간이 흐르면 글로벌 시민의식은 시장진입 요건이 될 전망이다. 지금도 수많은 소비자가 능력과 성과는 물론 성실성과 의도를 보여주는 기업에 대해 지갑을 열고 있다. 나는 이런 고무적인 경향이 궁극적으로 경제의 필수 요소가 될 거라고 생각한다.

우리는 코비리더십센터 초기 시절에 세계사명서를 개발했다. 우리 모두가 사회의 한 부분이므로 그것이 모든 개인과 조직에 적용될 것이라는 생각에서 만든 것이다. 세계사명서는 모든 이해당사자의 경제적 행복과 삶의 질을 향상시킨다는 간단한 내용으로 되어 있다. 나는 이것이 적어도 두 가지 핵심적 측면에서 초기에 글로벌 시민의식(또한 균형 성과표)을 설명하려고 했던 것이라고 생각한다. 첫째로 오너뿐 아니라 모든 이해당사자의 중요성을 인식했고, 둘째로 경제적 이익은 물론 삶의 질의 중요성도 이해했다는 점에서 그렇다. 신뢰는 항상 세계 통화와 같은 구실을 해왔고 이 세계사명서가 뿌리를 내리는 데 촉매가 되었다.

가장 개인적인 것이 가장 일반적인 것이다

조직의 글로벌 시민의식의 중심에는 개인의 글로벌 시민의식이 있다. 다른 사람의 행복을 소중히 여기고 그들에게 투자하겠다고 의식적으로 결정하는 것은 나와 당신이다. 그 결정을 삶의 모든 측면에서 실행하는 것도 나와 당신이다.

간디는 "사람이 삶의 이쪽에서는 옳은 일을 하고, 저쪽에서는 나쁜 일을 하는 것은 가능하지 않다. 삶은 분리되지 않는 완전한 통일체이다"라고 말했다. 그러므로 우리는 '돈이 되는' 고객에게는 최상의 서비스를 제공하고 '돈이 되지 않는' 가난한 이웃은 무시하는 일은 하지 않아야 한다.

만약 그렇게 한다면 우리 삶은 분리되고 만다. 설사 자선단체에 기부를 할지라도 분리된 삶은 직원과 가족에게 기부는 이름뿐이고 보여주기 위한 것이라는 메시지를 전달할 뿐이다. 또한 상황에 따라 달라지는 일관성 없는 행동은 위선적이라는 인상을 주고 막대한 세금을 발생시킨다.

우리는 그런 삶을 지양하고 내면에서 시작해 외부로 향하는 모든 삶의 차원에서 진정한 글로벌 시민의식을 개발하는 데 집중해야 한다. 자기 자신에게 물어라. 4가지 핵심 요소로 돌아가 자기 자신으로부터 시작하라. 나는 신뢰할 수 있는 사람인가? 나는 선을 행하고 공헌하고 사회에 환원할 의도가 있는가? 나는 사회가 신뢰할 수 있는 사람인가?

다음에는 가족 차원에서 생각한다. 나는 가족이 좋은 세계시민이 되도록 도와주고 고무하는 방향으로 리더십을 발휘하고 있는가? 나는 모범이 되고 있는가? 나는 세계는 물론 가족에게도 좋은 시민인가? 가족 내의 구조와 시스템은 가족과 세계의 시민의식을 지원하도록 한 방향을 이루고 있는가? 나는 가족에게 시민의식의 모범이 되고 사회의 신뢰를 구축하기 위해 아이들에게 세계시민에 대해 가르쳐야 한다는 것을 확신하는가?

그 다음에는 조직 차원을 생각한다. 우리 조직은 신뢰할 수 있는 조직인가? 우리는 성실성이 있고 행동으로 모범을 보이는가? 우리는 선을 행하고 공헌하며 사회에 환원할 의도가 있는가? 우리는 변화를 일으킬 능력이 있는가? 우리는 주주는 물론 모든 이해당사자에게 성과를 내고 있는가? 우리는 사회가 신뢰할 수 있는 조직인가? 나는 조직 구성원들이 좋은 세계시민이 되도록 고무하는 방향으로 리더십을 발휘하고 있는가? 나는 조직 혹은 팀의 구조와 시스템을 조직 내부는 물론 세계 속에서 시민의식을 고무하는 방향으로 정렬했는가?

> 대기업의 성공과 인류의 행복은 밀접한 관계가 있다. 기업이 활동하는 세계는 단 하나밖에 없으므로 기업 세계에서 글로벌 이슈는 사라질 수 없다. 기업은 실패하는 사회에서는 성공할 수 없다.
>
> _요르마 올릴라Jorma Ollila, 노키아 회장

이제 13가지 행동을 살펴보고 다음을 질문해보라. 나는(내 조직은, 내 가족은) 아래와 같이 하고 있는가?

- 솔직하게 말하고 있는가?
- 상대방을 존중하고 있는가?
- 투명하게 행동하고 있는가?
- 신의를 보여주고 있는가?
- 성과를 내고 있는가?
- 끊임없이 개선하고 있는가?
- 현실을 대면하고 있는가?
- 기대하는 바를 분명히 하고 있는가?
- 책임있게 행동하고 있는가?
- 먼저 경청하고 있는가?
- 약속을 지키고 있는가?
- 먼저 신뢰하고 있는가?

우리는 사회적 차원에서 심리학자 칼 로저스Carl Rogers가 했던 "가장 개인적인 것이 가장 일반적인 것이다"라는 말이 적용된다는 것을 알 수 있다. 우리는 사회의 신뢰가 개인 차원에서 시작돼 대인관계와 조직 및 시장을 거쳐 전 사회를 가득 채우는 신뢰성의 직접적인 결과임을 확인한다.

글로벌 시민의식은 전인적 삶을 위한 개인의 선택이다. 그런 선택을 할 때, 우리는 함께 살고 일하는 사람들도 그처럼 긍정적인 선택을 하도록 영향을 미친다. 이를 통해 우리는 함께 인류의 행복에 기여하는 조직과 가족을 만든다.

국가간의 진정한 평화는 무기의 균형이 아닌 상호 신뢰에 있다.

_ 교황 요하네스 23세

이제 이해당사자의 신뢰에 대한 장을 마쳤으니 핵심 메시지를 정리하도록 하겠다.

1. 4가지 핵심 과제와 13가지 행동은 가족, 조직, 기업, 시장, 사회 등 모든 환경 속에서 신뢰를 쌓고 회복하는 도구이다.
2. 조직의 신뢰를 구축하는 주요 원칙은 한 방향 정렬이다. 그것은 조직 내의 모든 구조와 시스템이 4가지 핵심 요소, 그리고 13가지 행동과 조화를 이루게 하는 것이다.
3. 시장의 신뢰를 구축하는 주요 원칙은 평판과 브랜드이다. 그것은 4가지 핵심 요소와 13가지 행동을 이용해 외부 이해당사자의 신뢰를 고취하는 행동과 신뢰성을 만들어냄으로써 그들이 당신의 제품 및 서비스를 구매하고 다른 사람에게 추천하며 거기에 투자하게 하는 것이다.
4. 사회의 신뢰를 구축하는 주요 원칙은 공헌이다. 그것은 사회에 환원하고 책임 있는 세계시민이 되겠다는 의도를 보여주는 것이다. 지식노동자 시대에 공헌은 사회와 경제의 필수 요소로 자리를 잡아 가고 있다.

하지만 당신이 조직, 시장, 사회 속에서 4가지 핵심 요소와 13가지 행동을 실제로 다루기 전까지는 이러한 것이 속도, 비용, 신뢰에 미치는 영향을 제대로 보지 못할 것이다. 이 책을 통해 그 영향력을 일부 이해했을 테지만 이제부터가 진짜이다!

이런 이유로 우리는 워크숍에서 종종 시뮬레이션 게임을 한다. 우선 테이블에 있는 각 참가자에게 4가지 핵심 요소와 13가지 행동 카드를 한 벌씩 나눠준 다음, 가능한 시나리오를 담은 추가 카드를 뽑게 한다. 예를 들어 참가자는 다음과 같은 카드를 뽑을 수 있다.

> 당신은 어떤 기업에 다니고 있다. 당신은 회사 결정을 따르라는 지시를 받는다. 하지만 그 결정이 진실을 왜곡하고 불신을 조장할 것이라는 생각이 든다. 당신은 어떻게 하겠는가?

당신은 먼저 한 장 이상의 4가지 핵심 요소 카드('자기 자신으로부터 시작하라' 카드)로 게임을 하게 된다. 당신은 이렇게 말할 수 있다.

"만일 내가 상사와 대면하려 한다면 나는 먼저 이렇게 질문해야 할 것이다. 나에게는 어느 정도의 신뢰성이 있는가? 내가 신뢰할 수 없는 사람이라면 그녀는 내 말에 관심을 기울이지 않을 것이다. 내 말을 유익하고 건설적인 비판으로 여기지 않을 것이다. 어쩌면 불평으로 받아들일지도 모른다. 하지만 내가 성과를 내고 있다면, 목표를 달성하고 있다면 그녀는 내 말에 귀를 기울일 것이다."

만약 당신이 '핵심 요소 4: 성과' 카드로 게임을 한다면 당신 옆에 있는 사람은 '현실을 직시하라'나 '솔직하게 말하라' 같은 행동 카드로 게임을 시작한다. 이때 당신이 먼저 한 장 이상의 4가지 핵심 요소 카드로 게임을 했을 때만 효과가 있다.

이 게임에서는 맞는 답도 틀린 답도 없다. 그 목적은 어디까지나 제시된 상황에서 문제의식을 일깨워주고 최선의 방법으로 문제 해결 방법을 선택하는 데 있다. 이 목적을 달성할 때, 게임은 생각을 자극하는 토론으로 넘어가며 참가자들은 개념적으로 이해한 것과 경험적으로 이해한 것이 완전히 다르다는 사실을 깨닫고 놀라게 된다. 특히 참가자들은 게임을 통해 그 내용을 다시 배우고 현실 적용에 대비할 수 있다.

따라서 나는 한시라도 빨리 이 내용을 경험적 차원에서 접근해볼 것을 권한다. 즉시 적용할 방법을 찾아라. 다른 사람에게 그 내용을

신뢰의 5가지 물결 요약

가르칠 기회를 찾아라. 아마도 4가지 핵심 요소와 13가지 행동의 힘을 실감할 것이다. 신뢰의 속도에 힘입어 모든 이해당사자에게 유익한 일이 얼마나 빨리 일어날 수 있는지 경험하고 깜짝 놀랄지도 모른다.

THE SPEED OF TRUST

05 신뢰 고취하기

신뢰만큼 빠른 것은 없다. 신뢰만큼 높은 수익을 가져다주는 것도 없다. 신뢰의 광범위한 영향만큼 파급력이 큰 것도 없다. 그리고 신뢰의 배당은 삶의 전체 영역에서 모든 관계를 질적으로 향상시킬 수 있다.

하지만 아직은 다른 사람에게 신뢰를 보내려 할 때, 주저하거나 두려워할지도 모른다. 마음속으로 그들을 신뢰할 수 없다고 생각할 수도 있다. 어쩌면 신뢰가 낮은 환경에서 자랐거나 과거에 신뢰를 보냈다가 당한 적이 있을지도 모른다. 지금까지 아무도 당신에게 의미 있는 신뢰를 보내지 않았을 수도 있다.

마지막 5부에서 나는 당신이 어떤 상황에 놓여 있든 진정한 신뢰를 보낼 수 있다는 것을 보여주겠다. 당신은 함정을 피하면서 신뢰를 보내는 능력을 계발할 수 있다. 또한 관련된 모든 사람에게 큰 배당을 가져다줄 수 있다. 나아가 신뢰를 잃었을 때 회복하는 방법을 배울 수 있다. 효과적인 리더십과 삶에 절대적으로 필요한 신뢰성을 개발하는 방법도 배울 수 있다.

개인적으로 신뢰받을 만한 사람이 되고 모든 차원에서 신뢰관계를 구축하는 것 외에, 다른 사람에게 적절히 신뢰를 보낼 수 있는 능력도 직장과 가정에서 신뢰가 높은 환경을 만드는 데 대단히 중요한 요소이다.

신뢰 보내기는 신뢰 구축에 미치는 그 중대한 영향 때문에 13가지 행동 가운데 가장 마지막에 위치한다. 이제 우리는 좀 더 깊이 있게 이 행동을 탐구할 것이다.

신뢰를 고취하는 것은 리더의 첫 번째 임무이다. 신뢰 고취 능력이야말로 매니저와 리더를 가름하는 가장 중요한 요소이다. 신뢰 고취는 성공하는 기업과 성공하는 관계의 기초를 만드는 것이다.

INSPIRING TRUST

1장

진정한 신뢰 보내기

모두를 신뢰하거나
모두를 불신하는 것은
똑같이 실수하는 것이다.

_라틴 속담

개인적, 업무적으로 누군가를 신뢰했다가 중요한 기회를 잃은 적이 있는가? 그때 어떤 기분이었는가?

신뢰를 보내는 것과 관련된 실질적인 문제는 이런 것이다. 신뢰해야 하는 때를 어떻게 아는가? 어떻게 하면 과도한 위험 부담을 피하고 높은 신뢰의 배당을 만들어내면서 신뢰를 보낼 수 있는가?

신뢰에 접근하는 태도에는 두 가지의 극단적인 것이 있다. 스펙트럼의 한쪽 끝에 있는 사람들은 신뢰하지 않고 의심하며 위험을 피한다. 신뢰하는 사람은 오로지 자기 자신뿐인 경우가 많다. 다른 한쪽 끝에 있는 사람들은 지나치게 신뢰한다. 아무나 믿고 모든 사람을 신뢰하는 탓에 잘 속는다. 그들은 우직하고 순진한 세계관을 갖고 있으며 자신의 이익을 보호해야 할 필요성은 생각하지 않는다.

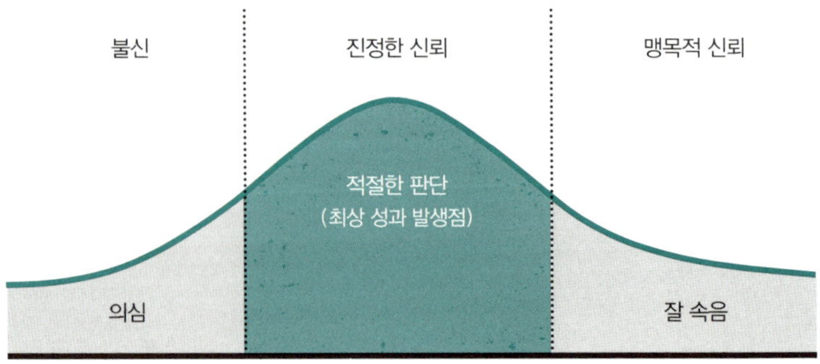

신뢰 보내기는 큰 배당을 가져다주기도 하지만 심각한 위기 가능성도 존재한다. 그렇다면 어떻게 해야 적정범위 내에 들 수 있을까? 배당을 최대화하고 위험은 최소화하면서 진정한 신뢰를 보내려면 어떻게 해야 하는가?

나는 한때 회장과 사장이 겉보기에 높은 신뢰관계를 유지하는 것 같았던 어느 기업을 알고 있다. 그러던 어느 날 사장이 조직 내에서 작은 쿠데타를 모의했다는 사실을 회장이 알게 되었다. 그 사장은 회장(창립자이기도 하다)과 이사회가 원하는 것과 다른 방향으로 회사를 끌고 가기 위해 몇몇 회사 리더를 규합했던 것이다. 결국 두 사람의 신뢰관계는 깨지고 말았다. 회장은 배신당했다는 생각에 괴로워했고 결국 그 사장은 물러났다.

하지만 두 사람은 오래 전부터 친구로 지냈기 때문에 개인적으로 신뢰를 회복하기 위해 노력했다. 물러난 사장은 몇 달간 대화를 통해 진심으로 사과하고 눈물도 흘렸다. 마침내 회장은 그를 용서했고 두 사람은 다시 서로에 대해 좋은 느낌을 갖는 정도로까지 가까워졌다. 어느 날 전임 사장이 회장에게 한 가지 사업을 제안했다. 진지한 대화가 이루어지려는 순간, 회장은 사려 깊게 말을 막고 말했다.

"관심을 기울여줘서 고맙네. 나는 자네와 개인적으로나 가족 차원에서는 함께 일하고 싶다네. 자네와 함께 시민위원회에서 봉사하는 것도 좋네. 자네가 위원을 하면 내가 위원장을 맡고, 자네가 위원장을 하면 내가 위원이 되겠네. 하지만 자네와 사업을 하지는 않겠네."

이 회장은 진정한 신뢰를 선택했다. 그는 사업 제안에 반사적으로 대응하지 않았고 악감정을 품지도 않았다. 또한 사장을 용서했고 친구관계를 회복하기 위해 할 수 있는 모든 것을 했다. 하지만 경험에서 얻은 교훈을 잊지 않았고 전적으로 신뢰할 수 없음을 알고 선을 그었다.

진정한 신뢰 매트릭스

삶은 위험으로 가득 차 있다. 역사가이자 법학교수인 스티븐 카터Stephen carter가 말했듯 "정중함에는 두 부분이 있다. 희생이 따를 때 관대한 것이고 위험이 따를 때 신뢰하는 것이다."

신정한 신뢰의 목적은 위험을 피하는 것이 아니라 지혜롭게 위험을 관리하는 데 있다. 위험을 안는 것은 삶의 본질적인 부분이기 때문에 피하고 싶다고 해서 피할 수 있는 것이 아니다. 어쨌든 우리는 세금을 피하면서 최대한의 배당을 받도록 신뢰를 보내야 한다.

진정한 신뢰를 보내는 방법을 배우려면 461쪽의 매트릭스처럼 신뢰성과 분석력의 두 가지 요소를 고려해야 한다.

신뢰성은 기본적으로 마음의 문제이다. 이것은 사람들이 신뢰할 만하다고 믿는 경향 혹은 성향이며 그들에게 자유롭게 신뢰를 보내고 싶은 마음이다. 이 성향은 타고난 성격, 중요한 사람들이 당신을 신뢰하거나 신뢰하지 않았던 경험, 다른 사람을 신뢰했을 때의 좋거나 나쁜 경험에 의해 결정되며 대체로 이러한 요소가 복합적으로 작용한다. 분석력은 기본적으로 지성의 문제이다. 이것은 문제점과 가능성을 분석, 평가, 이론화하고 고려해 논리적 결정을 내리고 해결책을 생각해낼 수 있는 능력이다. 설득력 있는 분석에는 타고난 재능이나 능력, 교육 수준과 사고방식, 스타일, 삶의 경험 등 다양한 요소가 복합적으로 작용할 수 있다.

내 아들 크리스천과 브리튼에 대한 경험은 신뢰성과 분석력을 모두 보여준다. 어느 날 나는 아이들을 데리고 낚시를 하러 갔다. 우리는 즐거운 시간을 보낸 뒤 어딘가에 가서 뭔가를 먹었다. 그때 브리튼(당시 다섯 살이었고 신뢰성이 높았다)은 내게 깊은 감사를 표시했다.

"아빠 고마워요. 정말 고마워요. 아빠는 세상에서 가장 좋은 아빠예요!"

크리스천(당시 아홉 살이었고 좀 더 분석적이었다)이 말했다.

"브리튼, 우리 아빠가 세상에서 가장 좋은 아빠라고 말하면 안 돼. 그건 모르잖아. 세상에는 좋은 아빠가 많이 있어."

그러다가 갑자기 내 기분을 상하게 했을지도 모른다는 생각이 들었는지 한마디 덧붙였다.

"아마 세상에서 아홉 번째로 좋은 아빠쯤 될 거야!"

신뢰성이나 분석력과 관련해 자기 자신을 평가해보라. 당신은 사람들을 쉽게 믿는 편인가, 아니면 의심하고 위험을 피하는 편인가? 당신은 분석하고 이론화하고 숙고하는 편인가, 아니면 문제를 대충 다루고 넘어가는 편인가? 현재 당신의 성향은 진정한 신뢰를 보낼 수 있는 능력에 보탬이 되는가, 아니면 능력을 떨어뜨리는가? 매트릭스를 보라. 이것을 보면 아마 놀랄 것이다. 1구역(높은 신뢰 성향, 허술한 분석)은 잘 속는 맹목적 신뢰 구역이다. 사람들은 모든 사람을 신뢰하는 낙천적 태도를 지니고 있다. 이 구역에는 매순간 얼간이들이 태어난다. 그들은 인터넷, 마케팅, 투자, 기타 사기에 잘 걸려든다.

진정한 신뢰 매트릭스

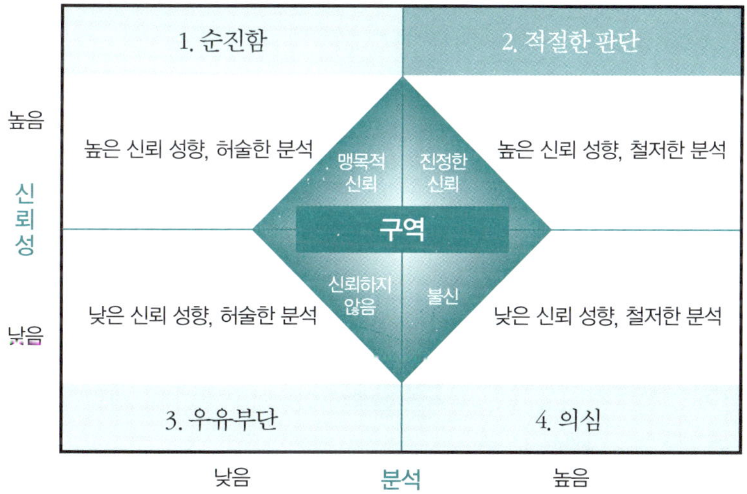

2구역(높은 신뢰 성향, 철저한 분석)은 적절하게 판단하는 진정한 신뢰 구역이다. 사람들은 높은 신뢰를 보이지만 분석을 통해 위험을 지혜롭게 관리한다. 비즈니스와 사람에 대해서도 적절하게 판단한다. 이때 향상된 직관과 육감을 활용하는데, 신뢰하지 않는 성향이 있다면 직관과 육감이 다른 사람에게 신뢰를 보내지 말라고 말해줄 것이다. 하지만 분석하지 않으면 신뢰 성향을 직관과 육감으로 잘못 생각할 수도 있다. 철저한 분석과 높은 신뢰 성향이 결합할 때, 직관과 육감을 좋은 판단력의 영역으로 끌어올리는 시너지가 생긴다.

진정한 신뢰는 모든 사람에게 신뢰를 보내는 것을 의미하지 않는다. 상황에 기초해 전혀 신뢰를 보내지 않거나 제한적 신뢰만 보내겠다는 판단을 내릴 수도 있다. 우리가 살펴본 예에서 회장이 전임 사장에게 그랬듯이 말이다.

> 신뢰하되 검증하라.
>
> _로널드 레이건

3구역(낮은 신뢰 성향, 허술한 분석)은 신뢰가 없는 우유부단 구역이다. 여기에 해당하는 사람들은 아무도 신뢰하지 않는다. 분석이 빈약하기 때문에 자기 자신도 신뢰하지 못하는 경향이 있다. 이 구역은 우유부단, 불안정, 불신, 불안, 망설임, 판단 유보가 특징이다.

4구역(낮은 신뢰 성향, 철저한 분석)은 불신 구역이다. 사람들은 아주 신중하게 신뢰를 보내거나 전혀 신뢰를 보내지 않는다. 일부는 의심이 너무 많아 자신 외에는 누구도 신뢰하지 않는다. 이 구역 사람들은 거의 전적으로 분석(대개는 자신의 분석)에 의존해 평가하고 결정하고 실행한다.

이제 당신은 깜짝 놀라게 될 것이다. 신뢰 보내기 측면에서 가장 큰 위험은 어디에 있다고 생각하는가?

1구역(순진함)이 위험이 크다는 것은 누구라도 알 수 있다. 모든 사람을 아무런 의심 없이 신뢰한다면 조만간 당신은 사람들에게 당하고 말 것이다.

3구역(우유부단)은 신뢰 자체가 없는 것이다. 허술한 분석과 낮은 신뢰 성향으로 양쪽 요소에서 최악의 경우를 취할 것이다. 위험도 낮고 돌아오는 것도 없다.

대부분의 사람들에게 가장 놀라운 결과는 4구역(의심)에서 나온다. 많은 사람이 여기가 위험이 가장 낮은 구역이라고 생각한다. 여기서 사람들은 문제를 분석하고 측정하고 주의 깊게 고려한다. 의심하고 경계해서 쉽게 신뢰를 보내지 못한다. 또한 불필요한 위험을 피하고 모든 것을 직접 컨트롤하려 노력한다.

이 구역은 위험이 낮은 것처럼 보이지만 사실은 위험이 매우 높은 구역이다. 의심이 많으면 대개 모든 것을 검증하고 철저하게 분석하는 경향이 있다. 따라서 속도가 느려지고 비용이 늘어난다. 더욱이 기회를 잃거나 협력과 시너지를 얻지 못한다. 나아가 자기 자신의 분석밖에 없어서 시야가 제한되거나 왜곡되기 십상이다. 하지만 타인의 귀중한 생각, 아이디어, 지혜, 시각에 접근하는 것을 스스로 차단해 그 사실을 깨닫지 못한다.

오로지 자기 자신만 신뢰하는 철저한 감시감독자micromanager는 모든 일을 혼자 힘으로 한다. 자신의 영향력을 활용하지 못하고 함께 일하는 사람들의 사기마저 떨어뜨리는 것이다. 또한 그들은 제한적이고 통제적인 환경에서 일하기를 거부하는 재능 있는 사람들을 쫓아냄으로써 스스로 위험을 불러온다.

한때 내가 알고 있던 어떤 기업 오너는 직원들이 물건을 훔쳐간다고 의심한 나머지 거의 매일 직원들을 조사했다. 직원들이 사무실에 나올 때 가끔 몸수색을 하기도 했다. 실제로 직원들은 누구도 훔쳐가지 않았지만 그는 의심을 풀지 않았고 결국 유능한 사람을 몰아내고 말았다. 그들은 그처럼 불신하는 환경과 의심 많은 사장 밑에서는 도저히 일할 수 없었던 것이다.

4구역의 매니저와 리더는 관료주의, 사무실 정치, 업무에 몰두하지 않는 환경, 이직 등 신뢰의 세금을 낸다. 그리고 혁신, 협업, 파트너십, 충성심 같은 배당을 잃어버린다. 안타깝게도 그들의 의심은 때로 그들이 두려워하는 행동을 낳도록 유도한다. 그래서 그들을 의심한 것이 옳았음을 더욱 확신하게 된다. 사람들을 신뢰하지 않음으로써 데이비드 팩커드가 말한 불신의 하향 사이클을 만들어내는 것이다.

> 우리가 기대했던 것을 발견함으로써 우리의 의심이 대가를 받는 것은 영원히 변치 않는 법칙이다.
>
> _헨리 데이비드 소로

4구역은 대단히 위험이 높다. 제한된 시각, 협력 부족, 인재 이탈, 기회 상실 등의 위험이 상존하기 때문이다. 여기서는 높은 세금을 내고 배당을 못 받는 데 따른 위험이 발생한다. 평평한 세계의 글로벌 경제에서는 사람들을 신뢰하지 않는 것이 가장 큰 위험이 되는 경우가 많다.

> 사람들의 일거수일투족을 감시할 생각이라면 굳이 전문적 지식을 갖춘 사람을 채용할 필요가 없다. 그런 사람들에게는 신뢰가 필요하다. 그들이 자신의 일을 해낼 수 있다고 믿어야 하고 서로를 신뢰할 수 있어야 한다. 성공하는 지식 노동은 협력을 요구한다.
>
> _마이클 스캐핑커Michael Skapinker, 〈파이낸셜타임스〉 편집인

그렇다면 사람들은 왜 4구역으로 들어가는가? 이것이 어떤 사람에게는 기본적인 스타일의 문제일 수 있다.

세세한 부분까지 꼼꼼하게 살펴보는 성격이나 완벽주의 혹은 철저한 감시감독 스타일인 것이다. 또 어떤 사람에게는 믿음 부족과 관련된 기본 패러다임의 문제일 수 있다. 그들은 다른 사람보다 자신이 더 낫고 똑똑하다고 생각할지도 모른다. 오로지 자기 자신만 신뢰하는 것이다. 혹은 과거에 신뢰를 보냈다가 당한 적이 있어서 지나치게 의심하는 것일 수도 있다. 아니면 지금까지 아무도 그들에게 신뢰를 보내지 않았을 수도 있다. 어떤 경우든 그들은 다른 사람을 신뢰할 수 없다는 기본 패러다임을 갖고 있는 듯하다.

그들이 그러한 패러다임을 바꾸기 위해 필요한 조치를 취하지 않으면 그들은 영원히 4구역의 높은 위험, 느린 속도, 높은 비용에서 벗어나지 못할 것이다.

지나치게 신뢰하면 속임을 당할 수 있지만 신뢰하지 않으면 고통 속에서 살게 될 것이다.

_프랭크 크레인Frank Crane, 칼럼니스트

위험은 가장 낮고 돌아오는 이익은 가장 높은 구역은 진정한 신뢰의 2구역이다(적절한 판단). 거기서는 위험이 실재하지만 지혜롭게 조절하고 관리할 수 있다. 또한 문제를 주의 깊게 평가하고 고려하는 개인적인 분석력과 함께 다른 사람이 창의력과 판단력을 발휘하게 해 그들과 시너지를 낳는 신뢰 성향도 있다. 특히 2구역에서 적절한 판단은 놀라운 승수 효과를 나타낸다. 당신의 신뢰 성향이 다른 사람의 신뢰 성향을 만들어내는 촉매가 될 때 승수 효과를 내는 것이다.

이에 따라 2구역은 말 그대로 활기가 넘친다. 철저한 분석과 높은 신뢰 성향이 적절한 판단과 역동적 시너지를 만들어내기 때문이다.

기억하라. 진정한 신뢰가 반드시 모든 사람에게 신뢰를 보내는 것을 의미하지는 않는다. 4구역에서처럼 조건적 신뢰만 보내거나 전혀 신뢰를 보내지 않을 수도 있다. 어쨌든 신뢰를 쌓는 데 거의 항상 도움이 되는 곳은 2구역이므로 여기에서 시작하면 확실한 차이를 만들 수 있다.

진단과 처방의 도구

진정한 신뢰 매트릭스는 진단과 처방 도구로 아주 유익하다.

분석과 관련해 3가지 중요한 변수를 고려하는 것도 도움이 된다. 다음의 3가지 질문을 해보라.

1. 어떤 기회(상황 혹은 업무)인가?
2. 어떤 위험이 따르는가?
   - 어떤 결과가 나타날 수 있는가?
   - 그 결과의 가능성은 얼마나 되는가?
   - 그 결과가 지닌 중요성과 특별한 의미는 무엇인가?
3. 관련된 사람들의 신뢰성(성품 · 역량)은 어느 정도인가?

이들 질문이 실제 상황에서 진정한 신뢰를 결정하는 데 어떻게 도움이 되는지 살펴보자. 리틀리그기 풋볼팀의 어린 선수 안나 험프리를 기억하는가? 그 선수에게 이 질문을 적용해보자.

어떤 기회인가? 챔피언십이 걸려 있었고 경기의 마지막 공격이었다. 안나는 다른 선수들보다 기술과 경험이 떨어졌으며 나는 그녀가 리틀리그 규정이 정한 시간을 이미 뛰게 했으므로 다른 선수와 교체할 수도 있었다.

어떤 위험이 따르는가? 우리는 이길 수도 있었고 질 수도 있었다. 안나는 승자가 되어 기쁨을 느낄 수도 있었고, 팀을 패배로 이끈 장본인이 되어 고통을 느낄 수도 있었다. 아니면 결정적인 순간에 내가 그녀를 신뢰하지 않았다고 생각할 수도 있었다. 나는 영웅이 될 수도 있었고 바보가 될 수도 있었다. 지역의 리틀리그 경기 결과가 모든 사람에게 세상이 끝난 것처럼 느껴지지는 않겠지만 안나와 다른 팀원들, 그리고 관련된 모든 사람에게는 대단히 중요하고 각별할 것이다.

관련된 사람들의 신뢰성은 어느 정도인가? 모든 팀원이 훌륭했고 그들은 챔피언 결정전에서 우승하기 위해 열심히 연습했다. 안나의 성품은 행동에서 분명하게 나타났으며 그들과 경쟁하겠다는 용기도 보여주었다. 하지만 그녀의 역량은 팀의 다른 선수들만큼 훌륭하지 못했다.

많은 코치가 이 3가지 질문에 대한 답을 토대로, 즉 오로지 지적 분석에만 근거해 챔피언십이 걸린 그 경기의 마지막 순간에 선수를 교체했을 것이다.

하지만 그 다음에 두 번째 요소로 신뢰성이 등장한다. 신뢰성은 지적 분석과는 차원이 다르며 그것은 의심, 경계, 아낌없는 신뢰에 이르는 감정을 모두 포함한다(469쪽 확대된 신뢰 매트릭스를 보라).

나는 안나의 동기나 의도를 의심하지 않았고 그녀의 성품을 신뢰했다.

하지만 나는 그녀의 소질과 성과를 낼 수 있는 능력(그녀의 역량)을 신뢰하는 것은 경계했다. 이러한 경계심은 나를 4구역의 윗부분이나 2구역의 아랫부분으로 가게 할 것이다. 하지만 그녀에 대한 전체적인 신뢰 성향은 높았고 아낌없는 신뢰를 보냈다. 나는 신뢰를 보내 사람들을 고무하는 원칙이 옳다고 믿었으며 안나를 신뢰했다. 그리

확대된 진정한 신뢰 매트릭스

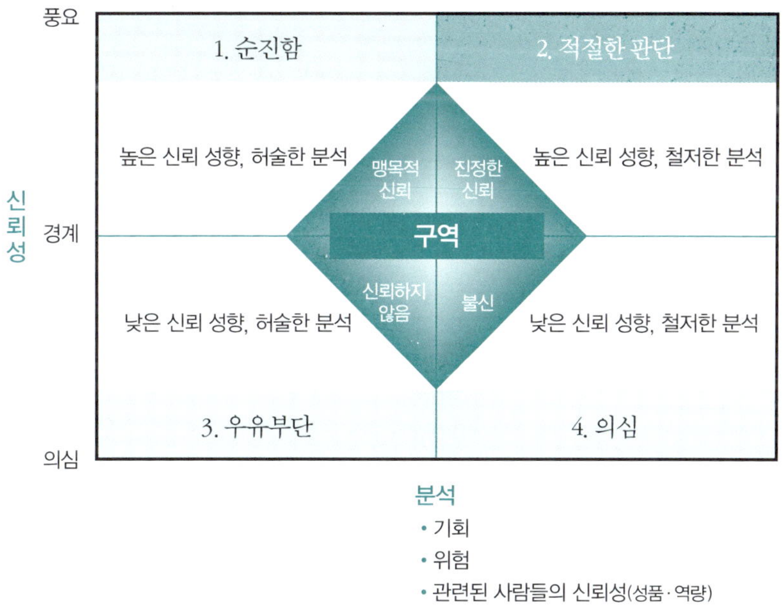

고 그 순간이 그녀의 인생에서 결정적 순간이 될 수 있음을 알았다.

그날 운동장에서 이 모든 요소를 의식적으로 검토할 시간은 없었지만, 결정의 순간을 신뢰의 순간으로 만들려고 마음먹었을 때 모든 요소가 작용했다. 내 선택은 분명 진정한 신뢰 구역에서 이뤄졌다. 덕분에 우리는 승리했고 팀의 모든 선수가 기쁨을 누렸다. 특히 안나는 의미 있고 긍정적인 경험을 했다.

그렇다면 내가 그 경기에서 졌더라도 내 결정이 진정한 신뢰에 기초한 것이라고 생각했을까? 그렇다. 그 생각에는 변함이 없다. 나는 안나는 물론 팀의 모든 선수에게 우승 여부와 관계없이 내가 그들을 믿고 응원하겠다는 메시지를 보냈다. 승리하는 것만이 목적은 아니었다. 그날 경기에서는 자기 노력에 대한 선수들의 만족은 물론, 팀의 일원으로서 얻은 전체적인 경험이 그들의 자신감과 신뢰를 주고받는 능력에 미치는 영향도 중요했다.

신뢰를 보낼 때 신뢰를 얻고 있는 사람에게는 조건적인 신뢰를 보내고, 신뢰를 이미 얻은 사람에게는 아낌없는 신뢰를 보낸다는 것이 일반적인 지침이다. 신뢰를 아낌없이 보낼 때도 항상 책임을 물어야 한다는 점을 잊지 마라. 그것이 신뢰를 향상시키는 원칙이다.

위기관리의 중요성

신뢰를 보낼 것인지 말 것인지를 결정하는 것은 항상 위기관리의 문제이다. 이것이 어떻게 행동으로 나타나는지 보기 위해 이전에 소개했던 몇 가지 예를 매트릭스 렌즈를 통해 들여다보자.

먼저 워런 버핏이 월마트로부터 맥클레인 유통을 인수한 사례를 살펴보자. 버핏이 유통회사를 인수하면서 실사를 하지 않은 것은 대단히 위험해 보인다. 대부분의 사람에게 이런 거래는 실제로 위험했을 것이다. 하지만 이 상황에서 그 위험은 과거의 일반적인 인수 협상만큼 크지 않았다. 월마트는 각종 규제와 공개적 검증을 받는 공개기업인 데다 월마트 사람들은 신뢰성(성품과 역량)이 높았다. 그리고 버핏 자신의 평판과 영향력도 대단히 높았다. 나아가 공개된 거래에서 워런 버핏을 속이려고 할 사람은 없을 것이다. 결국 버핏은 아낌없는 신뢰를 보내고 실사 없이 악수만으로 거래를 끝냈다. 덕분에 속도는 빨라졌고 비용은 낮아졌다. 진정한 신뢰인가? 물론이다. 이것은 2구역에 속한다.

이제 다른 예를 보자. 3부의 〈행동 13: 먼저 신뢰하라〉에서 언급한 여성을 살펴보자. 기억하겠지만 그 여성이 인수하기로 한 회사의 CEO는 고용 계약서를 원치 않았다. 그는 "당신은 내 회사를 인수하고 있어요. 나를 믿으세요"라고 말했다. 그래서 고용 계약서를 쓰지 않았고 그것은 참담한 실패를 낳았다. 진정한 신뢰인가? 아니다. 이 경우 그녀는 워런 버핏 같은 영향력이 없었고 인수한 회사는 월마트 같은 신뢰성도 없었다. 따라서 실사를 하지 않고 아낌없이 신뢰를 보낸 것은 올바른 판단이 아니었다. 그녀의 행동은 신뢰 성향은 높고 분석은 허술한 1구역에 속한다. 순진한 거래를 한 것이다.

다른 예를 들어보자. 나는 아들 스티븐에게 신뢰를 보내 가족차를 운전할 수 있게 했다. 분명 큰 위험이 따르는 결정이었다(스티븐은 10대 아이였다). 하지만 그가 전체적으로 의도가 좋았고 도로주행 교육을 받았으며 면허를 취득했다는 사실로 그 위험은 다소 완화되었다. 더구나 우리는 잘못된 행동을 하거나 나쁜 선택을 하면 그 결과가 어떻다는 것을 분명히 밝힌 합의서를 갖고 있었다. 그런데 스티븐은 나쁜 선택을 해서 과속했고 약속에 따라 그 결과에 책임을 졌다. 이것은 진정한 신뢰였는가? 나는 그렇다고 생각한다. 무조건적으로 신뢰를 보내거나(1구역) 전혀 신뢰를 보내지 않는 것보다 훨씬 더 현명한 결정이었다.

부모는 항상 아이들에게 신뢰를 보내는 문제에 부딪힌다. 아이들이 어른이 되어가는 과정에서 때로 그것은 롤러코스터를 타는 것 같은 경험이 될 수 있다. 나는 부모로서 2구역의 접근 방법을 사용하려고 의식적으로 노력하는 것이 매우 유익하다는 것을 발견했다. 높은 신뢰 성향을 유지하면서 철저하게 분석할 수 있기 때문이다. 이를 통해 아이가 신뢰를 진지하게 받아들이고 책임의식을 갖도록 하는 데 도움을 줄 수 있다.

2구역의 접근 방법이라고 해서 그 선택이 모두 비슷한 것은 아니다. 진정한 신뢰라 할지라도 전폭적인 신뢰를 보내거나 전혀 신뢰를 보내지 않을 수도 있다. 아니면 일부 차원(예를 들어 성실성, 의도, 능력)만 신뢰를 해주고 다른 차원(예를 들면 성과)에서는 신뢰를 보내지 않을 수도 있다. 진정한 신뢰를 보낼 때는 구체적인 상황, 위험, 관련된 사람들의 성품과 역량은 물론 높은 신뢰관계의 전체적인 배당도 고려해야 한다. 높은 신뢰 성향을 갖되 배당은 최대화하고 위험은 최소화하도록 철저하게 분석해야 하는 것이다.

> 측정에 집착하는 것은 문제가 될 수 있다. 측정 대신 사용할 수 있는 것이 있는데 그것은 바로 판단이다. 세상에서 매우 중요한 것 중에는 측정할 수 없는 것도 있다.
>
> _헨리 민츠버그Henry Mintzberg, 저술가

뛰어난 사람이 리더가 되지 못하는 결정적 이유

나는 여러 번이나 리더십은 신뢰를 고취하면서 성과를 얻는 것이라고 말했다. 성품이 훌륭하고 전문 역량도 뛰어나 신뢰할 수 있는 매니저라 할지라도 진정한 신뢰를 보내는 방법을 모르면 리더가 되지 못한다. 그들은 기본적으로 의심 구역인 4구역에 속해 있기 때문이다.

그들은 다른 사람에게 조건을 붙여 일을 위임하거나 맡기고 거짓 신뢰를 보낸다. 또한 말로는 신뢰한다고 하면서 실제로는 그들의 활동을 시시콜콜 간섭한다. 완전하게 위임하지 않는 것이다. 책임은 부여하되 신뢰는 보내지 않는 셈이다. 따라서 사람들은 주인의식과 책임의식을 갖지 못한다. 자신의 위대한 잠재 능력을 발휘하지 못하고 높은 신뢰의 배당을 가져다주는 환경을 만들지 못하는 것이다.

위임delegation이 지적인 것이라면 위탁entrusting은 감정적인 것이다. 다시 말해 느끼는 것이다. 직장이나 가정에서 사람들이 신뢰를 보내는 법을 배우지 못할 때, 그들은 온전한 의미에서 리더가 되지 못한다.

내가 어느 프로그램을 마쳤을 때, 기업체 법률고문으로 있다가 퇴직한 한 남자가 내게 와서 말했다.

"나는 법학을 공부하고 법률 분야에서 일을 해서 그런지 사람들을 신뢰하지 못하는 경향이 있습니다. 때로는 이런 태도가 도움이 되기도 하지만 큰 문제를 일으킨 적이 많았습니다. 비용이 많이 들고 시간이 걸리는 소송에 휘말린 적이 한두 번이 아니었죠. 개인적인 관계에서도 내 직업의식이 발동해 고통을 받기도 했습니다. 이제 나는 새로운 삶을 시작할 생각입니다. 신뢰 성향으로 시작한다는 생각에 힘이 납니다. 결과가 어떻게 될지는 모르지만 이것은 장점이 있다고 확신합니다."

나는 전적으로 동의한다. 신뢰를 고취하는 것은 리더의 첫 번째 임무이다. 그것은 직장과 가정에서 사람들이 창의력과 능력을 마음껏 발휘하게 하고, 다른 사람과 효과적으로 일할 수 있는 신뢰 높은 환경을 만드는 것이다.

> 신뢰를 고취하는 것은 리더의 첫 번째 임무이다.
>
> _더글러스 R. 코넌트, 캠벨수프 CEO

그렇다면 신뢰는 어떻게 고취해야 할까? 우리가 이 책에서 계속 이야기했던 것을 실행하면 된다. 먼저 자신의 신뢰성으로부터 시작하라(4가지 핵심 요소). 그 다음에는 의도적으로 지혜롭게 신뢰를 보내는 등(진정한 신뢰) 다른 사람과 신뢰를 구축할 수 있도록 일관되게 행동하라(13가지 행동). 조직(당신의 회사, 부서, 팀, 혹은 가족)에서는 4가지 핵심 요소와 13가지 행동을 이용해 한 방향 정렬이 이뤄지게 하고 시장에서는 평판을 쌓으며 사회에 공헌하라. 이런 일을 하면 신뢰를 고취하면서 성과를 얻을 수 있을 것이다.

성격상 꼼꼼한 리더는 시시콜콜 간섭할 의도가 없으면서도 사람들을 신뢰하지 못하는 것으로 보일 수 있다. 낮은 신뢰의 세금을 생각한다면 모든 리더는 자신의 스타일을 생각해보는 것이 좋을 것이다. 특히 꼼꼼한 성격의 리더는 자신의 높은 신뢰 성향을 알려주고 그것을 행동으로 보이는 데 특별히 신경 써야 한다.

다시 한 번 강조하지만 평평한 세계 경제 속에서 개인적, 업무적으로 신뢰를 쌓고 키우고 보내고 회복할 수 있는 능력은 우리 시대가 요구하는 핵심 역량이다. 그리고 진정한 신뢰를 보낼 수 있는 능력은 그 역량의 핵심 부분이다. 우리는 진정한 신뢰를 통해 분석과 신뢰성 사이의 균형과 시너지를 얻을 수 있다. 적절한 판단으로 자신의 능력을 효과적으로 발휘하고 다른 사람의 재능, 창의력, 시너지, 공헌 능력을 고무할 수 있는 것이다.

2장

신뢰를 잃었을 때 회복하는 법

사람들은 벽은 많이 쌓는데
다리는 많이 놓지 않는다.

_뉴턴

최근에 나는 어느 뛰어난 경영 관련 저술가가 쓴 글을 읽었는데 다음과 같다.

"사실 당신은 신뢰를 되찾을 수 없다. 신뢰를 잃으면 그걸로 끝이다. 그렇지 않다고? 당신이 배신당했을 때를 생각해보라. 그 인간이 다시 당신 마음속으로 들어올 것 같은가? 백이면 백 아니라고 대답할 것이다. 신뢰를 얻는 것도 한 번이고 잃는 것도 한 번이다. 일단 신뢰를 잃으면 영원히 잃게 된다."

아마도 당신은 이러한 주장을 뒷받침해주는 경험을 해본 적이 있을 것이다. 개인적, 업무적 관계에서 신뢰를 잃었을 때 그것을 되찾으려고 노력했지만 실패했을지도 모른다. 아니면 누군가가 당신의 신뢰를 배반했을 때, 당신은 무슨 일이 있어도 다시는 그를 믿지 않겠다고 맹세했을 수도 있다. 다시는 그 누구도 믿지 않겠다고 맹세했을지도 모른다.

신뢰 상실은 고통, 실망, 손실을 낳는다. 또한 사람들과의 관계, 파트너십, 계획, 꿈, 모든 사업을 파괴한다. 솔직히 나는 신뢰를 회복할 수 없는 상황을 여러 번 겪었다. 신뢰 상실의 고통은 매우 심했고 배신감은 끝없이 깊었다. 신뢰가 깨졌을 때 신뢰를 회복해 다시 이전 상태로 돌아갈 방법은 없었다. 심지어 신뢰 회복을 시도할 기회조차 없는 경우도 있었다.

나는 가장 좋은 방법은 처음부터 신뢰를 위반하지 않는 것이라는 말에 진심으로 동의한다. 신뢰를 당연한 것으로 받아들이는 것은 옳지 못하다. 신뢰는 쌓고 소중히 여기고 간직하고 보호하고 주의 깊게 보존해야만 한다.

하지만 살다보면 우리 모두는 어쩔 수 없이 신뢰 상실의 순간을 맞이하기도 한다. 우리가 때로 어리석은 행동을 하기 때문이다. 우리는 개인적, 업무적 관계에서 실수한 다음 신뢰계좌에 심각한 인출이 일어났음을 알고 깜짝 놀란다. 그러면 갑자기 시너지가 의심으로 바뀌고 제휴관계가 깨지고 만다. 심지어 회사가 다른 곳으로 넘어가거나 가정이 붕괴된다. 이때 많은 사람이 보복할 방법을 찾는다.

때로는 실수하거나 역량을 보여주지 못했을 때, 그 행동이 성품의 위반으로 해석되는 경우도 있다. 그런 경우에는 신뢰 회복이 훨씬 더 어렵다.

"네가 한 짓을 보라고!"

"제 말뜻은 그게 아니고……"

"저는 단지 …… 하려고 했을 뿐입니다."

13가지 행동에서 말했듯 신뢰에 영향을 미치는 것은 행동만이 아니다. 사람들의 해석과 그 해석에서 도출한 결론 역시 신뢰에 영향을 미친다. 이 경우 니체가 말한 것처럼 사실은 없고 해석만 있을 뿐이다. 사람들은 다른 사람은 행동을 보고 판단하고 자신은 의도를 보고 판단한다는 점을 기억하라. 그래서 의도는 좋아도 행동이 좋지 않으면 사람들은 나쁜 의도를 갖고 있다고 생각할 수 있으며, 탓에 신뢰 계좌의 심각한 인출과 신뢰 회복이 어려운 상황을 맞이할 수 있다.

반대로 우리가 다른 사람을 신뢰하기 어려운 상황에 놓일 수도 있다. 동업자가 자금을 잘못 사용할 수도 있고 팀원이 책임을 이행하지 않을 수도 있다. 또한 공급업자가 우리에 대해 나쁜 입소문을 내거나 배우자가 신용카드로 충동구매를 할 수도 있고 아이가 반복적으로 야간 외출금지를 위반할 수도 있다. 우리가 신뢰 위반을 다루는 방식은 당연히 비즈니스 관계와 기회, 시민단체와의 협력, 개인적 행복, 가족의 행복, 미래 세대의 행복에 영향을 미친다.

우리는 어떻게 해야 하는가? 과연 신뢰를 회복하는 것이 가능한가? 신뢰 회복을 시도하는 것은 지혜로운 일인가, 아니면 어리석은 일인가?

도진은 기회다

1부에서 말했듯 신뢰는 한번 잃으면 회복할 수 없다는 생각은 잘못된 것이다. 대부분의 경우 어렵기는 해도 신뢰를 회복할 수 있으며 오히려 신뢰관계가 이전보다 강화되는 경우도 많다.

예를 들어 스티븐이 과속으로 교통경찰에게 걸려 내가 전화를 받던 날 밤, 아들에 대한 내 신뢰는 바닥으로 떨어졌다. 제리와 나는 가족차의 운전을 허가하는 조건을 아주 자세하게 설명했었다. 그런데 아들이 그 조건에 동의해 놓고 가장 중요한 조건인 법규 준수를 위반했으니 당연한 일이었다.

하지만 우리는 그 일이 완전히 마무리되기도 전에 스티븐에게 신뢰를 보냈다. 아니, 신뢰가 더 높아졌다. 스티븐이 자신의 잘못을 사과하고 범칙금을 내기 위해 몇 달간 힘들게 일하며 자기 행동에 대한 결과를 떠안았을 때 스티븐은 많은 걸 배웠다. 무엇보다 약속 이행의 중요성을 분명하게 깨달았고 다시는 교통 법규를 어기지 않겠다는 결심을 했다.

이에 따라 그는 개인적인 신뢰성이 오히려 더 높아졌다. 실망스러운 일을 당했을 때 보다 성숙한 대처 방법, 즉 성실성을 높이고 의도를 개선함으로써 능력을 향상시켰던 것이다. 나아가 더 좋은 태도, 더 좋은 운전 습관이라는 성과를 내 친구들 사이에서 '안전한' 운전자로 인정받게 되었다.

스티븐은 자신도 모르게 13가지의 습관 일부를 실행한 셈이었다. 현실을 대면했고 잘못을 시정했고 성과를 냈고 약속을 지켰고 끊임없이 개선했던 것이다. 결과적으로 4가지 핵심 요소가 강화되었으며 우리와의 관계도 좋아졌다.

나는 그 과정을 지켜보면서 스티븐의 신뢰계좌 잔고가 이전보다 훨씬 더 높아졌다는 것을 알았다. 물론 스티븐은 고통스러운 과정을 겪었지만 그것은 배우고 개선하고 신뢰를 쌓는 기회가 되었다. 신뢰를 쌓고 회복하는 데 큰 장애가 되는 것 중 하나는 '이상적인 삶은 도전이 없다'는 피상적이고 2차원적인 사고 방식이다. 결코 그렇지 않다. 살면서 우리는 도전을 받고 실수도 한다. 다른 사람 역시 실수를 하고 그것은 우리에게 영향을 미친다. 그것이 삶이다. 문제는 어떻게 대응하느냐 하는 것이다. 우리는 신뢰의 장기적인 배당에 우선순위를 둘 수도 있고 신뢰를 떨어뜨리는 행동을 합리화할 수도 있다. 또한 불만을 품고 용서하지 않으면서 신뢰 위반에서 얻는 일시적인 만족에 우선순위를 둘 수도 있다.

나는 대부분의 경우 신뢰에 우선순위를 두고 신뢰를 쌓고 키우고 보내고 회복하려 적극 노력하는 것이 그 반대의 길을 선택하는 것보다 개인과 조직에 훨씬 더 큰 배당을 가져다준다고 확신한다. 신뢰를 회복하려고 노력하는 것이 어려울 수도 있지만, 분명 그럴 만한 가치가 있다. 특정 관계에서 신뢰가 회복되지 않더라도 신뢰를 회복하기 위한 노력은 다른 관계에서 신뢰를 쌓는 능력을 향상시켜줄 것이다.

삶이 항상 그렇듯 실패는 그 실패보다 더 큰 성공을 낳는다. 도전과 실수는 배우고 성장하고 개선하는 기회가 될 수 있다. 이 점을 염두에 두고 우리가 다른 사람의 신뢰를 잃었을 때, 그리고 다른 사람이 우리의 신뢰를 잃었을 때, 신뢰를 회복하기 위해 무엇을 할 수 있는지 살펴보자. 두 경우 모두 중요한 것은 4가지 핵심 요소와 13가지 행동이다. 그것은 신뢰 구축뿐 아니라 신뢰 회복에도 도움이 된다.

내가 바뀌어야 남도 바뀐다

의식적인 배신 행위, 허술한 판단, 정직한 실수, 역량 부족 혹은 단순한 오해로 인해 다른 사람의 신뢰를 잃었을 때 회복하는 방법은 개인적 신뢰성을 높이고 신뢰를 고취하는 행동을 하는 것이다.

이때 무엇보다 어떻게 신뢰를 잃었는지 아는 것이 4가지 핵심 요소와 13가지 행동을 적용하는 방법을 알 수 있는 중요한 열쇠가 된다. 일반적으로 성품(성실성과 의도) 위반에 따른 신뢰 상실은 역량(능력과 성과) 위반에 따른 신뢰 상실보다 회복되기가 훨씬 더 어렵다. 개인, 가족, 직장, 조직, 시장 등 어느 차원의 관계에서든 성실성 위반으로 신뢰를 상실했을 때 회복하기가 가장 어렵다.

신뢰 회복은 곧 당신에 대한 상대방의 신뢰와 감정의 변화를 의미하는 것임을 잊지 마라. 그것은 당신이 영향을 미칠 수 없는 부분이다. 강제로 당신을 신뢰하도록 할 수는 없다. 그들은 당신과의 관계 회복을 더욱 어렵게 만드는 다른 문제를 안고 있을지도 모른다. 아니면 역량 위반을 성품 위반으로 해석해 문제가 복잡해졌을 수도 있다.

중요한 것은 당신은 할 수 있는 일만 할 수 있다는 점이다. 하지만 할 수 있는 일은 아주 많다. 구체적인 상황이나 관계에서 신뢰를 회복할 수 없더라도 4가지 핵심 요소와 13가지 행동을 통해 다른 상황, 다른 관계에서 신뢰를 쌓거나 회복하는 능력을 향상시킬 수 있다.

신뢰 회복은 결코 다른 사람을 고치는 것이 아니다. 다른 사람은 고칠 수 없다. 하지만 당신이 그들에게 신뢰할 수 있고 신뢰할 만하며 신뢰를 고취하는 행동을 하는 사람이 될 수는 있다. 길게 보면 이렇게 모범을 보이는 것이 신뢰를 회복하기 위한 다른 어떤 행동보다 효과가 있다.

모든 차원에서 신뢰 회복하기

이제 신뢰의 5가지 차원의 예를 들어 보고 신뢰성과 행동이 모든 차원에서 신뢰를 회복하는 데 어떻게 도움이 되는지 살펴보자. 수많은 상황에서 신뢰 상실이라는 도전을 헤쳐 나갈 때 더 큰 신뢰의 기초가 쌓인다는 점에 주목하라.

사회 차원: 윤리적 행동

사회 차원에서 신뢰를 회복하는 것은 국가와 기관, 동일 산업, 직장, 그리고 일반 사람들에게 다시 신뢰를 쌓는 것을 의미한다. 그것은 의심과 냉소를 걷어내고 공헌하며 가치를 창조하고 윤리적인 행동을 하는 것을 포함한다.

신뢰가 사회 속에서 향상될 수 있다는 것은 많은 데이터가 증명한다. 엔론과 월드컴 사건 직후 실시된 2002년 왓슨 와이어트 조사에서 직원들의 44퍼센트만 경영진을 신뢰했다. 그로부터 몇 년 후 실시한 2차 조사에서는 그 수치가 51퍼센트로 올라갔다. 일본, 덴마크, 네덜란드 같은 국가는 지난 20년간 사회 신뢰가 전체적으로 향상되었다.

아일랜드의 지도자들은 지난 30년간 국가의 관심을 안에서 밖으로 돌렸다. 국가 정책을 경제적 독립에서 상호 의존으로 바꾸고 교육 선진국을 지향하며 낡은 교육제도에 대한 정밀 조사도 실시했다. 나아가 협업으로 노사화합을 도모했으며 국외 이주자들의 귀환을 호소하는 것은 물론 외자를 유치하고 아일랜드를 주요 기술 국가로 만들었다. 그 결과 유럽 인구의 1퍼센트에 불과하던 아일랜드는 미국 전체 유럽 투자액의 약 25퍼센트를 유치했다. 아일랜드의 총리 버티 어헌Bertie Ahern은 이렇게 말했다.

"기술은 우리의 성장 동력이다. 기술은 아일랜드의 신세대에게 자신감을 주었을 뿐 아니라 고용창출을 도왔고 국민에게 미래를 선사함으로써 대규모 해외 이주의 흐름을 막았다."

아일랜드의 지도자들은 현실 대면, 끊임없는 개선, 성과 내기가 포함된 의식적인 노력 및 협력으로 이 모든 것을 이룩했다. 결국 아일랜드는 세계 시장에서 신뢰와 신뢰성을 쌓을 수 있었다.

시장 차원: 기회 얻기

시장에서는 일단 고객의 신뢰를 잃으면 다시는 기회를 얻지 못하는 경우가 많다. 그 결정은 고객이 내리며 성품 특히 성실성을 위반했을 경우 고객은 신뢰를 접고 자신의 길을 간다. 하지만 어떤 경우에는 4가지 핵심 요소와 13가지 행동이 시장의 신뢰 회복을 도와준다. 경영 관련 저술가 크리스텐 앤더슨Kristen Anderson과 론 젬키Ron Zemke는 《서비스에 큰 영향을 미치는 이야기Tales of Knock Your Socks Off Service》에서 다음과 같은 사례를 들려준다.

우리의 친구들이 그들의 결혼 25주년을 축하하고 있었다. 우리는 그들에게 전화를 걸어 축하해주었고 그날의 행사를 위해 우리가 주문한 꽃이 왔는지 확인했다. 그런데 유감스럽게도 도착한 것은 축하용 대형 꽃꽂이 상품이 아니라 기껏해야 화장실 한쪽이나 차지할 만한 작고 볼품없는 화분이었다.

시간은 이미 저녁 6시가 넘었고 파티는 7시 30분에 열리기로 되어 있었다. 우리는 전화를 걸고 막 나가려는 제리를 붙잡고 상황을 설명했다.

"기다려봐. 내가 당장 조치를 취할게."

저녁 7시 10분이 되었을 때 우리의 친구들이 다시 전화를 걸어 트럭 한 대가 두 개의 대형 꽃꽂이 상품과 뷔페 테이블에 놓을 장식품을 가져왔다고 말해주었다. 나는 깜짝 놀랐다. 친구들은 노스캐롤라이나에 살고 있었고 우리와 꽃가게 주인은 대륙의 절반 정도나 되는 거리에 떨어져 있었기 때문이다.

청구서를 보니 청구 액수는 원래 주문한 가격 그대로였다. 돈은 제리가 직접 모자를 쓴 꽃가게 주인에게 전해주었다. 그는 다시 한 번 문제를 일으킨 것을 사과하고 다시는 그런 일이 일어나지 않게 하겠다고 약속했다. 그는 변명하지 않았고 자신을 대신해 꽃을 배달한 노스캐롤라이나 샬럿의 꽃가게 주인에게 책임을 전가하지도 않았다. 문제를 해결하려고 얼마나 뛰어다녔는지도 말하지 않았다. 아무런 생색도 내지 않고 그저 "다시 한 번 죄송하다는 말씀을 드립니다. 꽃이 생각나면 다시 저희를 생각해주십시오"라고만 말했다. 우리는 틀림없이 그렇게 할 것이다. 그리고 실제로 그렇게 했다.

이 상황에서는 문제를 일으킨 것이 오히려 더 큰 신뢰를 만들어내는 촉매가 되었다. 기업도 마찬가지다. 기업도 문제에 정면으로 대처하고 신뢰를 회복하는 방식으로 문제를 해결할 때 더 큰 신뢰를 얻을 수 있다. 이러한 서비스 회복은 당신에게 평생고객을 선사한다.

다른 예로 나이키를 들 수 있다. 1990년대에 나이키는 일부 해외 하청공장의 열악한 근로조건으로 인해, 노동운동가들로부터 사회적 책임을 방기한다고 거센 비난을 받았다. 이때 필 나이트Phil Knight 회장이 직접 나서서 잘못을 시정하기 위한 조치를 취했다. 그는 "처음에 어설프게 대응한 것은 제가 책임져야 할 잘못"이라며 문제를 인정했다. 이후 나이키는 계속해서 행동으로 가시적인 결과를 내놓았다. 업계 전체의 근로조건을 향상시키고 1등 기업시민이 되겠다는 강력한 의지를 표명했던 것이다. 그 결과 2006년 나이키는 100대 기업시민 13위에 올랐다. 투명한 행동으로 문제에서 벗어나는 것은 물론 잃었던 신뢰를 되찾았던 것이다. 물론 여전히 비판의 소리는 있지만 나이키의 브랜드 사장 마크 파커Mark Parker와 찰리 덴슨Charlie Denson은 기업책임 보고서에서 이렇게 말한다.

"우리는 신뢰를 쌓고 싶다. 이해당사자들이 우리를 선입견이 아닌 사실에 근거해 판단할 수 있게 하고 싶다. 이 과정에서 투명성은 필수적인 도구이다."

조직 차원:
경쟁 우위

조직 차원에서 신뢰를 회복하는 것은 어려운 일로 보인다. 물론 거의 전적으로 생산에만 초점을 맞춘 채 미래의 생산능력을 유지할 필요성을 도외시하면 어려울 수밖에 없다. 하지만 신뢰가 높은 조직이 낮은 조직보다 성과가 세 배나 높다는 사실은 강력한 자극제가 될 수 있을 것이다. 높은 신뢰는 훌륭한 업무 환경을 만들고 확실한 경쟁 우위를 가져다준다.

나는 코비리더십센터에서 CEO를 맡았을 때, 처음 몇 주일간 조직 내에서 신뢰를 잃었다가 회복한 경험이 있다. 당시 나는 교육사업부를 계속 후원해야 하는지에 대해 의문을 품었다. 진심으로 그 사명과 잠재적 영향력을 중요하게 생각하긴 했지만 교육 시장에 대한 접근성을 높이기 위해 참가비를 너무 낮췄기 때문에 전체적인 생각과 인식은 그 사업부가 수익에 보탬이 되지 않는다는 것이었다. 더구나 당시에는 불행하게도 상황을 알 수 있는 충분한 재무 데이터가 없었다.

나는 교육사업부 직원들과의 미팅에서 그 사업부의 존재에 대해 회의감을 보였다. 더구나 그 사업부 담당 이사가 없을 때 다른 사람들과 그 문제를 논의함으로써 13가지 행동 중 일부를 위반했다. 이런 일은 그 이사와 사업부의 신뢰에 심각하게 부정적인 영향을 미쳤다.

얼마 후 우리는 회사의 재무 시스템을 갖췄다. 정확한 회계 보고 시스템을 개발하고 활동기준 원가회계와 경영기법을 도입해 모든 사업부의 수익성을 전체적으로 파악할 수 있게 되었던 것이다. 그런데 놀랍게도 참가비 할인에도 불구하고 교육사업부는 수익을 내고 있었고, 마진도 최고 수입을 올리는 사업부와 거의 비슷한 수준이었다. 수치가 발표된 날, 나는 그 이사의 사무실로 찾아갔다.

"미안합니다. 내가 잘못했습니다. 당신과 사업부 전체 직원에게 사과드립니다. 앞으로 당신과 당신 팀에게 잘하겠습니다. 이제부터 교육사업부의 적극적인 대변자가 될 것입니다."

실제로 나는 그렇게 했다. 적극적으로 나서서 교육 시장이 수익이 높은 사업이고 잘 운영되고 있다는 것을 모두가 알게 했던 것이다. 결국 나에 대한 그 이사와 전체 사업부의 신뢰는 치솟았다. 당시에는 그 영향력을 몰랐지만 나중에 담당 이사가 내 사과가 그와 사업부 모든 직원에게 의미 있는 순간이었으며, 향후 10년간 그 사업부가 성공할 수 있는 분위기를 만들었다고 말했다.

내가 아는 것은 나에 대한 신뢰가 회복되고 향상되었다는 것이다. 돌이켜보면 이 경험은 신의를 보여주고 잘못을 시정하는 행동의 중요성과 조직에서 신뢰를 회복하는 것의 가치, 그리고 그것이 속도와 비용에 미치는 영향을 확인시켜 주었던 것 같다.

대인관계 차원: 열린 자세

당신이 신뢰를 위반한 기업의 고객이라면 당신은 그들에게 신뢰를 회복할 기회를 주지 않을 수도 있다. 그것은 거래이므로 신뢰 회복을 대수롭지 않게 생각해도 별 문제는 없다. 하지만 가족의 경우에는 얘기가 달라진다. 그것은 거래보다 훨씬 더 중요한 관계이고 여러 가지 의미를 지니고 있기 때문이다. 분명 열린 자세로 신뢰를 회복하고 싶을 것이다.

한 동료가 내게 이런 이야기를 들려줬다.

인근 마을에 한 의사가 살고 있었다. 그는 교회에서 존경받는 직책을 맡고 있었고 틈틈이 제3세계의 어려운 환자들을 치료해주었다. 이웃과 사회에는 친구였고 가정에서는 사랑하는 아버지이자 남편이었던 것이다. …… 그가 다른 여성과 불륜에 빠지기 전까지는 그랬다. 하지만 그가 교회 신도나 가족에게 가르쳤던 가치관과 모순되는 그의 은밀한 생활과 곤혹스러운 행동이 밝혀지면서 그의 세계는 180도 달라졌다. 결혼생활에 풍파가 일었고 아이들은 너무 큰 상처를 입어 그에게 말도 하지 않으려고 했다. 그는 교회의 직책을 내놓았으며 평판에 심각한 손상을 입었다.

하지만 두 가지 중요한 일이 일어나면서 치유 과정이 시작되었고, 존경심과 신뢰를 다시 세우기 위한 기초가 놓였다. 첫째, 그는 관계를 정리하고 아내와 가족에게 용서를 구했다. 둘째, 아내는 그의 곁에 남아 공공연하게 그를 도와주고 그에게 자기 존중감과 그녀의 신뢰를 되찾을 기회를 주었다. 그녀는 남편의 부정을 보고도 못 본 체하거나 감정적으로 학대받는 배우자처럼 자신을 탓하고 부정을 용납하는 행동은 하지 않았다. 그녀는 자신의 자존감을 세우고 남편에게 최후통첩을 보냈다. 생활 습관과 행동의 확실한 변화를 요구했던 것이다.

이러한 그녀의 행동은 매우 중요했지만 그보다 더 중요한 것은 그의 행동이었다. 그는 상황을 일시적으로 모면하기 위해 거짓말하지 않고 용서를 구했다. 그는 아내의 요구대로 변화하려 노력했으며 다시는 그녀의 신뢰를 배반하지 않겠다는 약속을 지켰다. 나아가 그는 지역사회, 가족, 이웃을 겸손하게 대했다. 그의 태도에서는 거만함이나 독선을 찾아볼 수 없었다. 덕분에 모두가 그에게 어떤 변화가 일어났는지 알았고 그는 사람들이 그것을 알고 있음을 알았다.

그는 신뢰 회복을 원했다. 시간이 가면서 그의 결혼생활, 가족, 평판은 회복되기 시작했다. 사람들이 개인적, 공적 잘못을 잊는 것은 아니지만, 본인이 행동과 함께 태도와 성품을 개선하면 신뢰와 존경심을 다시 세울 수 있다.

이런 상황에서 모든 사람이 신뢰를 회복하려고 노력하는 것은 아니다. 하지만 이 사례가 보여주는 것처럼 상황에 따라 사람들이 최소한 어느 정도 그런 의사가 있을 때는 그것이 가능하다.

개인적 관계에서 심각한 신뢰의 문제가 발생하는 또 다른 부분은 돈이다. 많은 결혼생활 카운셀러들이 이혼의 가장 큰 원인은 돈 문제 때문이라고 한다. 돈 문제는 대개 성품 결여(이기적이고 충동적인 소비, 배우자가 공동자산에 접근하는 것을 통제하거나 제한하는 행위, 배우자에게 지출을 숨기는 것 등)나 역량 결여(교육받지 못했거나 돈 관리에 경험이 없는 것 등)로 발생하게 된다. 또한 돈에 대한 두 사람의 태도가 완전히 다를 수도 있다. 예를 들면 돈을 잘 쓰는 집안에서 자란 사람과 절약하는 집안에서 자란 사람이 만날 수도 있다.

한 여성이 이런 이야기를 들려줬다.

> 나는 오랫동안 남편과 돈 관리 문제로 갈등을 빚었다. 우리는 돈을 어떻게 쓸지 합의했지만, 남편은 종종 합의하지 않은 물건을 사 오곤 했다. 나는 대단히 실망스러웠으나 재정 파트너로서 감정적 대응은 하지 않으려 애썼다.
>
> 하지만 시간이 흐르면서 이러한 상황이 우리의 신뢰관계에 부정적 영향을 미친다는 것을 깨닫고 습관을 바꾸기로 했다. 남편은 우리의 합의 사항에 기초해 보다 책임 있게 행동하려고 노력했다. 나는 의사를 보다 분명하게 표현하고 경제적 결정에 더욱 적극적으로 참여하려고 애썼다. 그리고 함께 예산 수립과 투자 등 좋은 돈 관리 습관을 배우기로 했다.
>
> 습관을 바꾸는 데 꽤 많은 시간이 걸렸지만 습관을 바꾸고 나자 경제적

가치관, 목표, 습관이 서로 놀랄 만큼 비슷해지고 통일성이 생겼다. 나는 이제 재정적 통일성이 우리의 강점이 되었다고 말할 수 있다. 이처럼 도전적인 일을 함께하면서 우리의 전체적인 관계에서 신뢰의 끈은 더욱 강해졌다.

신뢰가 낮은 상황에 놓여 있는 사람은 대체로 긍정적인 변화를 만들어내기 위해 자신이 할 수 있는 일은 아무것도 없다고 생각한다. 하지만 이런 예에서 볼 수 있듯, 개인적 관계에서 맞은 어려운 상황에서도 신뢰를 회복할 수 있다. 나아가 신뢰를 회복하려는 노력 그 자체가 신뢰관계를 이전보다 더욱 탄탄하게 만들 수 있다.

개인 차원: 최고의 선물

가장 회복하기 어려운 신뢰는 자기 자신에 대한 신뢰이다. 자신에게 한 약속을 지키지 않거나 목표를 달성하지 못했을 때, 혹은 내면의 가치와 어긋나는 행동을 했을 때 자기 신뢰가 추락할 수 있다. 약속을 반복적으로 위반했을 때는 자신을 지나치게 질책해 자기 신뢰를 회복할 수 있을지 의아해하기도 한다.

몇 년 전 평판은 좋았지만 돈 관리를 잘 못하는 내 친구 하나가 돈에 쫓기다가 결국 파산 선언을 했다. 그는 그것을 치욕적인 일로 생각해 자신감을 잃었다. 집마저 넘어가게 된 그는 패물과 미술품들을 팔았고 일자리를 찾기 위해 동분서주했다.

그가 파산했을 때 모두가 그의 재기를 점쳤지만 본인은 상황을 비관적으로 보았다. 무엇보다 채권자들이 자기로 인해 곤경에 빠진 것을 못 견뎌 했다. 그래서 그는 수년간 서너 가지 일을 했고 법적으로 갚지 않아도 되는 빚까지 갚느라 거의 잠도 자지 않고 일했다.

결국 그는 빚으로부터 자유로워졌고 몇 년 후 그가 법적으로 갚을 의무가 없는 빚까지 갚은 것에 모두들 놀랐다. 동시에 친구, 이웃, 가족 사이에 그의 신뢰성이 치솟았다. 무엇보다 중요한 것은 그가 자기 신뢰를 되찾은 것이었다. 이것은 지극히 어려운 일이었지만 그는 자기 방식대로 행동해 자기 신뢰를 회복했고 마음의 평화를 찾았다.

개인 차원의 회복은 4가지 핵심 요소와 13가지 행동에 또 하나의 차원을 만든다. 자신과의 관계에서 13가지 행동을 얼마나 의미 있게 적용할 수 있을지 생각해보라.

솔직하게 말하는 것은 좋든 나쁘든 사실을 있는 그대로 말하는 것을 의미한다. 말을 빙빙 돌리지 마라. 자신의 행동을 정당화하거나 합리화하려 하지 마라. 자신에게 설득력 있는 이야기를 하라. 했어야 했지만 못한 일, 개선해야 할 일을 자신에게 말하라. 하지만 자신에게 '나는 쓸모없는 인간이야', '망쳐버렸어', '나는 바로잡지 못할 거야', '시도해봐야 소용없어'라는 거짓말을 하지 마라. 자신에게 진실을 말하라. 당신이 정말로 원하고 진실로 노력하면 상황을 개선할 수 있다.

자신을 존중하라. 약점이나 실수로 자신을 질책하지 마라. 당신이 다른 사람을 대하듯 자신도 사랑으로 대하라. 당신의 상황에서 다른 사람에게 기대하는 것 이상을 자신에게 기대하지 마라.

자신의 삶에서 투명하게 행동하라. 열린 자세로 자신의 동기와 결정에 솔직하라. 합리화하거나 정당화하려 하지 마라. 약점이나 결점을 숨기려 하지 마라. 피하지 말고 정면으로 대처하라. 오늘에 집중하고 더 좋은 내일을 만들기 위해 노력하라.

자신에게 한 잘못은 즉시 시정하라. 자신을 용서하라(가장 어려운 용서가 될 수 있다). 다시 자기 신뢰를 얻기 위해 노력할 수 있도록 자신을 풀어줘라.

자신에게 신의를 보여라. 자신과 대화할 때 혹은 다른 사람과 대화할 때, 자신에 대해 부정적으로 말하거나 자신을 비하하지 마라.

다른 사람이 중요하다고 생각하든 하지 않든 자신이 중요하다고 생각하는 부분에서 성과를 내라. 목표를 정하고 그 목표를 달성하라.

끊임없이 개선하라. 자신의 능력을 향상시키기 위해 시간을 비워둬라. 기술을 개발하고 재능과 능력을 사용하며 새로운 능력개발이나 지식 취득을 하는 도중에 얻게 되는 자기 신뢰와 자신감 향상을 즐겨라.

현실을 대면하라. 현실을 부정하거나 외면하지 마라. 비관과 절망에 빠지지 마라. 맞서야 할 것에 맞서고 희망을 갖고 용기 있게 나아가라.

기대하는 바를 분명히 하라. 자신에게 기대하는 것을 명확히 하라. 다른 사람의 말로 인해 자신에 대한 기대를 포기하거나 다른 사람의 기대가 당신의 결정과 삶을 지배하게 하지 마라.

책임 있게 행동하라. 자신이 해야 한다고 생각하는 일에서 영감을 얻었을 때, 그것을 기록하고 책임감 있게 처리하라. 다른 사람의 기대가 그 영감을 따라야 할 당신의 책임에 우선하지 않게 하라.

먼저 양심과 내면의 소리에 귀를 기울여라. 다른 사람의 의견을 좇아 내면에서 해야 하거나 하지 말아야 한다고 느끼는 일을 위반하지 마라.

자신에게 한 약속을 지켜라. 자신에게 신중하게 약속하고 다른 사람에게 한 약속처럼 존중하고 지켜라.

자신을 신뢰하라. 자신의 직관과 육감을 믿어라. 자신의 판단을 믿어라. 직관, 육감, 판단이 자신의 삶을 안내할 수 있다고 믿어라. 마음이 올바르면 세상이 당신에게 필요한 것을 줄 것이며, 모든 일이 순조롭게 풀릴 것이라고 믿어라.

이런 행동을 할 때 4가지 핵심 요소가 강화된다. 성실성이 높아지고 의도가 개선되며 능력이 커지고 성과가 향상된다. 다른 사람은 물론 자신이 신뢰할 수 있는 사람이 된다.

비온 뒤의 땅이 굳는다

나는 지난 20년간 일, 사회봉사, 개인생활, 가정생활을 통해 사람들이 신뢰를 잃었을 때 진심으로 회복할 뜻이 있다면 사회, 시장, 조직, 대인관계, 개인 등 모든 차원에서 최소한 어느 정도 신뢰를 회복할 수 있음을 확신하게 되었다. 하지만 그럴 마음이 없다면 혹은 신뢰를 회복한 후 계속해서 신뢰를 잃는다면 기회는 오지 않는다.

내가 보건대 많은 경우 신뢰를 회복했고 오히려 신뢰를 더욱 강화할 수 있었다. 중요한 사람과의 관계에서 어려운 일을 극복한 경험은 영원한 신뢰를 쌓는 기름진 땅이 될 수 있다. 비온 뒤에 땅이 굳어지듯 신뢰가 더욱 단단해질 수 있는 것이다.

어떤 경우든 4가지 핵심 요소와 13가지 행동은 강력한 신뢰 회복 도구가 된다.

다른 사람이 당신의 신뢰를 잃었을 때

지금까지 우리는 당신이 다른 사람에게 신뢰를 잃었을 때 신뢰를 회복하는 방법을 살펴보았다. 하지만 다른 사람이 당신의 신뢰를 잃었을 때는 어떻게 해야 할까?

당신이 다른 사람에게 신뢰를 잃었을 때 억지로 당신을 신뢰하도록 할 수 없듯, 당신 역시 다른 사람을 억지로 신뢰하긴 어렵다. 신뢰를 저버린 사람을 다시 믿는 것은 오로지 당신만이 선택할 수 있는 일이다. 이때 선택할 수 있는 방법으로 다음의 3가지 지침을 고려해볼 것을 권한다.

성급하게 판단하지 마라

다른 사람이 당신을 신뢰하지 않을 때 기분이 어떤지는 당신도 잘 알고 있다. 또한 당신이 잘못한 것도 아닌데 오해받거나 잘못 해석되거나 잘못 판단되거나 신뢰받지 못하면 어떤 기분인지도 알고 있다. 그렇다면 상대방의 입장이 되어 보라. 의심이 들 때는 좋은 쪽으로 생각하라. 역량 부족이 성품 부족이라고 단정하지 마라. 의도적인 실수는 많지 않다. 의도적인 실수가 아닌데 의도적인 실수를 한 것처럼 만들지 마라.

용서는 빠를수록 좋다

용서와 신뢰는 별개라는 것을 분명히 밝히고 싶다. 예를 들어 학대받은 아내가 자신을 학대하는 남편을 계속 용서하고 그에게 돌아가는 것은 용서가 아니다. 그것은 진정한 신뢰가 아니다.

내가 말하는 용서는 우리에게 잘못한 사람에 대한 분노, 복수, 탓하기, 비난, 응보 등의 감정을 걷어내는 것을 말한다. 그 사람을 심판하는 역할을 맡지 말고 그의 태도, 행동, 과거의 행적 등 우리가 영향력을 미칠 수 없는 일은 잊는 것이다. 신체적, 지적, 영적, 감정적으로 다른 사람의 실수, 약점, 나쁜 선택에 대한 의존적 반응에서 벗어나라는 얘기다.

용서를 보여준 대표적인 사람이 넬슨 만델라이다. 그는 로빈 섬의 감옥에서 27년을 보낸 후 풀려나 남아공의 대통령이 되었다. 이때 그는 자신의 영혼과 나라를 치유하기 위해서는 용서가 필요하다고 생각하고, 취임식 때 용서의 표시로 그가 수감되었던 감옥 교도관들을 맨 앞줄에 앉혔다.

용서가 항상 쉬운 것은 아니다. 그래서 많은 사람이 신의 힘을 빌려 용서한다. 우리는 신뢰를 선택하든 하지 않든 자신을 위해 그리고 다른 사람을 위해 항상 용서해야 한다. 용서하기 전까지 우리는 자유롭게 진정한 신뢰를 보내지 못한다. 우리의 분석과 신뢰 성향을 짓누르는 감정의 짐을 지고 다니기 때문이다.

> 약자는 결코 용서하지 못한다. 용서는 강자의 속성이다.
>
> _마하트마 간디

용서는 더 나은 삶을 지향하는 원칙이다. 용서는 잘못을 시정할 때 우리가 져야 할 책임의 일부로 용서하지 않으면 우리는 이 중요한 원칙을 위반하게 된다. 용서하지 않으면 자신에게서 분명한 판단, 감정적 자유, 높은 신뢰의 배당을 빼앗고 상대방의 자기 용서와 개인적 변화를 방해한다.

우리는 상대방의 행동이 아닌 우리의 행동을 통해 우리에게 잘못한 상대방을 용서할 힘을 축적한다는 것을 잊지 마라. 잘못한 사람을 물러나게 하기 위해 용서하는 것이 아니라 만델라가 보여주었듯 모든 것을 투명하게 밝히고 우리 자신에게 평화를 안겨주기 위해 용서하는 것이다.

> 다른 사람을 용서하지 못하는 것은 곧 자신이 건너야 할 다리를 무너뜨리는 것이다.
>
> _허버트 경, 영국의 철학자이자 신학자

세계시민으로서 지구촌 가족으로서 우리와 다른 사람을 위해 우리는 용서해야 한다. 그럴 때 우리는 어느 방향의 신뢰를 선택하든 자유롭게 전진할 수 있다.

신뢰 회복을 최우선 과제로 삼아라

한 가까운 친구가 내게 이런 이야기를 들려줬다.

열네 살이 되기 전까지 우리 아들은 이상적인 아이였다. 가족 행사에 즐겁게 참여했고 좋은 성적을 올렸으며 훌륭한 친구들이 있었다. 우리는 아들을 잘 키웠다고 생각했다. 그러다가 아들이 약간 멀어지기 시작했을 때, 우리는 그것이 정상적인 성장 과정이고 잘 극복하리라고 믿었다. 하지만 아들이 새로 사귄 친구들과 어울려 다니기 시작하고 자기 활동에 대해 숨기는 것이 많아지자 우리는 문제가 생겼음을 직감했다.

우리는 아들 문제를 최우선 과제로 정해 아들과 함께 지내는 데 보다 많은 시간을 할애했다. 또한 아들에게 허용했던 특권을 줄이고 가족 목표를 정했으며 아들을 전문가들에게 데려가 상담을 받게 했다. 우리는 훈계도 하고 사과도 받고 약속도 받았지만 아들은 지키지 않았다. 아들은 커가면서 더욱 위험한 선택을 했다. 우리는 좌절감을 느꼈고 두려웠지만 어떤 일이 있어도 그를 포기하지 않을 것이며, 그에 대한 사랑도 거두지 않을 것임을 계속해서 확인시켜 주었다.

아들의 상황이 계속 악화되자 우리는 "너를 사랑한다. 그러니 네가 선택한 생활방식을 지원해주겠다"고 말했다. 그리고 우리와 함께 살기를 바라지만 만약 다른 방식으로 살기를 원한다면 다른 곳에서 살아도 좋다고 했다. 아들은 집을 나갔고 생활 습관은 더욱 나빠졌다. 우리는 그러한 현실이 고통스러웠지만 무시하고 그저 우리의 가치에 충실한 삶을 살면서 아들에 대한 사랑을 계속 확인시켜 주었다. 그리고 아들과 친구들에게 일요일에 우리 집 저녁식사에 함께하는 것을 언제라도 환영한다고 말했다. 다만 우리 집에 있을 때는 예의 바르게 행동해야 하며 그것만 지키면 언제라도 사랑으로 맞이해주고 마음껏 먹을 수 있게 해주겠다고 말했다. 몇 번은 난폭해 보이는 무리가 찾아왔지만 외모에 관계없이 항상 사랑으로 맞이해 배불리 먹여줬다.

아들은 점점 자기 자신을 찾아갔다. 그는 어려운 시기를 보낸 뒤 마음을 고쳐먹고 다시 열네 살 이선의 놀라운 정신을 되찾았다. 아들은 지난 5년간의 시련 중에도 놓치지 않고 있었던 것은 우리가 자신을 사랑하고 진심으로 위한다는 생각이었다고 말했다. 아들은 자신이 우리를 사랑한다는 것을 알았다. 이제 우리도 우리가 그를 신뢰할 수 있다는 것을 안다.

가까운 관계에서 신뢰를 회복하는 것은 어렵고 고통스러울 수 있으며, 때론 오랜 세월이 걸리기도 한다. 하지만 인생에서 신뢰 회복을 최우선 목표로 정하고 그 목표를 달성할 때 얻는 것보다 더 큰 배당은 없다.

깨진 신뢰는 새로운 관계의 시작이다

많은 사람이 신뢰가 깨지면 그것으로 끝이라고 생각한다. 관계도, 기회도 끝난 것이라고 여긴다. 때로는 자신감과 다시 신뢰할 수 있는 능력도 끝장났다고 생각한다. 하지만 그렇지 않다. 신뢰 상실은 의미 있는 시작이 될 수 있음을 알아야 한다.

누군가에게 신뢰를 잃었다면 그것은 자신의 행동을 추스르고 성품과 역량을 개선하며 신뢰를 고취할 수 있는 기회이다. 신뢰를 잃었더라도 신뢰를 회복하려는 당신의 노력은 상대방에게 긍정적인 영향을 미칠 것이며, 미래에 더 많은 신뢰관계를 쌓게 해줄 것이다.

누군가가 당신으로부터 신뢰를 잃었다면 그것은 당신이 용서하고 진정한 신뢰를 보내며 그 관계에서 가능한 배당을 극대화할 수 있는 기회이다.

어느 상황에서든 깨진 신뢰는 자기 신뢰와 개인적 신뢰성을 쌓을 수 있는 좋은 기회가 된다. 다른 사람에게 잃은 신뢰를 되찾으려고 노력하거나 신뢰를 잃은 사람을 용서하고 진정한 신뢰를 보내는 과정에서 당신의 성품과 역량은 성장한다. 삶의 모든 차원에서 신뢰를 쌓고 키우고 회복하고 보낼 수 있는 능력에 대한 자신감과 분별력을 얻는 것이다.

3장

아낌없는 신뢰

나는 사람들이 스스로
신뢰받을 만한 가치가 없음을
입증하기 전까지는
그들을 계속 신뢰한다.
그리고 그렇게 할 때 훨씬 많은 일이
일어난다는 것을 발견했다.

_ 짐 버그

아무도 당신을 믿지 않을 때, 누군가가 당신을 믿고 신뢰를 보낸 적이 있는가? 그때 어떤 기분이었는가? 그것은 당신의 삶을 어떻게 변화시켰는가?

대학을 졸업한 지 얼마 되지 않았을 때 나는 그런 일을 경험한 적이 있다. 당시 나는 전국에서 가장 큰 부동산개발회사 트램멜 크로Trammell Crow에 입사했는데, 이 회사는 미국에서 일하고 싶은 100대 기업에 들어가기도 했다. 트램멜 크로에서는 지역사무소 소장이 직원을 채용하는 것이 관행이었지만 내 경우는 달랐다. 그 회사의 경영 파트너와 점심식사를 하다가 그 자리에서 리스 대리인을 제안받았던 것이다. 그는 내가 어느 사무소에서 일하게 될지는 모르지만 어딘가에 내가 적합한 곳이 있을 거라고 확신했다.

나는 제안을 수락했고 몇몇 지역사무소를 찾아가 소장들과 인터뷰를 했다. 하지만 어느 사무소에서도 내게 관심을 보이지 않았다. 나는 학교 성적도 우수했고 짧지만 훌륭한 업무 경험도 있었다. 문제는 이력서에 2~3년만 일하고 MBA를 받기 위해 대학원에 가겠다고 밝힌 데 있었다. 내가 제안받은 자리는 보통 명문대학 MBA 출신들에게 돌아가는 자리였다. 그들은 그 자리에서 3~5년 근무하다가 소장으로 고속 승진했다. 그렇다 보니 소장들은 2년간 일하고 떠날 사람을 교육시키는 데 투자하려 하지 않았다.

더구나 나는 이력서에 경영 컨설팅과 리더십 개발 분야에서 일하는 것이 목적이라고 밝혔던 터라 부동산개발을 전문으로 하는 트램멜 크로 소장들에게 나는 그리 흥미로운 존재가 아니었다. 내 이력서와 향후 계획은 본질적으로 그 회사와 맞지 않았다. 그렇지만 순진했던 나는 무엇이 문제인지 알았어도 내 의도를 숨기고 사람들이 원하는 말을 하는 것은 상상도 하지 못했다.

6주일간 어정쩡한 상태로 출근해 별로 하는 일 없이 지내던 나는 12명 정도의 소장을 만나고 난 뒤 나를 원하는 사람이 아무도 없음을 깨달았다. 나는 그 경영 파트너가 왜 나를 채용했는지 궁금했고 낙심이 컸다. 바로 그때 존 월시John Walsh 소장이 내게 관심을 보였다.

"이 사람이 마음에 들어요. 그를 믿습니다. 우리 팀에 합류시키고 싶습니다."

그는 나를 밑에 두고 처음부터 MBA 수지자와 로스쿨 졸업자처럼 대했다. 그의 신뢰에 고무된 나는 의욕이 치솟았고 어떻게 해서든 그를 실망시키고 싶지 않았다. 심지어 그는 내가 나 자신을 믿지 못할 때도 내게 변함없는 신뢰를 보내주었다. 그 성과는 정확히 6개월 후에 나타났고 일이 잘 풀려나가기 시작했다. 그리고 입사한 지 2년이 되었을 때, 나는 사무소에서 최고의 실적을 내는 리스 대리인, 전국적으로 뛰어난 실적을 내는 리스 대리인 중 하나가 되었다.

나에 대한 존 월시의 믿음은 모두에게 승을 안겨주었다. 그는 회사로부터 수익 증대에 기여한 공을 인정받았고 나는 리더십을 기르는 한편 내 삶을 주도적으로 이끄는 데 도움이 되는 경험을 얻었던 것이다. 나는 지금도 그에게 큰 사랑과 함께 고마움을 느낀다. 그는 아무도 나를 믿지 않을 때 나를 믿고 내게 베팅했다. 그는 아버지를 제외하고 내 직업적 삶에 가장 큰 영향을 미친 사람이었다(내 개인적 삶에도 심대한 영향을 미쳤다).

> 나는 당신에게 이 말을 선물로 준다. 나는 너를 믿는다.
>
> _블레즈 파스칼Blaise Pascal, 프랑스 물리학자이자 수학자

당신은 할 수 있어요

살다 보면 어느 순간 우리를 신뢰하고 삶에 지대한 영향을 미치는 누군가를 만난다. 우리가 그런 사람이 될 수 있다면 정말 신이 날 것이다! 우리는 다른 사람을 믿고 신뢰할 수 있다. 또한 도전을 헤쳐 나가고 자신이 미처 발견하지 못한 가능성을 찾아주며 모두에게 이익이 되는 큰 공헌을 하도록 도울 수 있다.

월마트와 샘스클럽의 창립자 샘 월튼 같은 사람이 어떤 변화를 가

져왔는지 보라. 경영부 사장을 지낸 딘 샌더스Dean Sanders에 따르면, 샘은 매장 순시를 마치고 돌아오면 으레 딘에게 전화를 걸어 "이 사람에게 매장 관리를 맡기세요. 준비된 사람이에요"라고 말했다고 한다. 딘이 그 사람의 경력을 문제 삼으면 이렇게 말했다.

"일단 맡기세요. 어떻게 하는지 봅시다."

> 길게 보면 가끔 속임을 당하거나 실망할 위험이 따르더라도 신뢰를 듬뿍 보내는 것이 무능하거나 성실하지 못하다고 생각하는 것보다 지혜롭다.
>
> _워런 베니스

직원들이 잘 판단할 거라고 믿은 노드스트롬이나 직원들에게 고객의 문제를 해결할 재정적 권한을 부여한 리츠칼튼 그리고 자신의 임무만 다하면 원하는 시간, 원하는 장소에서 근무할 수 있게 한 베스트바이의 리더들이 어떤 변화를 만들어냈는지 보라.

당신의 경험을 생각해보라. 누군가로부터 '당신은 할 수 있어요! 당신을 믿어요. 당신에게는 성공하기에 충분한 성품과 역량이 있어요. 당신을 믿어요'라는 말을 들었을 때 어떤 기분이 들었는가? 때로는 이런 말을 듣는 것만으로도 고무되어 성공을 향해 매진할 수 있다.

우리에게 신뢰를 보내는 리더는 우리의 멘토, 모델, 영웅이 된다. 그들이 우리 삶에 가져온 변화를 생각할 때, 우리는 한없는 고마움을 느낀다. 직원에게 신뢰를 보내는 기업은 일하기에 좋은 회사가 된다.

20년간의 연구를 통해 매니저와 직원간의 신뢰는 좋은 직장의 가장 결정적인 특징이라는 것이 밝혀졌으며, 우리의 접근 방법은 그러한 연구 결과에 기초를 두고 있다.

_일하기 좋은 곳 연구소

이러한 리더십은 가정에서도 신뢰를 고취한다. 부모가 아이들에게 '너를 사랑한다. 너를 믿는다'라고 말할 때, 그리고 그들에게 신뢰와 함께 책임을 부여하고 그들의 성품과 역량 개발을 도와줄 때 그들의 삶이 어떻게 달라질지 생각해보라. 우리의 리더십 프로그램에 참가하는 사람들이 그들의 삶에 가장 큰 영향을 미친 사람을 이야기할 때, 아무도 자신을 믿지 않는 상황에서 자신을 믿어준 사람을 스승, 코치, 직장의 멘토라고 말하는 경우도 있지만 거의 대부분 부모라고 말한다.

다시 한 번 말하지만, 직장 혹은 가정에서 리더의 첫 번째 임무는 신뢰를 고취하는 것이다. 그것은 사람들에게 책임을 맡기는 동시에 신뢰를 보냄으로써 사람들이 재능과 열정을 발휘하게 하고, 창의력과 가능성을 고무하는 환경을 만드는 일이다.

신뢰하고 가끔 실망하는 것이 영원히 불신하고 가끔 옳은 것보다 낫다.

_닐 A. 맥스웰Neal A. Maxwell, 교육자이자 종교지도자

강력한 신뢰는 최고의 동기부여이다

신뢰는 사람들로부터 최고의 능력과 열정을 이끌어내며 관계를 바꿔놓는다. 일부 사람이 신뢰를 저버리기도 하지만 사람들은 대개 신뢰에 보답한다. 그들에게는 외부의 감시, 감독이나 동기부여를 위한 당근과 채찍이 필요치 않다. 그들은 신뢰에 고무되며 신뢰를 저버리지 않는다. 그 신뢰에 어긋나지 않는 삶을 사는 것은 물론 신뢰에 보답하고 싶어 한다. 다시 에밀 뒤르켕의 말을 인용하면 "관습(문화적 가치)이 충분할 때는 법이 불필요하고 관습이 불충분할 때는 법을 집행할 수 없다." 나는 그 말을 이렇게 바꾸고 싶다.

"신뢰가 충분할 때는 법이 불필요하고 신뢰가 불충분할 때는 법을 집행할 수 없다."

내 아버지가 말했듯 "강력한 신뢰는 최고의 동기부여이다." 우리는 다른 사람을 신뢰하고 신뢰를 고취할 수많은 기회를 만난다. 그리고 다른 사람을 신뢰할 때 그들의 삶에 놀라운 변화가 일어나며 그들의 행동 변화로 인해 우리의 삶에도 변화가 일어난다. 또한 우리는 자기 삶을 변화시킨다. 신뢰는 상호작용을 하기 때문에 우리가 신뢰를 보내면 그 신뢰가 되돌아와 우리도 신뢰를 받는다.

우리는 워크숍의 전 활동에서 프로그램 참가자에게 함께 일하는 사람들의 그림카드를 나눠주고 그들을 신뢰하는 사람과 신뢰하지 않는 사람으로 분류할 것을 요청한다. 이러한 활동을 통해 그들은 다른 사람을 신뢰하지 않는 사람은 자신도 신뢰받지 못한다는 것을 발견한다. 노자가 말했듯 "신뢰는 주지 않으면 받지도 못한다."

무한한 신뢰의 순간

비즈니스, 역사, 문학, 삶에서 의미 있는 사건은 무한한 신뢰의 순간에, 즉 사람들이 놀라운 방식으로 신뢰를 보내는 순간에 발생하는 경우가 많다.

여기에 해당하는 대표적인 사례가 삶의 중대한 고비를 맞았던 마케도니아의 알렉산드로스이다. 페르시아와 전쟁을 치르던 알렉산드로스는 어느 순간 삶과 죽음의 기로에 서게 되었다. 당시 페르시아의 다리우스 3세는 그를 죽이겠다고 하는 사람이 있으면 누구에게든 1,000명의 정예군을 내줬다. 그때 알렉산드로스는 폐렴에 걸려 생사를 헤맸고 의사들은 그가 생존하기 어려울 것 같다고 판단해 치료하기를 주저했다. 만약 알렉산드로스가 죽으면 그를 독살하고 다리우스의 뇌물을 받았다는 비난을 받을까 두려워했던 것이다. 하지만 어린시절 이후 계속 알렉산드로스의 시중을 들던 친구이자 의사인 필립은 자신의 치료약과 알렉산드로스의 우정에 대한 믿음으로 기꺼이 알렉산드로스를 치료했다. 역사가 H. A. 거버H. A. Guerber는 말한다.

> 알렉산드로스가 고열에 시달릴 때 필립은 자신이 준비한 강력한 약으로 왕의 목숨을 구하고 싶다고 말했다. 그런데 필립이 약을 끓이기 위해 밖으로 나간 후 알렉산드로스는 의사를 조심하라는 편지를 받았다. 페르시아의 다리우스 3세가 그를 독살하기 위해 매수한 자라는 것이었다.
>
> 알렉산드로스는 편지를 읽고 그것을 베개 밑에 넣어둔 후 침착하게 의사가 돌아오기를 기다렸다. 이윽고 필립이 치료약을 담은 컵을 가져오자

알렉산드로스는 한 손으로 컵을 받고, 다른 손으로는 그 편지를 건네줬다. 그리고 필립이 편지를 읽는 동안 약을 한 방울도 남기지 않고 마셨다.

필립은 자신을 비난하는 편지를 보고 얼굴이 사색이 되어, 미소를 띠며 빈 컵을 건네주는 왕을 바라봤다. 필립에 대한 알렉산드로스의 무한한 신뢰는 충분히 입증되었다. 왜냐하면 알렉산드로스는 그 약을 먹고 완쾌해 계속 싸울 수 있었기 때문이다.

나는 가끔 빅토르 위고Victor Hugo의 《레미제라블Les Misérables》에 나오는 가톨릭 주교를 생각한다. 그는 도둑질을 한 장발장을 용서하는 것은 물론 그의 가치를 인정해주고 신뢰를 보냄으로써 그의 인생을 영원히 바꿔놓았다.

나는 가끔 보지도 듣지도 말하지도 못하는 학생 헬렌 켈러에게 신뢰를 보내 놀라운 성과를 얻어낸 앤 설리번Anne Sullivan 선생님을 생각한다.

나는 대부분의 사람은 선하고 신뢰할 수 있다는 기본 전제 아래 회사를 설립한 기업가 피에르 오미디아르를 생각한다.

나는 한 육상선수의 잠재력을 믿은 어느 코치를 생각한다.

나는 힘든 순간에 변치 않고 충실함을 보여준 어느 친구를 생각한다.

나는 부모를 신뢰한 어느 어린아이를 생각한다.

나는 일곱 살 소년에게 신뢰를 보내준 어느 아버지를 기억한다.

신뢰 선택하기

> 모두를 믿고 속임을 당하는 게 낫지요,
> 믿은 것을 한탄하고 속인 것을 한탄하는 게 낫지요, 의심하기보다는.
> 진정한 믿음으로 우리 삶이 축복받는다고 믿는다면 말이에요.
>
> _프랜시스 앤 켐블Frances Anne Kemble, 영국 작가

우리는 신뢰 성향을 갖고 태어난다. 우리는 어렸을 때 대부분 순진하고 순수하고 쉽게 상처받고 잘 속았다. 하지만 성장하고 삶을 살아가면서 신뢰 성향이 낮아진다. 때론 충분한 이유가 있지만 그렇지 않을 때도 대체로 사람들을 신뢰하지 못한다.

상황이 어떠하든 우리는 신뢰 유지나 회복을 선택할 수 있다. 중요한 것은 용서하는 것이며 신뢰성과 분석력의 균형을 유지해 배당을 최대화하고 위험을 최소화하는 진정한 신뢰를 보내는 것이다.

나는 신뢰와 불신의 양 극단을 경험했다. 나는 시시콜콜 간섭받고 사람들이 신뢰를 보내지 않는 상황은 몰입, 헌신, 신바람, 창의력 등 내 감정과 재능, 열정 발휘에 엄청나게 부정적인 영향을 미친다는 것을 알았다. 반면 사람들이 아낌없이 신뢰를 보내면 신뢰를 고취하고 내 안에 있는 재능과 열정을 발휘하는 데 엄청난 힘이 된다는 것을 알았다. 나는 가끔 신뢰하는 사람들에게 당했다. 신뢰하는 사람들이 신뢰를 저버렸다. 하지만 대부분의 사람은 믿을 수 없을 만큼 훌륭한 결과를 보여줬다. 내 기대를 저버리지 않았다. 나는 그들이 즐거운 표정으로 활기있게 업무에 몰입하는 것을 보았다. 손과 몸으로만 일

하는 것이 아니라 가슴과 머리로도 일하는 것을 보았다. 누군가에게 지혜롭게 신뢰를 보냄으로써 빠르게 차이를 극복하고 어려움을 이기고 위대한 일을 해내는 것을 보았다.

> 신뢰하지 않는 것보다 가끔 속임을 당하는 것이 더 행복하다.
> _사무엘 스마일스

오늘날의 평평한 글로벌 경제에서 번영하려면 신뢰가 필수적이다. 그것은 피할 수 없는 현실이다. 개인관계와 가족관계에서도 만족과 기쁨을 얻기 위해서는 신뢰가 꼭 필요하다.

우리는 신뢰를 쌓을 수 있다. 신뢰를 키울 수 있다. 신뢰를 보낼 수 있다. 신뢰를 회복할 수 있다. 개인적, 업무적으로 신뢰할 수 있는 사람이 될 수 있다. 신뢰를 고취하는 행동을 할 수 있다. 우리는 삶의 모든 차원에서 속도를 높이고 비용을 낮출 수 있다.

그런데 왜 그렇게 하지 않는가? 왜 신뢰를 고취하는 삶을 살고 그런 리더가 되지 않는가? 앨버트 슈바이처가 아주 적절한 말을 했다.

"누구나 어느 순간에 내면의 열정이 사그라들 때가 있다. 그것은 다른 사람과의 만남으로 불이 지펴진다. 우리는 모두 내면의 정신에 불을 붙여준 그들에게 고마워해야 한다."

나는 사람에게 신뢰를 보낼 때 그들과 우리의 내면에 불이 지펴진다. 신뢰는 사람들과의 관계에는 행동을, 직장에는 성과를, 우리의 삶에는 자신감을 가져다준다. 무엇보다 삶의 모든 차원에서 신뢰의 속도라고 하는 특별한 배당을 가져다준다.

찾아보기

ㄹ

ㅁ

ㅈ

도서

Leading at the Speed of Trust ™

신뢰의 속도 워크숍

높은 신뢰는 커뮤니케이션을 증진시키고, 팀워크를 강화시키며, 모두가 자발적으로 일하게 만듭니다. 전 세계가 주목하고 있는 이 시대 리더의 덕목 '신뢰', 세계적인 리더십, 코칭 프로그램을 국내 실정에 맞는 기술개발을 통해 보급해온 한국리더십센터그룹이 사회에 신뢰의 속도 Leading at the Speed of Trust™ 향상을 위한 솔루션을 제공합니다.

직장인들의 조직에 대한 신뢰도(100점 만점)

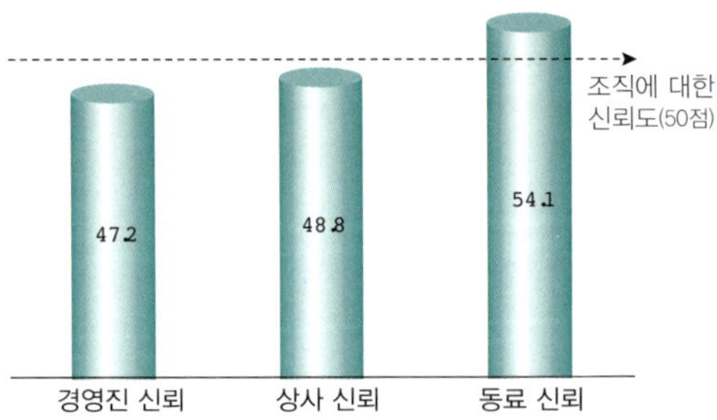

출처: LGERI 리포트

신뢰받는 직장의 조건

신뢰가 기업의 경쟁력을 높이는 중요한 요소라는 인식이 높아지고 있다. 우리나라에서도 신뢰를 조직의 핵심가치로 제시하는 기업이 점차 증가하고 있다. 하지만 우리 직장인들이 자신이 소속한 직장에 대해 갖고 있는 신뢰 수준은 아직 개선의 여지가 많은 것으로 나타났다.

Korea Leadership Center Group

한국리더십센터그룹

세계가 감동한 신뢰의 속도 워크숍
한국리더십센터그룹에서 만나실 수 있습니다

한국리더십센터그룹(KLCG: KOREA LEADERSHIP CENTER GROUP)은 전 세계에 자기 개혁과 조직 혁신의 새로운 돌풍을 일으키고 있는 미국 프랭클린코비사의 한국 파트너입니다.

1994년 10월 1일부터 '성공하는 사람들의 7가지 습관'의 효과적인 습득과 실생활 적용을 위한 프랭클린코비사의 독특한 자기개발 프로그램과 기업 교육 노하우를 전파하고 있습니다.

아울러 우리 실정에 맞는 프로그램을 연구개발, 21세기 한국 기업과 한국인의 '질 향상'에 효과적인 도움을 주려고 노력하고 있습니다.

교육을 통해 누구나 성숙한 인간으로 성장 발전할 수 있다는 인본주의적 관점에서 출발하는 프랭클린코비사의 프로그램들은 기존의 교육들이 끝나고 나면 잊히고 마는 반납교육이었던 것에 비해 체계적이고 논리적인 훈련과 교육, 그리고 교육내용을 구체적으로 실천할 수 있게 해주는 다양한 장치들을 갖추었기 때문에 교육은 더 이상 비용이 아니라 변혁의 시대에 가장 필요한 투자임을 확신시켜줍니다. 한국리더십센터그룹의 교육과정을 통해 원칙을 중심으로, 품성에 바탕을 두고, 내면에서부터 변화하여 외부로 향하는 새로운 차원의 패러다임 전환을 경험해보십시오.

THE SPEED OF TRUST

〈포천〉지가 선정한 500대 기업 중 430여 개의 기업에서 전사적으로 도입하고 있고, 세계 초일류 기업과 조직들, 개인과 가족들 및 단체들이 참여하고 격찬한 '프랭클린코비' 프로그램! 이제 당신도 책에서 접한 이론들을 한국리더십센터그룹의 프로그램을 통해서 실제로 생활화하고 습관화할 수 있습니다.